Franz Perrot
Bismarck und die Juden

Dr. Franz Perrot.

Mitglied des 1. und 2. Deutschen Reichstages.

Dr. Franz Perrot
Mitglied des 1. und 2. Deutschen Reichstages

BISMARCK UND DIE JUDEN

Der Kampf Franz Perrots gegen den 1870/71
– während des deutsch-französischen Krieges –
im Deutschen Reich gelegten Teil der Wurzeln
unseres wirtschaftlichen Niedergangs, nämlich die

„Ausbeutung des Publikums durch den Banknotenschwindel und die jüdischen Bank-, Aktien- und Börsenprivilegien"

Ergänzt durch Karl Perrot,
1931 neu herausgegeben mit Einleitung und
Nachwort von L. Feldmüller-Perrot

ARCHIV-EDITION

Archiv-Edition

Die *Archiv-Edition* dient wissenschaftlichen, dokumentarischen und bibliophilen Zwecken. Es werden in ihr vor allem solche Bücher und Schriften veröffentlicht, die historisch bedeutsame Vorgänge behandeln und im Rahmen der vorherrschenden Meinungsmanipulation totgeschwiegen oder bei den umfangreichen Büchervernichtungsaktionen nach 1933 und nach 1945 aus den Bibliotheken entfernt worden sind.

Die Darstellungen der Verfasser der einzelnen in der *Archiv-Edition* veröffentlichten Titel entsprechen keineswegs durchgängig der Überzeugung des Verlegers, sie finden daher auch nicht dessen ungeteilte Zustimmung, insbesondere dann nicht, wenn Autoren die geschichtliche Entwicklung zu sehr als Folge von Verschwörungen irgendwelcher Welt- oder Hintergrundmächte erklären und zu wenig die Bedeutung anderer geschichtegestaltender Kräfte herausarbeiten, vor allem die Rolle weltanschaulicher, kultureller und wirtschaftlicher, aber auch staatsrechtlicher, medien-, bildungs- und bevölkerungspolitischer Bestrebungen und in diesem Zusammenhang vor allem die Rolle von Massensuggestion, Angsterzeugung und Gehirnwäsche, Drogenmißbrauch, Sendungs-, Auserwähltheits- und Rassenwahn.

Ausdrücklich distanziert sich der Verleger aufgrund seiner Weltanschauung, Moral- und Rechtsauffassung von allen Äußerungen, welche die Menschenwürde anderer angreifen könnten oder einzelnen Völkern, Gruppen oder Minderheiten bestimmte Verhaltensweisen pauschal zuordnen, vor allem, wenn dies geeignet ist, zu diffamieren, den Frieden zu stören oder die freiheitlich-rechtsstaatliche Ordnung zu verletzen. Er verzichtet aber darauf, solche Äußerungen durch Schwärzung unkenntlich zu machen, um seiner wissenschaftlichen, moralischen und rechtlichen Verpflichtung zu dokumentarisch korrekter Werkwiedergabe zu genügen.

2004

Faksimile der 1931 im *Verlag Max Galle,* Berlin, erschienenen Ausgabe

Herausgabe, Herstellung, Vertrieb: *Verlagsauslieferung Dietrich Bohlinger*
Sitz: Freie Republik Uhlenhof, Territorium des Deutschen Reiches, Gemarkung Bondelum

Postanschrift in BRD: 25884 Viöl/Nordfriesland, Postfach 1

Druck: Eigendruck

ISBN 3-936223-48-3

Inhaltsverzeichnis.

Leitgedanken des Autors

„Ich greife nicht den Mann des Jahrhunderts, sondern das Jahrtausend, dem er sein Gepräge gegeben hat, an. Man ist nicht deshalb Freund eines großen Mannes, wenn man alles, was er tut, blind gut heißt, sondern, wenn man ihn vor Fehlern warnt und diese zu korrigieren trachtet. Ich will einen Schatten von seinem Namen nehmen und ihn, wenn es sein muß, zu einer anderen, unseren gemeinsamen deutschen Interessen entsprechenden Wirtschaftspolitik zwingen. Der große Bismarck kann nur mit glühendem Eisen, nicht mit Rosenwasser gezwungen werden ...“

„Bank-, Aktien- und Börseprivilegien sind, wie die Sachen praktisch stehen, Judenprivilegien. Sie werden daher von der jüdischen Presse, den jüdischen Gelehrten und den jüdischen Volksvertretern mit allen Kräften geschützt und gefördert.“

1875 Perrot

1. Einleitung.

Wir leben in einer Zeit, die so bewegt und schicksalsschwer für unser Volk ist, daß es Pflicht eines jeden deutschbewußten Menschen geworden ist, an der Gestaltung der Dinge teilzunehmen.

Aufklärung bringen, daß wir bis in die tiefsten Quellen dringen können, muß jeder, der dazu imstande ist. Der Forschung darf sich nichts und niemand entziehen, wenn wir der furchtbaren Lage Herr werden wollen, in die uns verhängnisvolle Handlungen der Vergangenheit gebracht haben.

Wer da sagt, daß die äußerst betrüblichen Zeichen der heutigen Zeit, Korruption, Schiebertum, moralischer und wirtschaftlicher Niedergang im deutschen Volke lediglich Folgeerscheinungen des Weltkrieges und der sog. Weltkrise seien, redet Phrasen nach, die dem urteilslosen Publikum von der „in deutscher Sprache geschriebenen, jüdischen Presse" täglich vorgebetet werden, um die wahren Gründe zu verbergen und das deutsche Volk einzulullen.

Wer seine Zeit erkennen will, muß den Blick in die Vergangenheit lenken. Weit zurück, bis in die Mitte des vorigen Jahrhunderts. Dort liegen die Gründe, die zu den heutigen Zuständen geführt haben. Dort findet er Antwort auf die Fragen, die so viele Deutschbewußte sich gestellt haben:

Wie kam es, daß das zweite Reich, zu dem die Hohenzollern in dreihundertjähriger mühevoller, zielbewußter Arbeit die Steine zusammengetragen haben, die Sehnsucht des deutschen Volkes nicht erfüllt hat?

Woran lag es, daß der Weg, der im neuen Reich eingeschlagen wurde, nicht mehr der gerade und reine blieb, der von Friedrich dem Großen und seinen Vor- und Nachfahren, allen Stürmen zum Trotz, gegangen worden war?

Wer waren die Weichensteller, die verschuldet haben, daß ein falscher Weg eingeschlagen wurde, der für unser deutsches Volk so verhängnisvoll war? Wer sind die Schuldigen, die über unser Volk auf Generationen hinaus schwerste Not, tiefstes Leid heraufbeschworen haben?

Wenn wir danach forschen wollen, suchen wir in unseren Geschichtsbüchern und den ausführlichen, mit größtem Fleiß zusammengetragenen Quellenwerken vergeblich. Sie beklagen zwar die Zustände, die sich im zweiten Reich herausgebildet haben, aber um die wahren Ursachen gehen sie herum, wie die Katze um den heißen Brei. Die Einen, weil sie wirklich keine Ahnung haben, worin die Ursachen zu suchen sind, die Andern gleiten elegant über die Wahrheit hinweg, weil sie sie zu fürchten haben. Denn wird sie erst bekannt, dann wird sich ein Sturm erheben, und es ist aus mit der Herrschaft jener Clique, die heute die Nutznießer, der von ihren Vätern so geschickt eingefädelten Korruption sind! Das Volk würde, wenn es erst klar sähe, mit den eingeweihten Schiebern furchtbares Gericht halten. In dieser Erkenntnis halten sie mit Klauen und Zähnen die Wahrheit seit mehr als sechzig Jahren mit allen Mitteln nieder. Sie haben es verstanden, den ersten Warner und Wecker und alle seine Freunde und Nachfolger totzuschweigen, zu verleumden, wirtschaftlich zu schädigen oder niederzuhalten, so wie wir es jetzt in neuester Zeit erlebten an der Nationalsozialistischen Bewegung und ihren Führern. Diesmal sind diese Mittel wirkungslos. Auch das letzte Mittel, der Terror, wird sich als ohnmächtig erweisen.

Der erste Warner und Wecker war ein Idealist von selbstloser glühender Vaterlandsliebe: Dr. Franz Fürchtegott Perrot, hat seit dem Tage, an dem er die große Gefahr für das deutsche Volk erkannte, sein ganzes tatenreiches Leben der Aufklärung darüber gewidmet und ist an der Unmöglichkeit, eine Umkehr auf dem verhängnisvollen Wege zu erreichen, zerschellt. Dr. Fr. Perrot ist geboren 1837, gestorben 1891. Er entstammt einer alten französischen Adelsfamilie aus Chauteauroux in Berry. Sein Großvater Jaques Francois Perrot gehörte zu den Schöpfern der ersten französischen Verfassung und als Moseldeputierter dem ersten Parlament an. 1789 legte er seinen Adel ab. Seine leidenschaftliche Vaterlandsliebe hat er seinen Nachkommen vererbt. Es ist dies eine bei vielen französischen Emigranten beobachtete Eigenschaft, daß sie das neue, oder besser wiedergewonnene Vaterland oft heißer lieben, als die immer im Lande gebliebenen Deutschen; ist es doch das germanische Element, das bei den verschiedenen Emigrationen nach Deutschland zurückgekommen ist. Jaques Francois Perrot ließ sich 1815 mit seiner Familie in Preußen naturalisieren und wirkte dort hochgeehrt und geliebt als Friedensrichter in Sierck an der Mosel, bis zu seinem Tode. Seine Kinder fühlten sich ganz als Preußen. Einer seiner Söhne, Franz Jakob Perrot, war einer der bedeutendsten Juristen seiner Zeit. Er beschenkte das preußische Volk mit einem ausgezeichneten Gesetzeswerk: „Verfassung, Zuständigkeit und Verfahren der Gerichte der preußischen Rheinprovinzen in bürgerlichen Rechtssachen (Trier 1842). Er starb als Königl. Preußischer Staatsprokurator im Jahre 1843 zu Elberfeld in dem jugendlichen Alter von nur 34 Jahren. Seine Gattin Luise Natalie Friederici war eine nahe Blutsverwandte von Christian Fürchtegott Gellert; sie war eine hochgebildete feingeistige Frau, die auf die Charakterbildung ihrer beiden Söhne größten Einfluß ausübte.

Dr. Franz Perrot war ursprünglich Artillerieoffizier, fand aber in diesem Berufe keine rechte Befriedigung. Früh wandte er sich wissenschaftlichen, besonders staats- und volkswirtschaftlichen Studien zu. Sein Bruder und Mitstreiter Karl Herrmann Perrot, geb. 1843, gest. 1917, war der bekannte Vorkämpfer für unsere Kolonien, speziell Ostafrika. Obwohl er Hervorragendes für die Entwicklung dieser Kolonie geleistet hat — er opferte diesem Kulturwerk sein ganzes Vermögen — wurde er wegen seiner mutigen deutschen Einstellung belächelt und so weit wie möglich in den Hintergrund gedrängt.

Heute ist es an der Zeit, die Hauptwerke Dr. F. Perrots ans Tageslicht zu ziehen, denn es ist Frühling im Deutschen Volke geworden. Heute können sie nicht mehr totgeschwiegen werden, da das Volk wach geworden ist durch Adolf Hitler! Größer und größer wird täglich die Welle der Volksbewegung, die bald die Kraft besitzen wird, die Schmarotzer, die seit sechzig Jahren am Mark des deutschen Volkes saugen, hinwegzufegen.

Wenn man eine Krankheit heilen will, genügt es nicht nur die Symptome festzustellen und diese zu bekämpfen. Man muß an die Ursache des Leidens gelangen, um einem giftigen Geschwür beizukommen. Ohne Rücksicht muß das Messer des Arztes, der dem Kranken helfen, ihn retten will, zugreifen, auch wenn dadurch Schmerzen verursacht werden. Schmerzen um ein Ideal, weil ein Schatten auf eine allverehrte Persönlichkeit fallen muß.

Es ist eine Narrheit, die Größe Goethes oder Napoleons anzuzweifeln, obschon beide Eigenschaften hatten, die zu tadeln sind. Wo Licht ist, ist auch Schatten! Je heller das Licht strahlt, um so tiefer muß auch der Schatten sein. Das ist ein Naturgesetz. So wird auch durch diese Enthüllungen eine Charakterschwäche Bismarks weiten Kreisen bekannt werden, die bisher immer sorgfältig zu verhüllen getrachtet wurde. Weist doch das Bekanntwerden dieser Schwäche sofort auf die Drahtzieher hin, die diese Schwäche zum Schaden des deutschen Volkes und zu ihrem Vorteil benützt haben. Der Nationalsozialismus kennt keinen Personenkultus. Durch Wahrheit wird die Größe Bismarcks nur für Pharisäer herabgemindert werden.

Es gibt viele Deutsche, die Bismarck für einen Antisemiten halten. Das war er vielleicht in seiner Jugend. Die kritischen Äußerungen über Juden, die zum Beweise immer zitiert werden, stammen alle aus der Zeit vor 1850. Seit seiner Frankfurter Zeit jedoch, in der er sehr viel mit den dortigen reichen Juden verkehrte, in der auch seine Freundschaft zu Amschel Rotschild begann, hat er nie wieder antisemitische Bemerkungen gemacht. Er hat seitdem eine große Bewunderung der Juden an den Tag gelegt und eine Verschmelzung der jüdischen mit unserer Rasse wärmstens befürwortet. Er sprach von einem gewissen „Mousseux", das das jüdische Blut dem germanischen zubringen würde, so etwa wie bei den Vermischungen mit den französischen Emigranten. Es ist kaum anzunehmen, daß der Familiengebrauch der Rotschilds, der durch Tradition bewiesen hat, daß die männlichen Mitglieder der Familie nur reinrassige Jüdinnen heiraten dürfen, indessen die Töchter sich mit dem Hochadel der Länder verbinden, bekannt gewesen ist. Die Juden haben ihn nur ganz einseitig orientiert, soweit, wie sie es für ihre Zwecke notwendig hielten. Sie haben Bismarck von den Vorzügen der jüdischen Rasse so überzeugt, daß er 1869 das Werk Hardenbergs vollendete und die Emanzipation der Juden in Deutschland vervollständigte. Bis dahin durfte kein Jude ein öffentliches Amt bekleiden. Ja er hat sogar später im Verein mit England und Frankreich, Rumänien gezwungen, dort den Juden ebenfalls die Gleichberechtigung zu geben, gegen den Willen des Volkes und der Regierung.

Nur wer niemals längere Zeit unter jüdischem Einfluß stand, nur wer nie die raffinierte Anpassungsfähigkeit dieser Rasse an sich erlebte, die stets so lange andauert, als der Jude etwas von dem Andersrassigen haben will, bringt für die Entwicklung in Bismarcks Gesinnung gegenüber den Juden kein Verständnis auf. Meisterhaft versteht der Orientale seinen Gegner zu studieren, seine Schwächen auszuspähen und danach zu handeln! Es ist eine unbestrittene Tatsache, daß das Vermögen des ursprünglich mäßig begüterten Bismarck, seit seinem Aufenthalt als Bundeskanzler in Frankfurt, durch die Ratschläge seiner jüdischen Freunde mehr und mehr zunahm, daß der Kanzler bei seinem Tode viele Millionen hinterließ, die natürlich zu seinen Einnahmen als Staatsminister in gar keinem Verhältnis standen. Auf dem ausgeprägten Erwerbssinn Bismarcks basiert der jüdische Einfluß. Diese Feststellung soll aber nicht etwa sagen, daß Bismarck auf unredliche Weise zu seinem Reichtum gekommen sei. Er wich nur von dem Gebrauche ab, als Staatsbeamter keine Geldgeschäfte zu machen, resp. durch seinen Vermögensverwalter machen zu lassen. Dieser Vermögensverwalter war Gerson v. Bleichröder.

Durch den Einfluß Rotschild-Bleichröders geriet Bismarck ohne es zu wollen und zu merken immer mehr in Abhängigkeit von der internationalen jüdischen Großfinanz. Die Freundschaft Bismarcks zu Bleichröder war eine so intime, daß dieser stets unangemeldet Zutritt zum Kanzler hatte, eine Gunst, deren sich außer ihm niemand rühmen durfte.

Es ist wenig bekannt, oder längst vergessen, daß Rotschild in den vierziger Jahren des vorigen Jahrhunderts zwei Zeitungen gründete — eine davon hieß „Die Reichsfackel" — deren Haupttendenz es war, die bewährte preußische Finanzverfassung als „veraltet", „rückständig" und „nicht mehr zeitgemäß" zu diskreditieren. Zweifellos hat er auch bei dem regen freundschaftlichen Verkehr, der zwischen ihm und Bismarck in Frankfurt statthatte, keine Gelegenheit vorübergehen lassen, den Kanzler von seiner Meinung zu überzeugen. Rotschilds Agent in Berlin, G. v. Bleichröder, sorgte dafür, daß diese Gedankengänge bei Bismarck gefestigt blieben. Die Einführung der Goldwährung und die Finanzverfassung des deutschen Reiches sind auf diesen Einfluß zurückzuführen. Das schlimmste Geschenk aber war das Aktiengesetz. Bei seiner Veröffentlichung am 20. Mai 1870 konnten die Juden sicher sein, daß der größte Teil des Deutschen Volkes keine Ahnung hatte, welches schlimme Geschenk ihm damit gemacht wurde.

Dr. Franz Perrot aber sah klar.

Wie die Lage sich damals seinen Augen darstellte, entnehmen wir am besten der Schilderung seines Bruders Karl Perrot aus der Zeitschrift „Der Deutsche" (8. Bd., Heft 10) vom 6. Juni 1908, die wir hier wörtlich wiedergeben:

„Vor allen Dingen war es die verfehlte Finanz und Wirtschaftspolitik in Deutschland, welche die Staaten immer unselbständiger und mehr und mehr von der internationalen Großfinanz abhängig machte, die seine Aufmerksamkeit erregte, und sein Streben ging dahin, dem Staate die finanzielle und wirtschaftliche Selbständigkeit wieder zu erringen, das Volk vor Ausbeutung durch das jüdische Großkapital zu schützen und der mächtig anwachsenden Korruption entgegen zu arbeiten.

In diesem Sinne war er unermüdlich und erfolgreich in Wort und Schrift tätig und hat sein ganzes Können und den letzten Hauch für die gute Sache seines Vaterlandes eingesetzt. Ein Pamphletist ist er nie gewesen.

Kurz vor Ausbruch des großen Krieges 1870/1871 fand ich ihn in seinem Büro — er war damals Direktionssekretär der Rheinischen Eisenbahngesellschaft — tief in Gedanken versunken, den Kopf kummervoll auf die Hand gestützt, am Pulte sitzen, und er gab mir auf meine Frage, was ihn so tief bewege, folgende charakteristische, prophetische Antwort:

‚Während wir mit höchster Besorgnis dem unabwendbar herannahenden großen Krieg entgegensehen, hat eine kleine, aber mächtige und gewissenlose Clique bei uns ein durch und durch unmoralisches Aktiengesetz zur Ausbeutung von Land und Leuten ausgeheckt, welches die persönliche Verantwortung aufhebt und alle Erfahrungen, welche England, Frankreich und die Vereinigten Staaten von Nordamerika schon seit mehr als hundert Jahren auf dem Gebiete des Aktienwesens gemacht haben, in den Wind schlägt. Wenn dieses Aktiengesetz, so wie es vorgeschlagen ist, genehmigt wird, werden wir bestimmt eine kurze tolle Schwindelära erleben, die unfehlbar in wenigen Jahren zu einer schrecklichen Finanz- und Wirtschaftskrisis führen muß und unser Vaterland vom Bürodiener bis zum Minister durch und durch korrumpieren wird.‘

Diese mit patriotischem Feuer und dem Tone festester Überzeugung gesprochenen Worte erschreckten mich nicht wenig und meine Einwendungen, daß wir uns doch auf den Staat als Hüter der öffentlichen Moral und der Allgemeininteressen verlassen könnten, wußte er, zu meinem Leidwesen, durch den Hinweis zu entkräften, daß keiner der am Ruder befindlichen Staatsmänner der Lage gewachsen sein und diese Faiseurs durchschauen könne.

Er setzte nun alles daran, über die hier drohende Gefahr aufzuklären und war unermüdlich in dieser Hinsicht tätig, aber die Folgen zeigten sich bald. Seine mächtigen Gegner arbeiteten ihm wirksam mit allen ihnen zu Gebote stehenden reichen Mitteln entgegen. Die „Kölnische Zeitung“ entzog ihm die Mitarbeit, wie sie sich ausdrückte, wegen seiner reaktionären Ansichten auf dem Gebiete des Aktienwesens. Aus demselben Grunde wurde seine amtliche Stellung bei der Rheinischen Eisenbahngesellschaft, einem Aktienunternehmen, unhaltbar.

Er gelobte, unter keinen Umständen eine Stellung bei einer Aktiengesellschaft einnehmen zu wollen, solange dies unmoralische Gesetz existierte, und hat dies sein Wort redlich gehalten. Um den vielen Anfeindungen, die ihm deshalb erwuchsen, aus dem Wege zu gehen, kam ihm eine Berufung als Generalsekretär des Mecklenburgischen Handelsvereins in Rostock, der er Folge leistete, sehr willkommen. Seine Gegner wußten aber seine außerordentlichen Kenntnisse auf dem Gebiete des Finanzwesens sehr wohl zu schätzen und schickten schleunigst den inzwischen verstorbenen Generalkonsul Obladen ihm nach Rostock nach, um ihn für die Direktion einer der größten Rheinischen Banken unter den günstigsten Bedingungen zu gewinnen. So vorteilhaft dies Anerbieten war, Dr. Franz Perrot blieb fest und lehnte ab, obwohl es für den nicht vermögenden Mann viel Verlockendes haben mußte.

Inzwischen brach der große Krieg 1870/71 aus und Perrot, der auch den Feldzug von 1866 mitgemacht hatte, zog eine Munitionskolonne führend, mit ins Feld. Bei Gravelotte führte er in dem kritischen Moment, als die Artillerie des 9. Armeekorps sich verschossen hatte, seine Munitionskolonne unter dem Feuer der Franzosen über einen kahlen Höhenrücken und wendete so die drohende Gefahr ab. Er wurde dafür mit dem eisernen Kreuz dekoriert.

Als ich mit meinem Bruder während des Feldzuges zusammentraf, fand ich ihn in einem Nest von Korrekturbogen seines Werkes ‚Der Kampf gegen die Ausbeutung des Publikums durch den Banknotenschwindel und die Papierpest' (Rostock 1872, Ernst Kuhns Verlag) eifrig bemüht, sie durchzusehen. Auf meine Frage: ‚Fanz, können wir nicht damit warten, bis der Krieg zu Ende ist?' antwortete er mir kurz: ‚Nein', die Franzosen fürchte ich nicht, die schießen wir zusammen, aber Juden und Judengenossen, die während wir hier fürs Vaterland im Felde stehen, den Boden unterwühlen, und alles bei uns korrumpieren, denen kann ich nicht mit grobem Geschütz beikommen.' Mit beispielloser Selbstverleugnung setzte er mit der Feder den Kampf noch während des Feldzuges von Frankreich aus fort.

Noch vor dem Frankfurter Friedensschluß reichte Dr. Franz Perrot dem Reichskanzler Fürsten Bismarck im Mai 1871 eine bemerkenswerte Denkschrift ein, in welcher er den Vorschlag machte, sämtliche deutschen und luxemburgischen Privatbahnen von Staats wegen mittels der fünf Milliarden der französischen Kriegsentschädigung anzukaufen und den Überschuß der Einnahmen dazu zu verwenden, wozu wir später das Kapital gegen alle Regeln einer sparsamen Staats- und Volkswirtschaft verbraucht haben. Dr. Franz Perrot wollte dem deutschen Volke dies gewaltige Kapital erhalten, und wenn man seinem verständigen Rate gefolgt wäre, würde die große, tiefeinschneidende Wirtschaftskrisis vom Jahre 1875, deren Ausbruch er prophetisch vorausgesagt hatte, vermieden worden sein und wir würden heute als das geldmächtigste Land der Erde dastehen.

Dieser Vorschlag fand auch damals Beachtung, aber hier war es der Bankier Bleichröder, der frühere Agent des Hauses Rotschild, der im Interesse der internationalen Großfinanz die Ausführung dieses genialen Planes zu vereiteln wußte, eine historische Tatsache, die hier zum ersten Male veröffentlicht wird.

Dr. Franz Perrot schloß sich nunmehr als Staats- und Volkswirtschaftler der konservativen Partei an und entwickelte eine außerordentlich rege schriftstellerische Tätigkeit, durch die er den Reichskanzler zu einer dem allgemeinen Interesse mehr entsprechenden Wirtschaftspolitik zu bestimmen suchte. Dazu war es aber in erster Linie nötig, den gemeinschädlichen Einfluß Bleichröders und der in dessen Sinne handelnden beiden mächtigen Minister

v. Camphausen und v. Delbrück zu bekämpfen — und dafür setzte Dr. Franz Perrot sein ganzes Können ein.

Dennoch ging das verhängnisvolle, im Galopp [1]) durchberatene, umsonst auch im Reichstage durch Dr. Tellkampf bekämpfte Aktiengesetz durch, es erfolgte unter seiner Wirksamkeit die kurze tolle Gründungsära, welcher der Zusammenbruch 1873 auf dem Fuße folgte."

Soweit der Bericht von Karl Perrot.

Nun soll das Buch selbst sprechen. Es erschien im Jahre 1872 in Rostock. Der Leser mag sich selbst ein Urteil darüber bilden, ob Dr. Franz Perrot mit seinen Warnungen Recht hatte, ob die Folgen eingetreten sind, die er vorausgesagt hat.

---

[1]) Diese Methode, unpopuläre und das Volk schädigende Gesetze durchzusetzen, haben wir in der Folge genügend kennen zu lernen Gelegenheit gehabt.

Der Kampf gegen die Ausbeutung des Publikums

durch den Banknotenschwindel und die Papierpest

Von

F. Perrot.

Inhalt.

Anhang.

a. Quellenangabe.

Die im Inhalt verzeichneten Arbeiten wurden in der nachstehend angegebenen Zeitfolge veröffentlicht:

1. 22. April 1870. „National-Zeitung." Nr. 186.
2. 7. Juli 1870. „Deutsche Industrie Zeitung." Nr. 27.
3. Mai 1870. G. Hirths „Annalen des Norddeutschen Bundes".
4. 12. Juli 1871. „National-Zeitung." Nr. 320.
5. 20. Juli 1871. „Deutsches Handelsblatt." Nr. 29.
6. 20. Juli 1871. „Deutsche Landwirtschaftliche Zeitung." Nr. 90.
7. 12. August 1871. „Deutsche Landwirtschaftliche Zeitung." Nr. 96.
8. 17. August 1871. „Deutsche Landwirtschaftliche Zeitung." Nr. 98.
9. 22. August 1871. „Deutsche Landwirtschaftliche Zeitung". Nr. 100.
10. 2. September 1871. „Deutsche Landwirtschaftliche Zeitung." Nr. 105.
11. 17. Oktober 1871. „Deutsche Landwirtschaftliche Zeitung." Nr. 124.
12. Oktoberheft 1871. „Deutsche Monatsschrift."

    (In mehreren Bearbeitungen ist dieser Aufsatz erst im Sept. 1871 in der „Hamb. Börsenhalle", in dem in Wien erscheinenden „Fortschritt", in der „Deutschen Industrie-Zeitung" in Chemnitz, im „Ungar. Lloyd" in Pest usw. erschienen und hat auch eine Übersetzung ins Ungarische erfahren.)

13. 29. August 1871.
14. 17. September 1871. „Fortschritt." Nr. 38.
15. 24. September 1871. „Fortschritt." Nr. 39.
16. 22. Oktober 1871. „Fortschritt." Nr. 43.
17. 29. Oktober 1871. „Fortschritt." Nr. 44.
18. November 1871.
19. November 1871.
20. November 1871. „Fortschritt."
21. 14. November 1871.
22. Dezember 1871.
23. Oktober 1871. Deutsche Landes-Zeitung.
24. März 1869.
25. 27. März 1870.
26. März 1870.
27. 11. Mai 1871. „Deutsches Handelsblatt." Nr. 19.
28. 1871. G. Hirths „Annalen des Deutschen Reiches." Heft 7 und 8.
29. 1871. G. Hirths „Annalen des Deutschen Reiches." Heft 7 und 8.

b. Vorwort.

Die Bankfrage ist eine Weltkulturfrage und bildet zugleich einen wesentlichen Bestandteil der heutigen sozialen Frage. Sie ist eine Interessenfrage im weitesten Sinne des Wortes. Sie ist nicht nur interessant, und zwar höchst interessant für jeden Denkenden, sondern sie reicht in ihren Konsequenzen auch in weit höherm Maße als man dies gemeinhin glaubt bis in den Geldbeutel jedes einzelnen, selbst der Ärmsten hinein.

Was man so Bankfrage nennt, ist im Grunde weiter nichts als die Frage, ob wir auch fernerhin, wie leider bisher, unsern deutschen Notenbankern ein jährliches Nationalgeschenk von 7—10 Millionen Taler gewähren wollen, ohne daß für uns auch nur die mindeste Veranlassung dazu vorliegt.

Es handelt sich nämlich bei der sog. Bankfrage um ein ganz außerordentliches Privilegium und zwar um das Privilegium des Geldmachens in Form von Banknoten.

Unglaublich fast und dennoch wahr ist es, daß es bis dahin möglich war, die Natur dieses Privilegiums wenigstens dem Auge der großen Menge und selbst unserer Gebildeten fast völlig zu verdecken.

An und für sich ist es jedem Unbefangenen klar, daß nur der Staat das Recht haben darf, Geld zu machen. Daß auch die Banknote weiter nichts ist als Papiergeld, würde schwerlich jemals einem Menschen zu bestreiten eingefallen sein, wenn die Notenbanker nicht ihren ganzen weitgreifenden Einfluß namentlich in der Tagespresse aufgeboten hätten, einen solchen Wust von Sophistik über die an sich einfache Angelegenheit zu verbreiten, daß es in der Tat nachgehends Mühe kostete, wenn man sich durch das mit Kunst gehäufte Brimborium von Sophistereien, bis zu dem klaren Kerne der Sache durcharbeiten wollte. — Namentlich versucht man immer wieder die lächerliche Behauptung zu poussieren, die Banknote sei ein Wechsel, während doch jeder Kaufmann weiß, daß der Wechsel Zinsen kostet, die Banknote dagegen deren einträgt.

Wer für 3 Millionen Taler Banknoten ausgibt, und für eine Million Bar, für 2 Millionen dagegen zinstragende Papiere oder Wechsel hinterlegt, der bereichert sich einfach auf allgemeine Kosten um den Ertrag der 2 Millionen Taler, für welche kein bares Geld hinterlegt wird: — darüber hilft keine Sophistik hinweg.

Solche nicht in Bar gedeckte Banknoten haben wir jetzt in Deutschland über 106 [1]) Millionen Taler und man berechnet, daß die Notenbanker aus diesem

---

[1]) Wir haben in Deutschland 4,7, in England 3,5 und in Frankreich 1,3 Taler Papier auf den Kopf der Bevölkerung laut bundeskanzleramtlicher Statistik.

Privilegium eine jährliche Nationalschenkung von 7—10 Millionen Talern gewinnen.

Daß eine regelmäßige Privilegienschenkung von diesem Betrage sich in Form einer fühlbaren Verteuerung aller Bedürfnisse und einer Beeinträchtigung aller Löhne und Gehalte, also in Summa als eine indirekte Steuer auf die Gesamtbevölkerung abwälzt, dürfte jedem Unbefangenen sehr klar erscheinen; und daß überdies Privilegien solcher Art und solchen Umfanges die schlimmsten Folgen und Gefahren involvieren, ist zwar wohl nicht zu bestreiten, wird aber anscheinend doch nicht hinreichend beachtet.

Es liegt auf der Hand, daß ein so ungeheures Privilegium nicht nur von den Privilegierten mit allen Mitteln zu schützen und zu erhalten gesucht wird, sondern es liefert auch das Privilegium selbst den Privilegierten reichlich die Mittel, den Kampf, in welchem sie den Interessen des Gesamtpublikums gegenüberstehen, bereits mit Übermacht zu führen. Dieser gewaltige Interessenkampf ist von um so größerer Bedeutung, als die Inhaber des Notenprivilegiums zugleich auch noch Inhaber oder Mitinteressenten anderer Privilegien sind: — es sind dies Steuerprivilegien und ganz besonders auch die Aktien-Gesellschafts-Privilegien, unter welchen letztern wiederum die Eisenbahn-Aktiengesellschafts-Monopole besonders hervorragen. — Es ist ganz wesentlich die internationale Bankokratie, welche sich im Besitze dieser ungeheuren Privilegien befindet und mittelst des Aktiengesellschaftssystems selbst unsere höhern Gesellschaftsklassen in großem Umfange zu Mitinteressenten an dieser kolossalen Ausbeutungswirtschaft gemacht hat.

Wir haben es bereits anderweit ausgesprochen, daß wir in dem hier angedeuteten Zusammenhange die eigentliche und wirkliche Ursache jener Erscheinungen sehen, welche die zivilisierte Welt heute als die sog. „soziale Frage" beschäftigen und in Besorgnis erhalten. — Die Sozialisten behaupten Ausbeutung der Arbeit durch das Großkapital, sie suchen aber, und so auch Karl Marx und Lassale, die Ursache dieser Ausbeutung am ganz verkehrten Ort und schlagen deshalb auch ganz verkehrte, utopistische Mittel zur Abhilfe vor. Die Gegner der sozialistischen Theoretiker haben es meist leicht genug, die Irrwege nachzuweisen, auf welchen sich der Grübelsinn der Sozialisten bewegt. Nun wird aber auch nach dieser Seite hin wieder ein Trugschluß gemacht. Man deduziert nämlich, was die Sozialisten als theoretischen Beweis für die Ausbeutung der Arbeit durch das Großkapital vorbringen, ist erweislich falsch, ergo geht mit natürlichen und richtigen Dingen zu, und es ist Unsinn von einer Ausbeutung der Arbeit durch das Renten-Kapital sprechen zu wollen.

Nun findet aber dennoch eine solche Ausbeutung der Arbeit, und zwar nicht nur der sog. Lohn-Arbeit, sondern aller Arbeit überhaupt durch das Großkapital wirklich und erweislich statt. Die Übelstände im Gefolge dieses Ausbeutungssystemes häufen sich tatsächlich ins Ungeheure. Nur hat man bisher die Ursachen nicht richtig gesehen und infolgedessen von keiner Seite die richtigen Heilmittel vorgeschlagen, ja die Gegner der Sozialisten sind zum Teile so weit gegangen, das Übel selbst zu leugnen und zu bestreiten, weil sie nach den Ursachen desselben vergebens suchten.

Das Übel ist inzwischen ganz unzweifelhaft da, und zwar in kolossalem Umfange, der täglich wächst. Die Ursache des Übels ist aber keine andere, als die unsinnigen Privilegien des Großkapitals, mittelst deren es ermöglicht wird, eine wirkliche Ausbeutung der Arbeit, und zwar aller Arbeit im größten Umfange, bis hinauf zum preußischen Geheimen Rate, ja bis zum Minister systematisch ins Werk zu setzen.

Wir schätzen den direkten Ertrag der vereinigten unnatürlichen Noten- und Steuer- und Aktiengesellschaftsprivilegien in Deutschland allein auf 50 bis 60 Millionen Taler jährlich. Um diesen Betrag wird nicht nur die Arbeit, in Form von Lohn- und Gehalts- usw. Schmälerung und in Form von Verteuerung der Lebensbedürfnisse beeinträchtigt, sondern es erwächst aller Arbeit, es erwächst dem Staate, es erwächst der modernen Kulturentwicklung noch weit größerer indirekter Schade, ja eine wirkliche drohende Gefahr, letzteres namentlich durch den Aktienschwindel, dessen unheilvolle Wirkungen in immer erschreckenderer Weise hervortreten, und bereits für sich allein eine soziale Frage von der weitgehendsten Bedeutung bilden.

Man nehme die Privilegien hinweg, so ist zwar nicht alles, aber doch das bei weitem Nötigste und Wichtigste geschehen, um unsere soziale Entwicklung wieder in die naturgemäßen Bahnen zu lenken. Man wird dann leicht finden, daß es eine Torheit ist, an dem Erbrechte rütteln zu wollen, welches ein gottgesetztes natürliches Recht ist und welches wir durch keine künstliche Ordnung der Dinge zu ersetzen vermögen. Nicht das Erbrecht kumuliert unnatürlichen Reichtum, sondern die törichten Privilegien des Rentenkapitals. Sagt doch selbst ein Wort im Volksmunde: „Reichtum bleibt nicht in der dritten Generation". Nach Beseitigung der Privilegien wird es dann auch weiterhin keinem Menschen mehr einfallen, an eine gleiche Aufteilung alles Eigentums und namentlich des Grundeigentums zu denken; die Arbeit wird in der Lage sein, ihre natürlichen Ansprüche sich gleichsam von selbst erfüllen zu sehen und eine soziale Frage wird überhaupt wesentlich nicht mehr existieren oder doch mehr und mehr zu existieren aufhören.

Es dürfte sich auch hier wieder der Grundsatz bewahrheiten, daß man vor allem die Ursache eines Übels richtig sehen muß, wenn man die richtigen Mittel zur Heilung finden will. Man wird uns vielleicht das Verdienst zugestehen, dies zuerst im vollen Umfange der ernsten Frage getan zu haben. Es bliebe zuletzt auch noch auf jene Elemente einer unnaturgemäßen Kapitalbewegung und Störung der natürlichen Entwicklung hinzuweisen, welche das heutige Staatsschuldenwesen und das Verhältnis der produktiven zu den unproduktiven Ausgaben in den Staatsbudgets involvieren. Auch hier ist noch ein Stück der sozialen Frage zu lösen, wie wir dies in unsern „Zeitfragen"[1]) zu zeigen versuchten.

---

[1]) „Zeitfragen-Beiträge zur Lösung staats- und volkswirtschaftlicher Fragen der Gegenwart" von F. Perrot. Rostock 1871.

Zunächst haben wir es mit zweien Fragen jenes eben umschriebenen Komplexes sozialer Erscheinungen zu tun, — mit zweien Fragen, welche für jetzt am meisten zur Lösung drängen, es sind dies die Eisenbahn- und die Bankfrage.

Der Eisenbahnfrage haben wir eine Reihe von Arbeiten gewidmet, welche zum Teile im Buchhandel erschienen sind, zum Teile in diesem Augenblicke sich unter der Presse befinden[1]). Der Bankfrage gilt das hier vorliegende Buch. Die Aktiengesellschafts-Frage in ihrem größeren Zusammenhange hoffen wir in einer besonderen Arbeit eingehend zu behandeln[2]).

Eine Erscheinung der ernstesten Art ist der Einfluß, welchen die meistbegünstigten Privilegien-Inhaber in kaum glaublicher Ausdehnung auf die öffentliche Presse, namentlich die Tagesblätter bereits zu üben imstande sind. Dieser Einfluß geht tatsächlich schon so weit, daß die große Mehrzahl selbst der bedeutenderen sog. „liberalen" und „unabhängigen" Zeitungen durchaus mehr die Interessen der Privilegieninhaber, als die der misera contribuens plebs wahrzunehmen sich berufen fühlen. Man würde sich durchaus täuschen, wenn man glaubte, in unsern großen Tagesblättern eine unbefangene Würdigung der Bankfrage, ein ehrliches Bemühen um Aufklärung ihrer Leserkreise über den Kern der Frage, ein energisches Ankämpfen gegen das gemeinschädliche Notenprivilegium und eine kräftige Wahrung der großen Gesamtinteressen zu finden.

Im Gegenteil begegnet man da meist einer gewissen Scheu, diese Privilegienfragen zu berühren. Den ausgedehntesten Leserkreisen, welche ihr Wissen über Tagesfragen fast nur aus der Tagespresse ziehen, werden diese Fragen förmlich totgeschwiegen und wo ein Eingehen auf dieselben unerläßlich wird, da geschieht es mit grundsätzlicher Umgehung und künstlicher Versteckthaltung des Interessen-Kernpunktes, welcher das einzige Hindernis einer vernünftigen und gerechten Regelung der Frage bildet. Ja unsere sog. „liberale" Großpresse plädiert sogar geradezu für die Erhaltung der Privilegien, ohne Rücksicht auf das Gesamtstaatsinteresse und die Forderungen der gleichwägenden Gerechtigkeit. — Leider stehen die Dinge bereits so, daß die Tagespresse im bedenklichsten Umfange von den privilegierten Kreisen direkt und indirekt abhängig geworden ist. — Auch haben die privilegierten

---

[1]) Die deutschen Eisenbahnen Rostock 1870
Eisenbahn Reform „ 1871
Eisenbahn Politik „ 1871 u. a. m.

Dr. Franz Perrot ist der Erfinder des Zonentarifes, der zuerst in Ungarn eingeführt wurde. Der Jude Engel schrieb die Arbeit des Verfassers z. T. wörtlich ab und wurde in Deutschland, als er dort gleichfalls zur Einführung kam, als der Erfinder gefeiert, obwohl er das Plagiat zugegeben hat . . .

[2]) Der Eisenbahn-, Börsen- und Aktienschwindel, Rostock 1873, 1874, 1875, 3 Bände, Ernst Kuhns Verlag.

Die Bankfrage, eine Untersuchung für Jedermann, aus der Deutschen Monatsschrift für Handel, Schiffahrt und Verkehrswesen, herausgegeben von F. Perrot. I. Bd. Rostock 1872, Ernst Kuhns Verlag; u. a. m.

Kreise, in richtiger Erkenntnis der Macht der Presse, für eine geschickte, systematische Vertretung ihrer Interessen in derselben umsichtig Sorge getragen.

In dem Leitartikel ihrer Nr. 64 vom 4. März c. bespricht z. B. die „Köln. Ztg." die Bankfrage. Sie würde auch jetzt noch geschwiegen haben, wenn die Veranlassung nicht von außen nötigend an sie herangetreten wäre. Die „Köln. Ztg." verkennt nicht, daß nur das Monopol-Cliqueninteresse und seine Macht, die einfache, natürliche und naheliegende Lösung der Bankfrage verhindert: „Wir möchten glauben" — sagte sie — „daß die Feststellung einer beschränkten Maximalsumme der nicht vollgedeckten Noten, nach Art der Vorsorge der Peels-Akte, genügen möchte. Jedenfalls würde die letztere Lösung schonender sein für bestehende Interessen, mit welchen zu rechnen ist und die auf eine mögliche Berücksichtigung auch einen vollgültigen Anspruch haben."

Die „Kölnische Ztg." wünscht also das Privilegium der Bereicherung einzelner ohne Arbeit auf Kosten aller zwar beschränkt, aber nicht beseitigt zu sehen. Sie wünscht die Beschränkung offenbar nur, damit nicht durch überstürzenden Mißbrauch des Privilegiums die Henne selbst getötet werde, welche die goldenen Eier legt. Die „bestehenden Interessen", welche die „Köln. Ztg." so sanft zu schonen wünscht, sind natürlich nicht die der misera contribuens plebs. Von diesen spricht hierbei das „liberale" Blatt gar nicht. In Geldsachen hört, wie es scheint, nicht nur die „Gemütlichkeit", sondern auch der „Liberalismus" auf.

Und was den „vollgültigen Anspruch" auf „mögliche Schonung" jener „bestehenden Interessen" betrifft, „mit welchen zu rechnen ist", so gibt die „Köln. Ztg." zwar nicht an, worin die „Vollgültigkeit" dieses Anspruches besteht, wir erinnern uns jedoch einer Korrespondenz, welche dieselbe „Kölnische Ztg." in ihrem Blatte vom 4. Januar 1870 brachte, welcher vielleicht über die „Vollgültigkeit" jener Ansprüche einigen Aufschluß zu erteilen geeignet ist. — Wir haben jene Korrespondenz der „Köln. Ztg." aufbewahrt. Sie lautet folgendermaßen:

Aus dem Großherzogtum Hessen, 31. Dezember. Die gestrige Sitzung der Zweiten Kammer, in welcher über die von der Regierung gewährte Erweiterung der Konzession der Bank für Süddeutschland beraten wurde, war eine sehr erregte, und daß man seitens der Regierung ein großes Gewicht auf die Entschließung der Kammer in dieser Sache legte, zeigte schon der Umstand, daß sowohl der Ministerpräsident Herr v. Dalwigk wie der Finanzminister v. Schenk und der Geh. Staatsrat v. Bechtold in der Sitzung erschienen, während es sonst Regel ist, daß die Regierung, wenn, wie hier, über Anträge von Mitgliedern der Kammer verhandelt wird, unvertreten bleibt. Gestern war offenbar das Mißtrauen, welches man in der Sitzung hegte, daß die Erweiterung der Konzession der Bank für Süddeutschland mit Gegenleistungen, welche nicht dem Lande, sondern einzelnen Personen gutgekommen wären, erreicht worden sei, von besonderer Bedeutung. Man erinnerte sich der früheren Vorkommnisse. Bei Gründung der Bank für Süddeutschland schon hatte sich eine Differenz zwischen den Angaben über den erlösten Preis der von der Regierung übernommenen 2000 Aktien und des Kurses zur Zeit des Verkaufs derselben von etwa 7—11000 Fl. ergeben, welche Erörterungen veranlaßt hatten, und wenn man auch diesen Punkt nach den erteilten Erläuterungen nicht weiter verfolgte, so blieb doch bis jetzt eine andere Differenz, welche sich bei der dritten Aktien-Emission der affiliierten Bank für Handel und Industrie im Jahre 1857 zeigte, noch unaufgeklärt. Damals hatte der Verwaltungsrat dieser Bank von den Aktionären in der Generalversammlung vom 20. Januar 1857 fünf Millionen Gulden Aktien der Direktion al pari zur Verfügung gestellt, „um dieselben zur Erfüllung von der großherzogl. Regierung gegenüber übernommenen Verbindlichkeiten zu verwenden". Unterm 28. Februar 1857 machte dann die Direktion der Bank bekannt, daß sie hiervon „zirka 1¹/₂ Million verwertet und mit dem erzielten Agiogewinn die gegen die großherzogl. Regierung eingegangenen Verbindlichkeiten gedeckt" habe und bestätigte dies in der Generalversammlung vom 4. Mai 1857, indem dort ganz bestimmt 6000 Aktien, gleich 1¹/₂ Millionen Gulden (nicht mehr zirka), als hierzu verwendet bezeichnet wurden. Man berechnete damals nach dem Kurs dieser Aktien in der Zeit vom 20. Januar bis 28. Februar 1857, daß dieselben einen Gewinn von 357000 Fl. mußten ertragen haben, während das Ministerium für die Staatskasse nur 250000 Fl. in Rechnung brachte. Auf dem 17. Landtage, wo hierüber Rechnung abzulegen war, suchte Herr v. Dalwigk der Sache anfangs dadurch aus dem Wege zu gehen, daß er in einem Schreiben vom 20. Februar 1863 dem Referenten im Finanzausschuß dies als eine „reine innere" Angelegenheit der Bank bezeichnete, später gestand er aber, nach den Mitteilungen der Mitglieder des Finanzausschusses in einer Ausschußsitzung zu, daß allerdings außer 250000 Fl. weitere 100000 Fl., aber nicht in die Staatskasse, gezahlt worden wären; er nannte sogar, wie diese Mitglieder versichern, den Namen des Empfängers, der sich der Besprechung entzieht, und in der Sitzung vom 10. November 1863 teilte der Geh. Staatsrat v. Bechtold ein nach einigem Widerstreben dem amtlichen Protokoll einverleibtes Aktenstück mit, in welchem zugegeben wird, daß 350000 Fl. wirklich bezahlt worden seien; er versicherte aber wiederholt, nur 250000 Fl. seien davon in die Staatskasse geflossen und erklärte wörtlich: „Dagegen bin ich nicht in der Lage, über die weiter von der Bank bezahlten 100000 Fl. Auskunft zu erteilen; nur die Versicherung kann ich geben, daß eine Stipulation hierüber zwischen dem Ministerium und der Bank nicht stattgefunden hat". (S. 39 des 61. Prot.) Die Verteidigung der Regierung beschränkte sich damals nur darauf, daß nicht mehr, also nicht noch weitere 7—58000 Fl. gegeben worden seien; sie befriedigte aber so wenig, daß die Zweite Kammer mit allen Stimmen damals das Ersuchen um Einleitung einer Untersuchung zur Aufklärung des erwähnten Widerspruchs beschloß. Die erste Kammer vermied eine Beschlußfassung hierüber und auch der Landtags-Abschied schwieg darüber. Das Mißtrauen der jetzigen Kammer hat daher einen sehr greifbaren Grund, der mehr oder weniger verblümt in der gestrigen Debatte hervortrat, während Herr v. Dalwigk den Mut hatte, zu behaupten, damals, im Jahre 1863, sei jener Vorfall bereits genügend erläutert worden. Er provozierte damit freilich den Widerspruch des damaligen Referenten im Finanzausschuß, K. J. Hoffmann, und des anderen Ausschußmitgliedes Bolhard. Mit diesem Hintergrunde sind die Beschlüsse der gestrigen Sitzung leichter verständlich. Bemerkenswert aber ist bei denselben, daß die Kammer mit allen Stimmen ihre Hoffnung auf den Norddeutschen Bund und auf das Zustandekommen des dort zu erlassenden Gesetzes setzte, daß hierbei ebenso die ultramontane Partei, wie die demokratische die Hilfe von dort erwartete, und daß dies geschieht, obwohl der Sitz der Bank in Südhessen sich befindet, wo zur Zeit die Gesetze des Norddeutschen Bundes noch nicht durch die Publikation im Bundesgesetzblatte Geltung erlangen. Es gibt eben Zustände, deren Heilung nur zu erwarten ist von dem größeren Staate, in dem kleinen entziehen sie sich teils der Beachtung, teils sind die Kräfte der sie Ausbeutenden stärker als die der Abhilfesuchenden. In solchen Situationen überwältigt die richtige Erkenntnis auch die Widerstrebenden, und so feierte denn auch der Norddeutsche Bund gestern den nicht geringen Triumph der allseitigen Anerkennung in der hessischen Zweiten Kammer.

Soweit die „Kölnische Ztg." vom 4. Januar 1870.

Das also sind die Interessen, welche die „Köln. Ztg." heute vertritt. Daß dieselben „auf eine mögliche Berücksichtigung auch einen **vollgültigen** Anspruch haben", scheint aus der Mitteilung allerdings hervorzugehen. Das deutsche Publikum aber wolle urteilen, wie diese vortreffliche „liberale" Groß-Presse seine Interessen wahrnimmt.

Die „Köln. Ztg." hat kürzlich, aus Anlaß des berüchtigten Prozesses Janvier de la Motte hohe Worte sittlicher Entrüstung tönen lassen. Wenn unser „Liberalismus" sich nicht höher aufschwingt, als bis zu der „zahlungsfähigen Moral" der „Köln. Ztg.", so wird es seine Schuld nicht sein, wenn wir ähnlicher Versumpfung entgehen, wie sie einen Prozeß Janvier de la Motte möglich machte. Denn es war zu allermeist die Demoralisation im Gefolge der Geld-Privilegienwirtschaft, welche Frankreich so heruntergebracht hat.

Wenn das nicht noch rechtzeitig bei uns erkannt wird, gehen wir denselben Weg: quod deus bene avertat. Kräftige Anfänge sind leider bereits gemacht.

Wir haben uns bemüht, diesem trüben Strome einen Damm entgegen zu wälzen. Das vorliegende Buch gibt Zeugnis davon, so weit es sich um die Bankfrage handelt. Wir haben auch, ohne weitere Bemerkung die Polemik mit aufgenommen, welche Herr Dr. Al. Meyer, vielleicht nicht lediglich aus eigener Veranlassung, in seinem „Deutschen Handelsblatt" gegen uns gerichtet hat. Da Herr Dr. Alexander Meyer Sekretär des Deutschen Handelstages ist und zugleich Mitglied der Bankkommission desselben, welche aus einigen 20 Bankdirektoren besteht, so ist der Artikel des Dr. Meyer vielleicht besonders geeignet, die herrschende Parteirichtung in dieser Frage zu charakterisieren.

Im Anhange haben wir teils die Ausführungen des deutschen Handelstages und seiner Bankkommission, sowie der Notenbankinteressenten wiedergegeben, teils auch die bemerkenswerte Arbeit des Reichstagsmitgliedes Herrn G. D. Augspurg über die Bankfrage nebst einer Analyse der bekannten Broschüre des Herrn v. Unruh über dieselbe Frage und eines Vorschlages von G. Hirth zur Konsolidierung des deutschen Papiergeldes. — Wir hoffen so ein möglichst vollständiges Urteilsmaterial über die Frage zusammengetragen zu haben.

Rostock, am Geburtstage des Fürsten Bismarck 1872.

F. Perrot.

1. Zwölf Thesen zur Bankfrage.

Durch den Artikel 4 der Verfassung des Norddeutschen Bundes ist die gesetzliche Regelung des Bankwesens der Kompetenz des Bundes vorbehalten, und der Bund schickt sich an, seiner diesfallsigen Aufgabe näher zu treten.

Die Bedeutung des Bankwesens für die wirtschaftliche Gesamtentwicklung bedarf nicht der Erläuterung. Dagegen muß von vornherein konstatiert werden, daß eine wirtschaftlich fundierte, allgemein anerkannte Theorie des Bankwesens bis jetzt nicht existiert, vielmehr die Ansichten in dieser Materie so disparat und unvermittelt einander gegenüberstehen, wie irgend möglich.

Während nun einerseits die vom Bunde ausgehende, gesetzliche Regelung des Bankwesens voraussichtlich auf lange hinaus vom tief einschneidendsten Einflusse auf die wirtschaftliche Zukunft Deutschlands sein wird, muß man sich andererseits wohl mit Besorgnis fragen, ob es auch gelingen werde, in kurz gesteckter Frist aus einem fast unentwirrbar scheinenden Chaos von Ansichten die allein heilsame wirtschaftliche Wahrheit herauszudestillieren.

Um zunächst die Diskussion über den Gegenstand anzuregen, hat der Ausschuß des deutschen Handelstages im Februar 1870 einige Thesen drucken lassen, welche Herr Dr. A. Meyer aufgestellt hat. Zugleich bemerkt aber der Ausschuß des Handelstages ausdrücklich, daß er sich die gedachten Thesen keineswegs aneigne.

Es sei nun gestattet, den Thesen des Herrn Dr. Meyer Antithesen gegenüber zu stellen, welche die Resultate eingehenden Studiums über den Gegenstand enthalten:

1. Es ist ausschließlich Sache des Staates, dem Verkehre nicht nur das metallene, sondern auch das papierene Zirkulationsmittel zu schaffen, weil der Staat als solcher dies am besten kann.

2. Die „Banknote“ ist ein Notbehelf des Verkehrs. Als letzterer des papiernen Zirkulationsmittels bereits dringend bedurfte, verstand der Staat seine Aufgabe noch nicht, — statt selbst dem Bedürfnis abzuhelfen, übertrug er seine Befugnis und seinen Kredit hierzu an Private: — in manchen Fällen zwar übte er seine bezügliche Befugnis und Verpflichtung aus, leider aber der Art, daß er sie völlig kopflos mißbrauchte. Denselben Mißbrauch trieben übrigens auch die Privatbanken von der übertragenen Befugnis, meist wo sie konnten.

3. Jede „Banknote“ welche nicht durch Barhinterlage, d. h. durch Münze gedeckt ist, vermehrt die umlaufenden Zirkulationsmittel um den Betrag, auf welchen sie lautet. Die Wirkung dieser Vermehrung der Umlaufsmittel ist genau die einer öffentlichen Besteuerung. Die Definierung der „Banknote“ als einer Schuld ist unrichtig. Die Ausgabe jeder nicht durch Barmünze gedeckten „Note“ konstituiert eine öffentliche Steuer in dem

Betrage, auf welchen sie lautet, weil jede Vermehrung der Umlaufsmittel ihre Ausgleichung findet in einer entsprechenden Verminderung der Durchschnittskaufkraft des Geldes, d. h. mit anderen Worten, in einer entsprechenden Steigerung der Durchschnittspreise. — Eine solche Besteuerung ist natürliches Regal des Staates und muß es bleiben. Der Staat darf sich ohne Nachteil für die Gesamtheit dieses Regales nicht zugunsten von Privaten entäußern.

4. Jede nicht durch bar gedeckte „Note" einer Bank vermehrt daher des Betriebsfonds der Bank um den Betrag, auf welchen sie lautet und ist nichts mehr und nichts minder, als von der Bank kreiertes, vorher nicht dagewesenes „Geld". Und wenn Herr Max Wirth in seinem „Handbuch des Bankwesens" allerneuestens schlußfolgert: „Es gibt keinen prinzipiellen Unterschied zwischen Banknoten und Staatspapiergeld", so dürfte dieser Satz noch schärfer dahin zu fassen sein: „Zwischen nicht durch Barhinterlage gedeckten ‚Noten' und ‚Staatspapiergeld' existiert für den Verkehr kein prinzipieller Unterschied."

5. Aus Vorstehendem ergibt sich genau, welchen Steuerbetrag die Notenemission den Banken einbringt und es ist dies eine Steuer, welche fast ohne Erhebungskosten einkommt. Wir besitzen hierin zugleich die Erklärung der bis jetzt nicht hinreichend gewürdigten Tatsache, daß die Tätigkeit aller kapabeln Finanziers sich mit solcher Vorliebe der Gründung von Notenbanken zuwendet, wo der Staat dieser Vorliebe nicht bestimmte Grenzen setzt. — Es ist klar, daß das aus der Notenemission für die Bank resultierende Steuereinkommen um so größer ist, je höher sich der Betrag der nicht durch bar gedeckten Noten stellt, daher die Tendenz aller Notenbanken — möglichst viel Noten — bei möglichst geringer Bardeckung zu haben. — Das „spröde" Verhalten der preußischen Verwaltungspraxis in Erteilung von Konzessionen für Zettelbanken beruht wohl auf einem unklaren Gefühl dieses Sachverhaltes und kann nur gelobt werden.

6. Die Erteilung der Befugnis zur Notenemission an Private konstituiert nach dem bisher Erörterten allerdings eine vom Staate sanktionierte Einrichtung, welche eine unmotivierte Häufung von Kapital in bevorzugten Händen herbeiführt. Die Notenbanken wirken auf eine nicht naturgemäße und daher nicht zu rechtfertigende Kapitalanhäufung in Privathänden hin, indem das in der Notenemission enthaltene Steueraufkommen größtenteils fast den Charakter einer öffentlichen Schenkung hat: — Leistung und Gegenleistung stehen dabei nämlich in gar keinem motivierbaren Verhältnis.

7. Die Notenemission ist überhaupt nicht als Bankgeschäft anzusehen. — Das papierne Zirkulationsmittel, welches der Verkehr erfahrungsmäßig absolut bedarf, muß demselben und darf ihm ganz allein vom Staate geschaffen werden. Der Staat kreiert zu dem Ende einfach „Papiergeld". Dies Papiergeld konstituiert ganz ebenso, wie die „Banknoten" eine Steuer, nicht eine Schuld. Der Vorgang ist einfach dieser. Die Staatsbewohner kommen überein, ihre Zirkulationsmittel um den Betrag des Papiergeldes, welches der Verkehr bedarf, zu vermehren; dadurch erhöht sich momentan das Staatseinkommen um den Betrag des kreierten Papieres; dafür sinkt

aber allmählich die Kaufkraft des Geldes entsprechend und wirkt dadurch als allgemeine Steuer.

8. Die Erfahrung lehrt, wie Max Wirth in seinem neuen Handbuch des Bankwesens schließt, daß „die regelmäßige Einlösung der Banknoten an der Kasse beim Staatspapiergeld durch die Annahme in Zahlungsstatt an den Staatskassen reichlich ersetzt wird".

9. Eine „Staatsbank" ist daher in keiner Weise erforderlich. — Die Erfahrung zeigt zwar, daß vorsichtig und verständig geleitete Staatsbanken relativ ganz gute Dienste geleistet haben, indem sie einerseits wenigstens ein einheitliches Zirkulationsmittel in ihren Noten schufen, und andererseits durch ihre gute Leitung an und für sich relativ vorteilhaft wirkten. Darum bleibt aber nicht minder wahr, daß diese Staatsbanken Staats- und Privatgeschäfte in ebenso unzulässiger Weise vermengen, wie die Privat-Zettel-Banken. — Es ist nicht Sache des Staates, Bankgeschäfte zu treiben. Staatsbanken sind also überhaupt prinzipiell unzulässig.

10. Die in der Bankfrage zur Zeit herrschende Verwirrung wird zum allergrößten Teile dadurch verursacht, daß man die Kreierung des für den Verkehr erforderlichen Zirkulationsmittels mit den Bankgeschäften vermengt, während beide an sich ganz heterogene Dinge sind. Sobald man beides trennt, kommt Klarheit in die verworrene Materie.

11. Nicht nur das Konzessionswesen, sondern auch die Normativbedingungen werden durch diese Lösung überflüssig, denn es unterliegt keinem Zweifel, daß das von der Notenemission befreite Bankgeschäft vollkommen freizugeben ist. — Die Frage der Aktiengesellschaften hat ihre Lösung in einem größeren Zusammenhange zu finden.

12. Als Quintessenz vorstehender Theses ergäbe sich daher Folgendes zur Bankfrage:

a) Der Staat kreiert das für die mechanische Bequemlichkeit des Verkehrs notwendige papierne Zirkulationsmittel durch Ausgabe von Staatspapiergeld.

b) Alle Banknotenemission hört auf.

c) Keine Staatsbank mehr.

d) Völlige Freigebung des Bankgeschäftes.

2. Die Bankenquete.

des bleibenden Ausschusses des deutschen Handelstages, reduziert auf die Frage: Was ist eine Banknote?

Der bleibende Ausschuß des deutschen Handelstages hat mittels Fragebogens eine Bankenquete bei den deutschen Bank- und Handelsplätzen veranstaltet. Der Bericht über das Ergebnis dieser Enquete liegt gedruckt vor.

Das Resultat läßt sich in einem einzigen Satz zusammenfassen: von keiner Seite wird auch nur der leiseste Zweifel darüber erhoben, daß die Banknote an sich die richtige Form des papierenen Zirkulationsmittels sei;

— nur Rostock (Dr. Witte) will die Banknote überhaupt beseitigt und durch einfaches Staatspapiergeld ersetzt wissen.

Bemerkt muß übrigens werden, daß auch der Fragebogen selbst keine Frage enthält, welche darauf schließen lassen könnte, daß der Verfasser desselben irgend an die mögliche wirtschaftliche Berechtigung des Staatspapiergeldes in Stelle der Banknote gedacht habe.

Wer die Banknote als das richtige, wissenschaftlich motivierbare und praktisch am meisten dienliche papierne Medium ansieht, kommt in die Lage, sich selbst und anderen folgende Fragen beantworten zu müssen:

1. Weshalb kann und soll das Bankgeschäft nicht, wie jedes andere, völlig freigegeben werden?
2. Was ist besser und richtiger: eine Staatsbank, nur Privatbanken, oder beides zugleich?
3. Da niemand auch nur daran denken kann, Zettelbanken völlig freizugeben: — wie ist es denn mit den Konzessionen oder Normativbedingungen zu halten?
4. Konzessionen werden als großer Übelstand angesehen, und man will jetzt statt deren „Normativbedingungen" einführen, aber für die Fixierung der Normativbedingungen gibt es ebensowenig ein sicheres Prinzip, wie für die Konzessionsbedingungen und die Kontrolle ist in beiden Fällen gleich mißlich und — wo die Absicht einer Täuschung der Kontrolle vorliegt — gleich unwirksam.

Diese Fragen mit den sich daran knüpfenden Nebenfragen führen in ein vollständig unentwirrbares Labyrinth. Den Beweis für die Richtigkeit dieser Behauptung führt aufs Nachdrücklichste wieder der eingangs erwähnte Bericht über das Resultat der Bankenquete.

Die Enquete gibt uns eine Vielheit von Ansichten und Meinungen, welche — es kann mir nicht zur Last fallen, daß ich die Tatsache konstatiere — welche, sage ich, nicht wohl verworrener und widersprechender sein kann.

Das ist bis jetzt die letzte Konsequenz der Annahme, daß die Banknote das wirtschaftlich richtige papierne Medium für den Verkehr sei.

Wenn ich nun im Widerspruch mit sämtlichen Beantwortern des Fragebogens — Rostock ausgenommen — die Banknote völlig aboliert und lediglich durch Staatspapiergeld ersetzt sehen will, so bin ich mir der Mißlichkeit eines so isolierten radikalen Widerspruches vollkommen bewußt. Da ich aber meine Ansicht nicht leichthin, sondern erst auf Grund mühsamster Studien und angestrengtester Geistesarbeit gefaßt habe, da ich auch gegenwärtig nach reiflichster Prüfung der historischen Tatsachen und des jetzt wieder vorliegenden Enquenteergebnisses meine Ansicht nicht zu ändern vermag, vielmehr nur bestärkt und bestätigt finde, so fällt mir die äußerst schwierige, vielleicht sehr undankbare Aufgabe zu, fast allein gegen eine allgemein akzeptierte, überdies durch mächtige Privatinteressen gestützte Ansicht zu argumentieren. Wenigen Trost gewährt es mir hierbei, daß ich meine Ansicht zwar von den notabelsten unserer Nationalökonomen gebilligt weiß, daß dieselben jedoch ein offenes Vorgehen in diesem Sinne zur Zeit für untunlich halten.

Aus der Motivierung des zur Enquete verwendeten Fragebogens — wie sie in der „Denkschrift des bleibenden Ausschusses des deutschen Handelstages: Über das Bankwesen“ enthalten ist — ergibt sich, daß der Fragebogen, ebenso wie dessen Beantworter und wie unsere meisten Banktheoretiker, von der Ansicht ausgeht, daß die Banknote, wie sich die Denkschrift freilich vorsichtig genug ausdrückt, eine „Urkunde, ein Verpflichtungsschein des emittierenden Instituts oder Individuums“ sei.

Die Banktheoretiker und jetzt zuletzt Max Wirth in seinem neuesten Handbuch des Bankwesens ziehen die Konsequenz noch präziser; Wirth gibt als Quintessenz seines Handbuches: „Es gibt keinen prinzipiellen Unterschied zwischen Banknoten und Staatspapiergeld. Beide sind **Schuldscheine.**“

Diese Definitive muß jedoch in solcher Allgemeinheit für unzutreffend erachtet werden. — M. Wirth definiert zwar diese „Schuld“ näher als „Zwangsanleihe“. Es müßte aber auch hinzugefügt werden, daß nicht der Gläubiger Noteninhaber, sondern das Gesamtpublikum der eigentliche Gläubiger ist, und daß dieser arme Gläubiger seinem Schuldner auch noch Zinsen zahlen muß, für das Geld, welches er ihm leiht.

Die Definition der Banknote als **„Schuldschein“** muß ich aber, aller entgegenstehenden Ansichten ungeachtet, für durchaus **falsch** halten und erklären: die Banknote ist ihrem Wesen und ihrer Wirkung nach nicht sowohl ein Schuldschein der Emittenten, sondern eine Besteuerung der Staatsbewohner durch den Emittenten um denjenigen Notenbetrag, welcher ohne Bardeckung emittiert wird.

Meine Gründe sind folgende:

Eine „Schuld“ setzt notwendig voraus die Idee einer Abtragung oder Tilgung der Schuld. Bei der Kreierung von Banknoten ist aber von einer Schuldentilgung überhaupt und gar nicht die Rede.

Und woher bekommt der „Schuldner“ das Geld bei der Zettelemission?

Die angebliche „Schuld“ entsteht doch einfach nur so, daß der Notenemittent sein eigenes Geld und damit den Gesamtbetrag des umlaufenden Geldes um den Betrag der ohne Bardeckung emittierten Noten vermehrt. Dadurch wird die Kaufkraft des zirkulierenden Geldvorrates allmählich entsprechend vermindert. Da sich diese Verminderung aber auf ein großes Reservoir verteilt, so wird sie im einzelnen kaum fühlbar, wenn die Emission gewisse Grenzen nicht überschreitet.

Die Bank vermehrt also ihr Geld um den Betrag der nicht in bar gedeckten Noten und entnimmt diesen Betrag auf diesem nicht mehr ungewöhnlichen Wege aus der Tasche des gesamten Publikums, ohne daß auch nur im entferntesten die Idee vorläge, diese „Schuld“ jemals heimzuzahlen.

Die sog. **„Einlösbarkeit"** der Noten hat mit diesem „Schuldverhältnisse" gar nichts zu schaffen. Das wäre ja überhaupt eine kuriose „Schuld", welche trotz beständiger „Einlösung" immer auf demselben Niveau bleibt. — Wenn man die Notenemission als Kontrahierung einer Schuld auffassen wollte, so müßte man ja doch vor allen Dingen bedenken, daß der Geldbetrag, um welchen die Bank durch die ohne Bardeckung emittierten Noten bereichert wird, nicht aus der Tasche der Noteninhaber, sondern aus der Tasche des gesamten Publikums bezogen wird, daß also das Gesamtpublikum der eigentliche „Schuldner" wäre, während freilich der Verlust im Fall des Bankrotts sich auf die Noteninhaber konzentriert.

Da aber im gewöhnlichen Weg von einer Rückzahlung jenes Betrags, welchen die Notenbank durch Emission von Zetteln ohne Bardeckung — (ich verstehe natürlich nur den Partialbetrag der emittierten Noten, welcher nicht durch bar gedeckt ist) — aus der Tasche des Publikums bezieht, in keiner Weise die Rede ist und die Rede sein kann,

so wirkt jede ohne Bardeckung emittierte Note nur als öffentliche Steuer zu gunsten der Notenemittenten,

quod erat demonstrandum.

Die Besteuerung ist aber ein natürliches Staatsregal, dessen Übertragung an Private nicht nur theoretisch unzulässig, sondern mit den größten, allerbedenklichsten Übelständen in der Praxis verknüpft ist.

Der bedenklichste Übelstand der Notenemission durch Private ist dieser, daß dadurch in der Tat auf eine nicht naturgemäße, wirtschaftlich gar nicht motivierbare Häufung von Kapital in privilegierten Händen hingewirkt wird, welche bei uns jetzt schon seitens der Landwirtschaft als eine ungerechte Kapitalentziehung und Kreditverteuerung empfunden und bekämpft wird und seiner Zeit zu noch weit bedenklicheren Konsequenzen führen müßte.

Nicht durch bar gedeckte Noten emittieren, heißt einfach, auf Kosten der Gesamtheit für die eigne Tasche Geld machen; das darf ausschließlich nur der Staat. Eine Übertragung dieser Befugnis ist völlig und tatsächlich gleichbedeutend mit einer einseitigen, ungerechten und wirtschaftlich verderblichen Monopolbevorrechtigung des mobilen großen Kapitals.

Die Beseitigung der Banknoten durch Emission von Staatspapiergeld ist freilich nur vorteilhaft in Staaten, in welchen die wirtschaftliche Bildung so weit fortgeschritten ist, daß die Papiergeldpresse absolut niemals mehr zur Befriedigung momentaner Staatsbedürfnisse mißbraucht werden kann und darf, und müßte diese Bedingung erstes konstitutionelles Grundgesetz des zu kreierenden deutschen Staatspapiergeldes werden.

Beiläufig ist damit zugleich die einzige radikale Lösung aller jener prinzipiellen Fragen gegeben, um deren Beantwortung sich der Inhalt der Fragebogen zur neuesten Bankenquete ebenso vergeblich bemüht, oder auch nicht bemüht, wie es bei allen Beantwortungen dieser Fragen eben der Fall sein muß; die Fragen sind unbeantwortbar, weil schon die Fragestellung von falschen Prinzipien ausgeht und weil die Beantworter über dasselbe falsche Prinzip nicht hinauskommen.

Die ganze so überaus wichtige Angelegenheit löst sich aber einfach, klar und logisch, sobald man erkannt hat, daß die Banknote nicht eine „Schuld", **sondern eine Steuer** konstituiert. Die einfache Lösung aller bisher unlöslichen Fragen ist alsdann folgende:

1. keine Banknoten mehr,
2. nur Staatspapiergeld neben dem Metallgelde,
3. Staatsbanken sind ebenso überflüssig als schädlich,
4. das Bankgeschäft — NB. ohne Notenemission — ist völlig freizugeben.

Der Übergang aus dem gegenwärtigen Zustande zur Verwirklichung dieser Sätze müßte freilich den Gegenstand besonderer sorgfältiger Erwägung bilden.

3. Das Geld, sein Wesen und seine wirtschaftlichen Funktionen.

Ein Beitrag
zur Lösung der Bank-, Münz- und Währungsfrage.

I.

Es tritt gegenwärtig an die Gesetzgebung des Deutschen Reiches die Aufgabe heran, das Geldwesen Deutschlands zu regeln. Diese Regelung wird, auf wahrscheinlich lange hinaus dem deutschen Geldwesen seine Gestaltung geben und die Bedeutung dieser Neugestaltung wird vielleicht am besten durch die Schwierigkeiten illustriert, welcher die Beurteilung der einschlagenden Verhältnisse unterliegt. — In den wichtigsten Fragen des Geldwesens hat es die Volkswirtschaft eben noch nicht zur unbestreitbaren, wissenschaftlichen Abklärung gebracht und bei dem tiefeinschneidenden Einflusse, welchen das Geldwesen auf alle wirtschaftlichen Verhältnisse übt, ist eine Neugestaltung des deutschen Geldwesens, welche nicht auf unumstößlicher wissenschaftlicher Basis fußen kann, notwendig mit den allergrößten wirtschaftlichen Bedenken verknüpft.

Die nachfolgenden Untersuchungen gehen von der Absicht aus, einen Beitrag zur Gewinnung dieser unerläßlichen wissenschaftlichen Basis in den staats- und volkswirtschaftlichen Geldfragen zu liefern.

Es ist ein Glaubenssatz der modernen Nationalökonomie geworden und jeder Handelskammersekretär hält sich für berechtigt, das große Wort gelassen auszusprechen: „das Geld ist eine Ware, **wie jede andere.**"

Mit Verlaub, meine Herren! — lassen Sie uns das doch noch einmal näher prüfen. Wir haben es dabei gleich mit dem Kerne der Sache zu tun: wissen wir erst ganz sicher, was das Geld ist, dann können wir alles andere eben so sicher daraus folgern.

Daß das Geld unter anderm auch eine Ware ist, dürfte freilich nicht zu bezweifeln sein. Dabei scheint uns indessen zweierlei von größter Wichtigkeit, nämlich:

erstens ist das Geld nicht lediglich eine Ware, sondern hat auch noch andere Eigenschaften und Funktionen und

zweitens ist das Geld zwar eine Ware, aber nicht eine Ware **wie jede andere,** sondern eine mit ganz besonderen Qualitäten behaftete Ware, welche sie vielmehr vor jeder andern Ware unterscheiden und auszeichnen.

Es ist wieder die alte Geschichte, daß das bequeme Generalisieren mittels gestempelter Fachsätze in der Regel vom Übel ist; jeder volkswirtschaftliche Fall will eben in seiner Eigenheit beurteilt sein.

Der größte Teil der Arbeit wäre für unsern Fall geleistet, wenn wir eine logisch-kritische Geschichte des Geldes besäßen. Wir besitzen sie aber leider nicht, und so dürfen wir uns die Mühe nicht verdrießen lassen, ein wenig selbst zu untersuchen, was das Geld anfangs gewesen und wie es sodann im Laufe langer Zeit sukzessive zu dem geworden, was es jetzt ist. Es wird sich dabei zeigen, daß auch das, was wir heute „Geld" nennen, noch kein fertig abgeschlossener Begriff ist, sondern aller Vermutung nach auch noch fernerer Wandlung unterworfen sein wird, ehe er zu seiner vollen volkswirtschaftlichen Abklärung gelangt.

Ganz zu Anfang des Verkehrs gab es bekanntlich kein Geld: man tauschte die Gegenstände in natura gegen einander aus: das war das Stadium des „Tauschverkehrs".

Alles, was man tauscht, hat einen „Wert" und zwar ist dieser Wert ein doppelter: nämlich einmal in der Schätzung desjenigen bestehend, welcher das Tauschobjekt besitzt, sodann zweitens in der Schätzung desjenigen, welcher das Tauschobjekt nimmt. Der „Tauschwert" einer Sache ist daher regelmäßig ein Kompromiß zwischen der Wertschätzung beider tauschenden Parteien.

So wie der Tauschverkehr an Umfang und Häufigkeit zunimmt, ergeben sich für den Kompromiß der Wertschätzungen bald usuelle Anhalte und usuelle Übereinkommen, welche dazu führen, diesen Kompromiß für eine immer steigende Anzahl von Fällen derart zu formalisieren, daß der „Wert" der häufiger getauschten Objekte, ausgedrückt in dem Quantum, oder der Anzahl der dafür zu tauschenden Objekte sich übereinkömmlich feststellt.

Ein „Wert" an sich, als volkswirtschaftlicher Grundbegriff, existiert also gar nicht. Keine Sache ist mit einem absoluten Werte behaftet: sie hat vielmehr an sich immer nur den relativen Wert, welchen ihr ein jeder in seiner Wertschätzung beilegt.

Ein Maß für diesen Wert entsteht erst, sobald ein Objekt gegen ein anderes ausgetauscht wird, indem durch Kompromiß der subjektiven Wertschätzungen, die beiden zu tauschenden Objekte als gleichwertig gesetzt werden. — Wiederholt sich ein solcher Kompromiß bezüglich derselben Objekte im Tauschverkehr hinreichend oft, so wird das Resultat des Kompromisses eben zum Usus und es entsteht auf diese Weise ein usueller „Verkehrswert" der im Tauschverkehr häufiger vorkommenden Objekte.

Schreitet nunmehr die Verkehrsentwicklung weiter fort, indem der allgemeine Tauschverkehr anfängt, sich der Vermittlung von Leuten zu bedienen, welche ein besonderes „Geschäft" aus dieser Vermittlung machen, so stellt sich auch allmählich das Bedürfnis heraus, die „Verkehrswerte" nach einer gemeinsamen, in weiterem Kreise bekannten und adoptierten Skala zu messen.

Als solchen gemeinsamen Wertmesser wählt man denn natürlich das verbreitetste und gangbarste Tauschobjekt. Man gewinnt dabei eben den Vorteil, anstatt jeden Verkehrswert an allen übrigen messen zu müssen, nunmehr alle zusammen an einem einzigen oder doch einigen wenigen vergleichend messen zu können.

Diesem Vorgange des Verkehrslebens, der zwar noch in historischer Zeit zu verfolgen ist, leider aber bis jetzt einer, dem größern Publikum zugänglichen genügenden historischen Darstellung ermangelt, verdanken wir die Entstehung des „Geldes". — Ursprünglich und zuerst ist das Geld eben nichts anderes, als ein besonders verbreitetes und häufiges Tauschobjekt, welches usuell zum gemeinsamen Wertmesser für den Tauschverkehr geworden ist.

Man wird es natürlich finden, daß im Beginne der Verkehrsentwicklung nicht allenthalben dasselbe Tauschobjekt zum gemeinsamen Wertmesser wurde, da eben nicht allenthalben dasselbe Tauschobjekt das häufigste und am meisten kursierende gewesen sein kann. So finden wir z. B. bei den hauptsächlich Ackerbau treibenden Völkern in der Regel das Vieh, als wichtigstes und häufigstes Tauschobjekt, zuerst als gemeinsamen Wertmesser benutzt. Höchst interessant ist es, wie die lateinische Bezeichnung für „Geld", pecunia, sachlich und sprachlich aus pecus (Vieh) entstanden ist. Man weiß z. B., daß ursprünglich im Beginn historischer Zeit in Italien ein Rind durchschnittlich 10 Schafen gleich gerechnet wurde, so daß letztere gleichsam die Scheidemünze bildeten. Bei verschiedenen Völkern war, ja ist es noch Sitte, den Wert von Tauschobjekten in Anzahl von Viehhäuptern und Zuchttieren auszudrücken.

In anderen Himmelsstrichen mit anderen natürlichen Existenzbedingungen ihrer Bewohner, haben sich andere Tauschobjekte als zur Wertmessung geeigneter empfohlen, so in Rußland z. B. lange Zeit hindurch Pelze, bei manchen Bevölkerungen Afrikas gewisse Muscheln usw.

Hat sich der Verkehr einmal gewöhnt, gewisse besonders häufige und geeignete Tauschobjekte als gemeinsamen Wertmesser zu benutzen, so ist erfahrungsmäßig hiermit zugleich der Usus erwachsen, diese Tauschobjekte noch auf andere Weise zur Erleichterung des Verkehrs zu benutzen. Sehr instruktiv ergibt sich dies aus der Verwendung, welche die Pelze in Rußland zu Verkehrszwecken in historischer Zeit fanden. Man gewöhnte sich nämlich schon vor der tartarischen Einwanderung daran, das den Pelzen beigelegte relative Wertmaß gewissermaßen in einen absoluten Wert zu verwandeln, und es bildete sich ein usuelles Verkehrsübereinkommen dahin aus, daß man für Pelze jedes andere Tauschobjekt nahm und gab. Wer Pelze hatte, wußte alsdann, daß er dafür im Tauschverkehr jedes andere Tauschobjekt erhalten konnte. Das war schon ziemlich bequem gegen früher: man war jetzt imstande, statt überschüssiger Naturalwerte selbst, dieses „Kapital" in der bequemeren Form von Pelzen, aufzubewahren, und zu transportieren. Die Pelze waren

Repräsentanten aller andern Tauschwerte geworden: diese Tauschwerte werden nach und nach reichlicher im Verkehr, weil mit der fortschreitenden Entwicklung immer mehr Arbeitsprodukt überschießt und zuletzt etabliert sich für die Vermittlung des Austausches dieser Produkte: der „Markt".

Auf dem „Markte" kann man für Pelze jedes andere Tauschobjekt erhalten: die Pelze sind damit zu „Marktanweisungen" geworden: d. h. sie sind bereits eine Art „Geld", und man kann nunmehr auf die Art und Weise wie die Pelze den Wertaustausch vermitteln, die Ausdrücke: „kaufen" und „verkaufen" anwenden. Die Pelze sind nunmehr „Geld", alle anderen Tauschobjekte sind: „Ware". — Aus dem Tauschverkehr entwickelt sich das „Handelsgeschäft".

Die Tartaren nehmen bei ihrer Invasion russische Kriegskassen weg, deren „Zahlungsmittel" in Pelzen bestand. Noch zu Peters des Großen Zeit dienten Pelze als „Geld".

Die Entwicklung des Verkehrs schritt inzwischen weiter fort. Der Arbeitsüberschuß wurde immer reicher, der Marktverkehr immer größer und detaillierter: da genügten die Pelze bald nicht mehr als „Geld". Interessant ist es, wie hier, neben dem sich einstellenden Metallgelde, der Versuch herläuft, den Gebrauch der Pelze in der Funktion als Geld bequemer zu formalisieren: — man hat nämlich in Rußland tatsächlich damit begonnen, nur die Schnauzen der Pelze, statt der ganzen Pelze selbst, als geltende Marktanweisungen in Kurs zu setzen: — das Verhältnis der Schnauzen zu den wirklichen Pelzen bietet in der Tat schon eine Analogie des Verhältnisses vom Papiergelde zum Metallgelde.

Dieselbe Rolle der Verkehrsvermittlung und -erleichterung, welche in Rußland lange Zeit die Pelze übernahmen, haben in dem größten Teile der Kulturländer der Alten Welt verschiedene Metalle, namentlich die Edelmetalle mit noch größerer und bleibenderer Wirksamkeit übernommen.

In Italien lernte man zuerst das Kupfer gewinnen und bearbeiten. Die vergleichende Wertschätzung und Tauschvermittlung vermittels des Viehes konnte natürlich nur auf der untersten Stufe nomadischer und ackerbaulicher Entwicklung genügen. Eine etwas höhere Entwicklungsstufe griff nach dem zunächstliegenden Kupfer und regelmäßig geformte, mit einem Gewichtsstempel versehene Quantitäten dieses Metalles wurden demnächst zur vergleichenden Wertschätzung und als Marktanweisungen, d. h. als Geld benutzt. Bestimmte Gewichtsmengen Kupfers — das pondo aeris — bildeten bis in späte Zeit, die Hauptbasis des übrigens niemals klar durchgebildeten römischen „Münzwesens".

Die allgemeinste Verwendung als „Geld" haben die Edelmetalle, Gold und Silber gefunden. Dem Orient hatte die Natur das Gold, den Griechen das Silber am leichtesten zugänglich gemacht: und so sehen wir im Orient sozusagen die Goldwährung, in Griechenland die Silberwährung entstehen. — Auch hier sind es zuerst regelmäßig geformte, mit einer Stempelung versehene Gewichtsquantitäten, welche den Übergang zu einem eigentlichen „Münzsystem" bilden. Mit der fortschreitenden Ausbildung des Verkehrs werden diese Gewichtsquantitäten mehr und mehr usuell: — die Entwicklung des Detailhandels fordert die Teilung in immer kleinere Gewichtseinheiten: — die übereinstimmende Kennzeichnung dieser kleineren Gewichtsqantitäten und eine gemeinsame Garantie für die Egalität des Gehaltes und der Gewichtsbesserung ergeben sich alsbald für die Bequemlichkeit des Verkehrs als unabweisbares Bedürfnis: — Städte und Staaten übernehmen die Ausführung beider Aufgaben für ihre respektiven Verkehrskreise, als die hierzu naturgemäß geeignetsten Organe: — und so erscheinen im Verkehre die „Münzen", anfangs mit einseitiger, später mit doppelseitiger „Prägung". — Die Römer sind erst sehr spät — nämlich erst seit sie durch den Tarentinischen Krieg mit den griechischen Kolonien und ihrem Silberkourant in Beziehung kamen — zur Prägung und Benutzung von Silbermünzen übergegangen, und hatten seitdem quasi eine „Doppel-Währung" in Kupfer und Silber. — Goldmünzen wurden bei den Römern in noch viel späterer Zeit zwar auch geprägt: — das Gold wurde jedoch im Handelsverkehr in größeren Quantitäten fast immer nur dem Gewichte nach verwendet.

II.

Es bedarf nur einer unbefangenen Würdigung des vorskizzierten historischen Prozesses, um zu dem Schlusse zu gelangen, daß das **Geld** nicht nur keine Ware ist, „wie jede andere", sondern daß dasselbe sich von dem Charakter einer Ware, den es anfangs ausschließlich besaß, mehr und mehr entfernt, ohne freilich bis jetzt diesen Charakter völlig abgestreift zu haben.

Zu dem ursprünglichen Charakter einer Ware gesellt sich zunächst jener eines vergleichenden **Wertmessers**, und sodann der einer **Marktanweisung**. — Je mehr sich die Eigenschaft der kurrenten Marktanweisung beim Gelde entwickelt, um so mehr tritt allmählich die Qualität als Gebrauchsware zurück, ohne jedoch, wie gesagt, gänzlich zu verschwinden.

Beim Vorgange des „Kaufens" und „Verkaufens" ist das Geld seines Wertes als Selbstgebrauchsware gänzlich entkleidet und weiter nichts mehr, als ein **Wertbesitztitel**, welcher durch das Bedürfnis des Verkehrs und das daraus erwachsene Gewohnheitsübereinkommen die Eigenschaft einer allgemein akzeptierten Anweisung auf den Markt erlangt hat.

So ist also das Geld, insbesondere das am meisten verbreitete Edelmetallgeld, aus einer Ware zu einem mit dem „**Kredit**" einer Marktanweisung behafteten **Remplaçant** aller Waren geworden. Diese Vertretung aller Verkehrswerte durch das Geld ist uns heute so geläufig geworden, daß wir beständig in Gefahr sind, die Begriffe „Geld" und „Kapital" als identisch miteinander zu verwechseln.

Es ist nun unschwer zu erkennen, welche Förderung dem Verkehr und insbesondere dem den Wertaustausch vermittelnden Handel aus dieser ganz allgemein adoptierten Vertretung aller Verkehrswerte durch das Geld erwachsen mußte. Diese Vertretung hat den Wertaustausch erst im eigentlichen Sinne mobilisiert und beide — Handel und Geldwesen — schreiten in ihrer unzertrennlichen Entwicklung, genau Schritt haltend, miteinander fort: —

die Geschichte des Geld- und Münzwesens bietet namentlich in bezug auf die stufenweise Ausbildung und Verfeinerung der vergleichenden konventionellen Wertmessung die interessantesten Erläuterungen und Belege für den untrennbaren Zusammenhang aller Kulturentwicklung mit den Fortschritten des Geldwesens dar. — Man hat diesem Zusammenhange bis jetzt nicht die gebührende Aufmerksamkeit gespendet: — wie wenig ausreichend wird z. B. bis jetzt die Relation des römischen Finanzwesens, des römischen Groß- und Kleinhandels zum römischen Münzwesen in kulturgeschichtlicher Beziehung gewürdigt?

Eine von richtigen kulturhistorischen Gesichtspunkten ausgehende lesbare Geschichte des Geldwesens ist großes Zeitbedürfnis: — wenn wir sie besäßen, wäre einem sehr fühlbaren volkswirtschaftlichen Erfordernis abgeholfen: — wir sähen alsdann weit sicherer die Wege für die Weiterentwicklung unseres Geldwesens vor uns. — Freilich kann auch wieder diese Geschichte nicht mit Erfolg unternommen werden, bis die richtigen Gesichtspunkte dafür feststehen: — möge es uns gelingen, einen Beitrag zu dieser Feststellung zu liefern.

III.

Es ist nunmehr notwendig, etwas näher auf die Relationen einzugehen, welche sich aus den gegebenen Verhältnissen zwischen „Geld" und „Ware" entwickelt haben.

An die Stelle der primitiveren Geldsorten — wie Viehhäupter, Pelze, Muscheln usw. — ist, mit fortschreitender Kultur, allenthalben das Edelmetallgeld getreten: — nur Völker auf den niedersten Kulturstufen behelfen sich noch mit unvollkommeneren Zahlungsmitteln. — Das Edelmetallgeld hat eine Universalität erlangt, welche einerseits aus seinem Naturaleigenschaften als Ware hervorgegangen ist und anderseits einem wesentlichen Bedürfnis des Gesamtverkehrs entspricht.

Es liegt völlig auf der Hand, daß der Handel, je mehr er sich ausbreitet, entwickelt und verzweigt, um so mehr auch das Bedürfnis nach möglichster Egalisierung der vergleichenden Wertmessung empfinden und zugleich auch nach einer tauschvermittelnden Marktanweisung von möglichst universeller Geltung hinstreben muß. Die Naturaleigenschaften der Edelmetalle machten dieselben vorzugsweise geeignet, beiden Bedürfnissen des Handels und Verkehrs zu genügen. Es ist für unsere weiteren Erörterungen von Wichtigkeit, auch auf diesen Punkt näher zurückzukommen.

Zunächst sind die Edelmetalle, als Tauschwert, fast ausnahmslos auf dem ganzen Erdenrund geschätzt und waren dies schon in so früher Zeit, daß sie wohl als die ersten Universaltauschwerte anzusehen sind.

Zweitens ist die Verbreitung der Edelmetalle in der Natur eine relativ beschränkte, so daß verhältnismäßig kleine Quantitäten davon verhältnismäßig großen Tauschwert besitzen: — universelle „Nachfrage" bei beschränktem „Angebot".

Drittens kann man daher in Form von Edelmetallen große Werte in kleinen Volumen verhältnismäßig bequem konservieren und transportieren.

Viertes kann man leicht verschiedene und bestimmte Gewichts- und Formquantitäten davon bilden, was für die vergleichende Wertmessung von größter Wichtigkeit erscheint.

Fünftens sind die Edelmetalle nicht dem Verderben ausgesetzt und lassen sich auf unbegrenzte Zeit leicht und sicher aufbewahren.

Alle diese Eigenschaften zusammen haben es bewirkt, daß die Edelmetalle aus einer Universalware, zugleich ein Universalwertmesser und eine Universalmarktanweisung und damit endlich zu einem Universalvertreter aller im Verkehr kursierenden Werte überhaupt geworden sind.

Zuerst also war das, was wir heute „Geld" nennen, lediglich nur ein Tauschobjekt, eine Ware, zuletzt aber ist aus dieser Ware, ein Remplaçant, ein Vertreter aller Waren, aller im Verkehr kursierenden Werte geworden und diese Vertretung setzt sich zusammen aus den beiden Eigenschaften der vergleichenden Wertmessung und des Kredits als Marktanweisung.

Wenn man den Gang dieser historischen Entwicklung überblickt und das zeitige Wesen des Geldes vorurteilslos ins Auge faßt, so dürfte kaum ein Zweifel übrig sein, daß unter den Eigenschaften, welche wir heute unter dem Begriffe „Geld" subsumieren, der Charakter einer „Ware" zwar immerhin noch vorhanden, im Laufe der Zeit aber mehr und mehr zurückgetreten ist, so daß für uns die Eigenschaft des Geldes, als einer Gebrauchsware gleichsam nur noch den fernen Hintergrund bildet, von welchem sich die für die Verkehrsvermittlung wesentlichen Eigenschaften des Geldes in steigendem Maße ablösen.

IV.

Eine besondere Erwägung erfordert noch die Eigenschaft des Geldes als Wertmesser.

Das Wertmaß eines Verkehrsobjektes, in Geld ausgedrückt, nennen wir seinen „Preis". Wir haben gezeigt, wie die vergleichende Wertmessung aller Verkehrsobjekte sich daraus entwickelte, daß man sich gewöhnte, alle Objekte an einigen wenigen, zuletzt fast ausschließlich den Edelmetallen, zu messen. Durch usuelle Festsetzung einer Stufenfolge bestimmter Gewichts- und Formquantitäten der Edelmetalle in den verschiedenen kleineren und größeren Verkehrskreisen gelangte man zu usuellen Wertskalen, welche sich mit fortschreitendem Verkehr nach und nach feiner und detaillierter entwickelten. Die relative Ausbildung dieser Wertskalen kann bei den verschiedenen Völkern und zu den verschiedenen Zeiten einen genauen Maßstab für die relative Entwicklung des Verkehrs abgeben: — es bedarf nur eines Blickes auf die Ausbildung dieser Skalen bei den Griechen und Römern, um zu erkennen, daß ein feingegliederter Detailhandel bei solcher Skala nicht existieren konnte. — Die Unvollkommenheit der antiken Finanzsysteme steht mit der Unvollkommenheit, der Unsicherheit und der Überzahl der überdies allzu häufig wechselnden Wertskalen in engem Zusammenhange.

Den „Preis" eines Objektes, insbesondere einer Ware können wir nunmehr genauer dahin definieren, daß er angiebt, wieviel Einheiten der Wertskala, dem Werte des Objektes, resp. einer Maß- und Gewichtseinheit der Ware gleichgesetzt werden.

Dieser „Preis" hat sich lediglich aus dem Verhältnis von „Angebot" und „Nachfrage" zwischen den Edelmetallen einerseits und den im Verkehr zirkulierenden übrigen Tauschwerten andrerseits allmählich herausgebildet. Der Preis bildet also eine einfache Relation zwischen der im Verkehr zirkulierenden Menge Geldes und den im Umlauf befindlichen Warenquantitäten, resp. Handelsobjekten.

Nehmen wir daher, wie auch in Wirklichkeit der Fall ist, die Anzahl der im Verkehr umlaufenden Wertmaßeinheiten als relativ konstant an, so wird der Preis einer Ware steigen oder fallen je nachdem innerhalb des Absatzkreises dieser Ware das Angebot, gegenüber der bestehenden Nachfrage, herunter- oder hinaufgeht, steigt oder fällt — et vice versa.

Die Menge der im Verkehr zirkulierenden Wertmaßeinheiten richtet sich übrigens, unter normalen Verhältnissen, nach der Menge des vorhandenen Geldes überhaupt, wenn auch nicht genau, so doch annähernd.

So lange es nur Metallgeld gab, war die Menge des zirkulierenden Geldes an sehr natürliche Grenzen gebunden, die häufige und plötzliche große Schwankungen in der Gesamtzirkulation ausschlossen. Die Produktion der Edelmetalle ist indessen im Laufe der Zeiten großen Änderungen unterlegen. Namentlich die Entdeckung Amerikas hat eine so erhebliche Menge derselben in den Verkehr gebracht, daß auch die Ausmünzung von Edelmetallgeld in größerem Maße zunahm, als das Angebot von Werten überhaupt: — die Folge davon war, daß in der Relation zwischen Geld und Verkehrsobjekten im ganzen eine große Niveauänderung vorging: — das Geld verlor an Kaufkraft, d. h. der Preis der Verkehrsobjekte ging durchschnittlich in die Höhe.

So sind also die Preise einer doppelten Art von Wechsel ausgesetzt. Einmal ändern sie sich in großen Zeiträumen allmählich und durchschnittlich, so wie sich das Verhältnis zwischen der zirkulierenden Geldmasse und der Menge der zirkulierenden Verkehrswerte im ganzen ändert: — sodann gibt es auch noch häufiger eintretende partielle Preisschwankungen, welche von momentanen Konjunkturen abhängen, die Preisverhältnisse im großen ganzen aber nicht wesentlich alterieren.

Es ergibt sich uns also die wichtige Tatsache, daß die auf Edelmetall reduzierte Wertmessung im großen Durchschnitt keinen plötzlichen Schwankungen in dem Verhältnis des Wertmaßes zu den gemessenen Werten ausgesetzt ist: — es ist nicht schwer, die Ursache dieser Erscheinung in dem Umstande zu finden, daß jeder Zufluß zu dem Reservoir des Edelmetallgeldes sich allmählich über das universelle Niveau der gesamten Verkehrswelt ausgleicht: — es sind eben so enorme Zuströmungen, wie seit Entdeckung Amerikas und der Goldfelder in Kalifornien und Australien, erforderlich, um diesen ausgedehnten Niveaustand überhaupt im Laufe von Dezennien bemerkbar zu ändern.

Es ist offenbar, daß beim Edelmetallgelde, wie beim Weltmeere, die Größe des Reservoirs die vergleichsweise Stabilität des Niveaus, d. h. für unsern Fall der auf Edelmetallgeld reduzierten Wertmessung, bewirkt.

V.

Aus dem Gange unserer bisherigen Untersuchungen dürfte nunmehr erhellen, wie das Metallgeld weit mehr eine auf gewohnheitsmäßigen Übereinkommen basierende Kreditinstitution, als eine Ware genannt werden muß. Wer Geld für Ware eintauscht, dem ist das Geld ja nicht Ware zum eignen Gebrauche, sondern nur ein allgemein honorierter Wertbesitztitel, welchem der „Kredit" beiwohnt, daß er jederzeit auf dem Markte gegen Ware umgesetzt werden kann. — „Kaufen" und „Verkaufen" sind bereits „Kreditoperationen", lediglich ermöglicht durch den Marktanweisungskredit, welchen das Geld durch Gewohnheitsübereinkommen erlangt hat. — Der Vorteil dieser Kreditoperationen beruht einfach in der für den Verkehr unschätzbaren Möglichkeit, alle Verkehrsobjekte in der so bequemen Form von Geld akquirieren, konservieren und translocieren zu können.

Allein auch diese Bequemlichkeit reicht noch nicht für alle Bedürfnisse der fortschreitenden Verkehrsentwicklung aus. Produktion und Umsatz gelangen zu einer Stufe, wo selbst die Vermittlung des Metallkredites noch große und immer größere Unbequemlichkeiten fühlbar werden läßt. Selbstredend sucht der Verkehr nach Mitteln, um diesen Unbequemlichkeiten abzu helfen.

Die Schwierigkeiten der Zahlungsleistung mittels baren Geldes auf größere Entfernung führen zunächst auf den Gedanken, welcher dem „Wechsel" zugrunde liegt: — statt daß erst A an B und dann B an C zahlt, „zieht" B auf A einen „Wechsel", welchen C in Stelle der Barzahlung nimmt, indem er dem „Wechsel" den Kredit schenkt, daß A ihn zum Fälligkeitstermine „honorieren" werde. — C wechselt den Debitor und A den Kreditor: — daher der „Wechsel". — Der Vorteil dieser Operation beruht zunächst darin, daß zwei Zahlungen auf eine reduziert werden, und dieser Vorteil erhöht sich in der Regel dadurch bedeutend, daß A und C an demselben Orte wohnen, B aber an einem weiter entfernten Orte wohnt, so daß zugleich eine Zahlung auf größere Entfernung in eine solche auf kleinere Entfernung verwandelt wird.

Bald kommt indessen noch ein ferneres Moment hinzu, welches diese einfachere Natur des Wechsels etwas kompliziert. Vom Ausstellungs- bis zum Verfalltage des Wechsels verstreicht natürlich eine größere oder geringere Frist. Während dieser Zeit repräsentiert der Wechsel eine durch „Akzept" von A anerkannte Forderung des C an A, verknüpft mit dem Versprechen des A, zu bestimmter Frist Zahlung zu leisten. Es hat sich nun ein kaufmännisches Übereinkommen gebildet, dahin, daß jeder Kaufmann ein solches Zahlungsversprechen, Wechsel genannt, in der Zeit vom Ausstellungs-

bis zum Verfalltermine in Stelle wirklichen Geldes in Zahlung nimmt und gibt, zugleich aber als „Indossant" die Mitbürgschaft dafür übernimmt, daß der Wechsel zum Verfalltermine in gewöhnliches Geld umgesetzt werde. Der Wechsel wird durch dieses kaufmännische Übereinkommen zu einer besondern Art von „Geld", die man ganz richtig als „kaufmännisches Geld" bezeichnet hat. — Der Wechsel ist Geld, von beschränkter Umlaufsdauer und beschränktem Umlaufsgebiet, welches sich erst am Schluß seiner Laufbahn in gewöhnliches, d. h. nach Belieben teilbares und im gewöhnlichen Verkehr verwendbares Geld verwandelt. Will jemand diese Verwandlung vor dem Verfalltermine vornehmen, so muß er „Diskont" zahlen. Der Wechsel ist also schon eine Art von Papiergeld, dessen Kredit an die erörterten speziellen Bedingungen geknüpft ist.

Dem Wechsel haftete aber noch eine große Unbequemlichkeit an: — die Summe, auf welche er lautet, kann nur ganz und ungeteilt als Geld begeben werden. Der Verkehr hat zugleich das Bedürfnis einer Marktanweisung erreicht, welche gestattet, große Werte noch bequemer und leichter, als in Form von Metallgeld zu translozieren und zu konservieren. Eine papierne Marktanweisung von noch bequemerer Form als der Wechsel, müßte diesem Bedürfnis entgegenkommen: — es entsteht die „Banknote".

Der ursprüngliche Begriff der „Banknote" hat sich ganz folgerichtig aus dem Wechsel entwickelt: — sie ist ihrer Entstehung zufolge eigentlich ein Wechsel „zahlbar zu Sicht". Wenn man die anfängliche Idee der Banknote korrekt entwickelt, so ist sie eine Anweisung à vista auf in den Kellern der Bank deponiertes Metallgeld: — sie konstituiert eine Verpflichtung der Bank, dem Präsentanten der Note jederzeit, auf Verlangen den Nominalbetrag in Metallgeld auszuwechseln. — Diese Solawechsel fungieren im Verkehre als bequemeres Surrogat des in der Bank folgerichtig in gleichem Betrage hinterlegt zu denkenden Metallgeldes, genießen völlig den Kredit desselben innerhalb des Kreditgebietes der Bank und sind infolgedessen auch im gewöhnlichen Verkehr dieses Kreditgebietes in gewöhnliche Münze teilbar, ohne „Diskont".

Diese „Noten" repräsentieren also eine Art von Geld, welche dessen Haupteigenschaften, die eines allgemein bekannten Wertmaßstabes und einer allgemein honorierten Marktanweisung bereits in fast eben so hohem Grade in sich vereinigt, wie das Metallgeld selbst. — Der Kredit dieses Notengeldes knüpft sich aber vorerst an die Idee, daß die Bank den Nominalbetrag desselben in Metall deponiert halte. — Der Marktanweisungskredit des Metallgeldes ist also vergleichsweise absolut, jener der Banknote nur bedingt. — Übrigens ändern sich diese anfänglichen Kreditsbedingungen und damit auch die Natur der papiernen Zirkulationsmittel im weiteren Verlauf der Verkehrsentwicklung noch erheblich.

VI.

Wenn wir soeben die Idee aufgezeigt haben, auf welcher der Zirkulationskredit der „Banknoten" ursprünglich sich aufbaute, so müssen wir hier sofort auch nachweisen, wie die geschäftliche Entstehung der Banknote, mit jener Idee keineswegs durchaus konform ging.

Indem die Privatunternehmung ein Geschäft daraus machte, dem öffentlichen Verkehr jenes papierne Zirkulationsmittel zu liefern, dessen er bedurfte, mußte sie natürlich auch einen „geschäftlichen" Vorteil für sich dabei wahrnehmen. Es ist von entscheidender Wichtigkeit, über diesen „geschäftlichen Vorteil" bei der Ausgabe von Banknoten genau klar zu sehen.

Wenn jemand nur gerade so viel Nominalbetrag in Noten emittieren wollte, als er in Metallgeld als „Deckung" zurücklegt: so ist klar, daß dabei ein geschäftlicher Vorteil für den Emittenten gar nicht obwalten würde: es ist denn auch niemals jemand so dumm gewesen dergleichen zu tun.

Die anfängliche Praxis der Finanziers bestand einfach darin, daß sie mehr Nominalbetrag in Noten emittierten, als sie an Deckung in Metallgeld hinterlegten. Sie stützten sich dabei bald auf die geschäftliche Erfahrung, daß das Bedürfnis des Verkehrs meist wenigstens $^2/_3$ der emittierten Noten in beständiger Zirkulation erhielt, und daß sie für das gewöhnliche Bedürfnis der Umsetzung ihrer Noten in „bar" mit $^1/_3$ „Deckung" in Metallgeld im Verkehr reichlich ausreichten.

Es ist hier nunmehr genau klarzulegen, welche tatsächlichen Konsequenzen mit dieser Geschäftsgebarung verknüpft sind.

Wenn jemand Noten emittiert, und nur einen Teil ihres Nominalbetrages, nehmen wir z. B. $^1/_3$, an Deckung, und zwar in Metallgeld, hinterlegt, so ist zweierlei unzweifelhaft:

erstlich vermehrt er sein Betriebskapital um das Doppelte des als „Deckung" hinterlegten Metallgeldbetrages und

zweitens vermehrt er die Menge der umlaufenden Zirkulationsmittel gleichfalls um dies Doppelte.

Dafür also, daß der „Bankier" dem Verkehre das papierne Geld liefert, dessen letzterer unbedingt benötigt ist, genießt er als Entgelt den sehr positiven Vorteil, sein Geschäftskapital um so viel zu erhöhen, als seine Notenemission an Nominalbetrag die hinterlegte „Bardeckung" übertrifft — immer vorausgesetzt, daß, wie ursprünglich der Fall gewesen, die „Deckung" überhaupt nur in Metallgeld besteht. — In dieser Erhöhung des Geschäftskapitals besteht, unter vorgedachter Voraussetzung, der Geschäftsvorteil des Bankiers. — Es ist mit einem einzigen Blick ersichtlich, daß dieser Vorteil ein ganz außerordentlicher und daß er um so bedeutender ist, je geringer die Bardeckung im Verhältnis zur Notenausgabe verbleibt. Ferner ist klar, daß bei gleichem Verhältnis von Bardeckung und Notenausgabe der Vorteil wächst mit dem Gesamtbetrage der Emission.

Die Möglichkeit für einen Bankier, sein Betriebskapital durch Emission ungedeckter Noten um den Nominalbetrag der letztern zu vermehren, beruht natürlich auf der Bereitwilligkeit des Publikums, die Noten im Verkehr nach ihrem Nennwert zu honorieren und als Geld zu verwenden. Die Bereitwilligkeit des Publikums, dies zu tun beruht auf mehreren Ursachen: — erstlich auf dem mechanischen Bedürfnis des Verkehrs nach Papiergeld: —

sodann auf der Vorstellung der „Einlösbarkeit" dieses Papiergeldes, falls man Metallgeld bedarf, oder der Note irgendwo der Kredit versagt wird: — und drittens wohl auch auf der mehreren oder minderen Unkenntnis des großen Publikums über die genauen Existenzbedingungen solcher Banknoten. — Nimmt man hierzu noch ein gewisses mehr persönliches Vertrauen zu der Bankfirma, so hat man die hauptsächlichsten Elemente, aus welchen sich der sog. „Kredit" der Banknoten zusammensetzt.

Auch die neueste Bankweisheit eines Teils unserer volkswirtschaftlichen Schule scheint kaum darüber hinausgekommen zu sein, gegenüber diesem der Banknote vom Publikum gewährten „Kredit", die Banknote selbst, als einen „Schuldschein" zu definieren. Es will uns indessen scheinen, als ob man damit immer nur ein Wort, und zwar ein ganz unrichtiges an die Stelle eines andern gesetzt habe: — wir haben das Wesen der Banknote bisher analytisch zu entwickeln versucht: wir fahren auf diesem Wege fort: die Synthese ergibt sich zuletzt von selbst.

Indem der Bankier „Noten" emittiert, übernimmt er allerdings — nach den am meisten im Publikum vorwaltenden Begriffen — die Verpflichtung, diese Noten auf Erfordern jederzeit gegen Metallgeld umzuwechseln: — dieser Verpflichtung zufolge muß der Bankier also imstande sein, erforderlichen Falls, den ganzen Betrag der emittierten Noten in Metallgeld umzusetzen: der Bankier dagegen rechnet darauf, daß dieser „erforderliche Fall" nicht eintreten werde, und emittiert, wie erläutert, um seines Geschäftsvorteils willen, mehr Noten, als er an Bardeckung bereit hält.

Die durch diese Mehremission kontrahierte „Schuld" ist nun aber doch so eigentümlicher Art, daß diese Bezeichnung in der Tat nicht mehr genügt und eine andere Bezeichnung ihr Wesen gewiß treffender charakterisieren möchte: wir wollen diese andere Bezeichnung zu finden suchen.

Dazu müssen wir uns nun des wesentlichen zweiten Punktes erinnern, daß bei der Emission nur teilweise durch bar gedeckter Noten, die Menge der im Verkehr umlaufenden Zirkulationsmittel um den Betrag der nicht durch Barvorrat gedeckten Noten vermehrt wird. Die Menge der im Verkehr umlaufenden Zirkulationsmittel vermehrt sich also durch diese „Finanzoperation" — famoses Wort! — um denselben Betrag, um welchen sich dadurch das Betriebskapital der Bank vermehrt.

Diese Vermehrung der öffentlichen Umlaufsmittel ist nun aber für den Verkehr keineswegs gleichgültig: nach unseren früheren Erörterungen muß es vielmehr klar sein, daß die Vermehrung der Zahlungsmittel gleichbedeutend ist, mit einer, freilich nur allmählich eintretenden und oft kaum meßbaren Verminderung der Kaufkraft des Geldes. Ehe aber diese Verminderung der Kaufkraft des Geldes- oder — was dasselbe ist — der Erhöhung der Durchschnittspreise eintritt, übt, bei nicht allzu bedeutender Papieremission, das neugeschaffene Zirkulationsmittel noch eine Zeitlang, die dem vorherigen Zustand entsprechende Kaufkraft. Dies ist meist so lange der Fall, daß für Privatbanknoten völlig der Satz bestehen bleibt:

durch Emission nur teilweise durch bar gedeckter Noten wird der Betriebsfond der Bank um den vollen Betrag der nicht in bar gedeckten Noten vermehrt.

Da nun die Kaufkraft des öffentlichen Zirkulationsmittels allmählich entsprechend sinkt, so konstituiert die Emission nur teilweise in bar gedeckter „Zettel" nicht nur eine „Schuld" gegen das Publikum, sondern sie übt auch ganz wesentlich außerdem die Wirkung einer öffentlichen „Besteuerung" zugunsten der emittierenden Bank.

Man ermesse nunmehr, ob erstlich der Effekt dieser Besteuerung mit dem Dienste im Verhältnis steht, welchen die Bank durch Zettelemission dem Verkehre leistet, und zweitens, ob eine solche Besteuerung der Allgemeinheit zugunsten einzelner überhaupt und prinzipiell zulässig erscheint. — Auch kann man nicht einmal sagen, daß das Publikum sich dabei freiwillig selbst besteuere, denn der Verkehr befindet sich in einer Art Zwangslage, wenn er das Papiergeld nicht von da erhält, wo es eigentlich allein herkommen dürfte, nämlich vom Staat.

VII.

Es schließt sich hier naturgemäß ein anderer Punkt der Untersuchung an.

Man ist bei Zettelbanken nämlich auf die Praxis verfallen, die „Deckung" der Zettelemission zum Teil in bar, zum Teil in „Wertpapieren" zu bewirken. Manche Banken haben in dieser Weise den vollen Betrag ihrer Notenausgabe gedeckt, andere haben einen Teil ihrer Zettel durch bar und Wertpapiere gedeckt, und einen andern Teil ihrer Noten dabei gänzlich ungedeckt.

Es ist hier zu untersuchen, welche Wirkung die Deckung durch Wertpapiere übt, sowohl in bezug auf die Bank, wie in bezug auf das Publikum.

Was die Wirkung der Papierdeckung für die Bank betrifft, so wird dieselbe wesentlich dadurch bestimmt, daß die hinterlegten Papiere zinstragende sind. Das wirtschaftliche Resultat ist einfach folgendes: die Bank kauft zinstragendes Papier das in ihren Besitz übergegangene Papier macht sie sodann abermals zu Geld, indem sie für den gleichen Betrag Noten ausgibt, während zugleich die eingekauften Papiere als Deckung in Besitz der Bank bleiben. Die „Operation" läuft also einfach darauf hinaus, daß die Bank um den Betrag der Notenausgabe, welcher die Papierhinterlage als „Deckung" dient, bereichert wird: die Bank besitzt das Kapital questionis doppelt, nämlich einmal in Form von „Papierdeckung" und sodann in Form von Noten: auch zieht die Bank doppelten Vorteil davon, nämlich einmal in Form der Zinsen aus den als Deckung deponierten Papieren und sodann in Form des Geschäftsgewinnes, welcher mit den als Geld zirkulierenden Noten realisiert wird.

Die Wirkung für das Publikum ist auch hier wieder die einer Vermehrung der umlaufenden Wertzeichen um den Betrag der durch Papier gedeckten Noten, was einer öffentlichen Steuer von gleichem Betrage zugunsten der Bank entspricht.

Die Wirkung der bisherigen Praxis, Privatbanken zu gestatten, Noten auszugeben, welche nur zum Teil durch „bar" gedeckt sind, gestaltet sich also tatsächlich so, daß die Menge der umlaufenden Wertzeichen um den Betrag der nicht durch bar gedeckten Noten vermehrt wird und daß überdies eine bedeutende Quantität papierene Wertzeichen im Verkehr zirkuliert, für welche überhaupt gar keine Deckung — weder in Papier noch in bar — vorhanden ist. Ein Unterschied zwischen gedeckten und ungedeckten Noten waltet im Verkehr nicht ob.

Es ist nach dem bisher Erörterten ganz klar, daß die Besteuerung des Publikums zugunsten der Bank um so bedeutender ist, je geringer sich die Bardeckung zum Emissionsbetrage der Noten stellt. Sollte dies irgend jemanden aber noch nicht einleuchten, so dürfte auf die Vorliebe zu verweisen sein, welche kluge Finanziers bis auf den heutigen Tag der Gründung der Zettelbanken gewidmet haben. Besonders lehrreich in dieser Beziehung ist die amerikanische Finanzgeschichte. In den Jahren 1810—1840 wurden in Amerika bei tatsächlich fast voller Bankfreiheit, und nur auf den Betrag ihrer Aktien beschränkter Haftbarkeit der Aktionäre eine Unzahl von Banken gegründet, deren Gründer eben nur warteten, bis sich die Besteuerung des Publikums durch die zuweilen gar nicht, oder meist nur ganz gering gedeckten Noten in Form einer Kurssteigerung der Aktien geltend machte, um dann ihre Aktien vorteilhaft loszuschlagen und so den zunächst einkassierbaren Betrag dieser Besteuerung in die Tasche zu stecken: wenn dies geschehen war, trat dann erst der Erfolg der eigentlich von der Bank zu betreibenden „Geschäfte" zutage, und erwies sich durchschnittlich der Art, daß von 1810—1840 nicht weniger als 3000 Banken fallierten. Das wirkliche Geschäft dieser Banken hat also eigentlich nur in einem von den Gründern am Publikum meist willentlich und wissentlich begangenen Diebstahl bestanden, indem sie dasselbe ausschließlich zu ihrem Privatnutzen besteuerten, ohne sich überhaupt auch nur zu bemühen, die vorgespiegelten Gegenleistungen dafür redlich zu präſtieren.

Daß z. B. die Preußische Verwaltung sich bis auf den heutigen Tag sehr „spröde" verhielt — wie man sich ausdrückt — in bezug auf Konzessionserteilung für Zettelbanken, beruht unzweifelhaft auf einem unklaren, gleichsam instinktiven Gefühle des wahren Sachverhaltes. Infolge dieses lobenswerten Verhaltens der Preußischen Verwaltung waren jene Finanziers, welche gerne einen großen Vorteil einheimsen wollten, durch Emission möglichst großer Notenbeträge bei möglichst geringer Bardeckung, — waren jene Finanziers, sage ich, genötigt, sich an den Grenzen Preußens, vielfältig in den sog. „Raubstaaten" — nomen est omen! — zu etablieren, da diese „Raubstaaten" mit Erteilung der Konzession minder diffizil waren, wie Preußen. Als z. B. ein kluger Kölner Finanzier eine Notenbank mit äußerst geringer Bardeckung, und somit besonders großem Profit gründen wollte, ging er nach Darmstadt und ließ sich die Konzession zu jenem Zettelbankinstitute erteilen, welches von allen deutschen Banken die geringste Bardeckung hat und somit die größte Besteuerung des Publikums zugunsten der Bank ausübt: aber umsonst wurde eine so kostbare Konzession auch nicht erteilt und die Sitzung der Darmstädter zweiten Kammer vom 20. Dezember 1869 läßt nur ahnen, wo die fünf Millionen Gulden Aktien hingekommen sind, welche die Generalversammlung der Bankaktionäre vom 20. Januar 1857 dem Verwaltungsrat der Bank zur Verfügung stellte, „um dieselben zur Erfüllung von der großherzogl. Regierung gegenüber übernommenen Verbindlichkeiten zu verwenden". — Auch die Eile, mit welcher noch jüngst in Reuß eine Zettelbank gegründet werden wollte, unmittelbar vor Eintritt des vorläufigen Bankgesetzes für den Norddeutschen Bund, wirft ein eigenes Licht auf diesen Zusammenhang, welches hoffentlich mit dazu beitragen wird, den Einblick in diese Dinge auf die richtige Spur zu bringen.

Es wird nunmehr wohl keinem Zweifel mehr unterliegen, weshalb die Zettelbanken immer und überall mit so besonderem Nachdruck gerade für die Berechtigung der Notenemission eintreten und weshalb die Finanziers aller Länder seit dem Bestehen von Zettelbanken letzteren stets eine so prononzierte Vorliebe zuwandten. Es handelt sich hierbei um nichts mehr und nichts minder, als um die Berechtigung des großen Kapitals, den Verkehr mit papiernem Zirkulationsmittel zu versehen und dafür vom Publikum eine Steuer zu erheben, welcher so gut wie gar keine Auslagen gegenüberstehen.

Die Emission von nur teilweise durch Metallgeld gedeckten „Banknoten", ist also — sans phrase — einer öffentlichen Schenkung an die Emittenten im Betrage der nicht durch bar gedeckten Noten gleichzusetzen[1]).

Nur die tatsächlich grenzenlose Verwirrung aller bisher über Geld- und Bankwesen herrschenden Ansichten, und das unleugbar große Interesse der Notenbanken an dieser Verwirrung machen es erklärlich, daß eine Tatsache von so eminenter Tragweite bisher nicht zu durchschlagender Geltung gelangen konnte.

Die moderne Volkswirtschaft hat alle hin und wieder auftauchenden Behauptungen von einer absorbierenden Übermacht des „Kapitals" pure bestreiten wollen. Diese Behauptungen sind in ihrer Allgemeinheit allerdings auch unbegründet. In der Befugnis zur Emission nur teilweise durch bar gedeckter Noten ist aber in der Tat eine Institution geschaffen, welche das große Kapital einfach durch Schenkung aus dem öffentlichen Säckel auf das liberalste, bequemste und ausgiebigste vermehrt und allerdings auf eine völlig unmotivierte Kumulierung von Kapital in einzelnen bevorzugten Händen hinarbeitet. — Hier liegt auch eine der Ursachen, welche die Klagen der Landwirtschaft rechtfertigen, daß das Kapital sich ihr unverhältnismäßig entziehe.

[1]) Papierdeckung durch Wechsel ändert hierin wenig, denn die Wechsel werden von der Bank mit Noten bezahlt, und der Diskont gibt den Profit dieses geschenkten Kapitals.

IX.

Es muß, nach dem bisher Entwickelten, klar sein, daß für die wichtige Rolle welche das „Geld" im Verkehre spielt, nicht mehr seine Eigenschaft als Ware, sondern jener Kredit die Hauptsache ist, welcher sich im Laufe der Zeiten usuell immer unlöslicher an das Geld geknüpft hat, jener Kredit, vermöge dessen das Geld von jedermann als Repräsentant des Kapitals und als Anweisung auf den Markt anerkannt und honoriert wird.

Auch die Funktion des Geldes als vergleichender Wertmesser läßt sich zwar von seiner Eigenschaft als Ware noch nicht völlig trennen, dennoch aber läßt sich die Preiseinheit bereits als ein gewissermaßen abstraktes Wertmaß, — man denke z. B. an das englische „Pfund Sterling" — auffassen, so daß die Kaufkraft der ideellen Wertmaßeinheit lediglich abhängig wäre von dem Verhältnis der im Verkehr zirkulierenden Wertzeichen zu der Menge der in Tausch umlaufenden Wertobjekte.

Die Funktionen des Geldes sind also primo loco von seinem Marktanweisungskredit abhängig. Dieser Kredit des Geldes ist nun zwar aus der Eigenschaft des Geldes, als einer bloßen Ware, erwachsen, hat sich aber auch schon zu einer in hohem Maße selbständigen Größe entwickelt, welche nur noch beziehungsweise von jenem, dem Metallgelde anhaftenden Charakter einer Ware abhängt.

Wenn wir also imstande sind — und diese Voraussetzung ist bereits im ausgedehnten Maßstabe Tatsache geworden — eine Marktanweisung zu schaffen, welcher wir lediglich durch Konvention den ihr benötigten Kredit beilegen, so kann diese Marktanweisung, eben infolge des ihr konventionell beigelegten Kredites, die Funktion des Geldes auf das Vortrefflichste erfüllen. Wir besitzen bereits solches Konventionsgeld: es ist einfach — Papiergeld.

Solches „Papiergeld", welches einen eigenen Wert gar nicht besitzt, sondern lediglich infolge des ihm beigelegten Kredites funktioniert, ist ungleich vollkommener als das Metallgeld, und die dem letztern anhaftende Eigenschaft einer Ware ist auf dem gegenwärtigen Standpunkte des Verkehrs eigentlich nur noch störend für die Aufgaben, welche es zu erfüllen hat.

Da aber aus Gründen der physischen Handhabung des Geldes im Verkehr die Edelmetalle, als Material, woraus man einen Teil der Wertzeichen fabriziert, wohl niemals zu ersetzen sein werden, so wird man sich mit dieser Unvollkommenheit eben abfinden und ihre Wirkung auf das erreichbare Minimum zu reduzieren suchen müssen.

X.

Das reine Konventionsgeld ohne eigenen Warenwert, ist also das Ideal für den Verkehr: so weit aber menschliches Urteil reicht, wird dies Ideal nicht pure verwirklicht werden können — übrigens gemeinsames Schicksal aller Ideale! — weil die physische Natur des Verkehrs schwerlich ein Zirkulationsmittel von den physischen Eigenschaften der Edelmetalle je ganz wird entraten können.

Die „Banknoten“, von welchen wir bisher sprachen, sind nur ein Mittelglied in der Entwicklung vom Warengelde zum Konventionsgelde. Die Banknoten sind ursprünglich nur als Remplaçants für im Bankkeller deponiertes Warengeld, d. h. Edelmetallgeld, gedacht: in der Praxis aber sind sie ganz überwiegend Konventionsgeld geworden.

Man sollte sagen, so wie es unbestritten Aufgabe des Staates sei, den Verkehr mit dem metallenen Zirkulationsmittel zu versehen, eben so unbestritten müsse es auch seine Aufgabe sein, dem Verkehr das nunmehr unentbehrlich gewordene Konventionsgeld zu liefern. In der Praxis hat sich dies etwas anders gestaltet.

So wie das Metallgeld erst ganz allmählich von einem Privatauskunftsmittel der Kaufleute zu einem vom Staate gestempelten und garantierten Zirkulationsmittel geworden ist, so ist auch das Papiergeld zuerst als Privatauskunftsmittel der Kaufleute, anfangs in Form des Wechsels, dann in Form der Banknote aufgetaucht. Das Bedürfnis des papiernen Konventionsgeldes war vorhanden, ehe der Staat und die Gesellschaft eine klare Idee davon haben konnten, wie dies Bedürfnis am besten zu befriedigen sei. **Die Banknote war eben ein notwendiger Durchgangspunkt der Entwicklung zum Papiergelde hin.** Die Unzuträglichkeiten, welche sich in der Praxis an die Banknote knüpften, haben auch das wesentlichste dazu beigetragen, den Verkehr für die angemessene Aufnahme des Papiergeldes zu prädisponieren.

Das Bankgeschäft hat es an und für sich mit ganz anderen Dingen zu tun, als mit der Aufgabe, dem Verkehr das benötigte Zirkulationsmittel zu schaffen. Das Bankgeschäft hat es nur mit der Verteilung und Verwendung des Zirkulationsmittels in gewissem größeren Maßstabe zu tun, nicht aber natur- und sachgemäß mit der Kreierung dieses Zirkulationsmittels selbst. Die Geschichte der Notenbanken ist denn auch in großem Maßstabe eine Geschichte der Übelstände, welche mit einer solchen Vermengung von Staatsaufgabe und Privatgeschäft unumgänglich verknüpft sind und welche nur in einzelnen Fällen zeit- und bedingungsweise minder zum Ausdruck gelangen.

Nun ist freilich zu bemerken, daß auch sehr frühe schon die Ansicht zutage trat, daß eben der Staat das papierne Zirkulationsmittel beschaffen müsse: leider knüpfte sich aber hieran derselbe Irrtum, welcher die Privatbanknoten nur als Remplaçants deponierten baren Geldes in der Idee gelten ließ, und man kam meist zu dem Schlusse, der Staat könne papiernes Zirkulationsmittel nur vermittels einer „Bank“ ausgeben: es entstanden so die großen Staatsbanken, welche aber meist nicht einmal reine Staatsinstitute, sondern Mitteldinge zwischen Staats- und Privateinrichtungen sind. Die für diese sog. Staatsbanken erlassenen gesetzlichen Bestimmungen sind meist derart, daß sie dem Privatkapital gestatten, sich an dem Geschäftsvorteil und an der aus der Papieremission erwachsenden Besteuerung der Staatsbürger, welche ja ebenfalls zum Geschäftsgewinne geschlagen wird, zu beteiligen.

Waltete bezüglich der Privatzettelbanken der Irrtum ob, daß man eine Staatsaufgabe — die Papieremission — und ein Staatsregal — die öffentliche Besteuerung — an Private überließ; so bestand bei diesen Staatsbanken der große Irrtum darin, daß man die Staatsaufgabe nicht ohne Mitbetreibung eines an sich rein privaten Erwerbszweiges glaubte lösen zu können; daß man vermeinte die Kreierung papiernen Zirkulationsmittels sei absolut an den Betrieb eines Bankgeschäftes gebunden. So wurde denn abermals Staats- und Privataufgabe in bedauerlicher Weise miteinander vermengt. Daß solche Staatsbanken, wie man neuerdings finden will, ganz gut verwaltet sein können, unterliegt keinem Zweifel, das hebt aber den innern Widerspruch ihrer Natur nicht auf.

Demnächst hat man denn freilich auch die richtige Idee gefaßt, daß „Papiergeld" vom Staate einfach ohne Vermittlung einer Bank ausgegeben werden könnte. — Leider geschah es dann fast ausnahmslos, daß solches Papier nur gemacht wurde, um das ungemessene Bedürfnis schlechter Staatswirtschaft zu befriedigen. Man hatte die Erfahrung gemacht, daß solches Staatspapiergeld ganz gut neben dem Metallgelde al pari zirkulieren könne, und glaubte nur, die Geldmacherei habe gar keine Grenzen mehr. — Lange, unglaublich lange hat es gedauert, bis sich erst ganz neuerdings die Erkenntnis allgemein feststellte, auch die Papiergeldfabrikation habe ihre Grenzen.

Diese Grenzen der Geldfabrikation hatte beim Metallgelde die wohlfürsichtige und weise Natur selbst gezogen: — beim Papiergelde konnte diese Grenze nur durch die verständige Einsicht der Staatsleiter gezogen werden. Leider fängt man erst heute an, sich über diese Grenzen einige Klarheit zu verschaffen.

Wenn nämlich der Staat Papiergeld ausgibt, so vermehrt er die Summe der umlaufenden Wertzeichen. Dadurch wird eine Änderung in der Relation, zwischen der Summe der Wertzeicheneinheiten und der in Umlauf befindlichen Tauschwerte herbeigeführt, derart, daß also auf die gleiche Summe Tauschwert, mehr Geld kommt, wie vorher. Die Ausgleichung findet dann in der Weise statt, daß das Geld entsprechend an Kaufkraft verliert, oder, mit andern Worten, die Preise in die Höhe gehen.

So ist also jede Ausgabe von Staatspapiergeld einfach einer Staatssteuer gleich zu achten, nur daß die Wirkung dieser Besteuerung, bei mäßiger Papiergeldausgabe, nur ganz allmählich, fast unmerklich erfolgt.

Wenn nämlich die Ausgabe von Papiergeld sich einfach in den Grenzen hält, welche aus dem allgemeinen Bedürfnis des Verkehrs nach Papiergeld hervorgehen, — ein Verhältnis, welches ein im großen ganzen nicht schwankendes, jetzt statistisch in bestimmter Relation zur Metallgeldmenge ermittelbares ist — so ist die Änderung des Verhältnisses zwischen Geld- und Tauschwertzirkulation unmittelbar gar nicht meßbar, d. h. sie ändert die Preise nicht merklich: ebenso wie ein Tropfen den Niveaustand eines großen Bassins zwar ändert, ohne daß sich dies jedoch meßbar nachweisen ließe.

Zieht man dabei in Betracht, daß das Geldreservoir des einzelnen Staates kein für sich abgeschlossenes ist, sondern daß unter gewöhnlichen Verhältnissen auch von Staat zu Staat ein Ausgleich der Geldzirkulation in gewissem Maße stattfindet, so ist einerseits klar, daß die Besteuerung durch Papiergeldausgabe sich nicht einmal ausschließlich auf den Verkehr des emittierenden Staates beschränkt, sondern auch je nach Umständen mehr oder minder auf die angrenzenden Staatsgebiete übergreift, namentlich, wenn das emittierte Papier in den letzteren mit zirkuliert: — anderseits ist es gerade diesem Umstande zu verdanken, daß einzelne Staaten verhältnismäßig hohe Beträge in Papier emittieren konnten, ohne innerhalb ihres Staatsgebietes bedenkliche Störungen in den Preisverhältnissen eintreten zu sehen; denn je größer das Niveau, auf welches sich die Geldvermehrung verteilt, um so geringer ist die damit verbundene Niveaustörung. — Da überdies alle Kulturstaaten mehr oder minder papiernes Zirkulationsmittel besitzen, so findet auch in dieser gegenseitigen Besteuerung eine gewisse Kompensation statt.

Dieser Kompensation kommt noch ein fernerer Umstand zu Hilfe. Sobald nämlich ein Staat seine Papieremission — heiße dies Papier nun „Noten" oder „Papiergeld" — so sehr vermehrt, daß die allmähliche Niveauausgleichung mit der Vermehrung nicht mehr Schritt halten kann, so tritt die veränderte Relation zwischen der Menge der Wertzeichen und der zirkulierenden Werte als Preisänderung zutage, und es verschließt sich zunächst das Ausland dem in Übermaß emittierten Papiere. Die Niveauänderung macht sich nunmehr nur innerhalb des emittierenden Staates geltend, oder überträgt sich vielmehr nur in geringerem Maße mehr auf die angrenzenden Gebiete.

Da nun gleichzeitig das Metallgeld im Auslande seine universell akzeptierte Kaufkraft behält, so überträgt sich die Preissteigerung zunächst nur auf das in Übermaß emittierte Papiergeld, während der Verkehr bestrebt ist, die gewohnten Wertmeßverhältnisse beim Metallgelde festzuhalten. So tritt denn zuerst die Valutadifferenz zwischen Papier- und Metallgeld ein.

Da ferner das Ausland das diskredierte Papier beharrlich abstößt, da die Preissteigerung in dem überemittierenden Staate sich, wenn auch in geringerem Maße, auf das Metallgeld überträgt, da die in Geld zu leistenden Zahlungsverbindlichkeiten, namentlich die Staatsschuldzinsen im Auslande meist in Metall zu prästieren sind, so ergibt sich ein gesteigerter Metallabfluß nach dem Auslande, während gleichzeitig im Inlande das Metall in großer Ausdehnung aus Mißtrauen zurückgehalten wird. — Aus all diesen Ursachen resultiert bei Überemission von Papier meist ein mehr oder minder starkes Verschwinden des Metalls aus dem Verkehr des betreffenden Staates. — Die mit dem Wahnsinne solcher maßlosen Papierkreierung für den Verkehr verknüpfenden Übelstände sind zu bekannt, um weiter darauf eingehen zu müssen.

XI.

Wir haben nunmehr die drei Hauptarten der Beschaffung papiernen Zirkulationsmittels für den Verkehr beleuchtet: — Privatbanknoten, Staatsbanknoten und Staatspapiergeld.

Nun hat die Erfahrung gezeigt, daß man Privatleuten die Befugnis des Geldmachens, d. h. der Ausgabe nicht durch bar gedeckter Noten, nicht unbeschränkt überlassen könne, weil die Verlockung einer ungemessenen Besteuerung des Publikums zu groß ist, um nicht jedem Mißbrauch Tür und Tor zu öffnen. — Man verfiel also darauf, gesetzliche Schranken zu ziehen. Da nun aber die Notenbanken Staatsgeschäft — Zettelemission — und Privatgeschäft — nämlich die eigentlichen Bankgeschäfte — zugleich betrieben, so war man in der Lage, beide auch zugleich reglementieren zu müssen. Man hat dies auf doppelte Weise getan: einmal dadurch, daß man dem Staate die Erteilung der Konzession zum Notenbankbetriebe vorbehielt, oder auch dadurch, daß man allgemeine „Normativbestimmungen" für den Notenbankbetrieb erließ, deren Innehaltung denn also der Staat zu überwachen hätte: — es ist aber das eine so mißlich wie das andere.

Staatsbanken, wenn nicht vom Staate selbst in Notfällen gemißbraucht, haben schon verhältnismäßig bessere Dienste geleistet, da ihr Betrieb gesetzlicher Regelung unterlag, und diese Regelung in den mitteleuropäischen Staaten endlich mit Vorsicht erfolgte. Staatsbanken haben vor Privatbanken den unbestreitbaren Vorteil voraus, daß sie dem Verkehre wenigstens ein einheitliches, allenthalben bezüglich seines Kredites gleichtaxiertes Umlaufsmittel bieten, ein Umstand, der um so mehr ins Gewicht fällt, je größer das betreffende Staatsgebiet ist. — Die Noten solcher Staatsbanken fungieren übrigens im Verkehr vollkommen als einfaches Staatspapiergeld und ihre Einlösbarkeit" ist für den inneren Verkehr lediglich Illusion. — Dagegen haftet den Staatsbanken der große Übelstand an, ebenso wie die Privatzettelbanken Staats- und Privatgeschäfte zu vermengen, die Nutznießung öffentlicher Besteuerung in unmotivierter Weise den an diesen sog. Staatsbanken beteiligten Privatleuten mit zufließen zu lassen, ferner Staats- und Privatgeschäft gleichmäßig zu reglementieren und durch die hervorragende Mitbeteiligung des Staates an den Privatbankgeschäften eine naturgemäße gesunde Entwicklung des Bankgeschäftes überhaupt zu verhindern: der Staat darf nicht, und am allerwenigsten in dem Maßstabe und mit den Privilegien wie dies durch die zeitigen Staatsbanken geschieht — dem Privatgeschäfte Konkurrenz machen: — das ist nicht seine Aufgabe und ist entschieden vom Übel.

Der sog. „Zwangskurs" für Papiergeld resp. Noten ergibt sich nach dem bisherigen wohl von selbst als ein Unding und hat sich auch als solches in Wirklichkeit bewährt. Wird Papiergeld nur in angemessener Menge kreiert, so bedarf es des Zwangskurses nicht, wie die Erfahrung lehrt, — findet dagegen Überemission statt, so hilft kein Zwangskurs gegen Entwertung, wie die Erfahrung gleichfalls unzweifelhaft beweist.

Daß die Noten der sog. Staatsbanken tatsächlich im Verkehr wie Staatspapiergeld funktionieren, wurde bereits betont. Max Wirth in dem 3. Bande seiner Nationalökonomie, welcher zugleich als „Handbuch des Bankwesens" dient: zieht aus seinen Untersuchungen u. a. die Schlußfolgerung: „Es gibt keinen prinzipiellen Unterschied zwischen Banknoten und Staatspapiergeld. — Den Banknoten ohne Zwangskurs ist das Staatspapiergeld in der Praxis insofern gleich, als die regelmäßige Einlösung der ersteren an der Kasse beim Staatspapiergeld durch die Annahme in Zahlungs Statt an den Staatskassen (Steuern, Postporto, Telegraphentaxe, Zölle und andere Gebühren) reichlich ersetzt wird."

Wollen wir nun die Resultate unserer Untersuchungen bezüglich der Bankfrage zusammenfassen, so dürften dieselben wohl eine eben so klare als einfache Lösung des Problems ergeben, welche wir in folgenden Sätzen resumieren:

1. Den Bedarf an papiernem Zirkulationsmittel — Konventionsgeld — hat der Staat zu schaffen, und zwar durch einfache Ausgabe von Staatspapiergeld. Da diese Papiergeldausgabe aber einer Staatsbesteuerung gleichkommt, so hat bei Bemessung ihrer Höhe natürlich in den konstitutionellen Staaten auch die Volksvertretung zu konkurrieren. Maßgebend für die Höhe der Staatspapieremission darf nur das mechanische Bequemlichkeitsbedürfnis des Verkehrs sein, niemals das wechselnde Bedürfnis des Staates nach Geld. Das Bedürfnis des Verkehrs nach Papiergeld ist aber im großen Durchschnitte ebenso konstant, wie das Bedürfnis nach Metallgeld. Die zwischen durchgehenden kleinern Schwankungen des Bedarfs in beiden Zahlungsmitteln hat selbstredend der Verkehr selbst auszugleichen.

2. Die Emission von sog. Banknoten ist absolut zu unterdrücken.

3. Staatsbanken sind ebenso überflüssig als schädlich. Die Konzession der Preußischen Bank ist daher zu kündigen.

4. Das Bankgeschäft — notabene ohne Notenemission, welche gar kein Bankgeschäft ist — wird völlig freigegeben. Die Frage der Aktiengesellschaften, welche hier freilich mitspricht, muß in einem größeren Zusammenhange ihre Lösung finden.

Die zur Zeit bestehende Verwirrung der Ansichten in der Bankfrage beruht vornehmlich auf der Gewohnheitsanschauung, welche Bankgeschäfte und Zettelemission als identisch vermengt, während sie zwei grundverschiedene Dinge sind[1]).

4. Der deutsche Handelstag und die Bankfrage[2]).

Es ist nun gerade ein Jahr verflossen, seit ich in der „National-Zeitung" und in der „Hamburger Börsenhalle" meine „Antithesen zu den Thesen des Herrn Dr. A. Meyer pto. Bankfrage"[3]) veröffentlichte.

Seitdem hat die Weltgeschichte in kurzer Zeitspanne einen großen Schritt vorwärts getan. Wir sind eine einige, mächtige und angesehene Nation geworden. Aber die Größe unser wirtschaftlichen Aufgaben ist damit auch nur gewachsen, und kaum ist der Friede geschlossen, da treten auch die schwerwiegendsten wirtschaftlichen Fragen mit vermehrter Wucht an uns heran.

---

[1]) Zwischen dieser Arbeit und der nachfolgenden liegt der französische Krieg, in welchem ich eine Artillerie-Munitions Kolonne kommandierte.

[2]) Aus der „National-Zeitung" v. 12. Juli 1871.

[3]) Mitgeteilt S. 20 u. f.

In meinen oben gedachten 12 Thesen hatte ich Anregung dazu geben wollen, daß die öffentliche Diskussion sich überhaupt erst über die wirtschaftliche Wahrheit in Banksachen ins klare setzen möchte, weil ich die Überzeugung nicht abweisen kann, daß allein diese wirtschaftliche Wahrheit das Fundament für ein gesundes deutsches Bankgesetz abgeben kann, in den G. Hirthschen „Annalen des norddeutschen Bundes" (voriger Jahrgang S. 299) bemühte ich mich gleichzeitig, in einer ausführlicheren Arbeit: „Das Geld, sein Wesen und seine Funktionen"[1]) — die wirtschaftliche Wahrheit in Banksachen wissenschaftlich unanfechtbar klar zu legen.

Das war im Juni vorigen Jahres. Auch veröffentlichte ich noch um diese Zeit in Nr. 27 der „Deutschen Industrie-Zeitung" eine Arbeit gleicher Tendenz: — „Die Bankenquete des bleibenden Ausschusses des deutschen Handelstages, reduziert auf die Frage: Was ist eine Banknote?"[2]).

Meine Darlegung konzentrierte sich in folgenden Sätzen:

Jede nicht durch bar gedeckte Note konstituiert eine Steuer, und nicht durch bar gedeckte Noten emittieren, heißt einfach, auf Kosten der Gesamtheit für die eigene Tasche Geld machen; das darf ausschließlich nur der Staat. Jede Übertragung dieser Befugnis an Private ist völlig und tatsächlich gleichbedeutend mit einer einseitigen, ungerechten und wirtschaftlich verderblichen Monopolbevorrechtigung des mobilen großen Kapitals.

Ich darf wohl annehmen, daß die Darlegung so tiefgreifender wirtschaftlicher Sätze an den erwähnten hervorragenden Stellen nicht unbemerkt geblieben ist. Dennoch ist mir nicht bekannt geworden, daß in der gesamten deutschen Presse auch nur ein einziges Wort der Diskussion, ja auch nur der Erwähnung derselben laut geworden wäre: — gewiß eine sehr merkwürdige Tatsache.

Jetzt nun aus dem Feldzuge zurückkehrend, finde ich in der Nr. 19 des „Deutschen Handelsblattes" vom 11. Mai c. unter „Amtliche Mitteilungen des Deutschen Handelstages" eine Denkschrift „Die Bankfrage betreffend"[3]), welche auch im Separatabdruck erschienen ist, und über die Verhandlungen der Bank-Kommission des deutschen Handelstages Bericht erstattet. Die Arbeit ist aus der Feder des General-Sekretärs des deutschen Handelstages, Herrn Dr. Alexander Meyer.

Die 26 Mitglieder zählende Kommission bestand hauptsächlich aus Bankdirektoren, unter welchen ich nur Herrn von Dechend, Präsidenten der Preußischen Staatsbank besonders nenne. Die Sitzungen der Kommission haben allerdings vom 23.—25. Mai vorigen Jahres stattgefunden.

Bemerkenswert und hervorstechend an den Verhandlungen der Kommission ist der Umstand, daß sie alle prinzipiellen Erörterungen prinzipiell ausschloß. Die Denkschrift sagt darüber: „Vom praktischen Standpunkte aus kann es sich nur darum handeln, solche Einrichtungen zu treffen,

---

[1]) Die vorhergehende Arbeit.

[2]) S. 25.

[3]) Ist im Anhang mitgeteilt.

welche für die nächste Zeit befriedigen. Hierauf müssen praktische Männer ihren Blick beschränken, und es wäre ebenso doktrinär, Grundsätze hinstellen zu wollen, welche für ewige Zeiten gelten sollen, als es als ein rein theoretisches Bestreben aufgefaßt werden müßte, Grundsätze zu betonen, die in der Wissenschaft wohl begründet, doch augenblicklich durch die Umstände an der Einführung in das Leben gehindert werden."

Sehr schön! — Also: „es wäre doktrinär (für die Bankfrage) Grundsätze hinstellen zu wollen, welche für ewige Zeiten gelten sollen"?! Sollten die Herren etwa übersehen haben, daß die wirtschaftliche Wahrheit, wie alle Wahrheit überhaupt, ewig ist? Dieses krampfhafte Abwehren der wirtschaftlichen Wahrheit und das grundsätzliche Totschweigen derselben durch die als Bankkommission versammelten Bankdirektoren macht einen ganz eigentümlichen Eindruck. Sie erklären es für „doktrinär", wenn die deutsche Nation in der konfusen Bankangelegenheit nach einem Kompaß sucht, der sie sicher an das Ziel gesunder und gedeihlicher Bankzustände führen könnte. Nur der „Kompaß" führt sicher auf hohem Meer, und in der Bankfrage haben wir ja leider das feste Land der Wissenschaft längst aus den Augen verloren. Wir treiben haltlos auf einem Ozean der widersprechendsten verworrensten Ansichten und Meinungen herum. Also einen Kompaß her! — Und wo anders will man den finden, als in der ewigen Wahrheit?

Übrigens hat dies grundsätzliche Abwehren aller grundsätzlichen Erörterungen nicht gerade allen Mitgliedern der Bankkommission wohl behagt. Dieselbe Nr. 19 des „Deutschen Handelsblattes", welche die Verhandlungen der Kommission publiziert, bringt auch ein Separatvotum von Herrn Heinrich Kämmerer in Hamburg, welches später schriftlich abgegeben worden und u. a. folgenden Passus enthält: „Es darf wohl angenommen werden, daß die meisten Mitglieder der im Mai in Berlin versammelt gewesenen Kommission des deutschen Handelstages, die Bankgesetzgebung betreffend, ohne ein Gefühl der Befriedigung auseinandergegangen sind. Die gefaßten Beschlüsse scheinen in ihrer Gesamtheit den Wünschen keiner der vorhandenen Parteien entsprochen zu haben. Dieser unbefriedigende Erfolg dürfte dem Umstande zuzuschreiben sein, daß man es unterlassen hatte, zunächst eine umfassende Diskussion über die Theorie des Bankwesens eintreten zu lassen, ehe man zur Beratung der Reform der gegenwärtigen Bankzustände schritt . . . Inwieweit die durch eine solche theoretische Untersuchung gewonnenen Resultate zur unmittelbaren praktischen Ausführung gelangen können, oder inwieweit in Rücksicht auf vorhandene Zustände temporäre Zugeständnisse gemacht werden müssen, ist gewiß ein zu erwägender sehr wichtiger Punkt, allein derselbe muß in zweite Linie gestellt und die Diskussion darüber bis nach Feststellung der Grundprinzipien ausgesetzt werden. Nur auf der Basis einer Verständigung über die Prinzipien des Bankwesens und über die zu erstrebenden Ziele kann ein gesundes Bankgesetz zustande gebracht werden . . ."

Herr Heinrich Kämmerer hat hiermit ohne Frage den Nagel auf den Kopf getroffen; überdies hält sich derselbe „verpflichtet, auf Ansichten hinzuweisen, welche bei den bisherigen Verhandlungen der Kommission teils ignoriert, teils totgeschwiegen wurden, während sie notorisch durch viele der ersten national-ökonomischen Schriftsteller, als auch in zahlreichen praktisch beteiligten Kreisen warm vertreten werden".

„Vom praktischen Standpunkte aus kann es sich nur darum handeln" — sagt die Denkschrift der Bankkommission — „solche Einrichtungen zu treffen, welche für die nächste Zeit befriedigen". — D. h. doch wohl oder soll doch heißen: „Einrichtungen, welche die Herren Bankdirektoren und Bankaktionäre befriedigen". — Wenigstens scheint mir ein solcher Sinn aus den ganzen Verhandlungen und Beschlüssen der Bankkommission hervorzugehen.

Die Quintessenz aller gefaßten Beschlüsse ist nämlich folgende: das Recht der Notenemission soll nach wie vor auch Privatbanken zustehen. Für diese Notenbanken sollen „Normativ-Bedingungen" festgesetzt werden. Und die wesentlichste dieser Normativ-Bedingungen lautet nach den Beschlüssen der Kommission wie folgt: „Ein noch näher zu präzisierender Teil der ausgegebenen Noten soll in barem Gelde, der Rest durch Diskonten mit wenigstens zwei Unterschriften, die nicht länger als drei Monate laufen, bedeckt sein." Man braucht aber nur zu überlegen, daß die Diskonten ohne allen Zweifel gegen zu emittierende Noten, wenigstens zum größten Teil, erworben werden. Wenn also, wie später proponiert wird, z. B. die von der Bank emittierten Noten zu $^1/_3$ in bar und zu $^2/_3$ in Diskonten gedeckt, letztere aber gegen zu emittierende Noten eingetauscht sind, so ist doch das Bankvermögen einfach um den Betrag der durch Diskonten gedeckten Noten vermehrt, und die Verzinsung dieses so leicht erworbenen Betrages besteht eben im Diskonte selbst. Sind z. B. unter solchen Prämissen 3 Millionen Taler Noten emittiert, so ist die Bank durch diese Emission ganz einfach um 2 Millionen Taler bereichert.

Daß ein solcher Vorgang unmoralisch ist und zu unmoralischen Konsequenzen führt, beweist die ganze Bankgeschichte und beweist drastisch genug die Gegenwart. Gott wolle uns vor Pariser und Wiener[1]) Börsenzuständen bewahren, aber — die Gefahr solcher Zustände steht vor unsern Toren. Von unserem künftigen Bankgesetze wird es abhängen, ob die Gefahr in unsere Tore einzieht. Die Propositionen der Bankkommission würden dieser Gefahr aber Tür und Tor öffnen.

Diese Gefahr ist in der Tat keine geringe. Sie bedeutet Demoralisation unseres gesamten Geldwesens, unwirtschaftliche und unnaturgemäße Monopol-Bevorrechtigung des großen Kapitals, akute Zuspitzung einer bisher latent gewesenen sozialen Frage von oben herunter und gesetzlich geregelte Ausbeutung des gesamten Volkes durch einige wenige Matadore des goldenen Kalbes.

[1]) Siehe z. B. die kleine Broschüre: „Volkswirtschaftliche Zustände in Österreich", Leipzig 1871.

Übrigens steht diese Gefahr schon mit halbem Fuße inter muros und das seit Jahren. Nur die zähe Redlichkeit und Gewissenhaftigkeit des altpreußischen Beamtentums, für welches ich sonst nicht in jeder Beziehung schwärme, hat mit gleichsam instinktiver „Sprödigkeit" dem Überfluten der Notenwirtschaft in Preußen gewehrt und bisher nur in der Staatsbank in Berlin einen immer noch relativ bescheidenen Herd des „Notenkultus" zugelassen, der aber doch schon eine ganz hübsche Schule von Verehrern dieses Kultus an der Berliner Börse groß gezogen und eben diese Börse auf das beste für weitere Fortschritte auf dem schlüpfrigen Wege des gesetzlich erlaubten Diebstahls en gros vorbereitet hat.

Also nochmals: — eine Bank, welche 3 Millionen Taler Banknoten emittiert und davon $^1/_3$ in bar, $^2/_3$ in Diskonten oder zinstragenden Papieren deckt, hat sich einfach auf öffentliche Kosten um 2 Millionen Taler bereichert. Und unsere Herren National-Ökonomen wollen uns weis machen, solche Bereicherung konstituierte einfach ein Schuldverhältnis — eine Note sei einfach ein Schuld-Dokument?! Ich habe schon gesagt daß von einer „Schuld" nicht die Rede sein kann, wo an keine Rückzahlung gedacht wird, — daß das eine wunderbare „Schuld" wäre, welche beständig „eingelöst" wird und doch immer auf derselben Höhe bleibt; — daß fast noch wunderbarer eine „Schuld" wäre, welche den Schuldner Zinsen einbringt, statt daß er deren dem Gläubiger zahlt usw. Eine Unterstellung, welche bei jeder Konsequenz auf einen Nonsens führt, kann doch unmöglich richtig sein.

Und dennoch huldigt unsere ostensible Nationalökonomie bis auf den heutigen Tag dieser Ansicht! — Wenn es nicht wahr wäre, so müßte man es für unmöglich halten. Allerdings die bedeutenderen unserer Volkswirtschaftler erkennen die Wahrheit, aber schon ist es soweit gekommen, daß es fast nicht „opportun" erscheint, sich zum offenen Verteidiger derselben aufzuwerfen, da sie die fast allmächtigen Matadore des Großkapitals selbstredend gegen sich hat.

Nein, meine Herren! — die nicht durch bar gedeckte Note ist keine „Schuld", sondern eine „Steuer", welche der Notenemittent zugunsten der eigenen Tasche, dem gesamten Publikum auferlegt, und fast ohne Erhebungskosten aus dessen Tasche bezieht. Leistung und Gegenleistung stehen dabei in keinem irgend motivierbaren Verhältnisse. Aller derartigen Besteuerung muß unbedingt für die Zukunft wenigstens bei uns — gesteuert werden, wenn wir nicht mit vollen Segeln in eine wirkliche soziale Gefahr hineintreiben wollen.

Es besteht kein natürlicher Zwiespalt zwischen Kapital und Arbeit, wohl aber hat die Gesetzgebung einen solchen geschaffen, durch monopolistische Bevorrechtigung des großen Kapitals: — denn das Besteuerungsrecht mittels Notenemission ist nichts anderes, als eine monopolistische Bevorrechtigung. Ist aber ungedecktes Papiergeld eine Steuer, nun denn, so darf nur der Staat solche Steuer erheben, und zur Erhebung dieser Steuer bedarf es keiner Bank: — also: 1. keine Banknoten mehr, 2. nur Staatspapiergeld unter Kontrolle der Gesetzgebung, 3. keine Staatsbank mehr,

4. volle Bankfreiheit unter Reservierung der Frage der „Aktiengesellschaften".

Der Übergang aus dem gegenwärtigen Zustand in den, welcher obigen Forderungen entspricht, würde natürlich einen bestimmten Zeitraum erfordern, und dürfte selbstredend am allerwenigsten mit der plötzlichen Abolierung der wirklich vortrefflich und musterhaft geleiteten preußischen Staatsbank beginnen. — Wie wäre es mit der Idee, die bisher nur angebliche Notenschuld in eine wirkliche, allmählich abzutragende Schuld der Notenemittenten an den Staat zu verwandeln: — Hierüber gelegentlich mehr.

Rostock, Ende Juni.

F. Perrot.

5. Die Funktion der Banknote[1]).

Herr F. Perrot in Rostock hat etwa vor Jahresfrist eine Anzahl von Thesen über die Bankfrage veröffentlicht und tritt jetzt mit einer Beschwerde darüber in die Öffentlichkeit, daß in der gesamten deutschen Presse auch nicht ein einziges Wort der Diskussion, ja auch nur Erwähnung laut geworden sei. Er nennt diese Tatsache eine sehr merkwürdige und gibt nicht undeutlich zu verstehen, daß ein Komplott von Bankdirektoren und Bankaktionären bestehe, darauf gerichtet, die „ewige Wahrheit", welche die Vorsehung durch den Mund des Herrn Perrot enthüllt, totzuschweigen. Daß seine Thesen nur deshalb keine Erwähnung gefunden haben, weil sie der Erwähnung nicht wert sind, kommt Herrn Perrot nicht in den Sinn, denn er „darf sagen, daß er ganz allein in der deutschen Presse die volle wirtschaftliche und wissenschaftliche Klarstellung des schwierigen Problems unternommen habe".

Wenn ein Forscher von hervorragendem Rufe, etwa ein Makkulloch, Wolowski oder Macleod sich rühmen würde, allein die wissenschaftliche Klarlegung der Bankfrage übernommen zu haben, so würden wir eine solche Äußerung, bei aller Hochachtung vor den sonstigen Verdiensten des Mannes, als einen Ausbruch von Größenwahnsinn bezeichnen. Bei Herrn Perrot glauben wir an das Vorhandensein dieser Krankheit, auf welche das Gesetz vom zureichenden Grunde auch seine Anwendung findet, nicht, sondern führen seine auffallende Äußerung auf eine ebenso naive als umfassende Unkenntnis der Bankliteratur und des Bankwesens zurück.

Der Kern der Lehre des Herrn Perrot ist der, daß jede durch Barvorrat nicht gedeckte Note eine Steuer darstelle, und daß die Berechtigung, durch bar gedeckte Noten zu emittieren, einer öffentlichen Schenkung an die Notenemittenten gleich zu achten sei.

Diese Lehre ist ebensowenig richtig, als neu. Einfach und naheliegend ist sie allerdings, aber gerade das hätte in Herrn Perrot Zweifel an der Richtigkeit

[1]) Aus Nr. 29 des „Deutschen Handelsblattes" der Artikel ist von dem Redakteur desselben Dr. A. Meyer, Sekretär des deutschen Handelstages geschrieben. Perrot.

wie an der Neuheit erwecken sollen; er hätte sich des Dichterworts erinnern mögen:

> Wäre mit so wen'gen Griffen zu enträtseln die Natur,
> hätte sie auf Euch gewartet ihr zu kommen auf die Spur?

Uneinlösliches Staatspapiergeld und einlösliche Banknoten werden häufig miteinander verwechselt. Die Ausgabe von Papiergeld kann man als eine Besteuerung des Publikums bezeichnen; sie ist nicht ein wirtschaftlicher Akt, sondern ein Akt der öffentlichen Gewalt. Die Ausgabe von Banknoten hat dagegen einen legitimen wirtschaftlichen Ursprung, der sich mit wenigen Worten klar legen läßt.

Im Großverkehr pflegen die Umsätze auf Kredit, gegen Wechsel zu erfolgen. Jeder Umsatz wird zur Quelle neuer Umsätze. Käufer ist nicht der, der die Ware selbst konsumieren will, sondern der sie weiter, an andere Händler, veräußern will. Zwischen dem Produzenten einer Ware und ihrem Konsumenten liegen viele Hände in der Mitte und jeder Übergang aus einer Hand in die andere ist ein Umsatz, für den es eines Umsatzmittels bedarf. Andererseits hat der Produzent, der seine Ware verkauft hat, Raum gewonnen für neue Produktion. Zu dieser bedarf er der Rohstoffe, der Hilfsstoffe, die wiederum nur durch eine Reihe von Umsätzen, für die Umsatzmittel nötig sind, beschafft werden können.

Der erste Umsatz, von dem wir sprechen, hat neue Umsätze zu seiner Folge. Für jeden Umsatz bedarf es eines Umsatzmittels. Der erste Umsatz hat ein Umsatzmittel, den Wechsel, geschaffen, und da die folgenden Umsätze einen Bedarf an Zahlungsmitteln erzeugen, ist es völlig in der Ordnung, daß der geschaffene Wechsel als weiteres Unsatzmittel dient.

Ein Wechsel als Umsatzmittel hat aber gewisse Nachteile. Er erfordert eine genaue Prüfung der Echtheit, die nicht jedem möglich ist; er setzt jeden, der denselben begibt, der Gefahr des Regresses aus; er ist für die Einlösung an Formen und Fristen gebunden.

Darum zieht der Remittent des Wechsels es vor, denselben nicht in die tägliche Zirkulation hineinzuschleudern. Er hinterlegt ihn bei einer Bank, die ihn bis zum Verfalltage aus dem Verkehr zieht und an seiner Stelle ein anderes Umlaufsmittel in den Verkehr setzt. Die Banknote ist der Repräsentant des Wechsels. Es wird durch die Ausgabe der Banknote ein von dem Verkehr auf die legitimste Weise geschaffenes Umsatzmittel durch ein anderes ersetzt; für die große Menge der Steuerzahler ist es absolut gleichgültig, ob der Wechsel in natura zirkuliert oder statt seiner die Banknote. Für die Hände, die den Umsatz vermitteln, ist die Banknote bequemer, die leicht kenntlich ist, den Begebenden nicht regreßpflichtig macht und jederzeit eingelöst werden kann. Das Publikum gewinnt sogar dabei, wenn die Noten dem Wechsel substituiert werden, denn die öffentlichen Ausweise der Banknoten künden die Gefahr an, wenn Umsatzmittel in Übermaß geschaffen werden, während der Betrag der geschaffenen Wechsel sich der öffentlichen Kenntnis entziehen würde. Bei Banknoten waltet eine gewisse Garantei dafür ob, daß die Summe der Umsatzmittel mit den Umsätzen selbst steigt oder fällt: bei dem Staatspapiergeld fällt diese Garantie fort.

Wenn Herr Perrot die Ausgabe von Banknoten als eine Belastung der Steuerzahler bezeichnet, so muß er den Wechseln denselben Vorwurf machen. Sie sind Umsatzmittel, wie die Banknoten, dienen bei Zahlungen statt baren Geldes wie diese. Diese Konsequenz hat denn in der Tat ein Schriftsteller gezogen, in dessen Pfaden sich Herr Perrot bewegt. Wir meinen Herrn Held, den Redakteur der Staatsbürgerzeitung und Schöpfer einer Sozialtheorie. Und in der Nähe desselben, der alle Wechsel, alle Kreditpapiere mit Ausnahme von Staatsassingnationen unterdrücken will, müssen wir denn auch dem Herrn Perrot seinen Platz unter den volkswirtschaftlichen Schriftstellern anweisen. A. M.

6. Die Landwirtschaft und die Bankfrage[1]).

Nun endlich ist die Bombe geplatzt!

Vielleicht erinnern sich einige Leser, daß ich im vorigen Jahre vor dem Kriege, mich an dieser Stelle darüber äußerte, daß die Landwirtschaft ein besonders hervorragendes Interesse an der Lösung der Bankfrage habe.

In Nr. 80 dieses Blattes lauf. Jahrg. drückte ich mein Erstaunen darüber aus, daß meine an dieser Stelle, in der National-Zeitung, in der Hamburgischen Börsenhalle, in der Deutschen Industrie-Zeitung, in den G. Hirthschen Annalen des Norddeutschen Bundes usw. veröffentlichten, von den kurrenten Ansichten sehr abweichenden Darlegungen bezüglich der Bankfrage in der gesamten deutschen Presse weder Erwähnung noch Erwiderung gefunden hätten.

Ganz neuerdings wies ich auch in der National-Zeitung Nr. 320 auf diese völlige Ignorierung meines Standpunktes und meiner Arbeiten hin, unter Hervorhebung des Gegensatzes, in welchem ich mich zu den in Nr. 19 des Deutschen Handelsblattes veröffentlichten Beschlüssen der Bankkommission des deutschen Handelstages befinde.

Das hat endlich gewirkt. Nn Nr. 29 des von dem Generalsekretär des deutschen Handelstages, Herrn Dr. Alexander Meyer herausgegebenen Deutschen Handelsblattes (20. Juli) erschien ein mit den Buchstaben A. M. unterzeichneter Artikel: „die Funktion der Banknote“ [2]).

Ich hoffe, daß dieser Artikel die von mir im Interesse der Sache von Anfang an bezielte Diskussion der von mir vertretenen Ansicht in Fluß bringen wird,' und daß namentlich die Kreise der Grundbesitzer und Landwirte die ungemeine Bedeutung, welche sich für sie ganz vorzugsweise an eine richtige Lösung der Bankfrage knüpft, lebhaft und nachhaltig erfassen werden.

---

[1]) Aus der „Deutschen Landwirtschaftl. Zeitung“.

[2]) Der Aufsatz ist S. 54 u. ff. mitgeteilt.

Daß der Artikel des Herrn A. M. mit Persönlichkeiten gewürzt ist, kann für die Sache wohl nur insofern förderlich sein, als ihr dadurch für manche ein pikantes Interesse verliehen wird, welches sie vielleicht veranlaßt, sich näher mit der Frage zu befassen. — Ich glaube, es würde mir schlecht anstehen, Herrn A. M. auf dies Gebiet zu folgen, nur muß ich die Leser dieses Blattes, welche den interessanten Artikel in Nr. 29 des Deutschen Handelsblattes nicht selbst lesen sollten, damit bekannt machen, daß nach Herrn A. M. die Presse meine Darlegungen nur deshalb nicht beachtet hat, weil sie „der Erwähnung nicht wert sind". — Am besten ist aber immerhin, wenn man den in Rede stehenden Artikel des Herrn A. M. aufmerksam liest: — er ist wirklich lesenswert und interessant.

Das ganz spezielle Interesse des Grundbesitzes und der Landwirtschaft an dieser Angelegenheit ist glücklicherweise nur eine erhöhte Potenz desjenigen Interesses, welche sich für die gesamte Staatswirtschaft und Kulturentwicklung an die gerechte und richtige Lösung der Bankfrage knüpft. Hierüber gestatte ich mir in möglichster Kürze folgendes von neuem zu erörtern:

In Nr. 320 der National-Zeitung schrieb ich:

Meine Darlegung konzentriert sich in folgenden Sätzen:

„Jede nicht durch bar gedeckte Note konstituiert eine Steuer, nicht eine Schuld, und nicht durch bar gedeckte Noten emittieren, heißt einfach, auf Kosten der Gesamtheit für die eigene Tasche Geld machen; das darf ausschließlich nur der Staat. Jede Übertragung dieser Befugnis an Private ist völlig und tatsächlich gleichbedeutend mit einer einseitigen, ungerechten und wirtschaftlich verderblichen Monopolbevorrechtigung des mobilen großen Kapitals."

Diese Behauptung stützt sich auf folgendes einfache Rechenexempel:

Eine Bank besitzt z. B. eine Million Taler bar.

Wenn nun diese Bank beispielshalber für 3 Millionen Taler Noten ausgibt, so verschenkt sie dieselben nicht, sondern verwendet dieselben schon als eigenes Geld zu möglichst hohem Nutzertrag. Diese 3 Millionen Taler Noten tun also der Bank die Dienste eines eigenen Vermögens von 3 Millionen Taler — das scheint sehr klar.

Nun will aber die bisherige Bankgesetzgebung, daß für einen Teilbetrag dieser Noten, sagen wir z. B. $^1/_3$ — d. h. also in unserem Falle, eine Million — in den Kellern der Bank bar hinterlegt werde. Bares Geld in den Kellern der Bank trägt keine Zinsen: — an Stelle dieser Million in bar tritt eine Million der ausgegebenen Noten, welche nutzbar verwendet wird.

Ferner will die bisherige Bankgesetzgebung in der Regel, daß für einen ferneren Teil, zuweilen auch den ganzen Betrag der noch übrigen 2 Millionen Noten, geldwertes Papier von der Bank hinterlegt werde. Da die Noten der Bank als Geld genommen werden, so kann die Bank ganz einfach ihre noch übrigen 2 Millionen Noten gegen zinstragendes Papier oder Diskont einbringende Wechsel eintauschen.

Das Resultat des Rechenexempels ist, wie mir scheint, doch ganz unanfechtbar dieses:

Die Bank, welche eine Million Taler bar besaß und für 3 Millionen Taler Noten emittierte, hat nach dieser „Operation" die Nutznießung von drei Millionen Talern: — nämlich eine Million, welche sie, in Stelle ihres hinterlegten eigenen Barvermögens von diesem Betrage in Form von Noten nutzbringend verwendet, und zwei Millionen, wofür sie zinstragende Papiere, resp. Diskont eintragende Wechsel eintauscht.

Die Bank ist also durch die Verausgabung der Noten ganz einfach um zwei Millionen Taler reicher geworden.

Meine gesamte Arithmetik und Logik befähigt mich nicht, in diesem Exempel einen Irrtum zu entdecken.

Wie es möglich ist, daß die bisherige Bankliteratur und Bankgesetzgebung einer so einfach und klar erscheinenden Rechenaufgabe keine Rechnung geragen hat, das mögen andere ergründen.

Wer mein Rechenexempel als falsch zu erweisen vermag, der stößt meine Behauptungen bezüglich der Bankfrage um: — wer aber die Richtigkeit dieser sehr kleinen und, wie mir scheint, klaren Additionsaufgabe zugesteht, der wird auch mit mir dahin übereinstimmen müssen, daß eine derartige für das Großkapital vom Staate patentierte Bereicherungsmaschine, einer gesetzlich geregelten Ausbeutung der Staatsbewohner durch einzelne Private, einer unwirtschaftlichen und ungerechten Deplazierung und Kumulierung von Kapital und einer mit starken Schritten herandrohenden sozialen Gefahr gleich kommt.

Daß die Banken das ihnen aus dem Nationalvermögen durch das „Notengeschäft" bis dahin als Schenkung überwiesene Geld an andere verpumpen, damit diese Geschäfte damit machen, kann doch fürwahr nicht als ein Äquivalent für diese wunderbare Schenkung angesehen werden. Ich wenigstens halte es für sehr verkehrt, daß die Nation einen Teil ihres Vermögens an Banken staatsrechtlich schenken soll, damit diese durch Ausleihen oder sonstige Verwendung dieser Schenkung allerlei Geschäfte ermöglichen, die gewiß auch manchen Nutzen haben mögen, deren sicherstes Resultat jedoch immerhin die bequeme, wirtschaftlich nicht zu rechtfertigende Bereicherung der Bankeigner mittels eben dieses Geldes zu sein scheint.

Wie wäre es überhaupt zu rechtfertigen, daß der Staat an Private Geld schenkungsweise überweist, damit dieselben dies Geld nach ihrer Diskretion zu Geschäften verwenden, welche doch immerhin den eigenen Vorteil zunächst im Auge haben, welche immerhin eine Bereicherung einzelner aus dem Gesamtvermögen konstituieren, eine Bereicherung, die in keinem Verhältnis steht zu dem möglichen Nutzen, welcher der Gesamtheit aus der geschäftlichen Verwendung der Schenkung vielleicht erwachsen kann.

Dies meine Ansicht in der Bankfrage.

Die besonderen Beziehungen der Landwirtschaft zu dieser Frage liegen auf der Hand.

Zwischen Landwirtschaft und mobilem Großkapital hat sich in neuerer Zeit eine gewisse gegensätzliche Spannung entwickelt. In der Natur der Dinge ist eine solche Spannung ebensowenig begründet, wie zwischen Kapital und Arbeit. Diese Spannung zwischen mobilem Kapital und Grundbesitz ist nur durch eine unrichtige Gesetzgebung verschuldet und zwar unter andern dadurch, daß die Gesetzgebung das mobile Kapital mit einer monopolistischen Bevorrechtigung ausstattete, wie sie in dem bisherigen Bankwesen verkörpert ist.

Dieser heutige Stand des Bankwesens, wie er sich nach dem bisher Entwickelten charakterisiert, wirkt mit der Saugekraft eines Schwammes dahin, alles Kapital von der Landwirtschaft und dem Grundbesitze ab- und jenen bequemen monopolisierten Bereicherungsweisen zuzuwenden, welche durch das Notengeschäft teils unmittelbar teils mittelbar schnell zu Besorgnis erregenden Dimensionen aufgepäppelt sind.

Hier liegt eine **Hauptwurzel** jenes Übels, welches unser bekannter Volkswirt K. Braun noch jüngst als „**Papierpest**" bezeichnet.

Und wenn das eigenste Interesse der Landwirtschaft und des Grundbesitzes es erfordert, sich dieser „Papierpest" mit allen Kräften entgegenzustemmen, wenn die richtige Lösung der Bankfrage im Deutschen Reichstage alle unsere Lebens- und Schaffenskreise auf das Intimste berührt, so ist diese Lösung für die Landwirtschaft und den Grundbesitz geradezu eine

Lebensfrage

Rostock, den 26. Juli. **F. Perrot.**

7. Aus Nr. 96 der „Deutschen Landwirtschaftlichen Zeitung".

Nr. 90 dieser Zeitung bringt einen Artikel über die Bankfrage, gezeichnet F. Perrot.

„Was dem einen recht, soll dem andern billig sein."

Ein Grundbesitzer hat ein produktives Areal im Werte von z. B. 100000 Tlr. Derselbe will sich vom Staate die Konzession erbitten, auf Grund dieses sicheren produktiven Wertes 300000 Tlr. Papiergeld auszugeben.

Sicher wird diese Bitte doch abgeschlagen.

Aber warum?

Ist Grund und Boden nicht sicherer wie Silberbarren? Der Silberbarren hat doch nur relativen Wert, ist als Metall unproduktiv. — Grund und Boden ist aber der Urquell aller Produkte (Werte).

„Kein Monopol an Private oder Aktiengesellschaften, weder in Bank-, Eisenbahn- noch sonstigen Allgemeinwohl-Sachen."

Diese „Steuern" fühlen wir schon lange und wissen ihren Druck zu schätzen, allein Bankfestungen sind schwer zu stürmen, aber nicht — uneinnehmbar. —

Ist der geehrte Herr Verfasser des oben angezogenen Artikels so recht verstanden von einem Grundbesitzer.

8. Zur Bankfrage[1]).

„Was dem einem recht, soll dem andern billig sein,"
sagt in Nr. 96 der „Deut. Landw. Ztg." „ein Grundbesitzer", welcher sich auf meinen Artikel in Nr. 90 bezieht.

Wenn man demjenigen, welcher 1 Million hat, gestattet, 3 Millionen in Papiergeld (genannt Banknoten)[2]) auszugeben, so muß man gerechterweise auch — nicht nur dem Grundbesitzer, welcher 100000 Taler hat, gestatten, deren 300000 in Papier auszugeben — sondern man muß einem jeden, welcher 1 Taler, ja einen Silbergroschen hat, gestatten, deren 3 in Papier zu — „emittieren", und es seine Sache sein lassen, ob jemand dies Papiergeld nimmt.

Unsere Volkswirtschaft führt immer die „Konkurrenz" im Munde und will heute keine Staatsbahnen, weil die „Konkurrenz" in allen Dingen, also auch im Eisenbahnwesen, besser sorge als der Staat. Ohne „Konkurrenz" kein Heil und wo Konkurrenz, da findet sich alles andere von selbst. Warum denn nun — meine Herren Volkswirte — scheuen Sie davor zurück, das „Bankgeschäft", so wie Sie es verstehen, d. h. mit dem Recht der Banknotenausgabe, ebenfalls lediglich der „freien wirtschaftlichen Bewegung, — der Konkurrenz" zu überlassen?

Warum soll die „Banknotenemission" nicht ebenfalls der „Konkurrenz" überlassen bleiben? — Warum soll nicht ein jeder nach Herzenslust allen übrigen in der Banknotenfabrikation „Konkurrenz" machen dürfen? — Zweifeln Sie etwa daran, daß die „Konkurrenz" dies „Geschäft"? famos regeln wird? Diese vortreffliche Konkurrenz, die ja für alles, alles Sorge trägt?

Warum, um Himmelswillen, wenn Sie mir bei meinen Eisenbahnreformbemühungen, mit ihrer „Konkurrenz" zwischen die Beine kommen, um das Privatbahnsystem damit zu verteidigen — warum wollen Sie denn dieselbe treffliche Konkurrenz nicht auch zur Alleinherrscherin und Entscheiderin in der Banknotenfrage proklamieren?

Wollen Sie es nicht vielleicht versuchen, welch' ein lustiges Konkurrenzgeschäft dabei entstehen wird? — Sie werden sehen, wir werden Geld haben wie Heu; — jedermann wird seinen „Kredit" nach den Gesetzen der „freien wirtschaftlichen Bewegung" ausnutzen, — jedes Portemonnaie wird sich in ein Bankgeschäft verwandeln, — der „Kredit" wird einen ganz außerordentlichen Aufschwung nehmen, — eine ganz wunderbare Geschäftsära wird hereinbrechen und — über alledem wird als präsidierende und regelnde Gottheit die „Konkurrenz" schweben! — Fürchtet nicht die Unvernunft und Unbildung der Menschen, die „Konkurrenz" wird alles besorgen.

---

[1]) Antwort auf den vorhergehenden Artikel aus der „Deutschen Landwirtschaftlichen Zeitung".

[2]) „Es gibt keinen prinzipiellen Unterschied zwischen Banknoten und Staatspapiergeld." (Handbuch des Bankwesens von Max Wirth, Köln 1870, S. 580.)

Ja im Eisenbahnwesen will die Volkswirtschaft „Konkurrenz“. Aber nur das Großkapital kann Eisenbahnen bauen, wenn der Staat hier nicht tut, was seines Amtes ist, und damit nicht nur seine Verpflichtungen, sondern auch einen Teil seiner Rechte und Machtvollkommenheiten an Private überträgt — somit ein wirkliches Monopol des mobilen Großkapitals schaffend, welches sehr bald die Klugheit haben wird, die Konkurrenz mit der Koalition zu vertauschen.

In der Banknotenfrage genügt es jedoch schon nicht mehr, sich auf die „Konkurrenz“ zu berufen, denn da könnte wirklich jeder Konkurrenz machen. Hier muß jede „Konkurrenz“, welche sich unterhalb einer Anzahl Million Taler bewegt, gesetzlich ausgeschlossen werden, damit auch hier dem mobilen Großkapital das Monopol gesichert sei.

Einige Dii minorum gentium unserer Volkswirtschaft haben diese Wahrheiten bereits als „sozialistisch“ denunziert, während ihre Nichtbeachtung uns einen wirklichen Sozialismus auf den Hals schafft, einen wirklichen Zwiespalt zwischen Kapital und Arbeit, zwischen Grundbesitz und mobilem Kapital künstlich hervorruft.

Ja, der Herr „Grundbesitzer“ in Nr. 96 dieser Zeitung hat mich recht verstanden: „Kein Monopol an Private oder Aktiengesellschaften, weder in Bank-, Eisenbahn- noch sonstigen Allgemeinwohl-Sachen.“

Rostock, im August. F. Perrot.

9. Bescheidene Anfrage.

(Aus Nr. 100 der Deutschen Landwirtschaftlichen Zeitung.)

Also alle Eisenbahnen sollen Staatsbahnen werden?

Kein Privatmann, keine Aktiengesellschaft soll mehr das „Monopol“, aus Papier „Geld zu machen“, erhalten, weder in Bank-, Eisenbahn- noch sonstigen Allgemeinwohlsachen! — Gehören dazu auch Mühlen, Brauereien, Zucker- und andere Fabriken?

Wenn nun auf den ihm bereits gehörenden oder von ihm verwalteten Bahnen der Staat aber z. B. nicht Wagen genug hält, um Personen oder Güter angemessen und ohne Zeitverlust zu befördern, wie letzteres die böse Fama sagt, oder wenn so eine staatliche Eisenbahnverwaltung trotz gesetzlicher Verpflichtung dazu jede Entschädigung für Beschädigung der auf ihr spedierten Frachtgüter durchaus verweigert und sich durch abgezwungene Reverse vom Halse zu schaffen weiß, — was ist dagegen zu machen; wie ist dem abzuhelfen? Freilich haben wir dergleichen oder ähnliches auch auf Privatbahnen. Einer lernt's vom andern. Und es wird nicht besser, wenn kein strenger Zuchtmeister die Rute handhabt. Wir haben aber weder den einen, noch die andern. Weiß der Staatseisenbahner nun dagegen vielleicht ein besseres Mittel als die Konkurrenz?

Und in der Banknoten- und Aktienfrage soll auch die Konkurrenz möglichst erschwert werden, und zwar bloß, damit das Großkapital, welches über

Millionen verfügen kann, mit 300 % Wucher treiben darf, damit das kleine Kapital, der Mittelstand immer mehr unterdrückt und ausgemerzt, und der intelligente Arbeiter zur Maschine, zum Sklaven herabgewürdigt werde? Oder soll man das so verstehen, daß der Staat alle Monopole selbst ausüben soll, wie der Pascha von Ägypten? — Also das wäre das Eldorado?

Ist nicht das beste Mittel gegen Monopole möglichste Vervielfältigung, Freilassung derselben, daher freie Konkurrenz?

—o—

10. Die Eisenbahn- und Bankfrage und die „Konkurrenz".

Antwort auf eine „Bescheidene Anfrage".

(cfr, s. p. Nr. 100 d. Deutsch. Landw. Ztg.)

Der Herr Fragsteller (—o—) befolgt eine Taktik, mit welcher ich auch von anderer Seite schon zu kämpfen hatte, nämlich die Taktik, aus richtigen Sätzen unzulässige Folgerungen zu ziehen.

Es ist, wie ich schon öfters betont habe, Mode geworden zu glauben und zu sagen, daß die „Konkurrenz, d. h. die freie wirtschaftliche Bewegung", allein imstande sei, alle wirtschaftlichen Angelegenheiten aufs beste zu regeln. — Wenn ich mich nun auch einmal aufs „Konsequenzmachen" legen sollte, würde ich z. B. Herrn —o— fragen: „Wollen Sie nicht etwa die Regierung und Verwaltung überhaupt auch in Konkurrenzbetrieb geben? — Stand sich z. B. Deutschland etwa besser bei 36, oder wie früher 360, oder wie noch früher bei ca. 2000 selbständigen Regierungen, als bei der einer einzigen? Diese Regierungen machten sich und machen sich zum Teil auch noch „Konkurrenz untereinander. — Warum will man nun mit Gewalt diese Konkurrenz abschaffen und sich einer einzigen Regierung in Deutschland preisgeben? Wo, mein lieber Herr —o—, werden Sie dermaleinst Recht finden, wenn diese einzige Regierung Ihnen nicht recht geben möchte?"

Im Ernste gesprochen, gegen die Konkurrenz habe ich an und für sich nicht das mindeste, im Gegenteil, ich bin überzeugt, daß sie in all den Dingen wohltätig wirkt, welche besser von der Privatindustrie, als vom Staate besorgt werden. Ich bin aber ganz positiv auch der Überzeugung, daß es Dinge gibt, welche der Staat besser, richtiger und zu größerm Vorteil der Staatsbürger besorgt, als die Privatindustrie und daß in diesen Dingen die Konkurrenz also nicht so wirkt, wie die moderne Volkswirtschaftslehre dies glaubt und glauben machen will.

Sie selbst, verehrter Herr —o—, sind z. B. steif und fest überzeugt, daß es Unsinn wäre, die Vaterlandsverteidigung, d. h. das Militärwesen, der Konkurrenz zu überlassen, und doch hat es eine Zeit gegeben, wo buchstäblich verschiedene „Unternehmer" sich in diesem „Geschäfte" „Konkurrenz machten". — Sehr wahrscheinlich, mein Herr —o—, sind Sie auch der Überzeugung, daß Post und Telegraphie am besten sich in den Händen des Staates befinden, und ich vermute stark, daß Sie Protest dagegen erheben würden, wenn man z. B. die Post, wie das einmal gewesen ist, wieder in die Hände der „Konkurrenz“ geben wollte. Noch jüngst hat man es z. B. in England vorteilhaft befunden, umgekehrt die Telegraphie, welche bis dahin als „Geschäft“ betrieben wurde, nunmehr der Konkurrenz zu entrücken und in Händen des Staates zu konzentrieren, und man befindet sich wohl dabei.

Sie selbst also, verehrter Herr —o—, sind der Überzeugung, ganz so wie ich, daß es Dinge gibt, welche der Staat unbedingt besser macht, als die „Konkurrenz“, und daß es zum Nachteil aller gereichen würde, wenn man diese Dinge der Konkurrenz überlassen wollte.

Jetzt, mein lieber Herr —o—, bin ich so weit, daß ich den Spieß umdrehen kann, indem ich die Frage, welche Sie an mich stellten, nun an Sie richte: — „da es also unzweifelhaft gewisse Allgemeinwohlsachen gibt, welche Sie der Konkurrenz nicht überlassen wollen, rechnen Sie dazu auch Mühlen, Brauereien, Zucker- und andere Fabriken?“

Sie sehen, mein Herr —o—, wer anderen eine Grube gräbt, fällt selber hinein.

Bezüglich der Eisenbahnen haben in der Tat die Ansichten bis jetzt geschwankt, ob sie zu den Dingen gehören, welche der Staat besser besorgt, oder zu jenen, welche man besser der Konkurrenz überläßt.

Wenn ich nun heute für die erstere Ansicht in die Schranken trete, so geschieht dies deshalb, weil ich aus einem sehr sorgfältigen, gewissenhaften und umfassenden Studium der Tatsachen die Überzeugung geschöpft habe, daß die „Konkurrenz“ im Eisenbahnwesen keineswegs jene vorteilhaften Folgen hat, welche unsere Volkswirte uns davon versprechen. Und wenn Sie mir erwidern wollten, daß die Ansicht eines einzelnen hier nicht in Betracht kommen könne, so gestatte ich mir, Sie darauf aufmerksam zu machen, daß diese Ansicht, welche ich jetzt in Deutschland zur Geltung zu bringen bemüht bin, in England, Belgien und Amerika, den ältesten Eisenbahnländern, bereits allgemeine und öffentliche Geltung erlangt hat. Fragen Sie gefälligst einmal nach, was die englischen Kaufleute von der Eisenbahnkonkurrenz halten, und wie man in Belgien über die Konkurrenz der Eisenbahn denkt. Sie können darüber einige Aufklärung in dem zweiten Hefte der Deutschen Monatsschrift für Handel, Schiffahrt und Verkehrswesen finden, welches soeben ausgegeben wird.

Die Erfahrung hat gezeigt, daß im Eisenbahnwesen, wie in der Telegraphie, der Natur der Dinge nach, die Koalition sehr bald an die Stelle der Konkurrenz tritt, dann haben Sie Privatbahnen ohne Konkurrenz: — was dann?

Ich erläutere Ihnen dies sofort an einem Beispiel. Es existierten 3 verschiedene Kabelgesellschaften zwischen Europa und Amerika. Denken Sie nun, mein Herr —o—, daß diese 3 Gesellschaften sich untereinander Konkurrenz machten und sich gegenseitig die Preise drückten? Den Kuckuck taten sie. Da müßten sie reine Narren gewesen sein. Nein, sie koalierten sich zu einer einzigen Gesellschaft, erhöhten die Preise der Telegramme und — nun, liebes Publikum, zahle und überlege, wohin „Konkurrenz" nicht alles führen kann.

Mit den Eisenbahnen ist es ähnlich. Wenn Sie, verehrter Herr —o—, sich in der Eisenbahngeschichte etwas umsehen wollten, so würden Sie finden, daß in Frankreich z. B. die Eisenbahngesellschaften schon so gescheit gewesen sind, sich soweit zu koalieren, daß „Konkurrenz" völlig ausgeschlossen ist, und wenn hier der Staat das Publikum nicht gewissermaßen gegen diese Konsequenz der „freien wirtschaftlichen Bewegung" schützte, so wäre das französische Publikum jetzt der rücksichtslosesten Ausbeutung durch die Eisenbahngesellschaften preisgegeben.

Was nun, mein lieber Herr —o—, werden Sie sagen, wenn die deutschen Eisenbahngesellschaften auch erst so klug geworden sind, wie sie bereits begonnen haben, und sich in ihrem eignen Interesse derart koalierten, daß sie sich nicht mehr untereinander Konkurrenz machen, sondern das Publikum nur gemeinsam ausbeuten?[1]) — Daß dies sehr bald kommen wird, liegt in der Natur des Eisenbahnwesens, wie uns die Erfahrung, außer in Frankreich, auch schon in England und Amerika beweist.

Und wenn wir nicht bald ganz energisch auf Staatsbahnwesen lossteuern, werden wir es in sehr kurzer Zeit mit mächtig koalierten großen Bahnkomplexen zu tun haben, die uns den notwendigen Übergang ungleich schwerer machen möchten, als er es gegenwärtig noch ist.

Sie sehen also, mein Herr —o—, daß es immer gut ist, seinem Urteil einige Sachkenntnis zu unterbreiten, und ich hoffe, daß wir nun puncto Eisenbahnen im reinen sind.

Ich komme nunmehr zum Bankgeschäft.

Sie scheinen mich so weit richtig verstanden zu haben, daß ich, das Banknotenausgeben, d. h. Geldmachen, nicht für ein Bankgeschäft, sondern für Staatssache halte.

Geldmachen ist kein Geschäft, sondern Staatsregal.

Das wirkliche Bankgeschäft dagegen rechne ich zu denjenigen, in welche der Staat sich nicht zu mischen hat, und welche er allerdings am besten der freien wirtschaftlichen Bewegung, d. i. der Konkurrenz überläßt. Sie drücken sich also unrichtig aus, wenn Sie sagen: „Und in der Banknoten- oder Aktienfrage soll auch die Konkurrenz möglichst erschwert werden." —

Wenn Sie, verehrter Herr —o—, das Banknotenmachen mit zum Bankgeschäfte rechnen und der Konkurrenz doch auch gewiß nicht weniger einräumen wollen, als ich, so müssen Sie doch notwendig die Frage, welche ich in Nr. 98[2]) an unsere Volkswirte stellte, bejahen, nämlich dahin, daß das Bankgeschäft und das Banknotenmachen beide unbedingt frei

---

[1]) Anm. d. Herausg.: Siehe die heutigen Kartelle, Syndikate, Trusts usw.

[2]) Mitgeteilt in dem Artikel „Zur Bankfrage", S. 60, Nr. 8.

zu geben und durch kein anderes Gesetz zu regeln sind, als durch die Konkurrenz selbst[1]).

Wenn Sie es mit Ihrem Gewissen und Ihrer Einsicht vereinbaren können, diesen Rat zu erteilen, nun, so suchen Sie ihn zur Geltung zu bringen. Entweder allen gleiches Recht oder nur dem Staate das Recht. Ich für meine Person kann nur von neuem plädieren:

1. keine Banknoten mehr:
2. das Papiergeld macht der Staat allein;
3. keine Staatsbank mehr;
4. das Bankgeschäft ist der Konkurrenz völlig frei zu geben;
5. die Übergangsmaßregeln sind unter billiger und notwendiger Berücksichtigung bestehender Verhältnisse zu bemessen und auf einen dementsprechenden langen Zeitraum zu distribuieren.

Auf die Angelegenheiten der Aktiengesellschaften komme ich einmal besonders zurück in der Deutschen Monatsschrift.

Rostock, den 22. August 1871. F. Perrot.

11. Bankfrage und Sozialismus.

(„Deut. Landwirtsch. Ztg. v. 30. Sept. 1870.")

I.

Gott sei Dank — dürfen wir sagen — es fängt auch in der Bankfrage an, Tag zu werden!

Was uns zu diesem Ausrufe veranlaßt, sind zwei bedeutende Meinungsäußerungen über die Frage, welche endlich dem Ernste der Situation einige Rechnung tragen.

Zwei hervorragendere Mitglieder des Reichstages haben ihre Ansichten über die Bankfrage veröffentlicht, und zwar Herr G. D. Augspurg im Deutschen Handelsblatt Nr. 33—37 und Herr H. V. von Unruh in einer kleinen Broschüre: „Die Bankfrage vor der Kommission des Deutschen Handelstages."

Beide Arbeiten treten dem Kerne der Sache in einer Weise näher, welche hoffen läßt, daß deutscher Einsicht und Redlichkeit eine Lösung derselben gelingen werde, wie sie bis dahin leider in keinem andern Staate erzielt worden ist.

Wir können nicht sagen, daß uns die Haltung der Tagespresse im ganzen in dieser Angelegenheit erbaut hat. Es läßt sich nicht sagen, daß sie ihre Auf-

---

[1]) Übrigens sagt Max Wirth in seinem „Handbuch des Bankwesens" S. 582: „Bei vollkommener Freiheit der Notenemission wird ein Monopol der Reichen geschaffen, welchen dann unverzinsliches Kapital von den Armen vorgeschossen wird; denn Unbemittelte können keine Zettel ausgeben." — Der Unterschied zwischen dem gegenwärtigen Zustand und dem allgemeiner Notenfreiheit besteht also nur darin, daß gegenwärtig ein gesetzliches Monopol der Reichen existiert, während bei Notenfreiheit das gesetzliche Monopol sich in ein scheinbar nur faktisches verwandeln würde.

gabe, das Publikum nach Kräften und ohne Voreingenommenheit aufzuklären, in genügender Weise erfüllt hat — und die Zeit brennt hier doch auf den Nägeln.

Wie dem auch sei, wir haben hier endlich zwei Mitglieder, und zwar zwei bedeutendere Mitglieder des Deutschen Reichstages vor uns, welche unumwunden zugeben:

> daß das Ausgeben nicht in bar gedeckter Banknoten ebensoviel ist als für die eigene Tasche Geld machen, das Publikum besteuern, resp. ausbeuten — und daß der Überflutung mit Papier nun endlich gewehrt werden müsse.

Ich glaube, man sagt durchaus nicht zu viel, wenn man annimmt, daß das an der Banknotenausgabe klebende Geldinteresse vielfältig wissentlich und willentlich dahin gestrebt hat und noch strebt, die Frage zu verwirren und umfassender, wirksamer Aufklärung entgegen zu arbeiten, und daß hier vielleicht die größte Schwierigkeit einer natürlichen und gesunden Lösung zu suchen ist.

Wir wenden uns zunächst zu Herrn Augspurg. In Nr. 36 des Deutschen Handelsblatt schlußfolgert derselbe aus ähnlichen Ausführungen, wie wir sie im Jahrgang 1870 der Hirthschen Annalen gaben:

> „daß der Staat durch Ausgabe von Papiergeld, die Zettelbanken durch Ausgabe ihrer Zahlungsversprechen sich vermittels der jährlichen, davon gezogenen Zinsen einen nicht zu rechtfertigenden, erheblichen Gewinn verschaffen, indem sie den Tauschwert des umlaufenden Metallgeldes, d. h. also der gesetzlichen Landeswährung im Verhältnisse des Betrages ihres Papiergeldes zum Gesamtbelaufe des zirkulierenden (flüssigen) Kapitals vermindern und dadurch den großen Teil der Bevölkerung, welcher von festen Einnahmen lebt, zu bedeutendem Schaden bringen, in zweiter Reihe aber die gesamte Staatsbevölkerung schädigen, indem sie die Stetigkeit des gesetzlichen Wertmaßes untergraben."
>
> „Vorteile erwachsen dagegen nach keiner Richtung hin für die Gesamtbevölkerung des Staates durch die Ausgabe der Banknoten. Beim Staatspapiergelde kommen den Steuerzahlern die ersparten Zinsen auf den zirkulierenden Betrag zugute; aber dennoch ist nach der andern Seite hin ihr Schade viel beträchtlicher."

Hier scheint uns (mit Verlaub) denn doch Richtiges und Unrichtiges in der Schlußfolgerung miteinander vermengt.

Wenn zwei dasselbe tun, so ist es doch nicht immer dasselbe. Wenn der Staat Papiergeld macht, so ist es nicht dasselbe, als wenn Privatleute zugunsten der eignen Tasche Papiergeld machen.

Bis heute ist man der Ansicht — und wir pflichten derselben bei — daß der Verkehr zu seiner mechanischen Bequemlichkeit eine gewisse Quantität papierner Marktanweisungen schwer entbehren könne, selbst gegenüber der Goldwährung.

Wir halten es mit keinerlei bemerkenswerten Übelstande verknüpft, wenn der Staat diesem mechanischen Bedürfnisse des Verkehrs durch

Ausgabe einer für stets längere Zeit hinaus fest bestimmten Summe von Staatspapiergeld entspricht.

Mit solcher mäßigen Ausgabe von Staatspapiergeld ist kein nachweisbarer Übelstand verknüpft. M. Wirth sagt hierüber in seinem „Handb. d. Bankw." (S. 581): „So lange . . . Staatspapiergeld nicht bis über einen Bruchteil unter der zur Bewerkstelligung der Umsätze erforderlichen Summe vermehrt wird, kann weder von Steigerung der Warenpreise, noch von Verminderung des Papierwertes, folglich weder von Geld- noch Silberagio die Rede sein."

Banknoten haben dagegen unter allen Umständen den Nachteil, daß sie Privatleute in nicht zu rechtfertigender Weise bereichern, und zwar um den Zinsgenuß der Summe, welche nicht bar gedeckt ist.

Herr Augspurg äußert sich hierüber in folgender Weise: „Jede Zettelbank macht zugleich Bankiergeschäfte der verschiedensten Art, und wenn es ihr durch die Art und Weise, wie sie ihre Zahlungsversprechen (Noten) verwerten darf, gestattet ist, ihr Geschäftskapital nahezu zu verdoppeln, d. h. zum Geschäftsbetriebe ein fast noch einmal so großes Vermögen zu verwenden, als sie selbst als Eigentum besitzt, so folgt daraus, daß, wenn sie diese Freiheit nach Möglichkeit zu ihrem eignen Vorteile ausnutzt, dadurch ganz eigentümliche, von der Regel abweichende wirtschaftliche Zustände geschaffen werden müssen."

— — „Dies ist von vornherein kein gesundes wirtschaftliches Verhältnis und es kann auch schwerlich gesunde Folgen hervorbringen." — Und weiterhin sagt Herr Augspurg von den Banknoten, (Deut. Handelsbl., S. 357) „daß der einzige wirkliche Zweck ihrer Benutzung die Ausbeutung des Publikums ist und wenn dieser ihr genommen wird, die Benutzung gar keinen Zweck mehr hat."

Runder kann man allerdings kaum mit der Sprache herausgehen, es sei denn in dem Satze, daß auch bei uns in Deutschland „früher oder später die Wurzeln des Verderbens, der wirtschaftlichen Ungesundheit, welche von Beginn an in der Schaffung der Banknoten liegen, ihr Wachstum ausbreiten, ihre Verzweigungen ausdehnen und immer enger verwickeln, bis sie alles umschlingen und endlich in den Abgrund reißen."

II.

Nachdem, wie wir mitgeteilt, Herr Augspurg sich auf das Unumwundenste über die Verderblichkeit und Unzulässigkeit aller nicht in bar gedeckten Noten ausgesprochen, tut er zum Schlusse seiner Deduktionen die Frage:

„Warum behält man denn überall die Benutzung der Banknoten bei? Warum verbietet man nicht rundweg die Ausgabe aller und jeder Banknoten?" —

und die Antwort gibt Herr Augspurg sogleich selbst mit folgenden Worten:

„Man wird schwerlich auf diese Frage eine andere Antwort finden, als

‚daß man einmal an das Übel gewöhnt sei und daß es hart erscheinen würde, einer Anzahl Bankaktionäre, welche ebenfalls einmal an die Ausbeutung der Gesamtbevölkerung durch Ausgabe von Banknoten gewöhnt sei, dieses Privilegium plötzlich zu nehmen.'"

Und in der Tat, es ist kaum zu verstehen, daß „Zettelbanken noch heutigen Tages fortfahren dürfen, anstatt selbst für empfangenes Kapital Zinsen zu bezahlen, dieselben sich ihrerseits von der Bevölkerung auf die ihr zugestellten Schulddokumente oder Zahlungsversprechen vergüten zu lassen. Zu bewundern ist jedenfalls die — Gutmütigkeit dieser Bevölkerung".

Wir stimmen in allen Punkten mit Herrn Augspurg völlig überein — einen ausgenommen, nämlich seine absolute Verwerfung des Staatspapiergeldes.

Wir wollen und können kein absolutes Urteil darüber fällen, ob der Verkehr des papiernen Zirkulationsmittels gänzlich entraten könne, wie einige behaupten; wir sind jedoch der Ansicht, daß der kleine Verkehr, noch mehr als der größere, zu seiner mechanischen Bequemlichkeit des Papiergeldes allerdings bedarf, und wir sehen, gestützt auf die Erfahrung, nicht den mindesten Übelstand darin, daß der Staat durch Ausgabe einfachen Staatspapiergeldes diesem mechanischen Bequemlichkeitsbedürfnis des Verkehrs abhelfe, ein Bedürfnis, welches durch die Goldwährung vielleicht in etwas vermindert, sicher nicht beseitigt wird.

Die absolute Verdammung allen Staatspapiergeldes durch Herrn Augspurg scheint uns jedoch noch einen andern Sinn zu haben.

Die Schlußkonsequenz, zu welcher Herr Augspurg kommt, lautet zwar radikal genug, wie folgt:

„Daher kann die endgültige Entscheidung immer nur dahin gehen, daß die Benutzung allen und jeden Papiergeldes verwerflich sei und abgeschafft werden müsse, nicht allein des Staats-, sondern auch des Privatpapiergeldes, der Banknoten".

Wir gestehen jedoch ganz aufrichtig, daß wir mit diesem Radikalismus nicht ganz einverstanden sind, und zwar aus folgenden Gründen:

Herr Augspurg beweist die Unzulässigkeit und Schädlichkeit von Banknoten ausführlich, setzt dagegen Staatspapiergeld als etwas selbstverständlich unter allen Umständen Verwerfliches voraus. — Wir haben demgegenüber schon darauf hingewiesen, daß von mäßig ausgegebenen Staatspapiergelde noch niemand einen Nachteil verspürt oder nachgewiesen hat und daß ein solcher Nachteil nicht existiert, so lange das mechanische Bequemlichkeitsbedürfnis des Verkehrs den einzigen Maßstab für die Ausgabe dieses Staatspapiergeldes bildet.

Dann aber deutet Herr Augspurg wiederholt auf eine Besteuerung der ungedeckten Noten hin.

Schaffte man nun erst das bei uns nur mäßig vorhandene Staatspapiergeld ab — dessen Verwerflichkeit unter allen Umständen annehmend — so würde man sehr bald die Erfahrung machen, daß der Verkehr zu seiner Bequemlichkeit denn doch des papiernen Zirkulationsmittels bedarf, und es bliebe dann natürlich, wenn man einmal das Staatspapiergeld so absolut verwirft, nichts übrig, als dennoch Banknoten beizubehalten und zwar, wie Herr Augspurg andeutet, mit einer Steuer auf ihren ungedeckt zu emittierenden Betrag.

Diese Notenbesteuerung ist für die Übergangszeit während ihrer allmählichen und bis zu ihrer gänzlichen Abschaffung ein allerdings zu empfehlendes Auskunftsmittel, würde aber, als bleibende Einrichtung, ja doch weiter nichts bedeuten, als das Fortbestehen des Notenunwesens in mehr oder minder gemilderter Form.

Die Beibehaltung einer mäßigen Menge von Staatspapiergeld, resp. allmähliche Umwandlung eines Teiles der Noten in solches und einfache, wenn auch allmähliche Abschaffung aller übrigen Banknoten, würde uns auf dem Erfahrungswege dahin führen können, zu finden, wieviel Papier wir aus dem Verkehr überhaupt zurückziehen können, ohne daß seine Bequemlichkeit darunter leidet.

Wenn wir dagegen das bei uns verhältnismäßig unschuldige Staatspapiergeld zuerst abschafften, wie Herr Augspurg will, so würden uns zuletzt besteuerte Banknoten als einziges Auskunftsmittel übrig bleiben, wenn wir das erst abgeschaffte Staatspapiergeld nicht gleich wieder einführen wollten.

Wenn wir Privatleuten gestatten, Geldzeichen auszugeben, sich selbst dadurch zu bereichern und die allgemeine Kaufkraft des Geldes dadurch zu drücken — so ist dies unter allen Umständen ein Sozialismus der allerschlimmsten Art.

Wenn der Staat dagegen Papiergeld ausgibt zur Bequemlichkeit des Verkehrs, so bereichert er sich dadurch allerdings auch und entnimmt den Betrag dieser Bereicherung gleichfalls aus der Tasche aller Staatsbürger; damit tut er aber nichts anderes, als was er mit jeder Steuer tut und diese Art von Besteuerung ist mit keinerlei nachweisbarem Übelstande verknüpft, so lange das mechanische Bequemlichkeitsbedürfnis des Verkehrs ihr einziges Maß und Motiv bleibt. Während Banknoten unter allen Umständen verwerflich sind, bietet Staatspapiergeld unter allen Umständen das einzige Mittel, ohne soziale Ungerechtigkeit dem Verkehre jenes papierne Zirkulationsmittel zu liefern, dessen er, wenigstens jetzt noch, und vielleicht immer, wirklich bedarf.

III.

Wir wenden uns nunmehr zu der verdienstlichen Broschüre des Herrn v. Unruh:

„Die Bankfrage vor der Kommission des deutschen Handelstages."

Herr v. Unruh behandelt zunächst die Beschlüsse und Verhandlungen dieser Kommission des deutschen Handelstages, wie sie in Nr. 19 des deutschen Handelsblattes niedergelegt sind. Er führt den Nachweis, daß für diese Beschlüsse und Verhandlungen bei der Mehrzahl der Kommissionsmitglieder — bestehend aus einigen 20 Bankdirektoren — doch wohl das Zettelbankparteiinteresse das leitende Motiv gewesen sein dürfte. Die Darstellung ist in klarer, lebendiger und ansprechender dialektischer Form gehalten und ironisiert die Verhandlungen der Bankkommission wiederholt in treffender Weise.

Herr v. Unruh behandelt dann aber auch die Bankfrage vom allgemeinen Gesichtspunkte aus und beginnt dabei mit dem gewiß sehr richtigen Satze: „Will man zu einem sicheren Urteil über die Banknotenfrage gelangen, so muß man sich vor allem die Natur des Geldes und seiner Surrogate, sowie deren Wirkungen im Weltverkehr möglichst klar machen." Von dieser selben Anschauung ausgehend, veröffentlichten wir im Mai 1870 in den Hirth'schen „Annalen des deutschen Reiches" eine Untersuchung über: „Das Geld, sein Wesen und seine wirtschaftlichen Funktionen" als einen „Beitrag zur Lösung der Bank-, Münz- und Währungsfrage"[1]).

Herr v. Unruh kommt auch zu ganz analogen Resultaten, wie wir sie in obiger Arbeit entwickelt. Seine Untersuchungsresultate dürften sich hauptsächlich in dem folgenden, auch in der Broschüre gesperrt gedruckten Passus resumieren:

> „Nicht bar gedeckte Noten emittieren heißt: den unfreiwilligen Kredit des Publikums, jedermanns, in Anspruch nehmen oder, wie es auch ausgedrückt wird, das Publikum **besteuern** teils zugunsten der Bank selbst, teils zugunsten derer, welche den Bankkredit möglichst weit ausbeuten wollen."

Das ist deutlich genug. — So deutlich es aber auch immerhin ist, so hat es uns doch beinahe in Erstaunen versetzt, daß in den Beurteilungen der Broschüre, welche wir in bedeutenderen Blättern gelesen haben, gerade dieser Hauptpunkt nirgendwo auch nur berührt wird. Es dürfte wohl keinem Zweifel unterliegen, daß den Beurteilern auch in der Tat nicht darum zu tun gewesen ist, dem deutschen Publikum gerade über diesen Punkt Aufklärung zu verschaffen und gerade diesen Punkt, welcher den Angelpunkt der Frage bildet, in der ihm gebührenden Bedeutung erscheinen zu lassen.

Auf die Gefahr hin, uns einer neuen Eruption des Parteiegoismus auszusetzen, wie sie in Nr. 29 des „Deutschen Handelsblattes"[2]) in einem Artikel: „Die Funktion der Banknote" gegen uns geschleudert wird, wollen wir

---

[1]) Mitgeteilt S. 29ff. [2]) Mitgeteilt S. 54ff.

diesen Hauptpunkt der Bankfrage von neuem in das richtige Licht zu rücken versuchen.

Eine „Besteuerung des Publikums zugunsten der Banken", wie sie nun von zwei namhaften Reichstagsmitgliedern in der Ausgabe nicht in bar gedeckter Noten gefunden wird, und welche das eine dieser Reichstagsmitglieder als eine „Ausbeutung des Publikums" durch die Notenbanken und ihre Konsorten wiederholt ausdrücklich bezeichnet, eine solche „Besteuerung" und „Ausbeutung des Publikums" durch die Notenbanken ist jedoch weiter nichts als buchstäblich eine in Form von Notenzinsen jährlich an unsere meistbegüterten Mitbürger gezahlte Staatssubvention.

Die nicht in bar gedeckte Note ist nichts mehr und nichts weniger als eine regelmäßige Staatsunterstützung, welche das deutsche Volk seinen (wahrscheinlich sehr bedürftigen) Notenbankhaltern und Konsorten zahlt, eine Staatsunterstützung, welche sich die Herren Interessenten unbekümmert um das öffentliche Wohl, mit allen Mitteln zu erhalten und auch für die Zukunft zu sichern bemüht sind. So lange wir aber an unsere Bankiers und Genossen Staatssubvention zahlen, dürfen wir uns doch wohl füglich nicht wundern, wenn unsere arbeitenden Klassen auf ein Dito Anspruch machen!

Haben wir hier nicht einen Sozialismus der gefährlichsten Art und zugleich einen Anfang zum blühendsten Kommunismus?

Die Notenbanken und ihre Aktionäre verteilen jährlich unter sich (daher „Dividende") eine runde Summe von Millionen Talern, welche auf einem leider nicht mehr ungewöhnlichen Wege aus den Taschen jedermannes entnommen werden und der Großliberalismus unserer Tagespresse weiß durchaus nichts davon!

Mit welchem Gewissen verantworten wir es, daß wir um einige Tausend Taler für unsere Lehrer kargen, während wir unsern bankhaltenden Mitbürgern gestatten, sich um die Zinsen von in Deutschland mehr als 100 Million nicht in bar gedeckter Banknoten jährlich auf Kosten der Gesamtheit zu bereichern?

Mit welchem Gewissen knickern und filzen wir bei den nützlichsten und nötigsten Staatsausgaben, während wir das Geld unsern meistbegüterten Mitbürgern jährlich millionenweise in die Tasche schütten?

Sollte es nicht endlich an der Zeit sein, daß unsere Tagespresse, der von ihren meistbegüterten Mitbürgern „ausgebeuteten Bevölkerung" (G. D. Augspurg, Reichstagsmitglied), den Star sticht?

Diejenigen Verteidiger der Banknotenpartei, welche hierauf zu antworten beabsichtigen, bitten wir, ihre Antwort zu adressieren an die Reichstagsmitglieder G. D. Augspurg oder H. V. von Unruh, indem wir zugleich mit Worten des erstern der beiden Herren schließen:

„Die Menge der Bevölkerung befindet sich in einem merkwürdigen Zustande wirtschaftlicher Unmündigkeit. Sie wirtschaftet mit den Papierzetteln, wodurch ihr Darlehen dokumentiert wird, als wären sie Geld, freut sich über die mit einem solchen Umlaufsmittel verbundene Bequemlichkeit wie ein Kind, welches mit dem Rasiermesser spielt, über seine Glätte, schreibt gelehrte Werke über die Vorzüge der Kreditwirtschaft, über die Geldwirtschaft, wobei man bloß durch seinen Kredit, ohne zu arbeiten, reich werde, und preist ihr Glück in den Zeitungen, wenn sie mit einer neuen Zettelbank gesegnet worden ist. Sie weiß nichts davon, daß sie fortwährend den einzelnen Bevorzugten ungeheure Summen darleiht (wunderbares Darlehen), ohne einen Taler Zinsen dafür zu erhalten, daß man sie also ausbeutet."

Ja, ja, Herr Augspurg hat auch zum Schlusse recht, wenn er sagt: „Zu bewundern ist jedenfalls die — Gutmütigkeit dieser Bevölkerung."[1])

12. Die Bankfrage.

Eine Untersuchung für jedermann.

Die Bankfrage hat ein ganz spezielles und großes Interesse für jedermann und es ist von Wichtigkeit, daß dieses Interesse begriffen werde. Möge es uns gelingen, die nachfolgenden Zeilen so zu schreiben, daß das Interesse des gesamten Volkes an der richtigen Lösung der Bankfrage dem Volke selbst zum Bewußtsein und zwar zu richtigem Bewußtsein komme.

Fast alle Ansichten sind heute darüber einig, daß eine sog. Bankfrage nur insofern und soweit existiere, als man die Ausgabe von Banknoten mit zu den Bankgeschäften rechne. — Trennt man die Banknotenausgabe vom Bankgeschäft, so existiert eine Bankfrage nicht mehr und es hat niemand dagegen etwas einzuwenden, das Bankgeschäft, ohne solche Notenausgabe, sich selbst zu überlassen, wie jedes andere Geschäft.

Sobald man aber die Banknotenausgabe in das Bankgeschäft hineinzieht, entsteht eine Anzahl von „Bankfragen", deren Lösung bisher noch niemand gelungen ist und wohl auch nie jemandem gelingen wird. — Dies müßte schon an und für sich zu der Vermutung führen, daß Banknotenausgabe gar kein Bankgeschäft ist, und daß man die Lösung der „Bankfrage" einfach darin zu suchen habe, daß man aufhört die Banknotenausgabe als ein Bankgeschäft anzusehen und zu behandeln.

Herr Prinze-Smith spricht sich hierüber in dem „Programm für die Vereinigung deutscher Freihändler" in folgender Weise aus:

Die Freihändler „sind einig darüber, daß das Geschäft der Kreditvermittlung, die eigentliche Banktätigkeit, ein freies Gewerbe sein müsse; wobei die Erhaltung einer Zentralbank, ohne Beschränkung konkurrierender Anstalten, nicht ausgeschlossen ist. — Geteilt sind die Ansichten jedoch in betreff des Papiergeldes, dessen Ausgabe, wenn auch gewöhnlich durch Banken bewirkt, ganz anderen, als den für das eigentliche Bankgeschäft geltenden

---

[1]) Das trifft auch für die heutigen Verhältnisse zu. D. Herausgeber. Berlin 1931.

Rücksichten unterliegt. Einige wollen die Fabrikation papierner Zahlmittel zu- und abnehmen lassen mit den Schwankungen der Nachfrage nach Diskontierung. Andere behaupten, daß der Bedarf an Umsatzmitteln bestimmt werde durch ganz andere Verhältnisse, als der Begehr nach Darlehen: und daß die Ausgabe von Papiergeld, anstatt in Wechselwirkung mit Spekulationsfiebern und Kreditkrisen zu stehen, fest kontingentiert sein müsse, wenn man stets sicher sein solle vor Papiergeldwirren, wie sie sich in abschreckendster Gestalt bei Nachbarländern zeigen. — Während auch einige meinen, daß gerechterweise jedem freistehen solle, seinen Kredit durch Notenemission auszunutzen, halten es andere für gerechter, wenn der Gewinn aus einem Surrogate für das Umsatzmittel, welches der Gesamtheit gehört, auch sämtlichen Steuerzahlern zugute kommt durch Papiergeldausgabe für Staatsrechnung, anstatt daß einzelne Kapitalisten sich jenen Gewinn aneignen. — Hierüber bleibt also die Frage offen." Es geht schon aus dieser Fragestellung hervor, daß auch Herr Prinze-Smith die Banknotenausgabe für ein Bankgeschäft nicht hält.

Die erste Frage also, über welche man sich bei der Erörterung des Bankwesens zu verständigen hat, ist die, über

die Banknote.

Der sicherste Weg zur Untersuchung einer materiellen Frage ist am Ende immer der mathematische: — wir versuchen seine Anwendung auf die Bankfrage, und zwar unter Zugrundelegung möglichst einfacher Zahlenverhältnisse.

Eine Bank besitze z. B. eine Million Taler bar.

Sie gebe aus drei Million Taler Banknoten.

Sie hinterlege ihr Barvermögen (1 Mill.) als unverzinsliche Sicherheit.

Sie tausche für zwei Million ihrer Noten zinstragende Papiere resp. Wechsel ein, welche sie gleichfalls als Sicherheit hinterlegt, und verwende die dritte Million Noten zu nutzbringenden Geschäften anderweit.

Welches ist nun die arithmetisch nachweisbare Wirkung dieser „Finanzoperation"?

Die Antwort kann nicht schwer fallen; sie ist einfach folgende:

1. Das unverzinsliche hinterlegte Barvermögen der Bank im Betrage von einer Million bringt keinen Ertrag.
2. Die ferner hinterlegten zwei Million Wertpapiere resp. Wechsel bringen der Bank Zinsen, resp. Diskont.
3. Die in Geschäften verwendete dritte Million, bringt ihren geschäftlichen Nutzen.

Als Wirkung dieser „Finanzoperation" ergibt sich also die Tatsache, daß die Bank infolge derselben den Zinsgenuß von drei Million Talern hat, während sie, ohne die Notenausgabe nur den Genuß von einer Million Taler gehabt hätte.

Die Bank ist also um den Zinsgenuß von zwei Million Taler bereichert, dadurch, daß sie diese Summe in Banknoten, ohne Hinterlegung eines gleichen Betrages in bar verausgabte.

Diese Tatsache bietet die einfache Erklärung dafür, daß die Banken mit Notenausgabe so sehr gesuchte Objekte des Gründungsschwindels sind, daß das Großkapital sich ihrer Gründung mit so großer Vorliebe zuwendet, und daß das Vorrecht der Notenausgabe so zähe und eifrig von den Notenbankhaltern festgehalten und verteidigt wird.

Zugleich können wir in diesem Sachverhalte nur eine monopolistische Bevorrechtigung des großen Kapitals erblicken, welche mit den bedenklichsten sozialen Gefahren verknüpft ist und bereits die bedenklichsten sozialen Wirkungen geübt hat.

Man hat diesen Sachverhalt dadurch rechtfertigen wollen, daß man die Banknoten, als „Wechsel" bezeichnete und aus dieser Bezeichnung den Beweis herleiten wollte, daß die Bereicherung der Notenbank um die Zinsen der beiden nicht in bar gedeckten Million Taler unseres Beispiels einfach ein „geschäftlicher" Gewinn sei.

Demgegenüber erklären wir zunächst, daß wir weder von solchen „*Wechseln*", noch von solchem „*Geschäft*" etwas wissen wollen und daß wir diesen sog. „*Wechseln*" und diesem sog. „*Geschäfte*" noch näher auf den Zahn fühlen werden.

II.

Wenn es eine nicht zu bestreitende Tatsache ist, daß die Ausgabe nicht in bar gedeckter Noten die ausgebende Bank in den Zinsgenuß einer gleich großen Geldsumme versetzt, so bleibt auch noch die Frage zu erörtern, welche Wirkung die Banknotenausgabe auf den Verkehr im allgemeinen übt.

Max Wirth in seinem schätzenswerten „*Handbuch des Bankwesens*", welches wohl das neueste und umfassendste tatsächlichste Material zusammenstellt, sieht die Banknotenausgabe z. B. so an (S. 98):

> „*durch die Banknotenausgabe hat die Zettelbank ein fiktives Kapital, welches ihr reellen Zinsgenuß gewährt*"; und S. 581: „*Da Banken, welche Noten ausgeben, ein Kapital im Betrage des Überschusses des Zettelumlaufs über die vorrätige Barschaft unfreiwillig und unverzinslich vom Publikum vorgestreckt erhalten, so hat der Staat, als Stellvertreter und stillschweigender Bevollmächtigter des Publikums das Recht, von den Zettelbanken ein Äquivalent zu verlangen*".

Man sieht, Max Wirth hat mindestens seine Zweifel in die wirtschaftliche Berechtigung der Banken, sich den Vorteil anzueignen, welcher mit der Ausgabe nicht in bar gedeckter Noten verknüpft ist, und er sieht diesen Vorteil so an, als ob er einem Kapital entspringe, welches sich die Banken als eine *unverzinsliche Zwangsanleihe* aus den Taschen des Gesamtpublikums beilegen.

Um hier klar zu sehen, müssen wir, wie gesagt die Wirkung feststellen, welche durch die Notenausgabe auf den Verkehr geübt wird.

Wenn wir auf unser anfängliches Zahlenbeispiel zurückgreifen, so hat die Bank, welche drei Million Taler Noten ausgab und davon eine Million in bar und zwei Million in Wertpapieren, resp. Wechseln hinterlegte, die Summe der als Geld fungierenden Medien um zwei Million vermehrt.

Es waren nämlich vor der Notenausgabe vorhanden

a) eine Million Barvermögen der Bank,

b) jene zwei Million Wertpapiere resp. Wechsel, welche die Bank gegen ihre Noten eintauscht.

Nach der Notenemission kommen hinzu drei Million in Noten, welche im Verkehr als Geld fungieren, dagegen wird gleichzeitig das Bargeldvermögen der Bank von einer Million dem Verkehr entrückt, so daß das im Verkehr als Geld zirkulierende Medium sich um zwei Million Taler vermehrt findet. Ob die oben unter b gedachten Wertpapiere, resp. Wechsel in der Kasse der Bank oder in irgendeiner andern Zinsen tragen, ist für den Verkehr gleichgültig.

„Die Notenausgabe ist also", — wie O. Michaelis in seiner ausgezeichneten Arbeit „Noten und Depositen" sagt — „wahre Schöpfung von Kasse, sie bildet eine Vermehrung des in den Kassen des Kreises von Wirtschaften, innerhalb dessen die Noten umlaufen, befindlichen Kassenvorrats, und es wird nicht an Stelle der auf der einen Seite hinzutretenden Kasse auf der andern Seite Kasse eingezogen." (Vierteljahrschrift für Volkswirtschaft 1865, III. Bd. S. 89.)

Nicht in bar gedeckte Noten ausgeben heißt also einfach, für die eigene Tasche Geld machen. Mag man nun derartige Noten „Wechsel" nennen, und ihre Ausgabe als ein „Geschäft" bezeichnen; — wie schon erwähnt, diese angeblichen „Wechsel" sind in den Augen jedes Unbefangenen lediglich „Reitwechsel" und zwar privilegierte „Reitwechsel" und solches „Geschäft" involviert eine soziale Ungerechtigkeit und Gefahr.

III.

Man hat nun ferner auch behaupten wollen, die mittels Banknoten bewirkte Vermehrung der Zirkulationsmittel wirke wohltätig auf den Verkehr, sie vermehre den Umsatz und erhöhe die Produktion, sie „befruchte" den Verkehr mittels des „Kredits".

Daß dies nicht wahr ist, daß diese landläufige Redensart lediglich zugunsten von Notenemissionsbanken erfunden worden, ist nun endlich doch zur ziemlich allgemeinen Erkenntnis durchgedrungen. Wenn die ungedeckt emittierte Note den Verkehr „befruchtet", dann ist man auch genötigt jene Konsequenz hinzunehmen, welche uns Faucher in seiner Arbeit „Währung und Preise" (Vierteljahrschr. für Volkswirtschaft 1868 Bd. III. u. IV.) vorführt, nämlich jene Konsequenz, daß dann der falsche Taler, so lange er nicht als solcher erkannt ist, ganz dasselbe tue und daß man also eigentlich den bestrafen müsse, welcher den falschen Taler als solchen entdeckt und anzeigt, nicht aber denjenigen, welcher ihn macht und ausgibt. „Heißt es dann nicht eigentlich sich selbst und andern das Leben schwer machen, wenn man so angenehmen Gästen überhaupt nur auf die Finger sieht?" — fragt Herr Faucher in tiefernstem Sinne.

Die Wirkung ungedeckter Noten auf den Verkehr ist einfach diese. Die Zirkulationsmittel werden um den Betrag der ungedeckt emittierten Noten vermehrt, dadurch wird die Kaufkraft des Geldes entsprechend, aber zunächst nicht gleichmäßig, vermindert, d. h. in andern Worten, es wird eine entsprechende Steigerung der Preise hervorgerufen, welche sich erst allmählich gleichmäßiger verteilt. Die Vermehrung der Umlaufsmittel wirkt also, wenn man sich des Ausdrucks bedienen will, wie eine Steuer auf den Besitz der Staatsbewohner.

Eine solche Steuer aufzuerlegen kann nur Staatssache sein. Die Übertragung solcher Befugnis an einzelne Private, mittels Erteilung der Monopolbevorrechtigung nicht in bar gedeckte Noten ausgeben zu dürfen, ist gemeinschädlich, gemeingefährlich und ungerecht.

Wie es mit den Ziffern dieser Besteuerung 1869 bei uns im Vergleiche zu Frankreich und England stand und wie sich dieser Status gegen 1852 verändert hat, zeigt u. a. die „Köln. Ztg." in einer vortrefflichen Arbeit, welche sie unmittelbar vor dem Kriege gebracht hat: („Die Ordnung des norddeutschen Bankwesens", wieder abgedruckt im „Arbeitg." Nr. 684 und 685, 1870). Diese Arbeit enthält folgende Übersicht und Erläuterung bezüglich der umlaufenden, nicht in bar gedeckten Notenmengen:

	Ende 1852 in Talern		
	Umlaufende Noten	Kassabestand	Ungedeckte Notenmenge
Preußische Bank	21 000 000	22 847 922	1 847 922
Preußische Zettelbanken 1852 : 3; 1869 : 12	3 000 000	2 896 321	103 679
Andere norddeutsche Banken 1852 : 5; 1869 : 14	9 120 600	5 603 851	3 516 749
Sämtliche norddeutsche Banken 1852 : 9; 1869 : 27	33 120 600	31 348 094	1 772 506
Französische Bank	169 227 733	160 417 744	8 809 989
Englische Bank	150 529 700	137 317 684	13 212 016
Englische Notenbanken	59 000 000	—	—
Schottische Notenbanken	23 154 250	—	—
Irische Banken	31 161 629	—	—
Sämtliche Zettelbanken Großbritanniens	263 845 579	—	—

	Ende 1869 in Talern		
	Umlaufende Noten	Kassabestand	Ungedeckte Notenmenge
Preußische Bank	152 250 180	75 401 000	76 849 180
Preußische Zettelbanken 1852 : 3; 1869 : 12	27 698 000	14 606 000	13 092 000
Andere norddeutsche Banken 1852 : 5; 1869 : 14	36 105 000	13 430 000	22 675 000
Sämtliche norddeutsche Banken 1852 : 9; 1869 : 27	216 053 180	103 437 000	112 616 180
Französische Bank	372 948 746	332 566 846	40 381 900
Englische Bank	152 659 667	127 977 470	24 682 197
Englische Notenbanken	44 060 000	110 760 000	66 700 000
Schottische Notenbanken	29 119 886	17 241 693	11 878 193
Irische Notenbanken	40 647 773	15 369 346	25 278 427
Sämtliche Zettelbanken Großbritanniens	266 487 326	271 348 509	4 861 183

„Wir sehen hieraus, daß in dem kurzen Zeitraume von 1852—1869 die Höhe der unbedeckten Noten in Norddeutschland um stark 110 Millionen Taler gewachsen, während sie bei der englischen Bank nur um 11 (in ganz England hat sie abgenommen), in Frankreich um 31 Millionen gestiegen ist, wobei noch zu berücksichtigen, daß letztere Länder kein Staatspapiergeld kennen, wovon jedoch in Norddeutschland eine Summe (40 Millionen) existiert, die der ganzen ungedeckten Notenmenge Frankreichs gleichkommt. Wir befinden uns also auf einem gefährlichen, abschüssigen Wege, auf dem inne zu halten selbst den Freunden der ungedeckten Noten geraten erscheinen möchte. Die Abschüssigkeit dieses Weges wird um so deutlicher, wenn wir die letzten fünf Jahre überblicken, innerhalb welcher die Jahre 1866, 1867 und 1868 durch den Krieg und dessen Folgen, durch eine schlechte Ernte für den Aufschwung des Handels und der Industrie wie des allgemeinen Wohlstandes so ungünstig wie möglich waren. Ende 1864 war der Gesamtbetrag der umlaufenden Noten 166 Millionen Taler mit 53 % Metalldeckung, Ende 1869 216 Millionen mit kaum 48 % Deckung. Die Hauptschuldigen bei dieser Vermehrung sind: die preußische Bank mit 113 Mill. und 55 % gegen 152 Mill. und 49 % Deckung; die im Jahre 1866 eröffnete Sächsische Bank zu Dresden mit 6 Mill. und 50 % Ende 1866 gegen 14 Mill. und 43 % Ende 1869; die Meininger mit $2^2/_3$ Mill. und 44 % gegen 5 Mill. und 33 %; die Braunschweiger mit 2281000 gegen 3779000, die Hannoversche mit 1492000 gegen 2571000 Taler. Die Frankfurter Bank hat auch ihre Notenemission stark vermehrt, von 25 Mill. Gulden auf 29 Mill.; gleichzeitig ist aber der Prozentsatz der Metalldeckung von 55 % auf 63 % gestiegen, so daß sich die Summe der ungedeckten Noten gleich geblieben. Bei einigen wenigen Banken fand, hauptsächlich durch die Konkurrenz benachbarter, eine Verminderung des Notenumlaufes statt; die stärkste bei der Leipziger, von 7 Mill. auf 3484000 Taler. Gleichzeitig wurde dabei eine der Hauptaufgaben der Banken, unbeschäftigte Kapitalien heranzuziehen, ganz und gar vernachlässigt: die schon so geringe Summe der Depositen sämtlicher norddeutscher Zettelbanken verminderte sich von 37 Mill. Taler Ende 1864 auf 31 Mill. Ende 1869. Die englischen Zettelbanken, mit Ausnahme der Bank von England, haben über 500 Mill. Taler, die schottischen über 400 Mill., sämtliche Banken Englands, Schottlands und Irlands über 2000 Mill. Depositen. Ebensowenig gelang es, durch diese anscheinende Vermehrung des Geldes den Zinsfuß herabzudrücken; derselbe betrug durchschnittlich bei den Zentralbanken, resp. auf offenem Markte in den Jahren:

	London	Paris	Berlin	Hamburg	Frankfurt	Amsterdam	Wien	Petersburg
1867	$2^3/_5$	$2^5/_8$	4	2	$2^3/_4$	$3^1/_4$	4	7
1868	$2^1/_{16}$	$2^1/_2$	4	$1^7/_{16}$	$2^1/_2$	$2^3/_4$	4	7
1869	$3^1/_8$	$2^1/_8$	$4^1/_4$	$2^3/_4$	3	$3^1/_2$	$4^3/_8$	$6^3/_8$

Vergleicht man nun die norddeutschen Bankplätze, so war der Diskonto am höchsten, wo es das meiste Papiergeld gibt, im Königreich Sachsen, denn er betrug in Leipzig vom 1. Jan. bis 14. Sept. 4 %, vom 14. Sept. bis 5. Okt. 5 %, vom 5. Okt. bis 31. Dez. $5^1/_2$ % oder durchschnittlich $4^8/_{10}$ % auch heute ist er dort $^1/_2$ % höher wie in Berlin."

IV.

Nach alledem scheint es uns keinem Zweifel mehr unterworfen, daß die Monopolbevorrechtigung einzelner, nicht in bar gedeckte Noten auszugeben, als eine höchst bedenkliche Verirrung der Gesetzgebung erkannt werden muß, welche bereits die gefährlichsten sozialistischen Konsequenzen über uns hereinzieht.

Noch gefährlicher aber wäre es, aus dem bestehenden Privilegium eine allgemeine Freiheit zu machen indem man jedermann gestattete nach Belieben dergleichen Noten auszugeben, d. h. Papiergeld zu machen. Wie die Einheit des Metallgeldes, so ist auch die Einheit des Papiergeldes von größter Wichtigkeit für den Verkehr. Es wäre Torheit, im Metallgelde nach Münz-Einigung zu streben und im Papiergelde möglichster Vielfältigkeit zu huldigen.

Alle, mit wenigen Ausnahmen, sind heute der Ansicht, daß der Verkehr, und zwar aus nur mechanischen Gründen, eines papiernen Mediums, d. i. des Papiergeldes, bedarf. Dieser Bedarf ist aber, und kann nur sein ein im großen Durchschnitt ebenso gleichmäßiger, wie der an Metallgeld. Er hat nicht das mindeste zu schaffen mit momentanen Krisen und Spekulationen. O. Michaelis zeigt dies auf das Schlagendste in seiner mehrgedachten Arbeit „Noten und Depositen", wo er unter andern auch die Prätension der Preußischen Bank, dem Preußischen Wollhandel mit plötzlichem Papiere unter die Arme zu greifen, mit verdientem Spotte abweist.

Es kann für keine Bank und keinen Menschen als Aufgabe erachtet werden, durch Entwicklung von Reitwechseln (scilicet Banknoten) in Handelskrisen einzugreifen oder irgendeinem hervortretenden Bedürfnis an Zahlungsmitteln abzuhelfen oder gar „den Verkehr zu befruchten", wie die wunderbare Phrase lautet. O. Michaelis darf es sich zum Verdienste anrechnen, dies in seiner Arbeit „Noten und Depositen" mit unwiderleglicher Schärfe festgestellt zu haben.

Dieser eine Hinblick genügt, um uns darüber zu belehren, was es heißt, wenn manche Nationalökonomen uns raten wollen, die Fabrikation von Banknoten, wie ein gewöhnliches Geschäft, jedermann freizugeben, abgesehen davon, daß tatsächlich diese Freigabe doch auch wieder vorzugsweise nur dem Großkapital zugute kommen würde.

Man hat auch noch vorgeschlagen, die Notenfabrikation zwar freizugeben, aber — gewissen für nötig erachteten „polizeilichen" Beschränkungen zu unterwerfen, und diese „polizeilichen" Beschränkungen durch sog. „Normativbedingungen" gesetzlich festzustellen. Das hieße aber einer gemeinschädlichen Maßregel nur eine öffentliche Täuschung hinzufügen, denn eine „polizeiliche Beschränkung" des Bankgeschäftes setzt immerhin auch eine polizeiliche Kontrolle desselben voraus, und eine solche ist und bleibt unter allen Umständen lediglich eine Illusion.

V.

Um über die Natur der Banknoten völlig klar zu sein, erübrigt noch zu untersuchen, was geschieht, wenn eine Notenbank liquidiert, resp. das Notenprivilegium aufhört. Es ist hierbei die Bemerkung einzuschalten, daß nach bisheriger Praxis der Gesetzgebung das Notenprivilegium teils auf bestimmte Zeit, teils auf Kündigung, teils auf unbegrenzte Zeit verliehen zu werden pflegte.

Der größern Klarheit wegen unterstellen wir für die Liquidation dieselben Ziffern, wie eingangs dieser Untersuchung und setzen voraus, daß die Liquidation sich regelmäßig nach der Notentheorie abwickele.

Die Bank habe also, bei einer Million Bardeckung und zwei Millionen Papierhinterlage, drei Millionen Noten in Umlauf. Und zwar zwei Million Noten hingegeben um die Papierhinterlage dafür zu erwerben; die dritte Million sei zum Teil zinstragend ausgeliehen, zum Teil seien nutzbringende Realitäten dafür erworben. Man kann ja mit Geld überhaupt nur zweierlei machen, nämlich es ausleihen oder etwas dafür kaufen.

Bei eintretender Liquidation kann nun die Bank erstlich die Wertpapier- resp. Wechselhinterlage im Betrage von 2 Millionen in Metallgeld umsetzen und einen Betrag, gleich dem der dafür hingegebenen Wechsel, einlösen. Für die dritte Million Noten stellt sich die Sache folgenderweise: Insofern für einen Teil derselben Realitäten erworben sind, können dieselben gleichfalls in Metallgeld umgesetzt und Noten in entsprechendem Betrage dafür eingelöst werden. Die als Geld ausgeliehenen Noten sind entweder noch in der Hand des ersten Empfängers, dann hat derselbe entweder keinen Anspruch auf Ersatz derselben in Metall, oder er kann dies Metall doch höchstens auch nur als Darlehen beanspruchen. Sind die dargeliehenen Noten jedoch schon in die zweite Hand übergegangen, und haben sie dem ersten Empfänger den Dienst von Geld geleistet, so ist letzterer unzweifelhaft verpflichtet, der Bank den entsprechenden Betrag in Geld, oder in ihren eignen Noten zurückzuerstatten.

Es ist nach alledem klar, daß die Bank bei dieser Abwicklung ihr eignes ursprüngliches Barvermögen von einer Million übrig behält, und daß ihr außerdem der Zinsgenuß jener zwei Millionen verbleibt, um welche sie ihr Kapital mittels der Notenausgabe vermehrte. — Beiläufig ist erfahrungsmäßig nicht gering anzuschlagen jener Gewinn, welcher der Bank aus den in Verlust geratenen Noten bei der Abwicklung erwächst.

Das Privilegium, nicht in bar gedeckte Noten auszugeben, ist also, wie bereits gesagt, gleichbedeutend mit dem Eintritt in den Zinsgenuß einer gleichen Summe auf die Dauer des Privilegiums, d. h. in den meisten Fällen tatsächlich, auf unbegrenzte Zeit, sofern die Bank nicht aus anderweiten Gründen zu liquidieren gezwungen ist.

Solche nicht in bar gedeckte Banknoten sind daher weiter nichts, wie privilegierte Reitwechsel, d. h. schlimmer, als die schlimmsten Reitwechsel.

VI.

Wenn nun nach den bisherigen Untersuchungen die Ausgabe nicht in bar gedeckter Noten durch Private, selbst dann, wenn sie völlig freigegeben würde, eine höchst gefährliche Legalisierung willkürlich zu schaffender, an Geldes Statt dienender Reitwechsel bedeutet: wenn solche Verausgabung ungedeckter Noten einer Besteuerung der Gesamtheit zugunsten der Notenemittenten gleichkommt: wenn eine derartige Besteuerung der Gesamtheit zugunsten einzelner in keiner Weise fernerhin als statthaft erscheint: — wenn aber andrerseits aus mechanischen Bequemlichkeitsgründen der Verkehr eines papiernen Zirkulationsmittels bedarf: — so entsteht die Frage, wie und auf welche Weise dem Verkehr dies papierne Zirkulationsmittel zu schaffen sein wird.

Daß ganz in bar gedeckte Noten von Privaten nicht ausgegeben werden, liegt auf der Hand, da eher Nachteil als Vorteil für die Emittenten damit verknüpft sein würde:

Am einfachsten, naheliegendsten und naturgemäßesten erscheint es dagegen, wenn der Staat, wie er für das metallene Geld sorgt, so auch für das papierne Geld Sorge trüge.

Die Banknoten sind ja weiter nichts, als auf Widerruf fabriziertes und kursierendes Geld. „Derjenige" — sagt die „Kölnische Zeitung" in ihrer bereits mehrerwähnten bemerkenswerten Arbeit — „der seine Forderung in Banknoten ausbezahlt erhält, betrachtet dieselbe damit als ausgeglichen; wer eine Ware gegen bar, d. h. gegen den sofortigen Empfang des Gegenwertes in

Geld verkauft, erachtet damit die Bedingung der Barzahlung erfüllt." — Solange der Widerruf nicht erfolgt, dienen und fungieren die Banknoten als Geld, und der Umstand, daß sie nicht „gesetzliches" Zahlungsmittel sind, entkleidet sie dieser Eigenschaft durchaus nicht.

Max Wirth in seinem „Handbuch des Bankwesens" zieht als eine seiner Hauptschlußfolgerungen (S. 580) folgende: Es gibt keinen prinzipiellen Unterschied zwischen Banknoten und Staatspapiergeld ... Den Banknoten ohne Zwangskurs ist das Staats-Papiergeld in der Praxis insofern gleich, als die regelmäßige Einlösung der ersteren an der Kasse, beim Staatspapiergeld durch die Annahme in Zahlungs Statt an den Staatskassen reichlich ersetzt wird.

Es liegt also nicht der mindeste Grund vor, den naheliegenden und naturgemäßen Weg nicht zu beschreiten, welcher darin besteht, daß der Staat dem Verkehre, wie das Metallgeld, so auch das Papiergeld, dessen der Verkehr aus mechanischen Bequemlichkeitsgründen bedarf, allein und ausschließlich liefert.

Zu einem ähnlichen Schlusse kommt die mehrerwähnte Arbeit der „Köln. Ztg.". „Wir müssen" — sagt sie — „die ungedeckten Noten, weil sie das Metallgeld zum Lande herausdrängen, weil sie in Augenblicken der Krisen die letztere verschärfen, weil gegenüber solchen Nachteilen die durch sie bewirkte Ersparnis nicht dem ganzen Lande, sondern nur den emittierenden Banken zugute kommt, und weil endlich das Land verlangen kann, daß das, was als Geld zirkuliert, auch von jedem und von allen Kassen anstandslos genommen werde, verwerfen und können nur eine sehr mäßige Summe Papiergeldes gerechtfertigt finden, das trotz seiner Uneinlöslichkeit, um deswillen unbedenklich ist, weil Staat und Bürger sich fortwährend gegenseitig Zahlung zu leisten haben."

Wir glauben nach alldem als prinzipielle Wahrheit in der sog. Bankfrage zunächst den Satz festgestellt zu haben:

„Keine Banknoten mehr, sondern nur Staatspapiergeld."

Da die Bankfrage überhaupt nur Bank-Noten-Frage ist, so wäre hiermit die prinzipielle Lösung der sog. Bankfrage überhaupt gegeben. Zur Ausgabe von Staatspapiergeld bedurfte es auch ganz und gar keiner Staatsbank und der völligen Freigebung des von der Notenausgabe befreiten Bankgeschäftes stände kein Hindernis im Wege.

Es wäre hier vielleicht noch jener Befürchtungen zu gedenken, welche an den möglichen Mißbrauch der Papiergeldausgabe geknüpft zu werden pflegen. Max Wirth sagt darüber in dem „Handb. d. Bankw." (S. 53): Wegen der aus dem Mißbrauche des Papiergeldes entstandenen Verluste, den Gebrauch des Papiergeldes überhaupt verwerfen zu wollen, ist gerade so verkehrt, als ob man dem Gebrauche scharfer Instrumente entsagen wollte, weil man sich damit schneiden, oder des Weines, weil man sich damit betrinken kann." — Zum Überfluß beweisen die Assigenten und Greenbacks, daß der Mangel einer Staatsbank keinerlei Garantie gegen Mißbrauch des Papiergeldes bietet. Diese Garantie kann nur in der fortgeschrittenen öffentlichen Bildung gefunden werden.

Welche Lösung man auch der Bankfrage zu geben suche, mißbräuchliches Staatspapiergeld ist immer und unter allen Umständen möglich: — nicht in bar gedeckte Banknoten sind dagegen an und für sich und unter allen Umständen ein Mißbrauch.

Da aber jede Einrichtung dem möglichen Mißbrauche unterworfen ist, so kann möglicher Mißbrauch kein Argument gegen Staatspapiergeld sein.

Unsere prinzipiellen Schlußfolgerungen fassen sich also in folgenden Sätzen zusammen:

1. Keine Banknoten mehr.
2. Keine Staatsbank mehr.
3. Das Papiergeld macht der Staat allein.
4. Völlige Bankfreiheit.

VII.

Aus den vorstehend entwickelten prinzipiellen Forderungen entsteht hiernächst die Frage, wie aus dem gegenwärtigen Zustande in den als richtig und wirtschaftlich erkannten der Übergang zu bewirken sei.

Es bedarf kaum der Bemerkung, daß jeder derartige Übergang mit möglichster Schonung bestehender Verhältnisse zu geschehen hat. Zunächst würde es von vornherein untunlich und unzweckmäßig sein, die Menge der umlaufenden Zirkulationsmittel plötzlich bedeutend zu vermindern; und ebenso unrichtig würde man auch aus andern Gründen verfahren, wenn man die preußische Staatsbank plötzlich und auf einmal beseitigen wollte.

Es gibt hier kein anderes Mittel, als daß man, nach einem Ausdrucke, welchen Faucher in „Währung und Preise" gebraucht, auf demselben Wege aus der Sackgasse wieder herausgeht, auf dem man hineingekommen ist.

Man ist aber in die Sackgasse hineingeraten, indem man die Banknoten sukzessive vermehrte, was bezüglich der ungedeckten Banknoten gleichbedeutend war mit der Überlassung öffentlichen Kapitals an die Banken zu eigner Benutzung. Es ist daher nicht mehr als recht und billig, wenn die Gesamtheit, d. h. der Staat, das ihm gehörige Kapital sukzessive zurücknimmt, indem er die Noten allmählich, d. h. in jährlichen Raten, einzieht und an deren Stelle eignes Papiergeld, sei es zum gleichen Betrage, sei es jährlich in geringerem Betrage, ausgibt. Für die ganz in bar gedeckten Noten wäre kein Papiergeld auszugeben, da an deren Stelle die Barhinterlage in den freien Verkehr treten würde.

Die hauptsächlichste Vermehrung des Notenumlaufes in Deutschland fällt in die Zeit seit 1859, also in einen etwa 12jährigen Zeitraum. Die Notensumme, um deren allmähliche Rückerstattung an den Staat es sich handelt, beträgt bereits über 200 Millionen Taler, wovon über 100 Millionen nicht in bar gedeckt sind. Die durch die Noteneinziehung eintretende Verminderung des Bankkapitals würde also ca. 100 Millionen Taler betragen, während an Stelle der andern Notenhälfte die Bardeckung der Banken mit eintreten würde. Es ist also nur die nichtgedeckte Notenhälfte, deren Einziehung längere Termine erfordert.

Sehe man für die Einziehung der ca. 100 Millionen Taler ungedeckter Noten einen Zeitraum von etwa 10 Jahren vor, so würden in jedem Jahre etwa 11 Millionen Taler Noten einzuziehen und durch Staatspapiergeld zu ersetzen sein, was völlig unbedenklich erscheint. Zugleich könnte eine angemessen erscheinende Verminderung des Papiergeldumlaufes dadurch allmählich bewirkt werden, daß man Staatspapiergeld jährlich, nicht für den gleichen sondern für einen geringeren Nominalbetrag, wie die eingezogenen Noten ausgäbe.

Für die in bar gedeckten Noten würde kein Staatspapiergeld auszugeben sein. Im Verhältnis der Einziehung dieser in bar gedeckten Noten würde die Bardeckung selbst frei.

So würde sich diese Umgestaltung in einem Zeitraume von 10 Jahren zwar gewiß nicht ohne Schwierigkeiten, aber sicher zum dauernden Heil unserer gesamten Kulturentwicklung vollziehen lassen.

Was die Zinsen der nicht in bar gedeckten Noten betrifft, welche die Banken während der Dauer des Notenprivilegiums genossen, so wird es sich nicht empfehlen, ein rückwirkendes Gesetz zu statuieren; während der Übergangszeit jedoch dürfte eine Besteuerung der ungedeckten Notenbeträge indiziert erscheinen.

Auf dem hier vorgeschlagenen Wege — und er dürfte wohl der einzige mögliche sein, da eben nur ein Weg aus einer Sackgasse wieder herausführt — würde zugleich die Masse des umlaufenden Papiergeldes auf weniger als die Hälfte reduziert, da einesteils für die in bar gedeckten Notenbeträge Papier nicht wieder ausgegeben würde, andrerseits der Ersatz der Banknoten durch Staatspapiergeld nicht in gleicher Nominalhöhe sich empfiehlt, so daß auch auf diesem Wege eine jährliche allmähliche Verminderung des Papierumlaufes einträte.

Die Schwierigkeiten und Bedenken einer solchen Abwicklung werden nicht verkannt, doch sind sie keineswegs so groß, als sie auf den ersten Blick erscheinen. Und es steht ihnen auf der andern Seite gegenüber die Gewißheit, daß ein Fortfahren auf dem bisherigen Wege unfehlbar zu sozialistischen Katastrophen hinführen würde, welche ungleich ernster ins Gewicht fallen dürften, als die Schwierigkeiten, welche sich zur Zeit der jetzt immer noch möglichen Umkehr entgegenstellen.

Eine derart ernstliche Umkehr, wie wir sie vorschlagen, dürfte auch ungleich jenen Auskunftsmitteln vorzuziehen sein, welche darauf hinauslaufen, das Übel nur etwas einzuschränken, dafür zu sorgen, daß es dann nicht weiter um sich greife, es im übrigen aber ruhig fortexistieren zu lassen. Es sind dies jene Vorschläge, wie sie jetzt von bedeutsamer Seite auftauchen, und größtenteils auf ähnliche Maßregeln hinauslaufen, wie sie in England durch die Peelsakte ergriffen wurden.

Das heißt, in der Sackgasse zwar umkehren, aber nur eine kurze Strecke nach dem Ausgange zurücklegen und dann wieder stehen bleiben. Es geschähe dies natürlich nicht im Interesse des Gesamtpublikums, sondern nur im Interesse der an der Notenausgabe interessierten Großkapitalpartei.

Auf welcherlei Zustände, und zwar wirtschaftliche und soziale Zustände die bestehenden Geld- und Bankgesetzgebungen hinführen, das zeigen u. a. die neuesten Vorgänge in der Stadtverwaltung New Yorks, das zeigen die Börsenzustände in Paris, Wien und auch Berlin. Hier existiert in der Tat eine soziale Frage, und zwar ist dieselbe brennender geworden, als unsere Tagespresse durchgehends anzunehmen scheint.

Die sog. Bankfrage bildet, ohne Umschweif, einen wesentlichen Bestandteil der sozialen Frage, insofern es sich bei derselben einfach darum handelt, ob das durch Unvernunft der Gesetzgebung dem Großkapital übertragene Privilegium des Geldmachens für die eigne Tasche, mit seinen destruktiven, demoralisierenden, höchst gemeingefährlichen Wirkungen weiter fortbestehen, ob es vielleicht in etwas gemilderterer und beschränkterer Weise, als bisher, fortbestehen, — oder ob es gänzlich aufgehoben — und beseitigt werden soll.

Es ist gar keine Frage, daß eine Gesetzgebung, welche dem Großkapital ein Monopol des Geldmachens für die eigne Tasche erteilt, einfach dadurch schon einen künstlichen Zwiespalt zwischen Kapital und Arbeit heraufbeschwört, welcher sich bereits auf breitester Basis geltend macht und durch keinerlei gestempelte Kunstphrase mehr fortzuleugnen ist. Die immer mehr, und zwar auf „unnaturgemäße Weise" um sich greifende Kapitalmacht ist also nicht eine inhaltlose sozialistische Phrase, sondern eine Tatsache, welcher wir alle Aufmerksamkeit zuzuwenden haben.

Wenn wir nicht, wie der Vogel Strauß, den Kopf in den Sand stecken wollen, um die Gefahr nicht zu sehen, — wenn wir ehrlich und aufrichtig den Dingen, wie sie sind, ins Gesicht sehen und sie beim rechten Namen nennen wollen — dann müssen wir bekennen, daß eine soziale Frage und Gefahr wirklich besteht und zwar besteht vermöge der Irrtümer unserer Gesetzgebung und der Staatverwaltungsmodalitäten, welche sie schafft, vermöge jener Schuldenwirtschaft von oben herunter, welche die meisten europäischen Staaten bereits an den Rand des Bankrottes gebracht hat und welche ihre degravierende Wirkung auf das gesamte öffentliche Leben bis in jedes Geschäft und jede Familie fortübt — und dann vermöge jener monopolistischen Bereicherungsmethoden, welche sie in der Bank- und Aktiengesetzgebung zugunsten des Großkapitals geschaffen hat und welche mehr und mehr dahin wirken, die Anbetung des goldenen Kalbes an die Stelle jeder anderen Religion in dieser Welt zu setzen.

Der Fortschritt auf diesem Wege würde unausbleiblich zu sozialistischen Katastrophen führen. Noch ist es möglich, umzukehren und in gesundere Bahnen einzulenken. Mögen diese Zeilen dazu beitragen, daß dies geschehe. Auf alle Fälle aber hielten wir es für eine Pflicht, sie als Menetekel für die deutsche Nation hierher zu schreiben.

Vielleicht gelingt deutscher Ehrlichkeit und Einsicht, zunächst jene Reform der Bankgesetzgebung durchzusetzen, welche bisher allenthalben an dem Einflusse der Interessenten des Notenprivilegiums und an der Unkenntnis der öffentlichen Meinung bezüglich des Kernes der Sache gescheitert ist.

13. Antrag zur Bankfrage

gestellt auf dem „Volkswirtschaftlichen Kongreß“ zu Lübeck am 29. Aug. 1871.

In Erwägung, daß der Volkswirtschaftliche Kongreß

1. das Gesetz der „freien wirtschaftlichen Bewegung“ als ein oberstes wirtschaftliches Gesetz proklamiert hat,
2. die Betreibung von Privatgeschäften durch den Staat immer für verderblich angesehen und erklärt hat,

kann der Volkswirtschaftliche Kongreß

a) die Reglementierung von Privatgeschäften durch den Staat — (Normativ- oder Konzessionsbedingungen für das Bankgeschäft),
b) die Betreibung von Bankgeschäften durch den Staat — (sog. Staatsbanken)

unter keinen Umständen empfehlen, ja nicht einmal diskutieren.

Vielmehr kann der Volkswirtschaftliche Kongreß sich nur erklären

für unbedingte Bankfreiheit.

In Erwägung jedoch, daß eine sog. „Bankfrage“ dadurch entstanden ist, daß die Kreierung von als „Geld“ fungierenden Zirkulationsmitteln als ein „Geschäft“ und zwar insbesondere als ein Bankgeschäft behandelt worden;

in Erwägung, daß eine Bankfrage nur dann existiert, wenn man die Kreierung von sog. Banknoten als ein „Geschäft“ betrachtet,

in Erwägung aber, daß kein Grund vorliegen kann, die Notenfabrikation, falls sie ein „Geschäft“ ist, durch „Normativbedingungen“ oder Konzessionsbedingungen staatlich zu beschränken und zu reglementieren,

in Erwägung, daß, falls die Notenfabrikation ein Geschäft ist, wie jedes andere, die Logik verlangt, auf dieses Geschäft auch, wie auf jedes andere, das Gesetz der „freien wirtschaftlichen Bewegung“ anzuwenden, und von der „Konkurrenz“ allein die Abhilfe aller sich etwa ergebenden Bedenken zu erwarten,

in Erwägung alles dessen, dürfte sich die sog. Bankfrage auf die Frage reduzieren,

ist die Banknotenausgabe ein „Geschäft“ und als solches folgerichtig vollkommen freizugeben,

oder ist sie kein „Geschäft“, und mit dem Bankgeschäft daher ferner in keinerlei Beziehung zu bringen.

Der vorliegende Resolutionsvorschlag unterstellt letztere Eventualität als die richtige und knüpft daran die folgenden Ausführungsmaßregeln:

1. Keine fernere Notenausgabe findet statt.
2. Der bis jetzt emittierte Notenbetrag ist von den Banken in jährlichen Teilraten, deren Höhe die Gesetzgebung feststellt, allmählich wieder einzuziehen.
3. In der Höhe der von den Banken einzuziehenden jährlichen Notenbeträge, gibt der Staat Papiergeld jährlich in gleichem, oder nach Gutbefinden der Gesetzgebung auch geringerem Betrage aus.

4. Für den durch bar gedeckten Notenbetrag der Banken wird überhaupt kein Papiergeld ausgegeben.

5. Die bisher für die nicht in bar gedeckten Noten genossenen und — evtl. nach Gutbefinden der Gesetzgebung — auch die während der Übergangszeit aus den ungedeckten Noten noch zu genießenden Zinsen, verbleiben den Banken als öffentliche Schenkung.

6. Der Betrieb aller Banken ist völlig freizugeben, sobald sie keine Noten mehr haben.

7. Die Preußische Bank ist in diese Abwicklung selbstredend mit eingeschlossen.

F. Perrot.

14. Eine Untersuchung zur Bankfrage[1]).

(Nr. 38 d. „Fortschritt" usw. 1871.) — 17. Sept. 1871.

Ein Brief an Herrn F. Perrot in Rostock.

Begreiflich führt die neue Ordnung der Dinge in Preußen und Deutschland zu dem Versuche, die alte Anordnung im Bankwesen zu beseitigen, und der Banknote eine allgemeine Uniform, ein größeres Gewicht und eine allseitige Brauchbarkeit zu gewinnen. Österreich, dessen Geldmarkt an manchen Gebrechen leidet, horcht mit Aufmerksamkeit der Debatte zu und ist gespannt auf die Resultate der Untersuchungen. Ist es doch nicht bloß die Theorie in Wort und Schrift, sondern die Praxis im Handel und Wandel, die zu einem Abschluß gelangen soll.

Auch Ihre Untersuchung über die Bankfrage, in diesen Blättern niedergelegt, fand daher aufmerksame Leser, obwohl sie sich gleich in den ersten Sätzen als eine etwas lokalisierte, für Preußen oder für Norddeutschland allein passend, anzeigt. Allein im weiteren Verlaufe wird die Frage auch im Interesse von Mitteleuropa ventiliert und nebenbei, wie es leider in Norddeutschland übler Brauch ist, Österreich abgetan, als hätte dieser Wirtschaftskomplex von 12000 Qudratmeilen mit einigen 30 Millionen Bewohnern in der Bank- und Banknotenfrage keine Geschichte, keine Erfahrung, kein Exempel, kein Gesetz, keine Berechtigung, keine Gegenwart und keine Zukunft.

Aus diesem Anlasse ergreife ich die Feder zu dieser Epistel, nicht etwa um Ihre Ansichten über das Bankwesen und dessen Reform, nicht etwa um Ihre theoretischen Aufstellungen zustimmend oder ablehnend zu beleuchten, sondern bloß um einige Aufklärung über Österreichs Bankwesen im gegenwärtigen Momente zur Orientierung zu übermitteln. Vielleicht entnehmen Sie, geehrter Herr, daraus, daß die Bankfrage Österreichs nicht in einen Topf mit jener in Preußen und Deutschland geworfen werden kann.

---

[1]) Von einem Freunde unseres Blattes, dessen gesellschaftliche Stellung und wissenschaftlicher Ruf ihn allerdings dazu berechtigen, ein entscheidendes Wort zu sprechen, geht uns dieser Aufsatz zu, den wir hiermit der Aufmerksamkeit unserer Leser empfehlen.
Die Red. d. „Fortschr".

Ich glaube nicht, daß Max Wirth, auf dessen Handbuch des Bankwesens Sie sich berufen, viele Gesinnungsgenossen mit dem Ausspruche gewonnen hat, daß die Notenausgabe einer Zettelbank ein „fiktives Kapital“ geschaffen habe, denn diese Noten sind nur die Repräsentanten des effektiv eingelegten Kapitals der Entlehner der Noten. Noch viel weniger Gesinnungsgenossen dürfte jedoch Ihre Äußerung werben, daß die Ausgabe von nicht mit Metall gedeckten Noten eine Besteuerung der Staatsbürger sei, oder „eine unverzinsliche Zwangsanleihe“ der Bank beim Publikum.

„Die nicht durch bar gedeckte Note ist zu gleicher Zeit eine Schuld, eine Steuer, eine Schenkung und ein Raub“, — so lautet das Resumé Ihrer Betrachtung, welches, wenn sie richtig wäre, die Banknote vor die Schranken des Strafgerichts schleppen müßte. Nach unserer unmaßgeblichen Auffassung ist die Banknote, welche den Gegenwert in Kreditbriefen oder Werteffekten liegen hat, weder eine Schuld noch eine Steuer, weder eine Schenkung noch ein Raub. Eine in solcher Weise ausgegebene Note ist nichts als das allgemein gültige Umlaufsmittel im Eintausch gegen ein beschränktes Wertobjekt. Der Zins für die Entnahme solcher Noten ist ein Lohn für die Mühewaltung und das Risiko der Bank, nicht aber eine Steuer oder ein Raub.

Im weiteren Verlauf Ihres Briefes wird die Notenausgabe als die Ausübung eines Staatsregales und zwar des Geldregales bezeichnet. Die Überlassung dieses Regales an Private sei aber eine Monopolbevorrechtigung des großen Kapitals, führe zu unnatürlicher Kumulierung des mobilen Kapitals, setze das Kapital in Zwiespalt mit der Arbeit, führe zu depravierenden Börsezuständen, zur Papierpest, demoralisiere das öffentliche Leben und arbeite jetzt schon allen Umsturzbewegungen in die Hände.

„Die Beweise hierfür liefern die amerikanischen, die französischen und die Wiener Geld-, Börsen- und Sittenzustände!“

Dieser Anklagepunkt allein ist die Ursache dieser Epistel, und Sie werden es einem Wiener und Österreicher schon verzeihen, geehrter Herr, wenn er hierauf repliziert, daß Ihnen die Wiener Geld-, Börsen- und Sittenzustände kaum näher bekannt sein dürften.

Die Wiener Zustände sind nicht schlechter und nicht besser als die Zustände Badens, Frankfurts, Amsterdams, Hamburgs, London und anderer Emporien, die Sie in Ihrer Denunziation mit Stillschweigen übergehen. Nehmen Sie doch gefälligst das Bankerottverzeichnis der Geschäftswelt in Ihrer Nähe zur Hand und stellen Sie einen Vergleich zu Österreich nach Qualität und Quantität an, und Sie werden etwas gerechter urteilen.

Wie wenig Österreich und seine Zustände in Deutschland gekannt werden, zeigt eben wieder Ihr Brief, der als Mittel für Preußen und Deutschland, um aus dem Notenmisere herauszukommen, die Ausgabe von Staatspapiergeld heftet, seien die Kautelen gegen einen Mißbrauch noch so scharf gepanzert.

Vollkommen einverstanden jedoch ist man in den ernsten österreichischen Kreisen, daß das Bankgeschäft absolut hinzugeben sei; über die Befugnis der Notenausgabe differieren noch die Meinungen, nur darin übereinstimmend, das Monopol der Nationalbank nicht fortbestehen zu lassen.

Was ist aber mit der, Preußen und nunmehr Deutschland mit einem furchtbaren Privilegium belastende k. pr. Bank? Hat man den Notschrei überhört, welcher bei der Bankkommission des deutschen Handelstages gegen die k. pr. Bank erhoben wurde? ist der Protest gegen die Errichtung einer Reichsbank schon verschollen? wird das Votum für die Notwendigkeit des Bestehens von Privatzettelbanken (wie es z. B. von der Bankdirektion Braunschweigs abgegeben wurde) einfach ignoriert? will man die außerpreußischen Privatbanken ebenso knebeln und knechten wie die altpreußischen?

Das wolle man berücksichtigen, ehe man die sehr verwickelten, ganz abnormen Verhältnisse Österreichs, dessen Wirtschaft seit mehr als 20 Jahren nicht zur Ruhe kommen kann, zum Stichblatt nimmt. Österreich hat eine Reihe unglücklich geführter Kriege und unselig führender Staatsmänner ins Schuldbuch eingetragen, Preußen hat Siege und siegende Staatsführer verzeichnet; Österreich besitzt nur Geldnoten mit Zwangskurs, Preußen streifte kaum jemals an ein Disagio seiner Noten; — solche Vergleiche gebieten keinen Vergleich ganz ungleichartiger Verhältnisse aufzustellen. Die Bankfrage sowie die Frage der Notenausgabe hat in Österreich gewaltig differierende Prämissen, Bedingungen und Notwendigkeiten gegen die gleiche Frage in Preußen und Deutschland, worauf ich bei dieser Gelegenheit nur hindeute[1]).

15. Zwei Mitglieder des Deutschen Reichstages über die Bankfrage.

Von F. Perrot.

(Nr. 39 des „Fortschritt", vom 24. September 1871).

(Antwort auf den an mich gerichteten Brief in Nr. 38 d. Ztg.)

Gewiß ist es selbstverständlich, daß man zunächst in Österreich auf die bevorstehende Regelung des Bankwesens im Deutschen Reiche mit Spannung hinblickt. Ich stimme Ihnen, verehrter Herr Gegenredner, darin völlig bei, daß die Lage Österreichs bezüglich der Bankfrage eine besondere Beurteilung erheischt, da sie mit der allgemeinen finanziellen Lage Österreichs in engem Zusammenhange steht.

Es liegt mir durchaus fern, speziell auf die österreichischen Verhältnisse abzielende Vorschläge in der Bankfrage zu machen. Wie traurig aber auch das Licht sei, in welchem ich die österreichischen wirtschaftlichen und Finanzverhältnisse sehe, so habe ich doch immer dafür gehalten, daß in jeder Lage des öffentlichen Lebens die klare Erkenntnis der wirtschaftlichen Wahrheit erste Bedingung des Verfahrens in öffentlichen Angelegenheiten sein müsse.

Es wird an dieser Stelle wohl von Interesse sein, wenn ich den Ansichten, welche Sie in Ihrem Briefe an mich über den eigentlichen Kern der Bankfrage äußern, einige Ausführungen gegenüberhalte, welche allerneuestens zwei hervorragende Mitglieder des Deutschen Reichstages in dieser Frage durch die Presse manifestiert haben. — Auf Ihren Vorwurf der Unkenntnis österreichischer Verhältnisse komme ich dann zum Schlusse

[1]) Der Verfasser blieb ungenannt. Perrot.

zurück. — Auch bitte ich mir, ehe ich zu den gedachten Arbeiten unserer beiden Reichstagsmitglieder komme, noch einige Vorbemerkungen zu gestatten.

„Nach unserer unmaßgeblichen Auffassung" — sagen Sie — „ist die Banknote, welche den Gegenwert in Kreditbriefen oder Werteffekten liegen hat, weder eine Schuld noch eine Steuer, weder eine Schenkung noch ein Raub. Eine in solcher Weise ausgegebene Note ist nichts als das allgemein gültige Umlaufsmittel im Eintausch gegen ein beschränktes Wertobjekt."

Dieser letztere Satz muß ganz und völlig zugestanden werden, aber, daß die Bank durch diesen Tausch ihrer Noten gegen zinstragende Wertpapiere in den Zinsgenuß eines Kapitals kommt, welches sie ohne die Notenausgabe nicht gehabt hätte, geben Sie mir gewiß zu.

„Der Zins für die Entnahme solcher Noten" — sagen Sie dann weiter — „ist ein Lohn für die Mühewaltung und das Risiko der Bank, nicht aber eine Steuer oder ein Raub."

Hier muß ich mir nun doch die gehorsamste Gegenvorstellung erlauben, daß ich bei der Entnahme „solcher Noten", d. h. deren „Gegenwert die Bank in Kreditbriefen oder Werteffekten liegen hat" kaum eine Spur einer „Mühewaltung" oder eines „Risiko" seitens der Bank zu sehen imstande bin. Die „Mühewaltung" mit den Noten, wie mit Geld Geschäfte zu machen, und das „Risiko" welches hiermit verknüpft ist, liegt doch wohl auf seiten des Publikums, welches die Noten in Händen und zwar in Tausch gegen die gedachten Werteffekten erhalten hat.

Bei den Noten, von welchen hier die Rede ist, d. h. bei den Noten, deren „Gegenwert die Bank in Kreditbriefen oder Werteffekten liegen hat" — besteht die „Mühewaltung" der Bank doch wohl hauptsächlich nur im Couponabschneiden und ihr „Risiko" hauptsächlich in der Auswahl der Papiere sowie der Feuersicherheit des Geldschrankes.

„Mühewaltung und Risiko" der Bank dürfte also doch wohl nicht in einem motivierbaren Verhältnis zu dem Zinsgenuß stehen, welchen sie sich lediglich durch die Ausgabe nicht in bar gedeckter Noten verschafft und die Wirkung der durch diese Noten bewirkten Vermehrung der Umlaufsmittel fällt in der Hauptsache auf das Publikum.

Ich darf denn hier wohl berichtigend anschließen, daß nicht der Schreiber dieser Zeilen, sondern gleichfalls M. Wirth (Handbuch des Bankwesens, S. 581) die Behauptung anstellt, daß „Banken, welche Noten ausgeben, ein Kapital im Betrage des Überschusses des Zettelumlaufes über die vorrätige Barschaft unfreiwillig und unverzinslich vom Publikum vorgestreckt erhalten."

Hier nun möchte ich mir gestatten, einige Anführungen aus allerneuesten Arbeiten zweier namhaften deutschen Reichstagsmitglieder anzuschließen. Beide Arbeiten werden, ich bin dessen gewiß, auch dort das höchste Interesse erregen.

Es sind Herr G. D. Augspurg und Herr von Unruh, welche sich soeben über die Bankfrage vernehmen ließen, jener im „Deutschen Handelsblatt" (Nr. 33—37) und dieser in einer besonderen Broschüre:

„Die Bankfrage vor der Kommission des Deutschen Handelstages."

In Herrn Augspurg begegnen Sie zunächst — und Herr Augspurg genießt großen Ansehens in der Frage — einem absoluten Gegner alles papierenen Geldes, sowohl des „Staats-, wie des Privatpapiergeldes“. Seine ultima ratio lautet:

„daß die Benützung allen und jeden Papiergeldes verwerflich sei und abgeschafft werden müsse, nicht allein des Staats, sondern auch des Privatpapiergeldes, der Banknoten.“

Den Gewinn, welchen sich Banken durch Ausgabe nicht in bar gedeckter Noten verschaffen, illustriert Herr Augspurg u. a. durch folgende Anführung:

Es gibt Banken, welche gesetzlich berechtigt sind, irgend eine Summe (ohne alle Einschränkung) an Banknoten auszugeben, ohne daß dabei gefragt wird, welches das wirklich vorhandene eigene Kapital sei, welches für alle Fälle ihre Einlösung zu sichern habe; es gibt andere, deren einzuzahlendes Kapital 200000 Taler betragen soll, und welche gesetzlich berechtigt sind, für 1 Million Taler Noten auszugeben, d. h. mit andern Worten, aus dem wirklichen Kapitale zu 4% 8000 Taler an legitimen Zinsen zu ziehen und ferner außerdem noch aus darauf begründeten Zahlungsversprechen bei Einhaltung der bankmäßigen Deckung einen wirtschaftlich illegitimen Zins von 26000 Taler, also aus 200000 Talern 34000 Taler oder 17% jährlich!

So sieht ein in Bankfragen als Autorität betrachtetes Mitglied des Deutschen Reichstages ein in Ihren Augen, mein verehrter Herr Gegenredner, anscheinend sehr legitimes „Geschäft“ an. Es ist insbesondere auch der Ansicht, daß

„die Zettelbanken durch Ausgaben ihrer Zahlungsversprechen sich vermittels der jährlichen davon gezogenen Zinsen einen nicht zu rechtfertigenden erheblichen Gewinn verschaffen, indem sie den Tauschwert des umlaufenden Metallgeldes, d. h. also der gesetzlichen Landeswährung im Verhältnisse des Betrages ihres Papiergeldes zum Gesamtbelaufe des zirkulierenden (flüssigen) Kapitales vermindern und dadurch den großen Teil der Bevölkerung, welcher von festen Einnahmen lebt, zu bedeutendem Schaden bringen, in zweiter Reihe aber die gesamte Staatsbevölkerung schädigen, indem sie die Tätigkeit des gesetzlichen Wertmaßes untergraben.“

„Vorteile erwachsen dagegen nach keiner Richtung hin für die Gesamtbevölkerung des Staates durch die Ausgabe der Banknoten.“

Das ist gewiß sehr bündig und unzweideutig gesprochen und es rechtfertigt sich eo ipso solcher Ansicht gegenüber die Frage, welche Herr Augspurg stellt:

„Warum behält man denn überall die Benützung der Banknoten bei? warum verbietet man nicht rundweg die Ausgabe aller und jeder Banknoten.“

Die Antwort gibt Herr Augspurg sehr drastisch selbst wie folgt:

Man wird schwerlich auf diese Frage eine andere Antwort finden, als

„daß man einmal an das Übel gewöhnt sei, und daß es hart erscheinen würde, einer Anzahl Bankaktionäre, welche ebenfalls einmal an die

Ausbeutung der Gesamtbevölkerung durch die Ausgabe von Banknoten gewöhnt sei, dieses Privilegium plötzlich zu nehmen."

Ja, ja, das wäre hart für die armen Herren Aktionäre. Und die Bevölkerung welche man also „ausbeutet" —?

„Die Menge der Bevölkerung", sagt Herr Augspurg, Mitglied des Deutschen Reichstages, „befindet sich in einem merkwürdigen Zustande wirtschaftlicher Unmündigkeit. Sie wirtschaftet mit den Papierzetteln, wodurch ihr Darlehen dokumentiert wird, als wären sie Geld, freut sich über die mit einem solchen Umlaufsmittel verbundene Bequemlichkeit wie ein Kind, welches mit dem Rasiermesser spielt, über seine Glätte, schreibt gelehrte Werke über die Vorzüge der Kreditwirtschaft, über die Geldwirtschaft, wobei man bloß durch seinen Kredit, ohne zu arbeiten, reich werde, und preist ihr Glück in den Zeitungen, wenn sie mit einer neuen Zettelbank gesegnet worden ist. Sie weiß nichts davon, daß sie fortwährend den einzelnen Bevorzugten ungeheure Summen darleiht, ohne einen Taler Zinsen dafür zu erhalten, daß man sie also ausbeutet."

— „Zu bewundern ist jedenfalls die — Gutmütigkeit dieser Bevölkerung."

So Herr G. D. Augspurg in seiner trefflichen Arbeit: „Die Bankfrage" im „Deutschen Handelsblatt" (Nr. 33—37).

Nicht minder interessant ist die in diesen Tagen ausgegebene Broschüre des Herrn v. Unruh, bekanntlich gleichfalls hervorragendes Mitglied des Deutschen Reichstages. Mit bekannter glänzender Darstellungsgabe und in scharf logischer Weise behandelt Herr v. Unruh in seiner Broschüre

„Die Bankfrage
vor der Kommission des Deutschen Handelstages."

Sie dürften sich — verehrter Herr Gegenredner — in dieser Broschüre überzeugen, daß man keineswegs „den Notschrei überhört, welcher bei der Bankkommission des Deutschen Handelstages gegen die k. priv. Bank erhoben wurde." —

Nein, diesen Notschrei der bedauernswerten 22 Bankdirektoren wird man nicht überhören. Haben wir uns doch selbst wiederholt nachdrücklich gegen jede privilegierte Bank und namentlich gegen Staatsbanken überhaupt erklärt.

Herr v. Unruh beleuchtet diesen „Notschrei", der beiläufig aus 22 Bankdirektoren und 4 Nichtbankdirektoren bestehenden Bankkommission des Deutschen Handelstages mit der einschneidenden Schärfe seiner bekannten Dialektik, die feine Ironie dieser Kritik ist von geradezu vernichtender Wirkung. Ich kann Sie nur, verehrter Herr Gegenredner, bitten, die Beleuchtung, welche Herr v. Unruh dem mehrgedachten „Notschrei" der 22 Bankdirektoren in seiner Broschüre angedeihen läßt, nachzulesen.

Deutsches Volk, vernimm ihn, den „Notschrei"[1]) deiner Bankdirektoren!

---

[1]) Auch der Schreiber dieses hat dem „Notschrei" in der „Nationalzeitung" Nr. 320 (Beiblatt) eine Beleuchtung gewidmet.

Über die Banknoten denkt übrigens Herr von Unruh ganz ähnlich wie der Schreiber dieser Zeilen:

„Nicht bar gedeckte Noten emittieren", sagt Herr von Unruh S. 22 seiner Broschüre, „heißt: den unfreiwilligen Kredit des Publikums, jedermanns in Anspruch nehmen, oder, wie es auch ausgedrückt wird, das Publikum besteuern teils zugunsten der Bank selbst, teils zugunsten derer, welche den Bankkredit möglichst weit ausbeuten wollen."

Sie sehen, verehrter Herr Gegenredner, daß meine Ansichten denn doch von beachtenswerter Seite geteilt werden und nun wohl auch nicht mehr so ganz leicht beiseite geschoben werden möchten. Sie meinen, daß „das Resumé meiner Betrachtung, wenn sie richtig wäre, die Banknote vor die Schranken des Strafgerichts schleppen müßte." — Hm! — Nahe dahin streifende Ansichten sind allerdings auch schon von sehr beachtenswerter Seite geäußert worden. So fragt z. B. Herr von Unruh S. 31 seiner Broschüre:

„Kommt es denn nicht der Falschmünzerei nahe, wenn papierne Geldzeichen von Banken zirkulieren, welche vielleicht zur Einlösung gegen bar gar nicht mehr imstande sind?"

Unser bekannter Volkswirt Herr J. Faucher bringt die Banknoten auch einmal mit der Falschmünzerei und dem Strafkodex in nahe Beziehung und zwar in seiner geistvollen Arbeit: „Währung und Preise" in der „Vierteljahrsschrift für Volkswirtschaft" (Jahrg. 1868). Er meint dort nämlich, wenn die Ausgabe nicht in bar gedeckter Scheine alle die angenehmen Wirkungen habe, welche die Notenbanken und ihre Freunde davon erzählen, dann müsse man nicht die Falschmünzer, sondern diejenigen bestrafen, welche falsches Geld entdecken und anzeigen. Denn so lange das falsche Geld als solches nicht entdeckt sei, fungiere es ebenso wie ohne Bardeckung emittierte Geldscheine.

Die ganze Deduktion des Herrn Augspurg läßt ja einen anderen Schluß auch kaum zu, als den, daß die Banknote im Grunde genommen strafwürdig sei, denn er charakterisiert sie als eine „Ausbeutung" (ipsissimum verbum) der Bevölkerung. Insofern solche „Ausbeutung" wissentlich geübt und gegen besseres Wissen aus Geldinteresse verteidigt wird, möchte ich sie sogar höchst straffällig finden[1]).

Herr von Unruh kommt übrigens zu ähnlichen Schlußfolgerungen wie der Schreiber dieser Zeilen. Seite 35 seiner Broschüre sagt er:

„Wir streben nach Einschränkung und allmählicher Beseitigung aller nicht mit Metall gedeckten Noten, möglichster Einschränkung alles Papiergeldes im allgemeinen und Freigebung der Depositen- und Girobanken. Wir wollen, daß man dies Ziel weder aus den Augen verliere, noch in zu weite Ferne rücke, sich aber auch nicht überstürze."

[1]) „Ein Diebstahl ins Große wird heute in Europa getrieben, woneben das Raubrittertum und die theokratische Ausbeutung von ehedem edle Metiers waren — und er führt zu Ehren statt ins Zuchthaus." — Dr. Schäffle, weiland österr. Handelsminister.

Wir schließen uns dem völlig an, und die positiven Vorschläge, welche wir in dieser Richtung gemacht haben, fassen eben dies Ziel ins Auge. Nur hat uns geschienen und scheint uns noch, daß die „Beseitigung aller nicht in Metall gedeckten Noten" mit der Beseitigung aller Banknoten überhaupt gleichbedeutend ist, da natürlich keine Bank es unternehmen wird, ganz in bar gedeckte Noten herzustellen, sintemalen das nur Kosten, aber keinen Nutzen bringt.

Ist es dann aber wahr, daß der Verkehr zu seiner mechanischen Bequemlichkeit einer gewissen Summe papierenen Zirkulationsmittels bedarf, so wird wohl nichts übrig bleiben, als für diesen Betrag Staatspapiergeld zu halten.

Was Österreich unter dem Mißbrauche des Staatspapiergeldes gelitten hat, wissen wir recht gut. Da aber jede Sache dem Mißbrauche ausgesetzt ist, so beweiset der Mißbrauch einer Einrichtung an und für sich nichts gegen dieselbe. — Wenn die Sache nicht so tief ernst wäre, möchten wir beinahe an jenes Diktum erinnern: „Selbst Hasenbraten, im Übermaß genossen — —"

Was übrigens das „Votum für die Notwendigkeit des Bestehens von Privatzettelbanken" — und zwar von diesen Privatzettelbanken selbst erstattet — betrifft, so muß dasselbe nach den Ausführungen der Herren Augspurg und von Unruh, welchen ich mich anzuschließen mir gestatte, einer separaten Würdigung doch wohl kaum noch bedürfen.

Es ist der große Vorteil prinzipieller Klarlegung einer Sache, daß man nachher nicht mehr nötig hat, jede einzelne Einrede besonders zu widerlegen.

Wenn Sie übrigens — verehrter Herr — nach den mit Absicht reichlich mitgeteilten Zitaten aus den angezeigten beiden Arbeiten nunmehr lesen wollen, was einige namhafte Blätter bis dahin über dieselben gesagt haben, und erwägen, was sie über dieselben nicht gesagt haben, so werden Sie zugestehen müssen, daß die Kunst des Verschweigens jedenfalls auf seiten der Verteidiger der Zettelbanken mit Geschick und Taktik geübt wird. Ich habe einen sehr ausführlichen Bericht über die Unruhsche Arbeit in einem bedeutenden Tagblatte gelesen, welcher den eigentlichen Kern der Sache und das, was Herr von Unruh für den Kern derselben hält und als solchen hinstellt, nur mit einer ganz vagen, für jeden, der die Broschüre nicht selbst gelesen hat, bedeutungslosen Redensart streift und statt dessen eine direkte Apologie der Zettelbanken gibt.

Gewiß sind wir mit Herrn von Unruh und unseren bedeutenden Volkswirten für volle Freigebung des Bankgeschäftes, aber — Banknotenfabrikation halten wir für kein Bankgeschäft.

Freiheit des Bankgeschäftes und Freiheit der Notenfabrikation halten wir also für zwei grundverschiedene Dinge. — Das Hauptübel der Banknote, die ungebührliche Bereicherung einzelner, würde derselben auch bei völliger Freigebung dieser „Industrie" unvermindert anhaften, denn nicht jeder kann und wird Noten ausgeben. Wir schließen uns auch hier M. Wirth an, wenn er sagt (Handb. d. Bankw. S. 582):

„Bei vollkommener Freiheit der Notenemission wird ein Monopol der Reichen geschaffen, welchen dann ein unverzinsliches Kapital von den Armen vorgeschossen wird; denn Unbemittelte können keine Zettel ausgeben."

Diese Epistel ist inzwischen doch länger geworden, als ich mir anfangs vorgesetzt hatte, ich will mir daher die Antwort auf Ihren Einwurf der Unkenntnis österreichischer Verhältnisse für eine weitere Epistel aufheben.

Rostock, den 20. September 1871.

16. Banknotenfeinde.

(Nr. 43 d. „Fortschritt" vom 22. Oktober 1871.)

Zweite Epistel an Herrn Perrot in Rostock.

Ich habe die annoncierte Replik wegen Kenntnis der österreichischen Markt- und Geldverhältnisse abgewartet, aber sie ist bis heute mir nicht zuteil geworden, und so will ich, geehrter Herr, einstweilen auf einige Ihrer in Nr. 38 vorgebrachten Theorien und Ansichten zurückkommen.

Sie berufen sich hierbei auf die Ausführungen zweier hervorragenden Mitglieder des Deutschen Reichstages in Berlin, eine Berufung, die sehr wenig Anklang in einem Lande findet, das durch die finanziellen Vota der hervorragendsten Mitglieder des Parlaments arg geschädigt wurde und wird.

Wenn der Herr Augspurg alles Papiergeld verwirft und den Gewinn aus der Ausgabe solcher Noten für einen wirtschaftlich illegitimen Zins erklärt, so befindet er sich auf dem dogmatischen Standpunkt der Gegner Galileis: E pure si muove. Nach einer solchen Grundanschauung kommt man naturgemäß zu dem trivialen Schluß, daß man die Banknoten nur deshalb beibehält, „weil es hart erscheinen würde, einer Anzahl Aktionäre dieses Privilegium zu nehmen".

Der Schreiber dieser Zeilen gehört nicht zu jenen Bankaktionären und hat überhaupt kein privates Interesse an den Zettelinstituten; aber aus der Erfahrung im Verkehrs- und Geschäftsleben einiger Weltteile und mehrerer Reiche, Länder, Städte und Bezirke hat er entnommen, daß das Papiergeld, die Banknoten, eine der ersprießlichsten Erfindungen der zivilisierten Menschheit ist, und alle Nachteile und Schäden, die daran geknüpft sind, tausendfach durch ihre Vorteile ersetzt werden. Die Banknote hat den Großhandel von der Last des Warentausches teilweise befreit, denn Gold und Silber sind Ware und eine schwere Last. Die Banknote ist das Dampfroß im Vergleich zum Saumtier oder Ruderboot verflossener Jahrhunderte.

Herr Augspurg steckt, wie es scheint, noch in den Märchen, womit die Kinder der Geldwirtschaft ergötzt und geschreckt werden, indem er die Ausbeutung der Gesamtbevölkerung — durch Noten vormalt.

Nicht minder interessant in der Tat ist die jüngst ausgegebene Broschüre des Herrn von Unruh über die Bankfrage, aber auch nicht minder — die Einseitigkeit der Beurteilung.

Herr von Unruh reiht sich im Bankwesen zur Schule der Polizisten und Zensurierer; er kann sich eine Bank ohne Staatskontrolle nicht denken, und ebensowenig eine Kontrolle ohne Bardeckung. Ein Schauder ergreift ihn, daß Noten bloß durch ein Drittel bar gedeckt sind, und in Konsequenz wird die nicht bar gedeckte Note „Falschmünzerei" genannt, und wie ich es vorausgesagt: die Banknote vor das Kriminalgericht gestellt!

Da aber die wirtschaftliche Ungeheuerlichkeit, die Banknoten aus dem Verkehr Europas, Amerikas, Indiens und Australiens mittels Strafgesetz zu vertreiben, kaum Aussicht auf praktische Ausführbarkeit hatte, trotz Anempfehlung der Herrn Augspurg, Unruh, Faucher, Wirth u. a. m., so beantragen sie, geehrter Herr — Staatspapiergeld auszugeben.

Mit diesem Schlußantrag ist all das gerichtet, was gegen die Banknote vorgebracht wurde. Herr von Unruh kommt (S. 31) zu demselben Resultate: „es sei Sache des Staates, für die nötigen vollwichtigen Zirkulationsmittel zu sorgen, und Surrogate für Metall nur in möglichst geringem Umfange und unter voller Sicherstellung des Publikums (also Zensur und Polizei!) zuzulassen oder selbst zu produzieren."

Zu solchem Absurdum gelangt die Anschauung, welche in der nicht voll mit bar bedeckten Note einen „Papierzettel ohne Unterpfand (S. 22, Unruh), einen unfreiwilligen Kredit des Publikums, eine Ausbeutung der Bevölkerung (Augspurg), eine Falschmünzerei (Faucher), einen Diebstahl ins Große" (Schaeffle) erblickt; — Staatspapiergeld wollen diese Herren. — Prosit!

Möge es Preußen, das jetzt erst ein Großstaat wurde, erspart bleiben, Staatspapiergeld in Tagen der Krisis in Umlauf zu haben; mögen sich die obengenannten Nationalökonomen und ihre Anschauungsgenossen vergegenwärtigen, welche Tragödie der preußische Geldmarkt geboten hätte, wenn die Rothosen an den Rhein gelangt wären, und Staatspapiergeld in Zirkulation gewesen wäre.

Österreich weiß ein Lied von Staatspapiergeld und von der Fälschung der Banknote zu singen.

Hierzulande plädiert man gegen das Staatspapiergeld und für die Banknote; man plädiert für Bankfreiheit und bald auch für die Freiheit der Ausgabe von Banknoten unter Normativbestimmungen, welche hoffentlich die Bardeckung als einen längst überwundenen Standpunkt beiseite lassen.

Das ist freilich Ihre Anschauung und Ihre Tendenz nicht, geehrter Herr, aber sie hat Genossen, — auch in Ihrer Mitte. Ich zitiere Herrn Leopold Lasker, der in seiner jüngsten Broschüre (Berlin, 1871, bei Springer: Bankfreiheit oder nicht?) die Zweckwidrigkeit aller bisherigen Bevormundungen der Banken nachweist und bitter klagt: „nur mit der vollständigsten Freiheit der Banken hat man es noch nicht versucht," während die gegen die Bankfreiheit geltend gemachten theoretischen Ansichten unhaltbar sind und die aus der Praxis hergenommenen Erfahrungen für dieselbe sprechen" (S. 43). „Man muß die Vorstellung aufgeben, als werde die Zettelfreiheit im Interesse der Banken verlangt" (S. 59). „Die Freigabe der Notenemission soll hauptsächlich dem nicht Bankgeschäfte treibenden Publikum zugute kommen" (S. 60).

Also in Deutschland, in Preußen, innerhalb Ihres Reichsrates, geehrter Herr, findet das alte Vorurteil über Banken und Banknoten bereits seine begründete Widerlegung, und man ist wenig gelaunt, die wohltätige Banknote vor die Schranken des Strafgerichtes zu laden. Die Banknotenfeinde müssen sich schon um andere Waffen zur Niederhaltung moderner Verkehrsverhältnisse umsehen.

Wien, Mitte Oktober 1871.

A. N.

17. Banknotenfreunde.

(Nr. 44 d. „Fortschritt" vom 29. Oktober 1871.)

(Antwort auf den S. 348 dieser Zeitung enthaltenen Aufsatz: „Banknotenfeinde".)

Teils krankheitshalber, teils anderweiter dringenderer Arbeiten wegen war es mir nicht möglich gewesen, wie ich gewollt, auf Ihre dortigen Geldverhältnisse mit Bezug auf die Banknotenausgabe etwas näher einzugehen. — Ich mache Ihnen übrigens keinen Hehl daraus, daß ich Ihre österreichischen Geldverhältnisse in einem verzweifelt trüben Lichte sehe.

Das meiste zu diesem trüben Lichte tragen in meinen Augen Ihre dortigen Staatsschuldenverhältnisse bei, deren Zusammenhang mit dem Papierunwesen leider ein sehr enger ist, und deren Einfluß auf die Gesamtstaatsverhältnisse sowie auf alle Einzelwirtschaften wohl kein anderer, als ein verderblicher sein kann.

Wenn man in dem soeben in sechster Auflage erschienenen „Handbuche der vergleichenden Statistik" von G. Fr. Kolb die Ziffern der österreichischen Staatsschuldenwirtschaft überblickt; wenn man das Jahr auf Jahr in haarsträubenden Dimensionen sich häufende Defizit verfolgt; wenn man liest, daß diese Staatsschuldenlawine bereits auf über 3 Milliarden Gulden angewachsen ist und zu seiner Verzinsung usw. ca. ein Drittel des gesamten Staatseinkommens verschlingt; wenn man den Zusammenhang dieser fluchwürdigen Staatsschuldenwirtschaft mit dem Papierschwindel näher ins Auge faßt, wenn man mit Kolb der Ansicht ist, daß die Staatsschulden zugleich „Schulden jedes einzelnen Einwohners eines Landes, Schulden jeder Familie sind, Schulden, welche jedes Grundstück, jedes Geschäft (mit Ausnahme gewisser Bankiers- und Aktiengeschäfte), jedes Vermögen belasten," und wenn man endlich den zerrüttenden, zersetzenden, wie ein schleichendes Gift wirkenden Einfluß erkennt, welchen diese Staatsmißwirtschaft nach allen Seiten hin übt: so dürfte es wohl keinem Zweifel unterliegen, daß einerseits die Staatsschuldenverhältnisse das gesamte übrige Wirtschaftsleben in Österreich dominieren und daß andererseits bei solcher Sachlage alle Vorschläge zur Beseitigung des Papierschwindels unnütz sind, wenn man in Österreich nicht einen Finanzminister von dem Schlage des großen Freiherrn v. Stein findet, und wenn demselben nicht die Befugnis zur Seite steht, mit fast diktatorischer Machtvollkommenheit die Wirtschaftsverhältnisse der gesamten österreichischen Kronländer zentralistisch zu regenerieren.

Das heißt mit anderen Worten: ich sehe die österreichische Finanzlage als eine nahezu hoffnungslose an und glaube, daß zu den dortigen früheren österreichischen Staatsbankerotten deren noch fernere hinzutreten werden, so lange, bis —[1]) nun, ich überlasse es Ihnen, den Satz zu vollenden.

So viel einmal beiläufig über die dortigen „Geldverhältnisse".

Wenn ich aber nicht irre, ist es Ihnen doch wohl hauptsächlich um die Verteidigung der Banknote überhaupt zu tun, und ich komme also wieder auf diesen Kern unserer Meinungsverschiedenheit zurück.

Sie zitieren zu Ihren Gunsten Herrn „Leopold Lasker". Herr Leopold Lasker ist zunächst nicht der bekannte Reichstagsabgeordnete dieses Familiennamens. Der Abgeordnete heißt Eduard Lasker. Das Bremer „Handelsblatt" hat z. B. kürzlich an der Spitze seines Blattes irrtümlich den Reichstagsabgeordneten als den Verfasser der Broschüre „Bankfreiheit oder nicht" angegeben und diesen Irrtum, soviel ich weiß, noch nicht redressiert. — Meines Wissens ist es das erste Mal, daß Herr „Leopold Lasker" sich als Schriftsteller vernehmen läßt. Es dürfte von Interesse sein, wenn Sie sich z. B. das Verdienst erwerben wollten, der Öffentlichkeit mit einer näheren Mitteilung über den gedachten neuen Autor unter die Arme zu greifen.

Ein von Ihnen zitierter Hauptausspruch des Herrn „Leopold Lasker" gibt mir Gelegenheit, sogleich auf einen der Hauptangelpunkte unserer Frage wieder einzugehen. Herr „Leopold Lasker" sagte: „Man muß die Ansicht aufgeben, als werde die Zettelfreiheit im Interesse der Banken verlangt".

Ob sie im Interesse der Banken „verlangt" werde, wollen wir dahingestellt sein lassen und nur immer auf den einen Punkt zurückkommen, welche Vorteile die Ausgabe von nicht in bar gedeckten Noten für die Banken wirklich hat.

Ich komme dabei über mein mehrangeführtes einfaches Rechenexempel nicht hinweg, daß eine Bank, welche beispielsweise drei Millionen Noten ausgibt und davon nur eine Million in bar deckt, **um den Zinsgenuß von nahezu zwei Millionen bereichert wird.**

Ich wäre Ihnen verbunden, wenn Sie gerade diesen Punkt doch einmal klar erörtern wollten. Es kommt mir vor, als ob die Verteidiger der Banknote auf diesen Punkt niemals gebührend eingehen. — Es dürfte sich dabei herausstellen, ob „die Zettelfreiheit im Interesse der Banken verlangt wird".

Sie nennen „das Papiergeld, die Banknoten, eine der ersprießlichsten Erfindungen der zivilisierten Menschheit", sagen dann: „Die Banknote hat den Großhandel von der Last des

[1]) Die Ereignisse des Jahres 1931 lassen den Seherblick Perrots bewundern.

Warentausches teilweise befreit, denn Gold und Silber sind Ware und eine schwere Last."[1])

Ich vermisse in dem zweiten dieser Sätze das „Papiergeld", welches Sie im ersten Satze mit der Banknote zugleich nennen. Das Papiergeld, und zwar auch das Staatspapiergeld, ist doch wohl ebenso, wie die Banknote, mit der Eigenschaft behaftet, „den Großhandel von der Last des Warentausches teilweise zu befreien". Was Sie von der Banknote so brillant rühmen, müßte natürlich auch vom Papiergeld überhaupt gelten.

Mir scheint, Sie übersehen auch hier, daß bei der Papierwirtschaft nicht nur Papier an die Stelle von Metall gesetzt wird, sondern daß auch die Menge der als Geld fungierenden Zirkulationsmittel überhaupt vermehrt wird, und zwar um den Betrag des ungedeckt emittierten Papiergeldes, resp. der nicht in bar gedeckten Noten, deren Zinsen in die Bankkasse fließen.

Ich bin darin völlig mit Ihnen einverstanden, daß das einzige Verdienst allen Papiergeldes überhaupt darin besteht, daß es für manche Verkehrstransaktionen das unbequemere, schwerere Geld durch ein viel leichter transportables Medium ersetzt, das tut aber Staatspapiergeld völlig ebenso wie Banknoten. Daß aber damit gerade dem „Großhandel", wie Sie meinen, am meisten gedient sei, und daß in dieser Substituierung eines bequemeren Mediums für ein unbequemeres schöpferischer Moment liege — das ist meines Wissens bis jetzt nirgends dargelegt worden. Es wäre dies vielmehr eine neue Entdeckung.

Daß die „Befreiung des Großhandels von der Last des Warenaustausches", wie Sie sich ausdrücken, in diesem Sinne vor allen Dingen dem Wechsel verdankt wird, nämlich dem wirklichen, reellen Wechsel, dürfte doch wohl, auch Ihnen nicht zweifelhaft sein.

Auch haben alle diejenigen, welche in der Banknote eine schöpferische Kraft erblicken wollen, bisher diese Schöpferkraft nur darin gesehen, daß eine Bank, je mehr Noten sie ohne Bardeckung fabriziert, umsomehr „Kredit" geben kann. Der „Segen" einer mittels solcher Einrichtung unnatürlich übertriebenen Kreditwirtschaft dürfte indessen nachgerade auch in Österreich immer klarer werden.

Es ist gewiß eine höchst wunderbare Idee, daß gewisse Leute das Privilegium haben sollen, papiernes Geld zu machen, um anderen damit „Kredit" zu geben und sich Zinsen dafür zahlen zu lassen. Da wäre es allerdings viel einfacher, wenn jeder für den Betrag des „Kredites", den er nötig hat, sich sein papierenes Geld gleich selber macht[2]) — das wäre absolute „Banknotenfreiheit".

Weshalb Sie da aber noch „Normativbestimmungen" haben wollen, sehe ich wirklich nicht. Wozu bei dem enormen Vorteil, den Sie der Banknoten-

[1]) Die Inflation von 1919—23, die „Papierpest" der Nachkriegszeit hat das Deutsche Volk nicht allein von seinen Waren, Gold und Silber, sondern auch von einem gesamten Vermögen befreit.

[2]) S. das Papiergeld („Notgeld") der Provinzen und Städte in der Inflationszeit von 1919—23.

freiheit vindizieren, noch „Normativbestimmungen“? — Warum da nicht gleich die Reglung dieses Geschäftes lediglich der „Konkurrenz“ überlassen? — jener „Konkurrenz“, von welcher man sagt, daß sie alle Geschäfte aufs beste regele?

Weshalb, um alles in der Welt, auch noch Normativbestimmungen, die ja immer nur den freien Bewegungen der „Konkurrenz“ hindernd entgegentreten können? — Normativbestimmungen, von welchen kein Mensch zu sagen weiß, was darin stehen soll und was nicht?

Weshalb wollen Sie, der Sie alle „Polizei“ und „Zensur“ in Banksachen so besonders verabscheuen (wie ich übrigens auch tue), für die Banknotenfabrikation dennoch „Polizei“ und „Zensur“ mittels der „Normativbestimmungen“ beibehalten?

Es macht einen eigentümlichen Eindruck auf mich, wenn ich daran denke, daß der einzige Verteidiger der „Normativbestimmungen“, gelegentlich der Bankdiskussion auf dem „volkswirtschaftlichen Kongresse“, diese Normativbedingungen wiederholt ausdrücklich als „lediglich polizeiliche Beschränkung“ des Bankgewerbes, „zum Schutze des Publikums“ verlangte und charakterisierte.

„Polizeiliche“ Beschränkung des Bankgewerbes durch irgendwelche „Normativbestimmungen“ setzt aber ganz natürlich und selbstredend auch „polizeiliche Überwachung und Kontrolle des Bankgewerbes voraus. — Soweit ich das Bankgeschäft kenne, halte ich aber jede Art von Kontrolle desselben durch Staatsorgane für ebenso schädlich als illusorisch.

Zum Beschlusse will ich Ihnen noch Herrn August Eggers in Bremen zitieren, welcher Ihnen wahrscheinlich durch seine Arbeiten über die Münzreform bekannt ist. Herr Eggers ist, ebenso wie Herr Augspurg, Großkaufmann. Er äußert sich in dem eben erschienenen zweiten Hefte seiner „Volkswirtschaftlichen Abhandlungen“ über die „nichtmetallgedeckte Banknote“ folgendermaßen:

„Adam Smith stellt seinem Wealth of nations, Buch II, Kapitel II; folgendes Beispiel auf: die umlaufende und für den Verkehr genügende Metallgeldmenge eines Landes beträgt eine Million Pfund Sterling. Einige Zeit nachher geben einige Banken und Bankiers eine Million Pfund Banknoten aus, zu deren Deckung sie 200000 Pfund Sterling Metallgeld behalten. Die Zirkulation des Landes bleibt unverändert und die umlaufende Million Pfund Banknoten haben dieselbe Kaufkraft wie die vorher umlaufende Million Pfund Metallgeld. Es werden 800000 Pfund Metallgeld frei und können ins Ausland gehen als zinsfreies, dem Lande Nutzen bringendes Kapital.“

„Ein solches Verfahren ist Freibeuterei.“ Die 800000 Pfund wirken übersättigend auf dem fremden Markt und entwerten das Metallgeld.

„Es ist auch nicht das Land im allgemeinen, welches sich durch diese zuerst an anderen geübte und dann auf es selbst zurückfallende Freibeuterei bereichert, sondern es sind zunächst die Bankherren, welche ohne Arbeit einen Gewinn erzielen.“

„Die Banknote ist kein internationales Zahlungsmittel. Um Handelsbilanzen auszugleichen bedarf man des Metallgeldes.“

„Die nichtmetallgedeckte Banknote ist eine illegitime Ausnützung des Kredites, welche die Grundlage, die das Metallgeld allen anderen Kreditformen gewährt, fälscht.“[1])

„Die volkswirtschaftliche Kraft, die Gesellschaften, der Staat müssen unter Privilegien kränkeln, welche einer gewissen Klasse ohne Arbeit einen Gewinn von (in Deutschland jährlich) 8—10 Millionen Taler verschafft. Ein solcher Mißbrauch kann nur lähmend und korrumpierend wirken. Privilegien geben selbst die Mittel an die Hand, sich in ihrem Besitz zu erhalten. Es sind schon Anzeichen vorhanden, daß der Krebs um sich greift.“

Und ich glaube, auch davon weiß man „ein Lied zu singen“ in Österreich, nicht bloß von dem Mißbrauche des Staatspapiergeldes, wie Sie schreiben.

Nicht nur Abschaffung der Banknoten, sondern auch möglichste Verminderung alles Papiergeldes überhaupt muß das konstante Streben aller gesunden Staatswirtschaft sein. Österreich kann aber Noten und Papiergeld auf ehrliche Weise nicht anders loswerden, als wenn es Überschüsse im Staatshaushalte erzielt, während seit Jahrzehnten dort sich nur Defizit auf Defizit gehäuft hat.

Rostock, den 24. Oktober 1871.

18. Österreich Staatbankerott.

3. Epistel an Herrn Perrot in Rostock.

Ich müßte den Geist Goethes besitzen, der den Mephisto auf alle Fragen des Schülers antworten läßt, wollte ich alle Punkte, die Sie in Ihrer Replik berühren, klar und überzeugend auseinandersetzen. Man kann doch nur einzelnes in einer derartigen Polemik eines Journals präzisieren.

Gestatten Sie, geehrter Herr, daß ich diese dritte Epistel bloß mit den Ansichten über Österreichs Finanzlage ausfülle, auf welche ich so begierig war. Sie sind darüber sehr klar, sehr aufrichtig, sehr rückhaltlos, sehr entschieden. Das erleichtert den Prozeß und das Urteil der Jury.

Sie schreiben ohne Hehl, daß „Sie die österreichischen Geldverhältnisse in einem verzweifelt trüben Lichte sehen“; „Sie erklären die Staatsschuldenverhältnisse für verderblich in ihrem Einflusse“ und gelangen zu dem Resultate,

---

[1]) Zwar hatte Perrots unermüdliche Arbeit den Erfolg, daß die Finanz-Gesetzgebung 1883 geändert wurde. U. a. darf seitdem nnr noch die Reichsbank Papiergeld ausgeben. Aber die Reichsbank ist nur sehr bedingt ein staatliches Institut. Wie es damit bestellt war, hat Perrot in seiner Schrift „Eine sogenannte deutsche Reichsbank“, die unter dem Pseudonym Dr. Hilarius Bankberger erschien, auseinandergesetzt.

Wir Nachfahren haben das Exempel auf die ungedeckten Noten an uns selbst erleben dürfen. Es gibt wohl keinen Deutschblütigen, der nicht in seiner Kasse noch die schönen 1000- und 100 Markscheine verwahrt, die von der Republik Deutschland nicht eingelöst worden sind.

„daß die österreichische Finanzlage eine nahezu hoffnungslose ist", mit dem Glauben, „daß zu den früheren Staatsbankerotten deren noch fernere hinzutreten werden, so lange, bis — —".

Diese Pausen sind Ihr Eigentum, nicht meines, sowie überhaupt diese Zitate über den vergangenen, gegenwärtigen und zukünftigen Staatsbankerott Österreichs Ihnen zu eigen gehören. Wahrscheinlich sind diese ernsten und gewichtigen Aussprüche das Ergebnis sorgfältiger Studien, jedoch haben Sie, geehrter Herr, davon nichts verlauten lassen. Man weiß es hierzulande recht wohl, wie man in Preußen hinter einer Stange Weißbier oder hinter einem Schoppen Grüneberger über Österreich rundweg aburteilt, und ehe der letzte Tropfen jener edlen Getränke geschlürft ist, steht es fest, daß Österreich in Politik und Finanzen bankerott. Allein derlei Wirtshausgespräche sind gewiß keine wissenschaftlichen Darlegungen und keine beachtenswerten Nachweise und werden sicherlich, geehrter Herr, von Ihnen wie von jedem seriösen Staatsmann und Nationalökonomen als hohle Redensarten betrachtet. Deshalb berufen Sie sich auch auf Kolbs Statistik, in welcher Österreichs Staatsschuldenwirtschaft nachgewiesen.

Das ist aber auch das einzige, was Sie als Beleg für Ihre Deklaration des unausbleiblichen Staatsbankerotts Österreichs vorbringen: das einzige — ohne irgendeine Zutat Ihrerseits, ohne weiteres Nachforschen, ohne jede Berücksichtigung der Verhältnisse, ohne Erwägung historischer Begebenheiten oder ökonomischer Ereignisse, — nichts, absolut nichts nach Ihren eigenen Studien und Erfahrungen, sondern bloß das Diktum der Statistik als messianische Prophezeiung des kommenden Bankerotts!

Da wäre die Replik nicht schwer. Man könnte auf den Reichtum Österreichs hinweisen, dem es leicht tunlich ist, nicht bloß die Zinsen der Staatsschuld abzuzahlen, sondern in leidlich kurzer Frist das Kapital der 3 Milliarden zu amortisieren; es bedarf bloß einer Regulierung der Grundsteuer, einer Bewirtschaftung des Waldbesitzes, einer Ausführung der Kommunikationen usw. — und die haarsträubenden Dimensionen des Defizits hätten dem reichsten Überschuß Platz gemacht. Freilich ist hierbei der Friedensstand Europas in feste Aussicht genommen, und es dürfte nicht ein Napoleon den Süden Österreichs und ein Bismarck den Norden dieses Bruderstaates mit Krieg überziehen. Ein kleiner Blick über das Büchlein der Statistik hinaus in das Wirtschaftsleben Österreichs seit zwei Jahrzehnten würde Ihnen und Ihren Urteilsgenossen dartun, welchen kolossalen Aufschwung Österreich auf allen materiellen Gebieten gewonnen hat, den sich niemand nach so unglückseligen Kriegen und Schlachten träumen ließ, am allerwenigsten die norddeutschen Parteimänner. Schlagen Sie ein wenig die Ergebnisse der Zucker- und der Biersteuer nach, sehen Sie sich das Erträgnis des Tabakgefälles an, lassen Sie sich das Anschwellen steuerfähiger Objekte in Realitäten und Fabriken nachweisen, — — und die Helden hinter der Stange Weißbier oder dem Schoppen Grüneberger werden vielleicht sich bewogen finden, den Staatsbankerott Österreichs auf eine etwas spätere Zeit zu verschieben. Immer vorausgesetzt, daß das kaiserlich gewordene Preußen nicht neuerdings seine Hinterlader nach Böhmen tragen läßt; denn für einen Krieg **war** Österreich weder bei Solferino noch bei Königgrätz vorbereitet, und ist — für den nächsten auch nicht vorbereitet.

Jedoch passons! So wenig man einen Mohren weiß wäscht, so wenig ist das herrschende Vorurteil über Österreich, wovon besonders Norddeutschland infiziert ist, zu beseitigen.

Es bleibt also beim Bankerott! Alles was dagegen vorgebracht wird, ist Schönfärberei, Optimismus, leichtfertiges Verkleistern der wahren Zustände, Selbsttäuschung oder absichtlicher Betrug, patriotischer Schwindel, Unkenntnis des eigenen Landes, — kurzum der annoncierte Bankerott ist die alleinige, sachgemäße, wohlbegründete Wahrheit.

Mehr als diese Zustimmung können Sie und Ihre Gesinnungsgenossen nicht verlangen.

Was würde daraus folgen? Doch nur die Pflicht des Publizisten, des Bürgers und Staatsmannes, jedermann zu warnen, damit der kommende Staatsbankerott Österreichs nicht schädige und benachteilige. Rufen Sie es doch durch ganz Deutschland aus, daß Österreich nächstens wieder Bankerott machen wird; lassen Sie die Nachtwächter tuten: bewahret Euch vor Feuer und Licht und österreichischen Papieren; trompeten Sie es in alle Nachbarreiche, daß man Österreich keinen Kredit über Nacht gewähren darf, und von allen Tribünen, in allen wirtschaftlichen Revieren, auf allen Börsen, in allen Journalen soll es verkündet werden: Österreich ist bankerott.

Daß die österreichische Publizistik sich diesen Emanationen nicht anschließt, entnehmen Sie, geehrter Herr, aus der Wochenschrift, die in der Kaiserstadt Wien erscheint und Ihren Brief mit der Äußerung der hoffnungslosen österreichischen Finanzlage und des fernen Staatsbankerotts sans gêne abdruckt.

Was glauben Sie, geehrter Herr, ist die Folge derartiger Verkündigung des österreichischen Bankerotts? Halten Sie doch Nachfrage im Norden, Westen und Süden Deutschlands, ob diese Deklamationen über die Finanzlage Österreichs irgendeinen Kapitalisten bewogen haben, seine österreichischen Wertpapiere zu veräußern? Forschen Sie doch nach, wie viele Millionen nicht etwa im letzten Jahrzehnt, sondern seit dem Bruderkriege, seit den Siegen in Frankreich, aus Berlin, Breslau, Köln, Frankfurt und anderen Orten nach Wien geschickt werden, um sich dagegen Papiere senden zu lassen? Vielleicht hat es ein Interesse für Sie, wenn ich Ihnen etwas mitteile, was Sie sicher nicht in Kolbs Statistik finden, wofür aber Gewährsmänner einstehen, nämlich daß seit Jahresfrist ein paar hundert Millionen und seit den letzten Monaten etwa 60 Millionen Gulden Nominale in österreichischen Wertpapieren nach Deutschland zu Kapitalsanlagen abgesetzt werden. Alle diese Besitzer und Erwerber österreichischer Papiere sind blind, und sehen das Damoklesschwert des so vielseitig, auch von Ihnen mit solcher Zuverlässigkeit annoncierten Staatsbankerottes nicht. Staatsrente, Prioritätsobligationen, Lose, Aktien, Hypothekenbriefe, — all diese dem Bankerott verfallenen Papiere werden vom törichten und verblendeten deutschen Kapital **begehrt**, und bilden einen österreichischen Exportartikel. Wehe, wehe, dreimal wehe!!

Erinnern Sie sich nicht, geehrter Herr, hierbei des Spruches: „Grau ist alle Theorie!!?" Es scheint denn doch die praktische Welt nicht dem Urteile einiger Parteimänner und Federführer beizustimmen; man ist ja in Deutschland auch nicht der Feind des eigenen Geldes, und niemand will bei einem ausbrechenden Bankerott zum Handkuß kommen. Das Kapital ist zudem allüberall sehr sensitiv, mißtrauisch, argusäugig, vorsichtig, und die „früheren österreichischen Staatsbankerotte", wie Sie sich auszudrücken belieben, sind eine Warnungstafel mit Riesenlettern! Und doch geht dieses Kapital — — in die Laube, wie Nestroy deklamiert. Ich besorge, Ihr Zuruf, so wohlgemeint er sein mag, wird dieses Kapital auch keines Bessern belehren trotz Kolbs Statistik u. dgl. m.

Wenn also bei dem nächsten Staatsbankerott Österreichs, den Sie bei der hoffnungslosen Finanzlage schon anrücken sehen, preußisches und deutsches Kapital mitverloren geht, so sind Sie, geehrter Herr, nicht Schuld daran; Sie haben ehrlich und redlich gewarnt, und haben mutig Ihre Meinung veröffentlicht.

Der Himmel bessere die Sünder, auf daß sie nicht bei dem anbrechenden Staatsbankerott Österreichs ihr Geld und ihre Haut zu Markte tragen.

Wien, im November 1871. A. N.

19. Abschaffung alles Papiergeldes.

4. Epistel an Herrn Perrot in Rostock.

Eigentlich ist jede weitere Diskussion von Überfluß. Sie, werter Herr, haben Österreich wegen seiner Geldwirtschaft für bankerott erklärt; ich habe Ihrem Raisonnement über Vergangenheit, Gegenwart und Zukunft der österreichischen Staats- und Volkswirtschaft nicht widersprochen, und wir warnten gemeinsam alle Welt, den österreichischen Papieren Kredit zu gewähren! Das ist wohl ein Endresultat aller Polemik, ein Schlußpunkt jeder Debatte. Nach solcher Prämisse ist es zwar Luxus, ein Wort über Geldpapier oder Papiergeld, über Banknoten oder Staatsnoten, über Notendeckung oder Notenverwechslung u. dgl. m. zu verlieren. Für Österreich wenigstens würde jeder weiteren Erörterung über die Geldwirtschaft die praktische Bedeutung fehlen; Österreich ist ja bankerott, und da ist es ganz gleichgültig für diese Millionen Wirtschaftsmenschen, ob man Banknoten emittieren darf und soll, oder ob nur Edelmetall umlaufen soll?

Der Standpunkt also, den Sie, werter Herr Gegner, dahin scharf zuspitzen: „Abschaffung alles Papiergeldes", hat für Österreich, das ich zu vertreten mir erlaube, nur einen theoretischen oder vielmehr bei dem annoncierten Bankerott gar keinen Wert. Ich kämpfe de lana caprina. Und dann ist es ein wenig genant, gleichsam die Lehrkatheder besteigen zu müssen, um gestellte Fragen zu beantworten, wobei man doch in einem Zeitungsartikel nur aphoristisch zu Werke gehen kann.

Allein es haben diese Episteln eine größere Ausdehnung genommen, als von vornherein beabsichtigt war, und sie haben das Interesse eines weiteren Kreises erweckt. So möge denn, trotz des Bankerottes, die Polemik eine Fortsetzung erhalten.

Vor allem ersuche ich, geehrter Herr, die Denunziation beiseite zu lassen, als wenn die Vertreter der Banken und Banknoten bloß im egoistischen Interesse das Wort führen. Herr von Unruh ist auch ein solcher Denunziant den respektabelsten Firmen Deutschlands gegenüber. Bei dem Schreiber dieser Epistel ist eine derartige Denunziation ohne jeden Grund und Halt, wie die befreundete Redaktion es bezeugen mag.

Eine Ihrer ersten Fragen betrifft den Punkt, daß sich die Banken durch Mehrausgabe von Noten, als ihr Barschatz beträgt, um den entsprechenden Zinsgenuß bereichern. — Diesen Punkt wollen Sie einmal klar erörtert haben.

Der Versuch sei gewagt. Sind etwa die oberen Stockwerke eines Hauses in die Luft gebaut, weil nur der erste Stock auf der Erde steht? Hat ein Kaufmann, dessen Vermögen aus 1000 Talern besteht, nicht die Berechtigung für 10000 Taler Kredit zu nehmen?

Der vollständige Irrtum steckt darin, daß so viele den Wahn haben, eine Bank könne eine beliebige Summe von Noten ausgeben. Keine regelmäßig geführte Bank kann nach Willkür oder Belieben eine Note ausgeben; man verlangt ihre Noten, wenn man sie benötigt, und wenn man sie verwenden kann.

Ein zweiter Irrtum steckt darin, daß die Bank kein Risiko bei der Ausgabe ihrer Noten habe. Wenn dies auch nur einen Funken Wahrheit hätte, so dürfte man ja niemals und nirgends von einer Gefährdung der Banknote sprechen.

Der Zinsgenuß, den eine Bank für die Ausgabe der von ihr begehrten Noten einstreicht, ist eine Entlohnung für ihre Arbeit und für ihre Garantie. Nur die vollständigste Unkunde über die Wirksamkeit und Leitung einer Zettelbank läßt sich zu dem Ausspruch verleiten, daß die Notenausgabe eine Besteuerung oder Beraubung sei, und all diese Tiraden erregen nur Lächeln in der Kaufmannswelt[1]).

Anbei ist die gewaltige Differenz zwischen einer Banknote und einer Staatsnote genau zu beachten. Die Staatsnote wird in der Regel für eine Leistung herausgegeben, und bleibt auf unbestimmte Dauer in Zirkulation; die Banknote wird nur gegen Hinterlegung eines Gegenwertes hinausgegeben, und kehrt in unbestimmter Frist zum Ausgabeorte zurück.

Die von der österreichischen Nationalbank ausgegebenen Banknoten — mit Ausnahme der an den Staat für das Privilegium vorgestreckten 80 Millionen — können binnen längstens 3 Monaten eingezogen werden; die österreichischen Staatsnoten erwarten erst eine zukünftige Maßnahme, um aus der Zirkulation herausgelangen zu können.

Sie und Ihre Gesinnungsgenossen wollen jedoch gar keine Noten, gar kein Papiergeld oder die möglichste Beschränkung dieses Ersatzes der Metallmünze.

Hat vielleicht die Erfahrung des Weltverkehres zu dieser Ansicht gebracht? In die Chronik ist seit Jahrtausenden eingezeichnet, daß die Metallmünze keine Krisis hintangehalten habe. Die Staaten haben zur Münzfälschung ihre Zuflucht genommen, die Handelswelt mußte die Konkursgerichte um

---

[1]) Das Lächeln der Auguren.

Schutz ansuchen; alles **bevor** eine Banknote oder ein Papiergeld existierte, oder als die Zettelfabrikation in der Kindheit war. Man kann wohl sagen, daß das System der bloßen Metallgeldzirkulation allüberall Fiasko machte, obwohl ihm die Entdeckung von neuen Silberminen und Goldwäschereien zu Hilfe kam, denn sonst wäre es schon am Mangel an Material für den vergrößerten Verkehr zugrunde gegangen. Das Fiasko dieses Systems ist kein vereinzeltes in einem Wirtschaftsgebiete, sondern kommt zu verschiedenen Zeiten, an verschiedenen Orten und unter verschiedenen Verhältnissen zum Vorschein. Wenn die größten Gefahren über einen Staat hereinbrechen, oder eine Katastrophe dem Welthandel das Kapital und den Kredit entzieht, dann ist das Fiasko des Metallgeldes ein offenkundiges, und man hascht mit zitternden Händen nach dem rettenden Papiergeld! Blicken wir nicht weit zurück. Italien führte seine Revolution durch — mit Papiergeld; Frankreich erhielt sich zahlungsfähig für die 5 Milliarden — durch Papiergeld; — die Vereinigten Staaten von Nordamerika bestreiten die enormen Kosten des Bürgerkrieges mit Papiergeld; — Rußland heilt seine Wunden des Krimkrieges, des Polenaufstandes und der Bauernemanzipation — durch Papiergeld; die Türkei versucht allerlei Reformen — durch Papiergeld. Österreich konnte die unglücklichen Kriege und experimentierenden Regierungen nur durch Papiergeld überwinden; — und England, das reiche England, hebt allemal die Bestimmungen der Peelsakte auf, wenn sie in den Tagen einer Krisis die Ausgabe von Noten behindern.

Die Schwärmer für die Metallgeldzirkulation pflegen die Geschichte des Geldverkehres ein wenig zu fälschen; jedenfalls ist ihnen der Bedarf des heutigen Verkehres eine terra incognita.

Da ich alle Polizei und Zensur, also auch auf dem Gebiete des Geschäftes der Zettelbanken perhorresziere, so fragen Sie: wozu denn **Normativbestimmungen**?

Was sagen Sie nun, geehrter Herr, zu folgender Normativbestimmung, die ich, als Gesetzgeber, **jeder** Bank, welche Noten ausgibt, auferlegen würde, und zwar:

Die Bank ist verpflichtet, jede präsentierte Note jederzeit gegen Metallmünze auszuwechseln. Bei Nichterfüllung dieser Verpflichtung wird die Bank sofort gesperrt, das Konkursverfahren eingeleitet usw.

Man könnte zu dieser Normativbestimmung noch hinzufügen, daß die Direktoren, Verwaltungsräte, Gouverneure usw. persönlich haftbar sind, oder sonst strenge Maßnahmen nach dem Beispiel jenes famosen Abgeordneten vom Berliner Landtage: Preßfreiheit mit dem Galgen daneben, also unbeschränkte Notenausgabe mit dem Galgen daneben für die Bank und für die Bankteilhaber, wenn sie nicht die präsentierten Noten gegen Metall einwechseln.

Eine solche Normativbestimmung macht wohl jede Polizei und Zensur überflüssig, und jedenfalls ist sie eine rationellere Maßregel als die vollständigste oder Drittel-Metalldeckung, finanzielle Zöpfe, die weit hinten herabhangen und in der Tat an chinesische Geldwirtschaft erinnern.

Man überlasse es doch der Kunde und dem Ermessen jedes einzelnen, ob er derartige Noten begehrt, annimmt, behält oder auswechselt, gerade so wie man es jedem überläßt, ob er einen Wechsel eskomptiert, eine Zahlung nimmt, weiter giriert usw. Niemand wird sich damit lächerlich machen, z. B. mit österreichischen Bank- oder Staatsnoten in Deutschland oder sonstwo Einkäufe machen zu wollen, — und preußische Kassenanweisungen, obwohl sie jeder Kundige für bare Münze nimmt, sind kein allgemeines Tauschmittel für Waren in Österreich. Man überlasse dies getrost der Verkehrswelt, die zwischen Note und Note gerade so wie zwischen Note und Münze zu entscheiden weiß. Man sorge nur für die größte Öffentlichkeit im Geschäftsausweis der Banken und für die unnachsichtigste Beobachtung der oberwähnten oder einer ähnlichen Normativbestimmung.

Jede andere Beschränkung der Notenausgabe ist eine Beschränkung des gesellschaftlichen Verkehrs und eine willkürliche Begrenzung des Kredits, den das Publikum einer Bank gewähren will; deshalb sind auch alle Privilegien der Zettelbanken — nicht bloß eine Besteuerung des Geld- und Kreditverkehres, sondern eine Benachteiligung der Wirtschaftsgemeinde des betreffenden Staates unter dem Prätexte einer Sicherung des Wertes der Note. Dieser Prätext führt zur Kontrolle und zur Polizei, eben so schädlich als illusorisch, wie Sie mit Recht bemerken.

Die metallgedeckte Note, wenn deren Ausgabe ohnehin durch einen Gegenwert gedeckt ist, erscheint als eine Kreditvergeudung, als eine erzwungene Brache des fruchtreichsten Feldes, als totes Kapital. Ich verweise Sie auf den Kellerschatz der Nationalbank, wo 140 Millionen in Silber und Gold vergraben liegen, seit 20 Jahren! Ich verweise Sie auf den Kriegsschatz Preußens, der seit 50 Jahren Interessen verzehrte!

Aber was nützt das alles. Herr Eggers in Bremen beruft sich auf Adam Smith und erklärt die nichtmetallgedeckte Note für eine illegitime Ausnützung des Kredites; — und mit diesem Infallibilitätsdogma glaubt man alle Ersparnisse des modernen Geldverkehrs in den Pfuhl der Hölle und des Schwindels verweisen zu können. Also: Abschaffung der Banknoten und möglichste Verminderung alles Papiergeldes, predigen Sie, geehrter Herr.

Ich gratuliere bestens zu solcher Geldwirtschaft. Nur die Bitte wage ich, Österreich davon auszunehmen, und es seinem Bankerott, seinem Ruine und — seinen Noten zu überlassen! In den jüngsten Tagen erscholl der Ruf nach Vermehrung der Noten, und die Leitung der Nationalbank mußte, trotz allen Sträubens, Millionen und Millionen Noten herausgeben. Sie werden gestehen, geehrter Herr, daß dies im krassen Widerspruch mit Ihren Ansichten und Tendenzen ist, und kein Anzeichen einer Regierung für die Abschaffung des Papiergeldes verrät. Demnach dürfte hierzulande, wo man mit Noten Häuser, Fabriken, Eisenbahnen u. dgl. baut, das Bestreben nach Abschaffung alles Papiergeldes keine Proselyten gewinnen.

All derlei Theorien werden hier vom Bedarf für das Leben, für die Existenz, für Erwerb und Verdienst — ad acta gelegt.

Wien, November 1871. A. N.

20. Österreichs Staatswirtschaft.

Dritte Epistel an Herrn A. N. in Wien (cf. Nr. 45 d. „Fortschr.").

Von F. Perrot.

Nicht ohne ein gewisses Behagen habe ich im Eingang Ihrer dritten Epistel die treffliche Wendung gelesen, mit welcher Sie „den Geist Goethes, welcher den Mephisto auf alle Fragen des Schülers antworten läßt", in die Diskussion über die Bankfrage einführen. Ich habe immer gesagt, daß die Partei der Banknotenfreunde sehr gewandte Verteidiger hat, und ihr Interesse mit viel Geschick, so wie anscheinend auch nicht ohne gutgeplante Taktik in der Presse wahrnimmt.

Die Erörterungen, welche wir kontradiktorisch über die Bankfrage gepflogen haben, dürften dem Leserkreise dieser Blätter vorläufig wohl auch schon genügendes Material zu selbständiger Urteilsbildung über die wichtige Angelegenheit unterbreitet haben, und so folge ich Ihnen gerne auf das Gebiet der österreichischen Staatswirtschaft, über welche sich nicht minder nützliche Unterhaltungen pflegen und dringend notwendige Aufklärungen vermitteln lassen, wie in der Bankfrage. — Ich lebe dabei der angenehmen Voraussicht, daß auch hier der „Geist Goethes" uns nicht versagen werde, am Schlusse unserer Diskussion zu erscheinen.

Durch Ihre Erörterungen über die staatswirtschaftliche Situation Österreichs klingt ein leiser Zweifel, ob ich solchen Angelegenheiten wohl ernsteres Studium gewidmet hätte. Ich darf Sie hierüber beruhigen und Ihnen im Gegenteil versichern, daß das Kapitel der Staatswirtschaft und der Staatsschuldenmißwirtschaft mir immer eines der wichtigsten geschienen hat, mit welchem ich mich doch eingehender beschäftigt habe. Belege hierfür dürften Sie u. a. finden in meinen soeben erschienenen „Zeitfragen, Beiträge zur Lösung staats- und volkswirtschaftlicher Fragen der Gegenwart".

So viel mir irgend bekannt ist, befinden Sie sich sehr im Irrtum, wenn Sie glauben, daß „in Preußen hinter einer Stange Weißbier oder einem Schoppen Grüneberger" über die wirtschaftlichen Angelegenheiten Österreichs verhandelt, vom österreichischen „Staatsbankerott" gesprochen werde. Was unsere ehrsamen Staatsbürger auf der Bierbank kannegießern, handelt bis jetzt zwar reichlich von den Fragen der höchsten Politik und Diplomatie. Dagegen haben die guten Leutchen bis jetzt durchschnittlich noch nicht einmal Interesse und Verständnis für die eigenen wirtschaftlichen Angelegenheiten, geschweige denn für fremde. Sie lassen sich mit der allergrößten Gemütlichkeit durch allerlei Finanzkünste die Haut über die Ohren ziehen, und wenn es gar zu arg wird, werden sie Sozialisten und ziehen theoretisch und praktisch gegen das „Kapital" zu Felde.

Sie tun uns viel zu viel Ehre an, wenn Sie glauben, „hinter der Stange Weißbier oder über einem Schoppen Grüneberger" würde bei uns vom österreichischen Staatsbankerott gesprochen. Dafür sorgt schon die vortreffliche Tagespresse, daß dem Staatsbürger alle möglichen Dinge näher liegen, und daß er über alle möglichen Dinge besser unterrichtet ist, als über seine eigenen und seiner Nachbarn wirtschaftliche Angelegenheiten.

Die tiefsten politischen und diplomatischen Geheimnisse werden dem Staatsbürger auf der Bierbank eher klar, als die Wahrheit, daß eine ewig schuldenmachende Staatswirtschaft eine der Hauptwurzeln jener Zustände ist, welche in der Ausbeutung aller durch einige wenige gipfeln, und welche uns zuletzt nur noch auf der einen Seite die absolute Anbetung des goldenen Kalbes und auf der anderen Seite das Petroleum übrig lassen.

Unsere vortreffliche Tagespresse mit ihrem ungeheuern Einflusse sorgt dafür, daß der Verstand des Staatsbürgers wie mit einer chinesischen Mauer umgeben werde, damit er nichts sehe als hohe Politik, noch höhere Diplomatie, und außerdem Kriegs- und Mordgeschichten, Eisenbahnunglücksfälle, Stadtklatsch und Theaterrezensionen. — Für genügende Staatsschulden sorgen ebensowohl die absoluten Regierungen wie die liberalen Volksvertretungen, und zum Schlusse wird uns sogar gesagt, daß ein Staat um so brillanter situiert sei, und daß es seinen Bewohnern um so besser und glücklicher ergehe, je mehr Schulden der Staat habe[1])! — Und es wird wohl mit den Staaten wie mit den Familien und Individuen sein; je mehr Schulden — desto besser? — —

Sie sind nicht zufrieden, mein verehrter Herr Opponent, daß ich Ihnen die drei Milliarden Staatsschulden so ganz trocken und ohne irgendwelche Erläuterungen vorgesetzt habe. Sie erklären auf das Bestimmteste, daß es Österreich ein Leichtes sei, diese enorme Schuld „in leidlich kurzer Frist" abzutragen.

Nun denn, mein verehrter Herr A. N., wenn das so leicht ist, wie Sie sagen, dann haben alle diejenigen, welche es konnten und nicht getan haben, den Fluch auf ihr Haupt geladen, daß sie unendliches Unheil von Österreich nicht abgewendet haben, obgleich sie es konnten.

Wie die österreichischen Schulden entstanden sind, wissen wir recht wohl. U. a. enthält die sechste Auflage der G. Kolbschen Statistik ein besonderes Kapitel darüber, II. Abteilung, S. 21: „Zur Schuldgeschichte". Sie wünschen vermutlich anzudeuten, daß eine verhängnisvolle Politik und unglücklich geführte Kriege die Hauptschuld an der fortgesetzten Schuldenmacherei tragen, und Sie haben darin gewiß recht. Aber es darf dabei nicht vergessen werden, daß die im Kriege gemachten Schulden im Frieden nicht vermindert, sondern durch eine verhängnisvolle Staatswirtschaft immer nur vermehrt wurden.[2]) Ohne Ihrem Patriotismus zu nahe treten zu wollen, zitiere ich Ihnen das Beispiel Friedrichs II. von Preußen, welcher im Siebenjährigen Kriege eine bedeutendere Staatsschuld als Österreich kontrahierte, bei seinem Tode dieselbe aber nicht nur abgetragen, sondern auch einen erheblichen Staatsschatz angesammelt hatte. Wie man dagegen Friedensschulden macht, zeigt Friedrichs II. Nachfolger und die konstitutionell-liberale Ära in Preußen, wenn auch glücklicherweise nicht in demselben Grade wie bei

[1]) Dawes- und Youngplan, Hoover-Moratorium.
[2]) Zu vergl. die Verhältnisse seit 1918.

Ihnen in Österreich. — Gervinus berichtet in der „Geschichte des neunzehnten Jahrhunderts," daß die Festlichkeiten des Wiener Kongresses den Kaiserstaat gegen 30 Millionen gekostet haben, obwohl der tief verschuldete Staat nicht einmal für die verstümmelten Invaliden genügend sorgen konnte.[1])

Übrigens haben sich auch die preußischen Staatsschulden seit 1848 konstant und nicht unerheblich vermehrt. Unser Staatshaushalt unterscheidet sich in dieser Beziehung von dem österreichischen nur der Intensität, nicht dem Wesen nach. Hüben wie drüben sind die unproduktiven, Schulden erzeugenden Ausgaben konstant überwiegend, nur bei uns noch nicht in dem Grade wie in Österreich, da wir noch nicht, wie Österreich genötigt sind, ca. ein Drittel unseres Staatseinkommens auf Zahlung von Schuldzinsen zu verwenden.[2])

Ich wollte, unsere Politiker „hinter einer Stange Weißbier oder einem Schoppen Grüneberger" wären erst so weit, daß sie die Verderblichkeit dieser Staatsschuldenwirtschaft in ihrer ganzen Tragweite zu würdigen wüßten. Ich wollte, wir wären erst so weit, daß unsere Kannegießer auf der Bierbank eine Ahnung davon hätten, daß sie selbst die Zinsen der Staatsschulden bezahlen müssen, und daß dieser Staatsschulden halber auch die Provinzial-, die Kommunal- und Privatwirtschaft in der ungesundesten und verderblichsten Weise immer mehr zur Schuldenwirtschaft wird. Ich wollte, unsere biederen Staatsbürger bekämen erst eine Idee davon, daß auf dieser nichtsnutzigen Staatsschuldenwirtschaft eigentlich und hauptsächlich jene „Papierpest" ruht, welche immer mehr auf die überwuchernde Bereicherung weniger auf Kosten aller hinführt.

Sollten Sie es etwa für vorteilhaft erachten, wenn ein Land wie Österreich (nach Kolb) für 1870 ca. 148 Millionen Gulden für Schuldenzinsen, und ca. 100 Millionen Gulden für Militärausgaben, das ist im ganzen nahe die Hälfte seines Einkommens für Schuldenzinsen und Militärausgaben zahlen muß?

Warum, wenn Österreich in so glänzender Position ist, wie Sie angeben, baut man denn die Eisenbahnen nicht aus disponiblen Staatsmitteln, statt sie auf Aktienschwindel mit Obligationsschulden zu bauen, und dabei schon während der „Gründung" den Bankiers das Geld millionenweise in den Hals zu schütten? — Wer sagt den Kannegießern auf der Bierbank wohl, daß Eisenbahnen, welche nur auf Schulden und Dividenden (nebst Tantièmen) gebaut sind, ca. die Hälfte ihres Betriebsaufkommens, welches sonst auf Tarifermäßigungen entfallen und allen zugute kommen müßte, statt dessen fort und fort auf Schuldenzinsen und Dividenden verwenden müssen?

Warum auch gibt Österreich 100 Millionen für Militärkosten aus, wenn es, wie Sie sagen, weder bei Solferino, noch bei Königgrätz auf einen Krieg gerüstet war, noch auch jetzt auf einen solchen gerüstet ist? Wohin kann es führen, wenn die Völker Europas sich auch inmitten des Friedens durch immer steigende Kriegsausgaben beharrlich dem Ruine entgegenführen? Diese Frage gilt allen Kulturstaaten der Welt gemeinsam.

---

[1]) Wir erleben, daß man auch in einer parlamentarischen Republik Feste feiert ohne Rücksicht auf Kriegsinvaliden und einen zu Tode gehetzten Mittelstand usw. zu nehmen.

[2]) Und ist es 1931 etwa anders?

Wir wären glücklich, wenn Österreich sich so leicht, wie Sie angeben, aus seiner traurigen Finanzlage erheben können, aber wir müssen leider sehr daran zweifeln.

Die „Ausführung der Kommunikationen" wäre schon recht gut und mit der Zeit auch reichlich nutzbringend, wenn sie nicht, wie wir schon sagten, lediglich auf Schulden und Dividenden gebaut würden, wobei das Geld immer millionenweise verschleudert und von Großkapitalisten mittels der bekannten privilegierten Begaunerungsmethoden dem gemeinen Nutzen entfremdet und in die privilegierten Geldtaschen geleitet wird.

„Bewirtschaftung des Waldbesitzes" ist auch leichter gesagt wie getan. Es hat in den letzten Jahren verlautet, daß der österreichische Waldbesitz sogar sehr stark „bewirtschaftet" werde. Die genauen Ziffern sind mir aber allerdings nicht zur Hand. Überdies hat wohl den reichern Teil dieses Waldbesitzes Ungarn zu „bewirtschaften". Bei einem Defizit aber, welches pro 1871 offiziell auf $3^1/_2$ Millionen, nach sicherer Privatrechnung dagegen auf ca. 40 Millionen sich beläuft, wird diese „Bewirtschaftung" so außerordentlich weit nicht tragen.

„Regulierung der Grundsteuer", die mag wohl etwas einbringen. Es dürfte dabei aber nicht zu übersehen sein, daß bei der bisherigen relativ geringen Entwicklung der Kommunikationen in Österreich hauptsächlich der Landbesitz sich benachteiligt findet und in großem Maßstabe schon seit lange tief verschuldet ist. Auch die verderblichen Folgen des Banknoten- und Aktienschwindels fallen ersten Ortes mit auf die Landwirtschaft.

Was hat Spanien und Italien und früher in Frankreich z. B. der Verkauf der so hoch taxierten Kirchengüter und der Güter toter Hand geholfen? — Heute reduziert Spanien die Zahlung seiner Schuldenzinsen, wie Österreich dies auch schon getan, mittels angeblicher „Besteuerung", und zu demselben Schritte wird Italien im größeren Umfange auch greifen. Und dabei sind Spanien und Italien wohl nicht minder reich als Österreich.

Was Sie in Ihrem letzten Briefe sagen, wird in Österreich schon länger gesagt von denjenigen, welche Staatsschulden, Bank- und Aktienschwindel für gemeinnützig erachten oder ausgeben, dabei wächst aber die Schuld konstant und die Zinszahlung wurde wiederholt reduziert, und es ist sehr wahrscheinlich, daß das, was früher passiert ist, auch wieder passieren wird.

Wir würden uns freuen, wenn unsere Epistel irgend etwas dazu beitragen könnte, daß es besser würde, und daß auch bei uns in Preußen und Deutschland Überschüsse an die Stelle der Schulden, und Wirtschaft auf Überschuß an die Stelle der Wirtschaft auf Borg träte. Und wenn Sie Österreich glücklich zu schätzen scheinen, weil seine Papiere einen z. Z. noch vom deutschen Kapital begehrten „Exportartikel" bilden[1]), so schätze ich meinerseits denjenigen Staat

---

[1]) Die „Tribüne" warnt jetzt vor österreichischen Papieren. Es wird in Österreich jetzt so viel zur Emission für Deutschland vorbereitet, daß ein Kursdruck auf die älteren österreichischen Effekten unvermeidlich werden muß. Alles spekuliert dort auf Deutschland und auf die günstigen Geldverhältnisse unseres Staates. Von Holland, dessen

glücklich, unter dessen Exportartikeln „Papiere" nicht mitzählen, und wünsche vom Herzen, daß es unserm Nachbar- und Bruderlande Österreich gelingen möge, ein solches Land (ohne Papierexport) zu werden.

Rostock, im November 1871.

21. Glück und Rettung der Staaten durch Papier.

Vierte Epistel an Herrn A. N. in Wien.

Von F. Perrot.

Meinen dritten Brief hatte ich geschrieben, ehe ich Ihren 4. gelesen hatte. Wir müssen also zusehen, wie wir uns mit dem einmal zitierten „Geist Goethes" vorläufig zurechtfinden.

Mein Cousin, der in München verstorbene Hofrat Thiersch, tat den bekannten Ausspruch: „Dies Jahrhundert ist ein papierenes Jahrhundert." — Wie wahr hat er gesprochen? — Unsere Eisenbahnen bauen wir — mit Papier; unsere Staatswirtschaft führen wir — mit Papier; den „Reichtum der Nationen" besorgen wir (nach Adam Smith) — mit Papier; Handel, Wandel und Industrie heben wir — mit Papier; wir führen Kriege und machen Revolutionen — mit Papier (und etwas Petroleum); wir „versuchen allerlei Reformen" — durch Papier; wir heilen die Wunden der schlimmsten Staatsschuldenwirtschaft, der schwersten Kriege, der erschütterndsten Staatsumwälzungen, der fatalsten Handelskrisen — mit Papier, — alles, alles dieses — mit Papier; o glückliches Jahrhundert — mit Papier!

Und all all dieses Papier, welches uns wie mit Dampfkraft bereichert und glücklich macht — all dieses Papier ist noch dazu nur aus Lumpen fabriziert!

O, großer Goethe, du hast so viel Papier verschrieben, und hattest keine Ahnung davon, daß du dich und die Welt und das kleine Weimar hättest viel glücklicher machen können, wenn du aus diesem Papier hättest Noten drucken lassen — nämlich Banknoten, großer Goethe. Wenn du heute wieder auf dieser Welt erschienst, so würdest du sicher, entweder Bankier oder Papierfabrikant werden. Wir werden heute reich durch Papier, großer Goethe, und auch glücklich, durch Papier, o Goethe. Nur arme und dumme Teufel geben sich heute noch die undankbare Mühe, auf dies Papier etwas zu schreiben. Wer da weiß, „wie's gemacht wird", läßt aus diesem Papier Noten drucken, nämlich Banknoten, großer Goethe, und macht sich und andere damit glücklich.

Märkte früher den größten Absatz für österreichische Papiere hatten, wird Österreich nach und nach aufgegeben. In Holland selbst wird die Staatsschuld amortisiert und das dadurch flüssig werdende Kapital nicht mehr wie sonst in österreichischen, sondern in französischen Papieren mit Vorliebe angelegt. Die französischen Werte stehen alle niedrig, und der Glaube an Frankreichs finanzielle Wiedererstarkung ist in den Nachbarländern fast unerschütterlich. Man rechnet daher dort auf eine künftige bedeutende Kurssteigerung der französischen Papiere, und wenn man sich darin auch vielleicht verrechnen sollte, vorläufig ist doch die Wirkung vorhanden, daß man diese Papiere den österreichischen vorzieht. So bleibt Deutschland für die österreichischen Emissionen der Hauptmarkt und der deutsche Kapitalist hat, wenn er den österreichischen Sachen nicht aus dem Wege geht, alle Erschütterungen, die dem Donaureiche in politischen oder finanziellen Krisen drohen, für sein Teil zu fürchten. —

(Ich entnehme vorstehendes der „Deutschen Landwirtschaftlichen Zeitung". — Perrot.

Und was das Beste ist, o Goethe, es wird jetzt jedem Menschen das Recht gegeben werden, sich und andere glücklich zu machen — mit Papier. Ich werde mich dann auch auf dies Beglückungsgeschäft verlegen; ich werde mir eine Million Taler auf Aktien verschaffen und werde dann möglichst viel Papier ausgeben. Nämlich, das mußt du wissen, o großer Goethe, es ist mit diesem Papier doch nichts, wenn man nicht auch recht viel Bar hat, es müßte denn sein, daß man einen ganz famosen Aktienschwindel auf die Beine bringen kann; und selbst der Schwindel läßt sich jetzt um so besser und schwunghafter betreiben, je mehr man schon hat. Ich werde aber zusehen, o großer Goethe, daß ich einen recht großen Aktienschwindel ersinne; da bekomme ich für meine feine Erfindung eine Anzahl „Gründungsaktien" und wenn die recht hoch stehen, verkaufe ich sie. Nachher geht dann der Schwindel Pleite, o Goethe, und ich habe das Geld in der Tasche und wenn es alle ist, fange ich wieder einen neuen Schwindel an. Siehst du, großer Goethe, das ist viel besser, als mit vieler Mühe, wie du getan hast, allerlei schöne Sachen auf das Papier zu schreiben. — Die Bankiers sind imstande und lachen einen noch dafür aus, daß man sich solche Mühe gibt. Ich bin auch selbst niemals eigentlich ein Freund vom vielen Schreiben gewesen — eher das Gegenteil — aber ich war nur bis jetzt der Meinung, man könnte doch allerlei Gutes damit ausrichten, wie du ohne Zweifel auch geglaubt hast, o Goethe. Aber jetzt sehe ich ein, daß man das Papier anders viel besser verwenden kann, sobald die neue Notenfreiheit meines Freundes A. N. in Wien perfekt ist, gründe ich eine Notenbank, o Goethe, und verdiene Geld, ohne zu arbeiten, bloß durch Schwindel und lebe ganz von den Schulden anderer Leute und werde reich wie per Dampf, und lasse das Papier für mich arbeiten: — ich werde den Kuckuck tun und mich länger mit Arbeit placken!

Verzeihen Sie mir, verehrter Freund und Gegner, diese etwas längere Apostrophe an den Geist eines großen Toten, — Sie kämpfen, wie Sie sagen, de lana caprina, für die Banknoten. Jede reine und aufrichtigste Begeisterung ist mir immer eine wohltuende Erscheinung. Ich selbst bin nichts weniger als ein „Gelehrter" in den Dingen, über welche wir uns unterhalten und es ist vielleicht nur eine Geschmacksabsonderlichkeit von mir, mit meinem beschränkten Untertanenverstande einmal ergründen zu wollen, an was für Ziffern und Tatsachen unsere Staats- und Volkswirtschaft hängt. Ein altes Wort sagt: „Geld regiert die Welt" und die Regierungs- und Wirtschaftsfragen reduzieren sich denn auch in gewissem Sinne alle auf Geldfragen. So plagte mich einmal die Neugierde zu wissen, was der Staat mit unserem Gelde macht, und nicht minder interessant war es mir zu wissen, was die Zettelbanken mit unserem Gelde machen. Ich nahm mir die Mühe, mir Kenntnis der betreffenden Tatsachen und Zahlen zu verschaffen, sah zu, was andere über diese Tatsachen und Ziffern gedacht und gesagt hatten, und suchte mich dann selbst so weit durch diese mir wichtig scheinenden Angelegenheiten durchzudenken, bis ich glaubte auf des „Pudels Kern" gekommen zu sein — mit Goethe zu reden. Das ist meine ganze Gelehrsamkeit.

Nun bitte ich, mir noch einige Erwiderungen auf Ihren vierten Brief zu gestatten.

Daß derjenige, welcher von 3 Millionen emittierten Noten nur $^1/_3$ in bar gedeckt hat, die Zinsen von **drei** Millionen, statt von **einer** Million genießt, haben Sie, wie ich sehe, nicht bestritten.

Daß eine Bank nicht **beliebig** viel Noten ausgeben kann, weiß ich ganz gut, das ändert aber nichts an vorstehender Tatsache, dabei wird ja das Verhältnis der Dritteldeckung als ein ganz regelmäßiges erachtet.

Was das **Risiko** der Bank bei Ausgabe ihrer Noten betrifft, so haben wir diesen Punkt schon erörtert; es kann aber nicht schaden, ihn nochmals zu beleuchten.

Man braucht sich dabei nur klar zu machen, wie die Noten unter das Publikum kommen.

Die Bank gibt doch die Noten an Geldes Statt an das Publikum.

Mit dem Gelde kann man aber überhaupt nur zweierlei machen vom geschäftlichen Gesichtspunkt aus: — man kann es entweder verleihen, oder man kann etwas dafür kaufen.

Wenn wir nun bei unseren **drei Millionen** Noten mit $^1/_3$ Bardeckung bleiben, so kann also die Bank ihre Noten nur an Geldes Statt verleihen, oder etwas dafür kaufen. — Und zwar wird sie, wenn 2 Millionen Noten überdies durch „Papierhinterlage" gedeckt sein sollen, eben für 2 Millionen ihrer Noten zinstragende Papiere kaufen. — Welches Risiko hat da die Bank bezüglich dieser Noten, wofern die sog. „Papierdeckung" nicht eitel Spiegelfechterei ist? Sind die Papiere gut und ist der Geldschrank der Bank sicher, so sehe ich mich ganz vergebens nach einem Risiko der Bank für diese 2 Millionen Taler um. — Das Risiko ist hier doch nur auf seiten des Publikums, welches die bezüglichen Noten in Händen hat und Geschäfte damit macht. — Das „Geschäft", das „Risiko" und die Arbeit der Bank besteht für **diese** 2 Milionen Noten doch nur im Couponabschneiden.

Was die dritte Million Noten betrifft, so repräsentiert dieselbe ja immer als Deckung hinterlegtes eigenes Vermögen der Bank und das Risiko, welches die Bank für diese dritte Million läuft, ist bei klugem Verhalten der Bankleitung in gewöhnlichen Zeiten kein anderes, als höchstens das jedes anderen Geschäftsmannes.

Es bleibt also nach wie vor richtig und unanfechtbar, daß die Ausgabe nicht in bar gedeckter Noten einfach gleichbedeutend ist mit der Fabrikation von einem gleichen Betrage Geldes für die eigene Tasche, und daß diesem bene keinerlei entsprechende Leistung, kein entsprechendes Risiko entgegensteht.

Dagegen kann sehr wohl aus dem übrigen Geschäftsgebaren der Bank ein doppeltes Risiko entstehen. Wenn die Bank faule Geschäfte macht mit dem ihr geborgten und mit dem eigenen Gelde, so kann sie Verbindlichkeiten eingehen, welche über ihre Kräfte hinaus sind, und sie läuft dann die eine Seite des Risikos, nämlich das Risiko jedes Geschäftsmannes, der mehr auf Borg als auf Kasse wirtschaftet oder wirtschaften muß — das Risiko, Pleite zu machen. Dieses Risiko der Bank hat dann seine zweite Seite für die Noteninhaber. — Diese laufen ein doppeltes Risiko. Sie machen erstens Geschäfte mit den Noten, als mit Geld — erstes Risiko! — Zweitens können die Noten völlig wertloses Papier werden, wenn es mit der Bankdeckung nicht in mehr als wunderbarer Ordnung ist — zweites Risiko.

Die Bank hat also — wie schon gesagt — kein anderes Risiko, als das jedes Geschäftsmannes für den Betrag ihres eigenen baren Vermögens. Die Zinsen der nicht in bar gedeckten Noten sind ihr **pur geschenkt.**

Diese Deduktion erscheint mir so sicher auf die einfachsten Gesetze der Mathematik, Logik und Wirtschaftslehre basiert, daß ich sie in der Tat für unanfechtbar halte.

Was nun die „Normativbestimmungen" betrifft, so bin ich gegen alle und jede Normativbestimmungen für Bankgeschäfte. Was geht den Staat das Bankgeschäft an? Das Bankgeschäft ist ein Geschäft wie jedes andere: der Staat hat sich da nicht hineinzumischen. Und wozu gar der „öffentliche Geschäftsausweis" der Banken? Da müßte man mit ganz demselben Rechte allen und jeden Geschäftsmann zwingen, einen „öffentlichen Geschäftsnachweis" zu publizieren, denn man kann ja bei jedem Geschäftsmanne ganz ebenso wie bei einer Bank zu Schaden kommen. Hat der Staat etwa das Recht oder die Pflicht, das Publikum vor Schaden zu garantieren bei den Geschäften, die es macht, oder weshalb soll der Staat eine Pflicht haben, dies bei Bankgeschäften mehr zu tun, wie bei irgend anderen Geschäften?

Nein, für Bankfreiheit bin ich immer gewesen, und zwar für **ganze** und **volle** Bankfreiheit. — Ist die Notenausgabe ein einfaches Bankgeschäft, nun denn, wozu einen Galgen neben dies Geschäft stellen? — Jede Normativbestimmung könnte nur die Wirkung haben, den Staat für die Geschäfte der Bank und insbesondere für die Noten mitverantwortlich zu machen. Denn wozu nützt Ihnen ein „öffentlicher Geschäftsausweis", wenn er nicht von Staats-, resp. Polizeiwegen kontrolliert wird, und daß solcherlei Kontrolle von Bankgeschäften immer und unter allen Umständen ein Unding ist, das ist Ihnen, mein verehrter Herr, vermutlich völlig bekannt.

Zum Schlusse finde ich zwischen Ihnen und mir eine höchst merkwürdige Übereinstimmung der Ansichten. Sie sind gegen Bardeckung überhaupt, ich eigentlich auch. Ich möchte nicht, daß dem Verkehre das Metall entzogen wird. Ich möchte daher Staatspapiergeld ohne Metallhinterlage.

Der Unterschied zwischen Ihnen und mir besteht hier aber wieder darin, daß Sie Banknoten ohne Metalldeckung wollen, ich dagegen, wie gedacht, Staatspapiergeld ohne Deckung. Bei meinem Vorschlage kommt der aus der Kreierung von Papiergeld fließende Vorteil, nämlich die Übertragung von Werten aus dem Besitz der Gesamtheit an den Staat, wie jede andere Steuer, auch der Gesamtheit in anderer Form wieder zugute. Bei Ihrem Vorschlage dagegen fließt der Ertrag dieser Steuer, wie ich wiederholt nachgewiesen und wie an sich eigentlich sehr klar ist, in die Taschen der „gemeinnützigen Bankiers".

Ich gestatte mir daher die Methode der ungedeckten Banknoten für verderblich, dagegen die des ungedeckten Staatspapiergeldes für richtig zu halten.

Bis jetzt bin ich allerdings der Ansicht, daß die mechanische Bequemlichkeit des Verkehres eine gewisse Menge Papiergeldes verlange, während Herr Augspurg erst alles Papiergeld überhaupt beseitigt wissen wollte, jedoch, wie ich aus brieflicher Verständigung mit ihm jetzt entnehme, diesen Punkt ebenso wie ich offen zu lassen geneigt ist, bis die Erfahrung hierüber hinlänglich festgelegt ist.

Und so „predige" ich stets von neuem:

„Abschaffung der Banknoten und möglichste Verminderung alles Papiergeldes."

Rostock, 14. November 1871.

22. Schlußepistel an Herrn Perrot in Rostock.

Die Kontroverse, welche sich zwischen uns entspann, muß zu einem Abschluß gelangen, soll sie nicht zu einer ewigen theologischen Disputation sich ausspinnen, ohne jedwede Aussicht, daß einer den andern überzeugen werde. Auch in der Volkswirtschaft gibt es Glaubenssätze, Überlieferungen, Vorurteile, Ammenmärchen, Gespensterfurcht, Hexenprozesse u. dgl. m., von denen man sich sehr schwer losmachen kann, und es vergehen oft Jahrzehnte und Jahrhunderte, ja Jahrtausende, ehe man der einfachen Regel des Güterverkehrs ihr Recht widerfahren läßt. Der sog. Wucher spielt in der Bibel und in der Geschichte aller Zeiten eine Rolle, und große Kreise von Staatsmännern und Gelehrten können sich noch heutzutage nicht von dem Banne des Geld- oder Getreidewuchers loslösen. Daß Geld Ware ist, wird noch immer nicht vollständig begriffen. Daß der Kredit in allen zivilisierten Staaten einen größeren wirtschaftlichen Motor und Wert darstellt als alles Gold und Silber und Edelgestein der Welt, wird noch immer als eine Phantasie verurteilt. Daß ein Kreditpapier, ein Zettelstreifen, eine Unterschrift den Ertrag von Bergwerken als Tauschmittel ersetzt, ist noch immer der Grund zu tiefen Besorgnissen und schweren Anklagen.

Jahre auf Jahre werden noch verrinnen, und Bibliotheken werden sich anfüllen, ehe die Theorie dem praktischen Gebaren und Erfordernis nachhinkt, und unsere beiderseitigen Briefe beschleunigen die Erkenntnis gewiß um keine Sekunde. Resumieren wir daher nur kurz, was sich aus dieser Polemik ergibt.

Sie bleiben dabei, geehrter Herr, daß Österreich bankerott war und ist, und bankerottieren wird. Das immerwährende Staatsdefizit und Kolbs statistisches Evangelium verweisen Ihr Urteil auf diesen Weg.

Sonderbar! Dasselbe österreichische Blatt, welches diese Enunziation ohne jede Bemerkung veröffentlichte, nämlich der „Fortschritt" Nr. 47 vom 19. November 1871, druckt S. 378 folgende Worte: „Die wirtschaftliche Lage des Reiches (Österreich) ist weit günstiger, als man das bei den Wirrsalen unserer innern Politik glauben sollte." — Ferner: „Infolgedessen dürfte sich das Defizit auf ein Minimum reduzieren." Dann wird auf das Weichen des Valutenagios hingedeutet, „erklärlich, weil die Menge des zirkulierenden Papiergeldes für den legitimen Bedarf kaum hinreicht," ipsissima verba der Redaktion. „Der Wohlstand der Landbevölkerung ist gehoben." Die

Montanwerke können nicht so viel fördern, als der Konsum verlangt." „Die Fabriken sind in voller Tätigkeit, und in den meisten Kleingewerben geht der Betrieb schwunghaft." „Unbeschäftigte Arbeiter dürften kaum zu finden sein." „Steigerung der Ein- und Ausfuhr." „Die Eisenbahnen sind nicht imstande die Waren schnell zu befördern."

All dies entsteht nebenan bei Ihren Briefen, geehrter Herr, in denen Sie den Bankerott Österreichs aus voller Überzeugung, geschöpft aus Kolbs Statistik, und mit unbeugsamer Gewißheit prognostizieren. Nun bleibt nichts hinzuzufügen. Das ist graue Theorie neben grüner Praxis.

Wir haben aber auch ehrlich und gewissenhaft Preußen und Deutschland ermahnt, auf daß man Österreich keinen Kredit gewähren soll; allein es scheint nichts gefruchtet zu haben. Nach wie vor strömt das blanke klingende Kapital herein über die schwarzgelben Pfähle, und kauft sich nichtsnutzige Papiere. Ich beschwöre Sie und Ihre Gesinnungsgenossen, alles Erdenkliche aufzubieten, um das leichtsinnige Kapital vor den drohenden Verlusten bei diesen Transaktionen zu behüten; vielleicht lassen Sie eine Gratisauflage von Kolbs Statistik in einer Million Exemplaren veranstalten, und verteilen es zur Belehrung und Warnung an die verblendeten Käufer österreichischer Papiere. Benützen Sie die Tribünen und auch die Kanzeln, — — und geben Sie nach Jahr und Tag freundlich Auskunft, ob nicht der zinseneinstreichende Kapitalist sich über das ganze Gefasel lustig macht.

Sie legen das bei Ihnen zulande sehr seltene Geständnis ab, daß die Leutchen nicht einmal Verständnis für die eigenen wirtschaftlichen Angelegenheiten haben; und Sie dürfen es nicht übelnehmen, wenn ich, aus langjähriger Erfahrung und mancherlei Studium, zu der Ansicht gelangte, daß Österreichs wirtschaftliche Angelegenheiten bei Ihnen zulande, „im Reich", eine ziemliche terra incognita sind; daß Ihre Presse über Österreichs Finanzen zumeist nur nach politischer Farbe, nicht nach der Sachlage urteilt, — und daß ich kaum einen Schriftgelehrten, sage nicht einen — traurig aber wahr, — zu zitieren imstande bin, der diesem großen Wirtschaftskomplexe in seiner Entwicklung und in seinem Bestande eine fachgemäße Würdigung zuteil werden ließ.

Nur hierdurch ist es erklärlich, daß nach dem Einfalle des großen Fritz in Schlesien, nach den Napoleonischen Kriegen, nach dem Metternichschen Abschließungssystem, nach dem Italienischen Kriege und nach dem bundes- und bruderfreundlichen Begegnen 1866 dieses Österreich alle Nationalökonomen durch neuen Aufschwung überraschte, und daß man heute trotz des überall ausgetuteten Bankerotts wieder diesem Österreich Kredit schenkt. Man alliiert sich sogar mit diesem bankerottierenden Österreich, und Berlin gibt das Signal im Vereine mit österreichischen Finanziers allerhand Wirtschaftliches — zu gründen!

Jedoch verlassen wir dieses Thema. Übergehen wir zum — Papier. Ich mache Ihnen, geehrter Herr, folgendes Zugeständnis. Österreichs Geld ist nur — Papier. Wir bauen unsere Häuser — aus Papier, wir errichten Eisenbahnen — aus Papier, wir konstruieren Fabriken — aus Papier;

wir stellen Dampfmaschinen auf — aus Papier; wir erzeugen Tuch, Glas Linnen, Leder, Holz, Eisen usw. — aus Papier. Seit mehr als 20 Jahren ist unser einziges Werkzeug für alle Produktion, für allen Güterverkehr, für den ganzen Handel — Papier.

Sollen wir etwa die Häuser nicht beziehen? oder die Eisenbahnwaggons und Dampfboote nicht betreten? oder das Tuch-, Leinen- und Lederzeug nicht anlegen? oder den Zucker und Sprit, das Brot und Fleisch nicht genießen — weil sie mittels Papier hergestellt wurden? Sollte diese alle Theorien und Vorhersagungen über den Haufen werfende Tatsache, sichtbar, greifbar, schätzbar, genußbar, nicht vielmehr dazu auffordern über das Papier als Geld, als Tauschmittel neue Erhebungen zu pflegen und neue Studien zu machen? sollte es nicht aufschimmern, daß die Zeiten des Umlaufs bloß von Bargeld längst verschwunden sind, und daß neben Dampf und Elektrizität nicht mehr die Zirkulation von Metallmünze genügen kann? sollten die Jünger der Wissenschaft noch keine Ahnung davon haben, daß das Antlitz des Landesfürsten auf einem runden Metallstück nicht mehr Kredit und Wert besitzt, als die Unterschrift einer Bank auf einem schmalen Streifen Papier?

Liest man die Schriften und Artikel, welche gegenwärtig über Banken und Noten in Deutschland zutage gefördert werden, so gelangt man freilich größtenteils zu der Ansicht, daß hohle Schlagworte noch immer gebraucht werden und Anklang finden, und nebenbei die Denunziation, als wäre alle Gegnerschaft bloß Eigeninteresse, con amore gehandhabt wird. Die Banknoten sind Schwindelinstitute, die Banknoten sind Räubereien.

Tagtäglich aber werden neue Banken gegründet, und aller Orten werden Noten begehrt, und alle restringierenden Institute werden vom geschäftlichen Publikum überlaufen.

Schon haben Sie selbst, geehrter Herr, wie mir scheint, die volle Bardeckung der Noten als ein Absurdum über Bord geworfen; die Dritteldeckung wird als ausgestopfter Werwolf betrachtet; — und Sie sind — — beim ungedeckten Staatspapiergeld angelangt! Prosit.

Erlauben Sie mir ein kleines Zitat. Sie wissen, daß die Magyaren eine Enquete über die Bankfrage veranlaßten, bei welcher sehr viel ungereimtes Zeug zu Ohren kam. Einer der politischen Wortführer in Pest veröffentlichte soeben ein Elaborat, das in Schönbergers Pester Börsenbericht deutsch publiziert wurde. Darin heißt es: „Wir sind nach den Erfahrungen und der Bankgeschichte Österreichs die entschiedensten Feinde einer Verquickung des Bankwesens mit irgendeiner Operation der Staatsfinanzen."

Lassen Sie Umfrage halten in Österreich, und wenn ein Tausendstel der stimmberechtigten Bevölkerung für Einführung von Staatspapiergeld votiert, — dann diktieren Sie mir welche Pön Ihnen beliebt.

Sie sind mit sich selbst im Widerspruch, geehrter Herr, so wie die meisten Ihrer Anschauungsgenossen über die Banknoten, indem Sie volle und ganze Bankfreiheit wollen — und daneben Staatspapiergeld, und noch dazu ungedecktes Staatspapiergeld! Sie fühlen es sehr wohl, daß die Herrschaft des Metallgeldes nicht zu erhalten ist, aber nun wollen Sie den Staat Papier ausmünzen lassen. Sie erklären selbst das Bankgeschäft als ein Geschäft wie jedes andere, in das sich der Staat nicht hineinzumischen hat, aber Sie machen den Staat zum allgemeinen Bankier ex offo mit ungedecktem Papiergeld!

Nach meiner unmaßgeblichen Auffassung würde die Existenz solchen ungedeckten Staatspapiergeldes bei der ersten Handelskrisis zum allgemeinen Bankerott führen. — Hoffentlich bleiben Preußen und Deutschland von diesem Experiment verschont, und es ist überflüssig ein Wort darüber zu verlieren.

„Abschaffung der Banknoten" — ist Ihre Parole, zu welcher ich mich nicht bekenne, und zwar im Interesse des gesamten wirtschaftlichen Lebens und Wirkens unserer Tage. Im Gegenteil. Die Banknoten beginnen erst ihre Arbeit und Tätigkeit, nachdem bisher die Staatspolizei, in vorurteilsvoller Vorsorge, Art und Weise ihrer Ausgabe und Verwendung bevormundete, verkümmerte und zur Brache durch die Metalldeckung verurteilte. Die Anweisung und der Scheck sind nur ein Surrogat der Banknoten, so wie das Girokonto ein Ersatz derselben.

Das ist eine gewaltige Differenz zwischen Ihrer und meiner Anschauung von der Banknote und dem Staatspapiergeld, — von Metalldeckung, bankmäßiger Deckung und Nichtdeckung, — von Risiko und Geschäft, von Normativbestimmung für eine Bank und Polizei, von Zinsgewinn und Volksbesteuerung u. dgl. m.

Das sind prinzipielle Differenzen, die sich nicht in einigen Episteln zum Abschluß bringen lassen: Nur so viel oder so wenig mögen Sie, geehrter Herr, einräumen, daß bei dieser Diskussion über Banknoten — die praktische Geschäftswelt Europas, Amerikas, Asiens und Australiens nicht auf Ihrer Seite steht; — nur in den weniger oder wenigst kultivierten Staaten, in rechtsunsichern Gebieten zirkuliert das Metallgeld. Wo Staatspapiergeld, und obenein ungedecktes, ausgegeben wird — — ist leicht zu finden. — Sie werden kaum mit Ihrem Ausspruch: „Abschaffung der Banknoten und möglichste Verminderung alles Papiergeldes" — Proselyten machen. In Österreich gewiß nicht. Aber freilich — wir gehen dem Bankerott entgegen. Merkur stehe uns bei.

Wien, Dezember 1871. A. N.

23. Bankfrage, Sozialismus und Liberalismus.

Von F. Perrot.

Die Sozialisten[1]) behaupten einen Zwiespalt zwischen Kapital und Arbeit und stützen sich dabei auf Tatsachen, aus welchen sie ein Überwuchern, ein Allmächtigwerden des Großkapitals folgern. Das Großkapital, glauben die Sozialisten, habe die Tendenz, alle minder kapitalmächtigen Staatsbürger, und zwar am meisten die ärmsten derselben, die Arbeiterklassen,

---

[1]) Nach heutigen Begriffen „Marxisten".

auszubeuten. Das Großkapital bereichere sich ohne Arbeit und verkümmere dem Arbeiter den Preis seiner Mühe.

Die moderne Volkswirtschaft leugnet rundweg solchen Zwiespalt zwischen Kapital und Arbeit und bestreitet die Deutung der Tatsachen, welche in den Augen der Sozialisten einen solchen Zwiespalt beweisen.

Wo liegt nun die Wahrheit?

Alle Beweisgründe unserer Volkswirtschaftler sind doch nicht imstande gewesen, die sog. soziale Frage weg zu demonstrieren und wenn dieselbe nicht in einem „Zwiespalt zwischen Kapital und Arbeit" zu suchen ist, wo soll man die Wurzel des trotz alledem und alledem bestehenden Übels sonst suchen? Und daß es notwendig ist, mit jedem Tage notwendiger wird, der Grundursache des Übels auf die Spur zu kommen, wenn die gesamte moderne Kultur nicht wirkliche Gefahr laufen soll, das wird nun doch nachgerade auch den Gleichgültigeren immer klarer.

Sagen wir es zunächst rund heraus: — ja, es besteht ein Zwiespalt zwischen Kapital und Arbeit und dieser Zwiespalt ist bereits zu einer mächtig gähnenden Kluft geworden.

Alles Leugnen dieser Tatsache durch die moderne Volkswirtschafterei ist nur doktrinäres Phrasengedresche, welches gestempelte „volkswirtschaftliche" Schlagworte an die Stelle selbständig eindringender Untersuchung setzt. Aber — der gar nicht zu bestreitende Zwiespalt zwischen Kapital und Arbeit unserer Zeit ist kein natürlicher, er ist ein künstlich geschaffener, und zwar durch unglaublich unwirtschaftliche moderne Staatseinrichtungen geschaffener.

Wir besitzen eine Reihe von Staatseinrichtungen, welche systematisch darauf hinarbeiten, das mobile Großkapital in unnatürlicher Weise zu bevorzugen, in unwirtschaftlicher Weise zu kumulieren, in staatsgefährlicher Weise zu privilegieren und ihm eine Stellung und Tendenz im Staate zu verleihen, welche den Sozialismus, als eine Art von Notwehr, ganz selbstredend hervorruft.

Ganz wesentliche Mitschuld an diesen Staatseinrichtungen hat die zur Mode gewordene gedankenlose Nachbeterei der Lehren des Adam Smith, mit deren großen Wahrheiten die moderne Volkswirtschaft bis jetzt die großen Irrtümer derselben ohne Kritik mit in den Kauf genommen hat.

Und der moderne Liberalismus, welcher Anspruch darauf erhebt, in wirtschaftlichen Dingen hochunterrichtet zu sein und die Fackel der „Aufklärung" der Masse unseres Volkes voranzutragen, — dieser erhabene Liberalismus gerät in eine ganz eigentümliche Beleuchtung, wenn man sein Verhalten den neueren wirtschaftlichen Erscheinungen und Problemen gegenüber schärfer ins Auge faßt.

Wenn wir die Staatseinrichtungen nennen sollen, von welchen wir glauben, daß sie einen, an sich nicht vorhandenen, künstlichen Zwiespalt zwischen Kapital und Arbeit schaffen, so sind es folgende.

Zuerst die Staatsschulden. — In absolut regierten Staaten waren und sind diese Staatsschulden immer ein großes, mit Recht ernstlich getadeltes Übel. In den konstitutionellen Staaten sind sie eine reguläre Staatseinrichtung geworden! Ich mache hieraus dem Liberalismus einen besonderen Vorwurf, weil er sich so viel mit seinem Budgetrecht weiß.

Es folgt sodann das verrottete Steuerwesen, welches das Großkapital durchaus begünstigt und die verschiedenen Staatsbewohnerklassen sehr ungleich belastet bis zu schreiender Ungerechtigkeit und zu staatsverderblichen Folgen. — Wären die Staatsschulden und ihre Ursachen nicht, so hätte man dies Steuerwesen längst geändert.

Es sind demnächst die sowohl in ihrer Einrichtung — wie schon der alte Hansemann sagte — wie auch in ihren dauernden Konsequenzen unmoralischen und demoralisierenden Aktiengesellschaften. — Daß dieser Kelch nicht von uns abgewendet worden, hat das liberalisierende Phrasentum der modernen Volkswirtschaft auf dem Gewissen. Die mit dem frühern Konzessionswesen unzweifelhaft verknüpften Mißlichkeiten, waren in Wirklichkeit tausendmal der gegenwärtig durch „Normativbedingungen" legalisierten und autorisierten Begaunerungsfreiheit vorzuziehen, deren ungeheuer nachteilige Einwirkung, wenn man die Erfahrung anderer Länder befragen will, keineswegs eine vorübergehende, sondern in der Wesenheit der Aktiengesellschaften selbst begründete, dauernde und immer nur zunehmende ist. **Die Aktiengesellschaften sind legalisierte Einrichtungen zur Ausbeutung aller durch einige wenige.**

Und dann — last not least — haben wir eine Staatseinrichtung der in Rede stehenden Art in den bestehenden Notenbanken.

Wir haben den Notenbanken wiederholte Besprechung gewidmet. Wir hatten gezeigt, wie neuerdings zwei hervorragende nationalliberale Reichstagsmitglieder, die Herren v. Unruh und Augspurg, sich in bemerkenswerten Arbeiten zu jener Auffassung der Bankfrage bekannten, welche wir seit länger in der Presse vertreten und in das öffentliche Bewußtsein überzuführen bemüht sind.

Wir finden heute Veranlassung, die nicht oft und nachdrücklich genug zu behandelnde Zettelbankangelegenheit von neuem aufs Tapet zu bringen. Herr Aug. Eggers, Kaufmann in Bremen, weiteren Kreisen durch seine Bemühungen um die Münzfrage bekannt, kommt im zweiten Hefte seiner „Volkswirtschaftlichen Abhandlungen" in einer besonderen Arbeit auch auf „die nicht — metallgedeckte Banknote", und bemerkt über dieselbe u. a. folgendes:

„Adam Smith stellt in seinem Wealth of Nations Buch II. Kap. VI. folgendes Beispiel auf: Die umlaufende und für den Verkehr genügende Metallgeldmenge eines Landes beträgt eine Million Pfund Sterling. Einige Zeit nachher geben verschiedene Banken und Bankiers eine Million Pfund Noten aus, zu deren Deckung sie 200000 Pfund Sterling Metallgeld behalten. Die Zirkulation des Landes bleibt unverändert und die umlaufende Million

Pfund Banknoten haben dieselbe Kaufkraft, wie die vorher umlaufende Million Pfund Metallgeld. Es werden 800000 Pfund Sterling Metallgeld frei und können ins Ausland gehen als zinsfreies, dem Lande nutzbringendes Kapital."

So besorgt der große Adam Smith den Reichtum der Nationen! Und das hat bisher als „Volkswirtschaft" gegolten!

Hat dies Rezept des großen Adam Smith nicht verzweifelte Ähnlichkeit mit jenem andern berühmten, wonach man Gold auf chemischem Wege darstellt, indem man Tausendgüldenkraut mit Sauerstoff behandelt: der Sauerstoff verbindet sich mit dem Kraut zu Sauerkraut und — „die tausend Gülden werden frei" (und können ins Ausland gehen als zinsfreies, dem Lande nutzbringendes Kapital?).

Herr Aug. Eggers, der Bremer Kaufmann, ist entrüstet über die „Nationalökonomie" des Adam Smith und bricht über seinen zitierten Vorschlag in den Ausruf aus:

„Ein solches Verfahren ist Freibeuterei!"

Sollte dem großen Adam Smith denn nicht der Gedanke gekommen sein, daß der nächste Nachbar des so bequem „bereicherten" Landes die Schlauheit haben möchte, es genau ebenso zu machen, und sich auf die ganz gleiche Manier zu „bereichern?" Das Resultat ist alsdann einfach, daß beide Länder außer dem ursprünglichen Metallgeld noch je eine Million Papiergeld bekommen; und ob sie sich gegenseitig für die „freigewordenen" 800000 Pfund Sterling abgekauft haben, wird äußerst fraglich sein, ist sogar positiv zu verneinen.

Die in jedem der beiden Länder vorhandene Geldsumme hat sich also verdoppelt und erhält dadurch eine auf lange hinaus verringerte Kaufkraft. „Es ist auch nicht das Land — fährt Herr Eggers fort —, welches sich durch diese zuerst an andern geübte und dann auf es selbst zurückfallende Freibeuterei bereichert, sondern es sind zunächst die Bankherren, welche ohne Arbeit einen Gewinn erzielen."

Das Rezept, die Nationen zu bereichern, indem man bunte Papierchen druckt und einzelnen Glücklichen das Privilegium erteilt, diese Papierchen als eigenes „Geld" zu verwenden — dieses famose Rezept stammt, wie man sieht, wirklich von dem berühmten Adam Smith und ist bis auf den heutigen Tag das Alpha und Omega der „liberalen" Nationalökonomie.

Für die Notenbankhalter und Konsorten ist dies Rezept allerdings so bequem und wirksam, wie kaum ein „Dukatenmännchen" oder ein „Eselein-streck-dich" sein kann. Daß aber durch die privilegierten bunten Papierchen, Banknoten genannt, der „Reichtum der Nationen" gefördert werde — wie ist es nur möglich, daß so etwas kurrenter Glaube werden konnte?!

Und bei so vortrefflichen Staatseinrichtungen, wie z. B. diese Notenbanken sind, geht man nun und sucht eifrig, mühselig und grundgelehrt nach den Ursachen der sozialistischen Gefahren, welche die moderne Gesellschaft bedrohen!

Höchst bemerkenswert und geradezu erstaunlich ist diesem Sachverhalte gegenüber das Verhalten der Tagespresse.

Ist doch dieselbe gesättigt mit der Weisheit aller nationalökonomischen Lehren und vindiziert sich den Beruf, in allem, was die Wohlfahrt des Deutschen Reiches betrifft, unser Volk zu belehren, aufzuklären, zur Wahrung seiner Interessen anzuleiten.

Und so sollte man doch zum mindesten glauben, eine so weittragende, in allematerielle Existenz so tief einschneidende Frage, werde von der Tagespresse seit lange mit nachhaltigem, unermüdlichem Eifer erörtert.

Jene hochunterrichtete liberale Großpresse, welche sich einen so erhabenen ethischen Standpunkt anweist, müßte eine solche Frage nun doch auch seit lange zum Gegenstande der umfassendsten Aufklärungsbemühungen gemacht haben, und müßte Ansichten, wie sie jetzt von zweien ihrer hervorragendsten Parteimitglieder, den Herrn v. Augspurg und v. Unruh dargelegt werden, entweder mit aller Energie bekämpfen, oder zugestehen, daß sie in unerklärlichster Weise bisher der Ausübung ihrer publizistischen Pflicht in dieser Angelegenheit ermangelt hat.

Die gesamte „liberale" Partei hat hier eine außerordentliche Unterlassungssünde wieder gut zu machen, wenn sie nicht will, daß der Sozialismus ihr selbst und uns allen unerbittlich über den Kopf wachse[1]).

Man sieht sich eigentlich ganz vergebens nach Gründen um, welche das bisherige Verhalten dieses erhabenen Liberalismus und seiner Großpresse in der Bank- und Aktiengesellschaftsfrage zu erklären geeignet scheinen.

Oder solle etwa der Bischof von Ketteler in seiner berühmten Mainzer Rede doch recht haben, wenn er sagt, daß: „der heutige Liberalismus mit den Geldmächten eng liiert ist, welche ihn gut bezahlen."

Sehr recht scheint leider und allerdings der Bischof von Ketteler zu haben, wenn er sagt: „Die absolute Herrschaft des Geldgewinnes wenigstens, hat der Liberalismus nie bekämpft." — Und wenn dieser „Liberalismus" sich nicht aufrafft zu einem ganz andern Verhalten und zu der Einsicht, daß die wirtschaftlichen Fragen nie ohne ihren natürlichen Zusammenhang mit den ethischen zu behandeln sind, so wird auch dieser Satz des Bischof von Ketteler wahr bleiben: „Der echte Sohn des Liberalismus und dessen Erbe ist der Sozialismus[2])."

Gewiß, wenn der „Liberalismus" sich zur Verteidigung oder auch nur Duldung staatsgefährlicher Privilegien des Großkapitals degradiert, welche, wie Herr Augspurg sagt, lediglich die „Ausbeutung des Publikums" bezwecken, dann ist der Sozialismus nur eine Konsequenz dieses „Liberalismus" und wird bald auch sein Erbe sein[3]).

---

[1]) Es ist äußerst interessant, hier zu lesen, daß Perrot schon damals die Gefahr erkannte, die heute zur Tatsache geworden ist.

[2]) Die spätere Gegnerschaft Bismarcks zu von Ketteler im Kulturkampf erscheint hier in ganz besonderem Licht.

[3]) Erfüllt 1918.

Wir schließen mit der folgenden Warnung des Herrn Eggers, worin er sich über das Banknotenprivilegium unumwunden also ausspricht:

„Die volkswirtschaftliche Kraft, die Gesellschaft, der Staat müssen unter Privilegien kränkeln, welche einer gewissen Klasse ohne Arbeit einen Gewinn von (in Deutschland jährlich) 8—10 Millionen Talern verschafft. Ein solcher Mißbrauch kann nur lähmend und korrumpierend wirken. Privilegien geben selbst die Mittel an die Hand, sich in ihrem Besitz zu erhalten. Es sind schon Anzeichen vorhanden, daß der Krebs um sich greift.

Rostock, den 25. Oktober 1871.

Anhang.

Über das Bankwesen.

Denkschrift des bleibenden Ausschusses des Deutschen Handelstages.

März 1869.

Durch den Artikel 4 der Verfassung des Norddeutschen Bundes ist die gesetzliche Reglung des Bankwesens der Kompetenz der Bundesgewalten überwiesen worden.

Um die Frage beantworten zu können, in welcher Weise diese Bestimmung der Bundesverfassung auszuführen sei, ist es erforderlich, zunächst darüber sich klar zu werden, in welcher Weise der Staat überhaupt in das Bankwesen einzugreifen hat. Das Bankgeschäft hat dem Kapital gegenüber etwa dieselben Funktionen, wie das Warengeschäft den einzelnen Waren gegenüber. Das Kapital wird angesammelt, darauf durch Ort und Zeit verteilt. Im großen und ganzen ist das Bankgeschäft so frei wie irgendein Teil des Warengeschäfts. Es steht jedermann frei, Wechsel zu diskontieren, Waren zu lombardieren, Depositen anzunehmen, Aufträge in Geldangelegenheiten kommissionsweise zu übernehmen. Es sind nur folgende drei bestimmte Punkte, in betreff deren ein Eingreifen des Staates in die freie Tätigkeit des Verkehrs stattfindet.

1. Beim Bankgeschäft mehr wie bei irgendeinem andern Geschäft wird das Bedürfnis empfunden, größere Kapitalien zum Behufe des Geschäftsbetriebes anzusammeln. Die beliebteste Form, in welcher größere Kapitalien zu einem bestimmten Zwecke zusammengeworfen werden, ist die Form der Aktienunternehmung. Mit Ausnahme weniger Territorien ist in Deutschland die Gründung einer Aktiengesellschaft an eine staatliche Konzession geknüpft. Die Erfahrung zeigt, daß wenigstens in einigen Staaten und namentlich dem größten unter ihnen, in Preußen, Konzessionen für Bankaktienunternehmungen mit größeren Schwierigkeiten erteilt wurden, und soweit es sich um Zettelbanken handelt, noch heute erteilt werden, als für andere Zwecke. Eine gesetzliche Regelung des Bankwesens wird also die Frage zu beantworten haben:

> Unter welchen Bedingungen sind Aktienunternehmungen zum Behufe des Betriebes des Bankgeschäftes zu konzessionieren?

Diese Frage ist von vornherein hier auszuscheiden. Den gesetzgebenden Gewalten des Bundes liegt bereits ein Gesetzentwurf vor, der die Aktienunternehmungen von der Notwendigkeit einer Konzession befreit. Im Zusammenhang mit dieser Gesetzgebung wird auch das Bankwesen von dem jetzt auf ihm liegenden Zwange befreit werden, und es wird nach dem Inkrafttreten des Gesetzes die volle Bankfreiheit mit Ausnahme der unten zu erörternden Zettelfreiheit hergestellt sein.

2. Der Staat kann mit dem Privatkapital zum Behufe des Bankbetriebes in Konkurrenz treten. Wo der Staat dies tut, begeht er keinen Eingriff in die Bankfreiheit, vielmehr macht er selber in seiner Eigenschaft als Vermögenssubjekt, als Fiskus nur selbst Gebrauch von derjenigen Freiheit, die er jedem einzelnen Staatsbürger einräumt. Die Freiheit des wirtschaftlichen Verkehrs wird nur mittelbar dadurch beeinträchtigt, daß die Konkurrenz des Staats durch faktische natürliche Verhältnisse den Einzelunternehmungen gegenüber immer eine sehr mächtige sein wird. Fast der Staat allein ist tatsächlich imstande, ein weit verzweigtes Bankunternehmen mit zahlreichen Filialen in das Leben zu rufen. Es kommt hierbei auch zur Sprache, daß der Staat imstande ist, der von ihm betriebenen oder begünstigten Bank Privilegien einzuräumen, welche den Privatunternehmungen nicht zustehen, so namentlich dasjenige der Stempelfreiheit für die von ihm ausgegebenen Wertpapiere und dasjenige der Portofreiheit.

Die zweite Frage, die für die legislatorische Behandlung des Bankwesens in Betracht kommt, ist daher die folgende:

> Soll es dem Staate gestattet sein, auf dem Gebiete der Banktätigkeit mit der Privatindustrie in Konkurrenz zu treten, — soll insbesondere die von ihm errichtete Bank Filialen errichten dürfen, und soll sie mit besonderen Privilegien ausgestattet sein?

3. Eine ganz besondere Behandlung erfordert nun das Institut der Banknoten. Die Banknoten haben einen doppelten Charakter: zunächst können sie aufgefaßt werden als Urkunden, Verpflichtungsscheine des emittierenden Instituts oder Individuums. Wenn sie aber keine andere Eigenschaft als diejenige einer Urkunde hätten, würde die Emission derselben ebensowenig an gesetzliche Beschränkungen geknüpft werden können, wie die Emission von Wechseln oder Schuldscheinen. Die Banknoten haben aber eine zweite Eigentümlichkeit, sie vertreten die Stelle baren Geldes, und zwar in der Weise, daß im Volksbewußtsein der Unterschied zwischen Banknoten und Staatspapiergeld beinahe völlig verwischt ist. Unter dem Einflusse dieser Doppelstellung der Banknoten hat sich fast in allen Staaten die Praxis ausgebildet, daß es ohne besondere staatliche Genehmigung oder wenigstens ohne Innehaltung gewisser gesetzlicher Schranken nicht erlaubt ist, Banknoten zu emittieren. Wo eine Staatsbank besteht, hat diese auch das Recht der Notenemission überall bekommen.

Die legislatorische Frage, welche als die dritte aufzustellen ist, lautet daher dahin:

> Soll außer der Staatsbank, wo eine solche besteht, noch die Möglichkeit gegeben sein, daß Privatbanknoten emittiert werden?

und im Falle der Bejahung:

Unter welchen Bedingungen und Beschränkungen soll dies gestattet sein? Soll es dafür einer besonderen staatlichen Genehmigung für den einzelnen Fall bedürfen? Oder soll die Berechtigung jedem gestattet sein, welcher sich den Vorschriften unterwirft, welche der Staat hierfür ein für allemal aufgestellt hat?

Der Staat hat selbstredend das Recht, nicht allein die Emission von Banknoten zu verringern, er kann dieselbe vielmehr auch, wo er sie erteilt, an gewisse Bedingungen knüpfen, und zwar an die Bedingung, daß der Emittierende auf gewisse allgemeine Befugnisse und Berechtigungen verzichte, die im übrigen jedem Staatsbürger zustehen. In diesem Sinne ist namentlich den Zettelbanken die Annahme von verzinslichen Depositen vielfach beschränkt worden; es ließen sich aber auch andere Beschränkungen denken, etwa dahin gehend, daß Zettelbanken auf das Recht verzichten müßten, lange Wechsel durch Rückdiskonto zu begeben, oder Kapitalanlagen in Effekten zu machen.

Wir haben uns in Nachgehendem also mit zwei Fragen zu beschäftigen, mit der Frage der Zentralisation des Bankwesens und mit der Frage der Bankfreiheit. Die Beantwortung beider Fragen geht keineswegs Hand in Hand. Es ist sehr wohl denkbar, daß in einem Lande mit einer ausgedehnten Zentralbank dennoch eine sehr weitgehende Zettelfreiheit besteht, und andererseits ist ebensowohl denkbar, daß in einem Lande ohne Zentralbank, also mit dezentralisiertem Bankwesen, die Bankfreiheit, d. h. die Freiheit, Zettel zu emittieren, eine sehr verkümmerte ist; daß entweder die Ausgabe von Banknoten gänzlich untersagt, oder doch an Konzessionen und sehr erschwerende Bedingungen geknüpft ist.

Die Frage, ob es sich empfiehlt, in einem Lande mit ausgedehntem wirtschaftlichem Verkehr eine staatlich anerkannte Zentralbank einzusetzen, hat eine außerordentlich reichhaltige und erschöpfende Literatur in das Leben gerufen. Es ist unmöglich, alle Gründe für und wider in gedrängter Form hier vorzuführen; der unbefangenen Betrachtung wird sich das als Resultat ergeben, daß weder in der Zentralisation, noch in der Dezentralisation das alleinige und ausschließliche Heil gefunden werden kann. Der unbefangene Beurteiler wird zugeben, daß auch dasjenige System, welches er vom Standpunkt der Theorie verwerfen zu müssen glaubt, bei umsichtiger Handhabung sich bewähren kann, und daß die Frage, ob Zentralisation, ob Denzentralisation, nicht in einer ein für allemal gültigen Weise entschieden werden kann, daß vielmehr auf die besonderen Umstände, auf Ort und Zeit, erhebliche Rücksicht genommen werden muß.

In dem deutschen Wirtschaftsgebiete hat sich die Sache so gestaltet, daß in dem weitaus größten und wichtigsten Teile, nämlich in Preußen, eine Zentralbank besteht, und daß die Tätigkeit derselben innerhalb des gesamten geschäftstreibenden Publikums große Anerkennung gefunden hat. Nicht allein die Industrie und der große Warenhandel erblickt in der Preußischen Hauptbank eine sichere Stütze, vielmehr ist selbst unter den Privatbankiers das Urteil ein weit verbreitetes, daß die Preußische Hauptbank ihnen bei weitem mehr Nutzen schaffe, als sie ihnen durch die etwaige Konkurrenz Abbruch tue, und ein großer Teil der Bankiers würde in dem Erlöschen der Tätigkeit der Preußischen Hauptbank einen entschiedenen Nachteil erblicken. Die Vorteile, welche man der Preußischen Hauptbank nachrühmt, sind im wesentlichen folgende: Sie schafft denjenigen Teil der Umlaufsmittel, dessen der Verkehr in papierner Form bedarf, in einer bei dem Publikum besonders beliebten Weise; ihre Noten erfreuen sich eines größeren Umlaufsgebietes und besseren Vertrauens, als die übrigen in Deutschland umlaufenden Zahlungsmittel. Die weite Verzweigung ihrer Filialen gestattet mit leichter Mühe und geringen Kosten, Geld, Auszahlungen und Erhebungen an sehr entlegenen Punkten zu vermitteln. Die Preußische Hauptbank gewinnt einen Überblick über die Lage des Geldmarktes an allen einzelnen Punkten des Staates, ist daher vorzugsweise befähigt, die angemessene Höhe des jeweiligen Diskontsatzes festzustellen; in Zeiten eines lokal sehr verstärkten Geldbedarfs vermag sie die übrigen dort ansässigen Geldmächte wesentlich zu unterstützen. In Zeiten eines allgemeinen sich geltend machenden Geldbedürfnisses aber vermag sie durch Erhöhung des Diskonts einer Krise vorzubeugen, oder dieselbe doch wesentlich abzuschwächen. Eine rein theoretische Betrachtung wird zu dem Resultate kommen, daß im Laufe der Zeit und bei hinreichend gekräftigter Privatbanktätigkeit alle diese Vorteile auch ohne eine Zentralbank werden erreicht werden können. Es entsteht indessen die Frage, ob der gegenwärtige Augenblick der geeignete sei, einen solchen Übergang herbeizuführen. Diese Frage muß entschieden verneint werden. Die Privatbanktätigkeit ist in dem größeren Teile Deutschlands eine überaus schwach entwickelte; auch nicht annähernd in dem Umfange, wie beispielsweise in England, bestehen reine Depositenbanken. Gegen die Errichtung von Privatbanken mit Notenemission hat die Preußische Gesetzgebung und Verwaltungspraxis sich stets sehr spröde verhalten. Diesem Umstande ist es zuzuschreiben, daß in Preußen die Entwicklung des Bankwesens zurückgeblieben ist. Desto üppiger hat sich freilich in einigen kleinen Staaten das Bankwesen entwickelt; Konzessionen für Zettelbanken sind dort sehr bereitwillig erteilt worden, allein diese Entwicklung ist nicht als eine gesunde zu bezeichnen. Sie ruht nicht auf der nötigen Grundlage eines rege entwickelten Verkehrs, vielmehr sind die meisten jener Zettelbanken mit der offenkundigen Absicht errichtet worden, den größeren Teil ihres Geschäftsgewinnes zu ziehen aus derjenigen Notenemission, die sie in ein fremdes wirtschaftliches Gebiet hineinwerfen. Unter dem Streben, ihre Notenemission möglichst auszudehnen, haben viele jener Banken ihren Depositenverkehr in einer schadenbringenden Weise vernachlässigt. Die Folgen der politischen Zerrissenheit Deutschlands haben sich, wie in vielen Zweigen des wirtschaftlichen Verkehrs, so auch in dem Bankgeschäfte widergespiegelt; es gilt jetzt, die Folgen jener Zerrissenheit zu beseitigen, Deutschland in ein einheitliches Wirtschaftsgebiet auch in betreff des Bankwesens umzugestalten. Es scheint nicht opportun, gerade in einem solchen Augenblicke eine tief greifende

Änderung in dem Prinzip herbeizuführen, auf welchem das Bankgeschäft bisher betrieben worden ist; es wird vielmehr die Aufgabe sein, neue Erfahrungen über das Bankwesen zu sammeln, nachdem die politischen Hindernisse beseitigt sind, welche bisher einer gesunden Entwicklung dieses Geschäftsbetriebes entgegengestanden haben. Zwei entgegengesetzte Fehler, die Einschränkung des Privatbankwesens von Staats wegen in Preußen und die Begünstigung des Zettelbankwesens von Staats wegen in vielen kleineren Staaten haben zu Schäden in unseren wirtschaftlichen Zuständen geführt. Die Aufgabe ist nunmehr, nach Beseitigung dieser Fehler unter der Herrschaft einer gleichmäßigen und zweckmäßig liberaleren Bankpolitik zu prüfen, welche Folgen das Staatsbankwesen, wie es bisher in Preußen bestanden hat, auf einem vergrößerten Gebiete, auf demjenigen des Norddeutschen Bundes ausüben würde. Aus diesen Motiven empfiehlt sich die folgende These:

1. Bei den gegenwärtigen wirtschaftlichen Verhältnissen Deutschlands ist eine mit staatlicher Anerkennung ausgestattete Zentralbank jetzt nicht zu entbehren, da infolge der Fehler der bisherigen Bankpolitik das Depositenbankwesen weder in Preußen, noch in den kleineren deutschen Staaten kräftig entwickelt ist.

Wie bereits hervorgehoben, soll fortan nicht der preußische Staat allein, es soll vielmehr der Norddeutsche Bund ein einheitliches Wirtschaftsgebiet für die Banktätigkeit bilden. Daraus folgt mit zwingender Notwendigkeit, daß das Privilegium der preußischen Hauptbank nach dessen Ablauf nicht mehr erneuert werden darf, sondern daß dieses Institut ersetzt werden muß durch eine auf wesentlich denselben Grundlagen beruhende Hauptbank des Norddeutschen Bundes. Dieselbe wird die Aufgabe haben, Filialen zu errichten in allen wirtschaftlich hervorragenden Plätzen des Norddeutschen Bundes, während die Errichtung von Filialen außerhalb desselben ihr aus denselben Gründen versagt sein muß, aus welchen das Preußische Abgeordnetenhaus im Jahre 1865 die Errichtung von Filialen außerhalb Preußens ablehnte. Diese Hauptbank wird Bundesbanknoten emittieren, welche im privaten Verkehr ebensowenig einen Zwangskurs haben dürfen, wie die Noten der Preußischen Hauptbank ihn gehabt haben. Dagegen wird der Bund die Verpflichtung übernehmen, an allen Bundeskassen die Noten seiner Bank an Zahlungs Statt anzunehmen. Die Staatskassen der Einzelstaaten werden keine Veranlassung haben, die Annahme solcher Noten an Zahlungs Statt abzulehnen. Ihre Verpflichtung zur Annahme gesetzlich festzustellen, liegt mindestens so lange Veranlassung vor, als ein großer Teil der Bundesmittel seinen Weg aus den Kassen des Publikums zunächst in die Kassen der Einzelstaaten findet und nur auf dem Wege der Matrikularbeiträge für den Bund liquidieren. Die Gründe gegen einen Zwangskurs, dem Privatpublikum gegenüber, sind so vielfach erörtert, daß eine Rekapitulation derselben an dieser Stelle erspart bleiben kann. Es empfiehlt sich hiernach die folgende These:

2. Da eine Verlängerung des Privilegiums der Preußischen Hauptbank nach dessen Erlöschen infolge des Art. 4 der

Verfassung des Norddeutschen Bundes unstatthaft, so ist vom 1. Januar 1872 ab eine Hauptbank des Norddeutschen Bundes in das Leben zu rufen, im wesentlichen mit denselben Aufgaben und derselben Organisation, wie bisher die Preußische Hauptbank sie hatte.

Dieselbe soll insbesondere befugt sein, im ganzen Gebiete des Norddeutschen Bundes Filialen zu errichten, und ihre Noten sollen bei allen Kassen des Norddeutschen Bundes an Zahlungs Statt angenommen werden.

Die Preußische Hauptbank hat in der Stempelfreiheit für ihre Anweisungen, sowie in der Portofreiheit — Privilegien, die noch nicht gänzlich beseitigt sind, — für ihre Briefe und Geldsendungen die Möglichkeit besessen, Geld ohne jeden Aufwand an Spesen von Ort zu Ort zu transportieren. Dieses Privilegium hat die Tätigkeit der privaten Bankiers offenbar sehr benachteiligt, und es ist wünschenswert, für die Zukunft von demselben Abstand zu nehmen. Jede Ortsveränderung einer bestimmten Geldsumme erfolgt lediglich im Interesse ihres Empfängers, und es entspricht daher den Grundsätzen der Gerechtigkeit, ihn die Kosten dieser Manipulation allein tragen zu lassen. Es empfiehlt sich daher die folgende These:

3. Dagegen ist es nicht wünschenswert, der Hauptbank des Norddeutschen Bundes die Privilegien der Stempelfreiheit und Portofreiheit, wie die Preußische Hauptbank sie besessen hat resp. besitzt, einzuräumen. Die durch solche Privilegien herbeigeführte Möglichkeit, Geld spesenfrei zu transportieren, erschwert der privaten Banktätigkeit die Möglichkeit der Konkurrenz.

Für die Preußische Hauptbank war, wie für die überwiegend große Anzahl der deutschen Zettelbanken, der Grundsatz maßgebend, daß sie für den dritten Teil der von ihr emittierten Noten Deckung in barem Gelde besitzen mußten. Es schien bei den Regierungen zum Dogma geworden zu sein, daß eine solche Art der Bedeckung einerseits unentbehrlich, andererseits aber auch hinreichend sei. Diesem Vorurteil gegenüber ist zu konstatieren, daß auch nicht ein einziges Mal ein ernsthafter Versuch gemacht worden ist, theoretisch nachzuweisen, daß eine solche Art der Bedeckung sich empfehle. Ebensowenig hat die Praxis Anhaltspunkte geliefert, welche zur Empfehlung dieser Bedeckungsnorm ausreichen können. Vielmehr läßt sich der strenge Nachweis führen, daß im Falle eines starken Andranges auf den Barbestand der Bank dieses Prinzip unfehlbar Schiffbruch leiden müßte. Man setze den Fall, daß der Barbestand der Preußischen Bank 10 Millionen Taler, ihre Notenemission aber 120 Millionen Taler betrage, und daß ihr nunmehr auch nur eine Zehntalernote zur Einlösung präsentiert würde, so ist die Bank in die Alternative versetzt, entweder gegen die statutarische Bestimmung der Drittelsdeckung zu verstoßen, indem sie die Note einlöst, oder in den Zustand der Insolvenz einzutreten, indem sie die Einlösung auf so lange hinausschiebt, bis sie gegen Noten $3^1/_3$ Taler in Silber angekauft haben wird. Es bietet aber auch die Drittelsdeckung nicht den geringsten Schutz gegen übermäßige Emissionen, da es in der Macht einer Bank steht, für Noten jeden beliebigen Betrag an Silber anzuschaffen, falls sie sich nur zu jedem geforderten Preise versteht; eine Sicherheit gegen eine übermäßige Notenemission ist vielmehr nur darin zu finden, daß der Betrag der ungedeckten Noten kontingentiert wird. Gedeckte Noten sind in jedem Betrage ungefährlich, sie sind nichts, als eine leicht transportable Anweisung auf einen in den Gewölben der Bank aufbewahrten Barschatz. Neben diesen gedeckten Noten ist aber auch ein bestimmter, nach den Umständen zu ermessender Betrag ungedeckter Noten völlig ungefährlich. Der Verkehr bedarf in jedem wirtschaftlich entwickelten Lande jederzeit eines gewissen Bestandes an papiernen Zahlungsmitteln. Die Erfahrung hat gelehrt, daß zu jeder Zeit eine Notenemission von etwa 60 Millionen Talern in Preußen vor 1866 vollkommen beschäftigt werden konnte. Diese Summe von 60 Millionen Talern wird sich nach Erweiterung des Gebietes, in welchem die Hauptbank zu wirken hat, um eine entsprechende Summe, also auf etwa 80 Millionen Taler steigern, und eine ungedeckte Notenemission von diesem Betrage ist daher durchaus ungefährlich; selbst durch den stärksten Andrang auf den Barschatz wird das gesetzlich normierte Verhältnis niemals erschüttert werden können, denn genau um dasselbe Maß, um welches sich der Barschatz vermindert, vermindert sich gleichzeitig die Notenemission, und die statutarische Bestimmung ist praktisch immer durchführbar, sobald der Betrag der ungedeckten Noten nicht zu hoch gegriffen ist, selbst mit der völligen Erschöpfung des Barschatzes der Bank würden nicht mehr Noten im Umlauf sein, als der Verkehr nicht entbehren kann. Durch eine derartige Kontingentierung wird aber der Gefahr vorgebeugt, daß in Zeiten der Krise die Papieremission in das Ungemessene vermehrt wird. In Zeiten der Verkehrsstockung bringt die Vermehrung papierner Zahlungsmittel eine scheinbare Linderung hervor, die indessen tatsächlich das verborgen schleichende Übel nur erschwert. Durch die Vermehrung der Papieremission wird die Abwicklung solcher Geschäfte hinausgeschoben, die zur Erledigung gelangen müssen, wenn die Krise geteilt werden soll. In der übermäßigen Ausgabe ungedeckter Noten, und zwar solcher, die von einer staatlich anerkannten Bank ausgehen, liegt eine Selbsttäuschung des geschäftstreibenden Publikums über den Umfang der ihm zu Gebote stehenden Mittel, und es wird damit die Gefahr einer Entwertung der Noten, welcher der Zwangskurs auf dem Fuße zu folgen pflegt, herbeigeführt. Das Resultat dieser Betrachtungen fassen wir zusammen in die folgende These:

4. Das Prinzip der Dritteldeckung für die Notenausgabe hat weder jemals eine genügende theoretische Begründung gefunden, noch ist es durch die Erfahrung bewährt. Vielmehr würde dasselbe nachweislich im Augenblicke eines starken Andrangs auf den Barbestand der Bank scheitern.

Eine Sicherheit gegen übermäßige Notenemission der Zentralbank kann nur darin gefunden werden, daß die Summe der ungedeckten Notenemission kontingentiert wird.

Wie bereits hervorgehoben, kann weder in dem Prinzip der Zentralbank, noch in demjenigen der Dezentralisation das ein für allemal theoretisch Richtige erkannt werden. Es ist die Möglichkeit nicht ausgeschlossen, daß nach einer nicht allzu großen Anzahl von Jahren die allgemeine Meinung des geschäftstreibenden Publikums sich mit einer ebensolchen Energie gegen das fernere Bestehen einer Staatsbank ausspricht, wie es unleugbar im gegenwärtigen Augenblick die Erhaltung einer solchen befürwortet. Der Staat tut daher nicht klug, sich auf eine lange Reihe von Jahren die Hände zu binden, vielmehr ist das Privilegium nur auf eine kurze Zeit zu erteilen. Sollte nach Ablauf dieser Frist die öffentliche Meinung sich nicht geändert haben, und durch die kurze Bemessung dieses Privilegiums ein Schaden nicht verursacht sein, so steht nichts im Wege, das Privilegium für eine neue Frist zu verlängern. Sollte hingegen unter dem Einfluß der neu gesammelten Erfahrungen und tiefer gehender theoretischer Erörterungen die öffentliche Meinung alsdann gegen die Verlängerung dieses Privilegiums sein, so ist dem Staate freie Hand gegeben, dasselbe aufzuheben. Auf diese Erwägungen gründet sich folgende These:

5. Bei der großen Wandlung, die in den Ansichten über die Bankfreiheit vor sich geht und voraussichtlich in der nächsten Zeit noch vor sich gehen wird, ist es wünschenswert, das Privilegium der Zentralbank nur auf eine kurz bemessene Zeit (etwa 12 Jahre) zu verleihen.

Eines der schwersten Übel, an denen die Entwicklung des Bankwesens in Deutschland gekrankt hat, ist die große, man darf sagen, übermäßige Emission von Staatspapiergeld. Daß derartige papierne Zahlungsmittel nicht empfehlenswert sind, unterliegt nach dem heutigen Standpunkt der öffentlichen Meinung einem Zweifel nicht mehr. In dem Ausdrucke „Papiergeld" liegt ein innerer Widerspruch. Geld ist nur aus Edelmetall herzustellen, aus Papier lassen sich nur Urkunden herstellen. Ein jederzeit einlösbares und mit Zwangskurs nicht versehenes Papiergeld ist im wesentlichen nichts anderes, als eine Banknote, deren Emittent der Staat ist. Die Staatskasse aber ist zum Betriebe von Bankgeschäften nicht berufen; wo vielmehr der Staat es für angemessen hält, das Bankgeschäft zu betreiben, hat er dafür ein eigenes Institut in Gestalt einer Hauptbank niederzusetzen. Wo indessen Staatspapiergeld gar mit dem Zwangskurs versehen oder seine Einlösung verweigert wird, befindet man sich auf der abschüssigen Bahn zu einer entwerteten Valuta. Die starke Emission von Staatspapiergeld in dem heutigen Deutschland ist teilweise eine Folge unserer staatlichen Zerrissenheit, in welcher die kleinen Staaten zu dem Prinzip der Fiskalität sich hingedrängt sehen, teilweise aber auch eine Folge unserer Silberwährung, welche die Leistung größerer Zahlungen in Edelmetall zu einem lästigen, mit Risiko verbundenen und zeitraubenden Geschäfte macht. Beide Übelstände gehen ihrer Beendigung entgegen. Es kann keinem Zweifel mehr unterliegen, daß in nicht gar zu ferner Zeit Deutschland die Gold- oder wenigstens die Doppelwährung haben wird, und daß alsdann solche Zahlungen, die heutzutage durch Staatspapiergeld geschehen, leicht in Gold werden vollzogen werden können, daß aber die Fiskalität der Einzelstaaten nicht mehr die Macht haben werde, die Zirkulation der Zahlmittel in Deutschland zu verwirren, dafür bürgt die Norddeutsche Bundesverfassung. Es empfiehlt sich, mit der allmählichen Einziehung des Staatspapiergeldes in solchem Maße vorzugehen, daß dieselbe in demselben Augenblicke vollendet ist, wo auch das Privilegium der neu zu begründenden Bundesbank erlischt. Hierauf gründet sich folgende These:

6. Die Zeit, innerhalb deren dies Privilegium gilt, ist dazu zu benutzen, im Anschluß an die Einführung der Goldwährung, sämtliches von den Staaten des Norddeutschen Bundes emittierte Papiergeld einzuziehen.

   Die Emission von sog. Staatspapiergeld ist geeignet, den Unterschied zwischen Geld und Wertpapieren zu verwirren und einer gesunden Entwicklung des Bankwesens unüberwindliche Schwierigkeiten in den Weg zu legen.

Daß ein Rechtsstaat erworbene Rechte heilig halten wird, bedarf einer näheren Begründung nicht. Die Konzessionen und Privilegien zu Zettelbanken, welche einmal erteilt sind, müssen darum aufrecht erhalten werden, so exorbitant auch einzelne derselben, namentlich in Beziehung auf die Frist, auf welche sie lauten (bis zu 90 Jahren) erscheinen. Wohl aber ist es eine Aufgabe des Staates, darüber zu wachen, daß jede Bank den von ihr übernommenen Verpflichtungen mit ebenso peinlicher Gewissenhaftigkeit nachkommt, wie ihre Berechtigungen geachtet und gehalten werden. Eine Zettelbank hat vor allem die Verpflichtung, jede ihr präsentierte Note sofort gegen bares Geld einzulösen. Sie darf weder durch die Höhe der ihr präsentierten Summe, noch durch die mechanische Schwierigkeit, dieselbe bei einem größeren Andrange sofort auszuzahlen, sich zurückhalten lassen, ihren Verpflichtungen pünktlich nachzukommen. Die Nichteinlösung einer präsentierten Note ist tatsächlich der Zustand der Insolvenz, und diesem muß die sofortige Eröffnung des Konkurses, die sofortige Stellung der Bank unter gerichtliche Verwaltung folgen. Hierüber sind gemeinsame und strenge Bestimmungen in das Leben zu rufen. Darauf gründet sich die folgende These:

7. Erteilte Bankprivilegien und Konzessionen sind gewissenhaft zu achten, jedoch ein strenges Verfahren gegen solche Banken, welche ihre Verpflichtungen, namentlich auch in Beziehung auf die Einlösung präsentierter Noten nicht erfüllen, vorzuschreiben.

Es kann keinem Zweifel unterliegen, daß einzelne der in den kleineren deutschen Staaten konzessionierten Zettelbanken ihren Geschäftsbetrieb in einer Weise ausgedehnt haben, welche einer soliden Geschäftsführung nicht entspricht. Die Schwierigkeit, die Geschäftsführung einer solchen Bank durch das Publikum zu kontrollieren, hat darin gelegen, daß es an der Möglichkeit fehlte, die von ihr emittierten, im Verkehr überschüssigen Noten ihr prompt zu präsentieren. Darauf gründet sich die Erscheinung, daß ein großer Teil dieser Noten in Gegenden, die von dem Sitze der Bank weit entfernt liegen, mit Damno zirkulieren. Die Norddeutsche Hauptbank wird es zu ihrer Aufgabe machen müssen, an jedem der Orte, wo eine Privatzettelbank besteht, eine Filiale zu errichten, um mittels derselben die Präsentation der Noten zu ermöglichen. Daß eine Privatbank es sich verbittet, daß ihre Noten bei der Hauptbank angenommen werden und so die Präsentation ihrer Noten erschwert oder vermeidet, ist ein unregelmäßiger Zustand, dem durchaus entgegengetreten werden muß. In Deutschland emittierte Noten dürfen in Deutschland entweder nur zum vollen Werte oder gar nicht umlaufen. Die Bank des Norddeutschen Bundes muß daher an dem Prinzip festhalten, alle in Deutschland emittierten Privatzettel als Zahlung anzunehmen, solange dieselben an der emittierenden Stelle zum vollen Betrage eingelöst werden, während auf die Nichteinlösung des Betrages die Rechtsfolgen des Konkurses und damit die Schließung des Betriebes dieser Bank erfolgt. Diesem Gedanken ist Ausdruck gegeben in folgender These:

8. Aufgabe der Hauptbank wird es sein, durch Einleitung eines regelmäßigen Notenaustausches die Geschäftsführung der übrigen Zettelbanken auf die Probe zu stellen.

Wir stehen nunmehr vor der Frage, ob neben der Hauptbank und neben den bisher konzessionierten Zettelbanken auch neu zu gründende Banken die Erlaubnis erhalten sollen, Zettel zu emittieren. Diese Frage scheint wesentlich aus zwei Gründen bejaht werden zu müssen. Zunächst ist eine in Deutschland fast allgemein herrschende Vorstellung, daß ein ausgedehnter Bankbetrieb nur dann lohnend sein kann, wenn der Bank die Befugnis der Zettelausgabe zusteht. Mag diese Vorstellung richtig oder irrig sein, sie muß aus dem Grunde bis auf einen gewissen Grad geachtet werden, weil ihre Verletzung die Entwicklung des Bankwesens hintanhalten würde. Zweitens aber will und soll der Bund sich die Berechtigung vorbehalten, zu einem späteren Zeitpunkte von dem Prinzip zentralisierter, zu demjenigen dezentralisierter Banktätigkeit überzugehen. Der Übergang von dem einen zu dem andern System würde völlig unvermittelt erfolgen, wenn nicht inzwischen das Publikum Gelegenheit hätte, sich an die Zikulation von Privatzetteln zu gewöhnen. Sobald die Sicherheit vorherrscht, daß die Nichteinlösung präsentierter Noten zur sofortigen Schließung der Bank führen wird, ist die Zirkulation von Privatbanknoten mit wesentlichen Gefahren nicht verbunden. Der vielfach betonten Schwierigkeit, daß das Umlaufen einer großen Anzahl verschiedener Zettel Verwirrung in den Verkehr zu bringen geeignet sei, ließe sich dadurch vorbeugen, daß sämtliche Privatnoten in ein und derselben Druckerei, auf demselben Papier, mit gleichem Druck und in gleichem Format hergestellt werden, so daß der emittierenden Bank nur übrig bleibt, Ort, Firma und Unterschrift hinzuzufügen. Die Befugnis zur Zettelausgabe darf freilich keine schrankenlose sein. Bisher gilt in fast allen deutschen Staaten das Prinzip, daß diese Befugnis nur durch eine Konzession erworben werden kann. Es ist die Frage aufzuwerfen, ob dieser Grundsatz beibehalten werden soll, oder ob an Stelle der Konzessionen durch ein Gesetz gewisse Normativbedingungen dergestalt festgesetzt werden sollen, daß unter

Innehaltung derselben die Emission von Zetteln allgemein erlaubt sei. Wir glauben für den letzteren Weg uns aussprechen zu müssen. Dieselben Grundsätze, nach denen die Verwaltungspraxis bei Erteilung von Konzessionen sich richtet, können in die Form gesetzlicher Bestimmungen umgegossen werden. Es würde bei der Aufhebung der Konzessionspflicht allerdings die Möglichkeit fortfallen, die Umsicht und Solidität der Gründer einer Prüfung zu unterwerfen und die tatsächliche Frage zu prüfen, ob für die Errichtung einer Bank ein Bedürfnis vorliegt. Auf diese beiden Mängel ist indessen ein großes Gewicht nicht zu legen. Die Solidität der Unternehmer kann nur in dem Augenblick der Konzessionserteilung geprüft werden, während die Solidität des andauernden Geschäftsbetriebes sich einer fortlaufenden Kontrolle entzieht. Die Frage, ob ein tatsächliches Bedürfnis für die Errichtung einer neuen Bank vorliegt, wird sich der Regel nach mit völliger Sicherheit dadurch beantworten, ob das für die Gründung der Bank erforderliche Stammkapital gezeichnet wird und daher im Verkehr für den bezeichneten Zweck disponibel ist. Eine Normativbedingung, welche vorschriebe, daß eine Zettelbank nicht eher in Betrieb gesetzt werden darf, als bis das gezeichnete Stammkapital vollständig eingezahlt ist, würde daher völlig dem Zwecke genügen. Gegen die Konzessionspflicht in Beziehung auf den Bankbetrieb, sprechen ganz dieselben Umstände, welche gegen die Konzessionspflicht auf anderen Zweigen der wirtschaftlichen Tätigkeit vielfach und jüngst noch bei der Gelegenheit erörtert sind, als es sich um die Frage handelte, ob es zur Errichtung von Aktiengesellschaften einer Konzession bedürfen soll. Eine nähere Erörterung des wünschenswerten Inhalts dieser Normativbedingungen würde erst dann zweckmäßig sein, wenn über die bisher entwickelten Grundsätze eine Einigung stattgefunden hat. Ein Prinzip scheint vor allem noch in den Vordergrund gestellt werden zu müssen, nämlich, daß die Coupure der Privatnoten eine nicht zu kleine sei. Die Zahlung durch papierne Mittel soll erst dann eintreten, wenn diejenige durch Edelmetall zu große Schwierigkeiten darbietet. Mit Rücksicht darauf, daß nach Einführung der Goldwährung bares Geld in Appoints von etwa 10 Talern ausgeprägt werden wird, empfiehlt es sich, den kleinsten Appoint der Banknoten auf 25 Taler festzusetzen. In betreff der Gesamtsumme der auszugebenden Privatzettel ist von manchen Seiten eine Kontingentierung des ungedeckten Notenumlaufs, auch der Privatbanken, in Anregung gebracht worden. Eine solche Maßregel würde aber zur Folge haben, daß, wenn diese Gesamtsumme erreicht ist, neue Privatzettelbanken überhaupt nicht mehr errichtet werden können. Es würde hierdurch ein tiefer Bruch in das Prinzip der Bankfreiheit erfolgen. Ein befriedigender Ausweg ließe sich vielleicht in der Art finden, daß der Gesamtbetrag des Notenumlaufs einer jeden Bank, des gedeckten wie des ungedeckten, auf einen aliquoten Teil ihres Stammkapitals, etwa $1/_3$, kontingentiert wird; dabei werde vorausgesetzt, daß nur solche Banken zur Emittierung von Zetteln überhaupt zugelassen werden, die mit einem bestimmten voll gezeichneten Stammkapital vor das Publikum hintreten, etwa ein Jahr lang ohne Notenausgabe arbeiten und während dieser Zeit durch regelmäßige Veröffentlichung ihres Status nach einem vorgeschriebenen Formular nachweisen, daß sie ihr Gründungskapital ausschließlich in wirklich bankmäßigen Geschäften, d. h. im Wechsel- und Lombardverkehr, arbeiten lassen und an demselben eine Einbuße nicht erlitten haben. Auf Grund aller dieser Erwägungen empfiehlt sich als letzte These die folgende:

9. Die Einrichtung neuer Zettelbanken ist nicht an Konzessionen, sondern lediglich an die Innehaltung von Normativbedingungen zu knüpfen.

Diese Normativbedingungen haben u. a. das Minimum der Coupure festzusetzen und zu bestimmen, daß die Notenemission einen aliquoten Teil des Stammkapitals nicht überschreitet.

25. Motive zu dem Entwurf des Gesetzes über die Ausgabe von Banknoten[1])

vom 27. März 1870.

Nach Artikel 4 Nr. 4 der Verfassung des Norddeutschen Bundes unterliegen der Bundesgesetzgebung die allgemeinen Bestimmungen über das Bankwesen.

Der Erlaß dieser allgemeinen Bestimmungen kann für das laufende Jahr nicht in Aussicht genommen werden. Es würde bei Feststellung derselben in erster Linie die Reglung der Befugnis zur Notenausgabe in Betracht kommen. Für die in dieser Beziehung zu treffenden Bestimmungen ist das Bedürfnis des Verkehrs nach Zahlungsmitteln in Banknotenform von entscheidender Bedeutung. Nun erzeugt bekanntlich die ausschließlich geltende Silberwährung wegen des im Verhältnis zum Werte großen Gewichts dieses Münzmetalls ein umfangreiches Bedürfnis nach Zahlungsmitteln in Papiergeld- oder Banknotenform, welches nicht in dem Maße vorhanden sein würde, wenn ein gesetzlicher Umlauf von Goldmünzen bestände. Es ergibt sich hieraus, daß die bezeichnete Bedürfnisfrage sich daraus anders stellen wird, je nachdem bei der in Aussicht genommenen Reglung des Münzwesens die alleinige Silberwährung beibehalten, oder zur Einführung von Goldmünzen als gesetzlichen Zahlungsmitteln übergegangen werden wird. Ebenso, wie die bezeichnete Bedürfnisfrage steht auch die überaus wichtige gesetzliche Feststellung des geringsten zulässigen Banknotenappoints mit dem geltenden Münzsystem in untrennbarem Zusammenhange.

Hiernach würde eine bundesgesetzliche Feststellung der allgemeinen Bestimmungen über das Bankwesen vor der Regelung des Münzwesens sich nur dann rechtfertigen lassen, wenn eine Inangriffnahme der letzteren in sehr entfernter Aussicht stände.

---

[1]) Siehe auch im Anhang die Zusammenstellung der Bankgesetzgebung.

Dieses ist nicht der Fall. Vielmehr hat der Bundesrat geglaubt, die Vorbereitungen zu einer Ordnung des Münzwesens nicht länger hinausschieben zu dürfen und deshalb zunächst beschlossen, zum Zwecke der Erörterung der Verhältnisse, welche bei der Ordnung des Münzwesens in Frage kommen, eine Enquete anstellen zu lassen. Die Ausführung dieses Beschlusses steht noch im Laufe dieses Jahres in Aussicht. Ein bestimmter Termin für die gesetzliche Ordnung des Münzwesens läßt sich hiernach allerdings noch nicht feststellen, allein die Ordnung des Münzwesens ist doch mit solcher Bestimmtheit für eine nicht mehr ferne Zukunft in Aussicht zu nehmen, daß es ungerechtfertigt sein würde, schon jetzt die allgemeinen Bestimmungen über das Bankwesen zu erlassen und hierdurch zugleich für die nach Ordnung der Münzfrage dennoch unvermeidliche Revision dieser Bestimmungen neue Schwierigkeiten zu schaffen.

Der Gang der Angelegenheit ist hiernach soweit vorgezeichnet, daß er der Ordnung der Münzfrage, also auch der Bankfrage, frühestens im Laufe des Jahres 1871 entgegengesehen werden kann.

Die sachlichen Schwierigkeiten, welche auch nach Erledigung der Münzfrage der bundesgesetzlichen Regelung des Bankwesens entgegenstehen, sind unverkennbar. Sie liegen teils in der Materie selbst, teils in der Gestaltung, welche das Bankwesen im Gebiete des Norddeutschen Bundes während der letzten beiden Jahrzehnte allmählich erhalten hat. Denn die bundesgesetzliche Regelung der Befugnis zur Notenausgabe wird dadurch ungemein erschwert, daß jene Befugnis den bestehenden Banken auf zum Teil sehr lange Perioden unwiderruflich verliehen ist. Die Schwierigkeit einer gleichmäßigen Ordnung auf der Grundlage einheitlicher Prinzipien wächst mit dem Umfange, welchen die für längere Zeit erworbenen Konzessionen z. B. der Feststellung der allgemeinen Bestimmungen über das Bankwesen genommen haben. Es sind Anzeichen dafür vorhanden, daß der Spekulationsgeist sich mehr, als dies seit dem Jahre 1857 der Fall gewesen, der Gründung notenausgebender Banken zuzuwenden anfange, und es ist damit die Gefahr nahe gelegt, daß die schon bedeutenden Schwierigkeiten bis zu dem Zeitpunkte, wo eine bundesgesetzliche Regelung des Bankwesens möglich wird, sich noch erheblich steigern werden.

Angesichts des Umstandes, daß bis zu dieser Regelung noch geraume Zeit vergehen wird, tritt daher an die Bundesgesetzgebung die dringende Aufgabe heran, Vorsorge zu treffen, daß der zu befürchtenden Vermehrung der Schwierigkeiten durch Schaffung neuer und Erweiterung bestehender Notenprivilegien vorgebeugt werde. Die Aufgabe ist mit anderen Worten die, durch gesetzliche Vorkehrung die im Bundesgebiete bestehenden Befugnisse zur Ausgabe von Banknoten bis zum Erlaß der allgemeinen bundesgesetzlichen Bestimmungen über das Bankwesen auf ihren gegenwärtigen Bestand zu beschränken.

Diesen Hauptzweck sucht der vorliegende Gesetzentwurf dadurch zu erreichen, daß er bis zu dem Erlaß jener allgemeinen Bestimmungen den Erwerb der Befugnis zur Ausgabe von Banknoten durch neu zu begründete und die Erweiterung dieser Befugnis für bestehende Banken neben der Genehmigung der Landesregierung von einem Bundesgesetze abhängig macht. Zugleich will er der künftigen Bankgesetzgebung des Bundes die Wege dadurch ebenen, daß die Verlängerung bestehender Notenprivilegien bei ihrem statutenmäßigen Ablauf oder beim Eintritt ihrer Kündbarkeit nur unter dem Vorbehalt der Kündbarkeit mit einjähriger Frist erfolgt.

Der durchaus interimistische Charakter des Gesetzes findet seinen prägnanten Ausdruck in der Bestimmung des § 6, nach welcher das Gesetz nur bis zum 1. Juli 1872 Gültigkeit haben soll.

Über die gegenwärtig bestehenden Befugnisse zur Ausgabe von Banknoten hat folgendes festgestellt werden können.

Die Preußische Bank ist befugt, Noten nach Bedürfnis ihres Verkehrs auszugeben; es muß jedoch nach den Bestimmungen der Bankordnung vom 5. Oktober 1846 (Preuß. Gesetz-Sammlung S. 435) und des Gesetzes vom 7. Mai 1856 (Gesetz-Sammlung S. 342) außer den zu den übrigen Geschäften nötigen Barfonds und Effekten der im Umlauf befindliche Betrag zu mindestens einem Dritteil durch bares Geld oder Silberbarren, im übrigen durch diskontierte Wechsel, an deren Stelle bis zur Höhe von 1/2 Millionen Staatspapiere und Lombardforderungen treten können, gedeckt sein.

Tatsächlich hat die Verwaltung der Bank bisher darauf gehalten, daß der in ihren Händen befindliche Barschatz einen namhaft größeren Teil ihres Notenumlaufs ausmache.

Von den Noten dürfen 10 Millionen Taler in Appoints zu 10 Talern ausgegeben werden. Im übrigen ist das Minimum der Appoints zu 20 Talern festgesetzt.

Das Notenprivilegium der Preußischen Bank bietet der Gesetzgebung des Bundes deshalb keine Schwierigkeiten, weil es zum 1. Januar 1871 kündbar ist, also dafür gesorgt werden kann, daß mit der Ordnung des Bankwesens durch Bundesgesetz eine Revision der Bankordnung eintrete.

Die neun Privatzettelbanken in den alten Provinzen Preußens sind zur Emission von je einer Million Taler Noten befugt. Die Konzession derselben ist regelmäßig nur auf 10 Jahre erteilt und außerdem in ihrer Dauer an den unveränderten Fortbestand der Bankordnung vom 7. Oktober 1846 gebunden, so daß ihre Statuten zugleich mit der Bankordnung einer Revision unterworfen werden können.

In den neu erworbenen Provinzen Preußens bestehen die drei Privatzettelbanken zu Frankfurt, Hannover und Homburg, welche zu einer Notenausgabe von bzw. 30 Millionen Gulden, 4 Millionen Talern und 1 Million Gulden, also zusammen von 21714285 Talern befugt sind. Das Notenprivilegium läuft bei der Frankfurter Bank bis 1879, bei der Hannoverschen und der Homburgischen bis 1906.

Im Königreich Sachsen bestehen fünf notenausgebende Banken: die Leipziger Bank, die Sächsische Bank in Dresden, die Bautzener Bank, die Chemnitzer Stadtbank und der Leipziger Kassenverein.

Die Befugnis der Leipziger Bank zur Ausgabe von Noten ist auf einen bestimmten Betrag nicht beschränkt, jedoch ist durch Statutennachtrag vom

5. Dezember 1863 bestimmt, daß die im Umlauf befindlichen Banknoten und Bankkassenscheine und die ohne vorherige Kündigung jederzeit oder nach einer kürzeren als dreimonatlichen Kündigungsfrist rückzahlbaren Depositen bis zum Gesamtbetrage von 6 Millionen Talern zur Hälfte, der über 6 Millionen Taler hinausgehende Betrag aber zu zwei Dritteilen durch gemünztes oder ungemünztes Silber, im übrigen durch Wechsel und diskontierte Anweisungen gedeckt sein müssen. Die Noten lauten auf Talerwährung und sind in Appoints von 10 Talern und darüber ausgestellt. Das Privilegium der Bank läuft bis zum Jahre 1879, jedoch ist bei der Konzessionserteilung vorbehalten, die der Bank erteilten Privilegien und Rechtsexemptionen nach Gelegenheit von Zeit und Umständen zu mehren, zu mindern oder ganz wieder aufzuheben.

Ebenso ist die Notenausgabebefugnis der Sächsischen Bank zu Dresden in dem Gesamtbetrage der auszugebenden Noten nicht beschränkt, indes muß der Gegenwert der im Umlauf befindlichen Banknoten, sowie der jederzeit ohne vorherige Kündigung oder vor Ablauf dreier Monate rückzahlbaren Depositen stets zu einem Dritteil in barem Kurantgelde oder Silberbarren vorhanden sein; ein Sechsteil kann durch Lombardforderungen, der Rest muß durch Geld oder bankmäßige Wechsel, die höchstens noch drei Monate zu laufen haben, gedeckt sein. Die Notenappoints lauten auf 10—500 Taler. Das Privilegium der Bank läuft bis 1910, jedoch ist der Bank bei der Verlängerung ihres Privilegs zur Pflicht gemacht, sich vom 18. Juli 1890 ab, als dem Termin, mit welchem ihr älteres Privilegium aufhört, jeder von jetzt ab etwa erfolgenden bundesgesetzlichen Regulierung der Bankfrage ohne Entschädigung zu unterwerfen.

Die Landständische Bank zu Bautzen hat die Befugnis, eine Million Taler Noten auszugeben.

Die Chemnitzer Stadtbank ist befugt, Kreditscheine in Appoints zu 1 Taler, bis zum Gesamtbetrage von höchstens 300000 Talern auszugeben. Ihr Privilegium läuft bis März 1874.

Der Leipziger Kassenverein ist bis 1892 berechtigt, Noten im Gesamtbetrage von 1000000 Talern auszugeben, jedoch nur in Appoints von 100 Talern und mehr.

In Mecklenburg-Schwerin besitzt die Bank zu Rostock die Befugnis zur Ausgabe von $1^1/_4$ Millionen Taler Banknoten. Über die Dauer des Privilegiums liegen Nachrichten nicht vor.

Im Großherzogtum Sachsen besitzt die Weimarische Bank die Befugnis zur Ausgabe von Banknoten in einem, ihrem eingezahlten Aktienkapitale (5 Millionen Taler) gleichen Gesamtbetrage; ihr Privilegium läuft bis 1953.

In Oldenburg ist der Oldenburgischen Landesbank die Ausgabe von 2 Millionen Talern Staatspapiergeld in Appoints zu 10 und 5 Talern mit der entsprechenden Einlösungspflicht übertragen. Da die Bank das Papiergeld zur Vermehrung ihrer Betriebsfonds benutzt, so hat dasselbe den Charakter von Banknoten, für welche der Staat die Garantie trägt. Der Gründungsvertrag läuft bis 1878.

In Braunschweig besitzt die Braunschweigische Bank die Befugnis zur Ausgabe von Banknoten in Appoints von 10 Talern und darüber, im Gesamtbetrage von 4500000 Talern. Zur Bareinlösung muß stets für $3^1/_2$ Million Taler umlaufender Noten der vierte Teil, darüber hinaus der dritte Teil des umlaufenden Mehrbetrages in der Bank vorrätig sein. Außer diesen zunächst zur Einlösung bestimmten Barfonds muß immer der ganze Betrag der in Umlauf gesetzten Noten in leicht realisierbaren Valuten, d. h. solchen, welche spätestens binnen drei Monaten eingezogen werden können, oder in Gelde in der Bank vorrätig sein. Das Privilegium läuft bis 1952.

In Sachsen-Meiningen hat die Mitteldeutsche Kreditbank zu Meiningen die Befugnis, bis zum vollen Betrage des eingezahlten Aktienkapitals Banknoten in Appoints von mindestens 10 Talern auszugeben, die zu einem Dritteil mit barem Gelde oder Gold- oder Silberbarren gedeckt sein müssen. Die zulässige Höhe des Notenumlaufs beträgt jetzt 5 Millionen Taler. Das Privilegium läuft bis 1956.

In Sachsen-Koburg-Gotha besitzt die Privatbank zu Gotha die Befugnis zur Ausgabe von Banknoten in unbeschränktem Umfange; jedoch darf der Gesamtbetrag der umlaufenden Noten nicht den Betrag der diskontierten und angekauften Wechsel übersteigen und muß bis zur Höhe des eingezahlten Kapitals (1400000 Taler) zu einem Dritteil, darüber hinaus zur Hälfte durch bares Geld oder Gold- oder Silberbarren gedeckt sein. Die Noten lauten auf Talerwährung, doch darf die Bank auch Noten ausgeben, welche auf andere deutsche Landeswährungen lauten. Der Minimalbetrag der Appoints ist 10 Taler und es darf höchstens die Hälfte des Betrages der umlaufenden Noten auf diesen Betrag lauten. Das Privilegium der Bank läuft bis 1946.

In Anhalt besitzt die Anhalt-Dessauische Landesbank die Befugnis zur Ausgabe von 1 Million Taler Banknoten; davon $^1/_2$ Million in Noten zu 1, 2 und 5 Talern, $^1/_2$ Million in Noten zu 10 Talern. Die Dauer des Privilegiums ist nicht bestimmt.

In Schwarzburg-Sondershausen besitzt die Thüringische Bank die Befugnis zur Ausgabe von Banknoten in einem ihrem eingezahlten Aktienkapitale gleichen Betrage, wovon $^1/_4$ durch bares Geld, der Rest durch Wechsel und leicht realisierbare Effekten gedeckt sein muß. Minimum der Notenappoints: 20 Taler. Das Kapital beträgt gegenwärtig 2 Millionen Taler und kann nur mit Genehmigung der Staatsregierung vermehrt werden. Die Zeitdauer des Privilegiums ist nicht beschränkt.

In Reuß j. L. besitzt die Geraer Bank eine ihrem Umfange nach unbeschränkte Notenausgabe-Befugnis; jedoch muß die bis zur Höhe des eingezahlten Aktienkapitals ausgegebenen Banknoten ein Dritteil, für alle darüber hinaus auszugebenden Banknoten die Hälfte des Betrages derselben durch bare Fonds repräsentiert sein. Die Noten dürfen auf 1, 5, 10, 50 und 100 Taler lauten. Das Privilegium der Bank dauert bis 1953.

In Schaumburg-Lippe besitzt die Niedersächsische Bank zu Bückeburg eine ihrem Umfange nach unbeschränkte Befugnis zur Ausgabe von Banknoten, mit der Maßgabe, daß für ein Dritteil der umlaufenden Noten bare Deckung vorhanden, der Rest durch gute nicht über drei Monate laufende Wechsel oder gute, einen Börsenkurs habende Effekten gedeckt sein muß. Die Noten dürfen auf Taler, Mark Banko, Louisdor, Süddeutsche, Österreichische und Holländische Währung lauten. Das Privilegium der Bank dauert bis 1956.

In Lübeck bestehen zwei notenausgebende Banken:

die Lübecker Privatbank mit der Befugnis, bis zum doppelten Betrage ihres eingezahlten Kapitals Noten in Talerwährung in Appoints von nicht unter 10 Talern auszugeben. Ein Viertteil der umlaufenden Noten muß bare Deckung haben. Das eingezahlte Kapital beträgt 1 Million Mark Kurant, die zulässige Notenemission also 800000 Taler; das Privilegium läuft bis 1890;

die Lübecker Commerzbank mit der Befugnis zur Ausgabe von 800000 Talern auf Talerwährung lautenden Banknoten in Appoints von nicht unter 10 Talern, von welchem ein Dritteil bare Deckung haben muß. Das Privilegium läuft bis 1906.

In Bremen endlich besitzt die Bremer Bank die Befugnis zur Ausgabe von Banknoten bis auf Höhe des eingezahlten Aktienkapitals und des Reservefonds, mit barer 1/3 Deckung. Das Aktienkapital beträgt 5 Millionen Taler Gold und kann nur mit Genehmigung des Senats erhöht werden. Der Reservefonds stellt sich nach dem Abschluß vom 31. Dezember 1869 auf 132411 Taler Gold, die Höhe der zulässigen Notenemission also auf 5132410 Taler Gold. Die Noten lauten auf Goldwährung; ein Emission von auf Silber lautenden Noten ist mit Genehmigung des Senats zulässig. Das Minimum der Appoints ist 5 Taler; nur 10% des zulässigen Notenumlaufs dürfen in Minimalappoints umlaufen. Die Dauer des Privilegiums ist unbeschränkt.

Von den hier aufgeführten nichtpreußischen Banken sind fünf in dem Umfange ihrer Notenausgabe nicht beschränkt, die übrigen dreizehn haben eine Befugnis zur Notenausgabe im Betrage von zusammen 30295000 Talern.

Im ganzen Bundesgebiete ist die Notenemissionsbefugnis von sechs Banken unbeschränkt, von 25 ferneren Banken auf zusammen 61000000 Taler abgegrenzt.

Die sämtlichen 31 Banken des Bundesgebietes (abgesehen von einzelnen kleinen Instituten, deren Notenumlauf sich auch annäherungsweise nicht feststellen ließ) hatten nach den Monatsberichten vom 21. Januar d. J. im ganzen

212508400 Taler

Noten im Umlauf davon:

die Preußische Bank	142222000 Tlr.
die übrigen Banken	70286400 „
zusammen	212508400 Tlr.

Dagegen betrugen die Vorräte an barem Gelde und Edelmetallen:

bei der Preußischen Bank	78333000 Tlr.

oder 55,07% des Notenumlaufs,

bei den übrigen Banken	32807800	Tlr.
oder 46,67% des Notenumlaufs,		
bei sämtlichen Banken	111140800	„
oder 52,29% des Notenumlaufs.		

Die im Umlaufe befindlichen, durch Metall nicht gedeckten Noten stellten sich:

bei der Preußischen Bank auf	63889000	Tlr.
bei den übrigen Banken auf	37478600	„
im ganzen auf	101367600	Tlr.

Auf den Kopf der Bevölkerung kamen also an umlaufenden Banknoten überhaupt etwas mehr als 7 Taler und an ungedeckten Banknoten 3,38 Taler.

Um den Gesamtbetrag des Umlaufs künstlich geschaffener Zahlungsmittel festzustellen, ist dem Betrage der ungedeckt umlaufender Noten der Betrag des umlaufenden Staatspaiergeldes hinzuzurechnen. Letzterer belief sich nach der jüngst vorgenommenen Feststellung (S. 142) auf 42652742 Taler oder, nach Abzug des vorstehend den Banknoten zugerechneten Oldenburgischen Papiergeldes, auf 40652742 Taler. Außerdem zirkulierten 500000 Taler Privatpapiergeld der Leipzig-Dresdener Eisenbahngesellschaft. Die Beiträge ergeben zusammen 142½ Million Taler, pro Kopf der Bevölkerung 4,75 Taler.

Zur Würdigung dieses Ergebnisses werden die folgenden Angaben beitragen.

Bei der Bank von Frankreich stellte sich nach dem Wochenbericht vom 17. Februar d. J.

der Notenumlauf auf	1418520400	Fr.
der Barvorrat auf	1225965873	Fr.
der ungedeckte Notenumlauf also auf	192554527	Fr.
oder, der Frank zu 8,1 Sgr. berechnet auf	51989722	Tlr.

Da in Frankreich kein Papiergeld umläuft, so beträgt daselbst der gesamte Umlauf künstlich geschaffener Zahlungsmittel 1,37 Taler auf den Kopf der Bevölkerung.

Für Großbritannien berechnete sich Anfangs Dezember v. J. der durch Barbestände nicht gedeckte Notenumlauf der Englischen Bank und der Banken in England und Wales[1]) Schottland und Irland auf

15412300 Pfd. Sterl.

oder. . . . . 102748667 Tlr., also für den Kopf der Bevölkerung auf 3,53 Tlr.

Gegenüber den Zuständen des Geldumlaufs solcher Länder, die sich ungestörter Valutenverhältnisse erfreuen, hat also der Umlauf papierner, durch bar nicht gedeckter Zahlungsmittel im Norddeutschen Bunde einen so be-

[1]) Für die Privat- und Joint-Stock-Banken in England und Wales liegen Angaben über ihre Barbestände nicht vor, es ist daher ihr gesamter Notenumlauf mit 5120458 Pfd. Sterl. als ungedeckter berechnet.

Nachweisung der Papiergeld-Emissionen der Staaten des Norddeutschen Bundes.

(Vom Bundeskanzler-Amt aufgestellt im August 1869.)

Nr.	Bundesstaaten	Es sind emittiert Tlr.
1	Preußen, an Kassen-Anweisungen à 5 Tlr. 10 400 000 Tlr., desgl. à 1 Tlr. 7 850 000 Tlr. 18 250 000 Tlr. außerdem an Darlehns-Kassenscheinen welche vom Beginn des Jahres 1871 ab zurückgezogen werden müssen, z. T. auch jetzt bereits eingelöst sind . . . . 2 228 000 Tlr.	20 478 000
2	Sachsen	12 000 000
3	Hessen . . . . 4 300 000 Fl. oder	2 457 142
4	Mecklenburg-Schwerin	—
5	Sachsen-Weimar, an Kassen-Anweisungen à 5 Tlr. 240 000 Tlr. desgl. à 1 Tlr. 360 000 Tlr.	600 000
6	Mecklenburg-Strelitz, an Rentei-Kassenscheinen . . .	500 000
7	Oldenburg, in Appoints à 10 Tlr. . . 1 400 000 Tlr. in desgl. à 5 Tlr. . . . 600 000 Tlr.	2 000 000
8	Braunschweig, an Kassenscheinen der unter der Gewähr des Staats stehenden Herz. Leihh.-Anstalt in Braunschw.	600 000
9	Sachsen-Meiningen	600 000
10	Sachsen-Altenburg, an Kassenscheinen à 10 Tlr. 339 300 Tlr. u. desgl. à 1 Tlr. 146 300 Tlr., zusammen . . .	485 600
11	Sachsen-Coburg-Gotha	600 000
12	Anhalt, an Kassenscheinen à 1 Tlr.	950 000
13	Schwarzburg-Rudolstadt	200 000
14	Schwarzburg-Sondershausen	150 000
15	Waldeck	210 000
16	Reuß ä. L.	130 000
17	Reuß j. L.	320 000
18	Schaumburg-Lippe	372 000
19	Lippe	—
20	Lübeck	—
21	Bremen	—
22	Hamburg	—
	Summa	42 652 742
	Davon ist die Papiergeld-Emission im Großherzogtum Oldenburg mit	2 000 000
	abzurechnen, weil dieses Papiergeld der Oldenburgischen Landesbank zur Verstärkung ihrer Betriebsfonds überwiesen und daher den Banknoten gleichzustellen ist, es bleibt also an Staats-Papiergeld-Emissionen der Betrag von	40 652 742

deutenden Umfang erreicht, daß die einstweilige Sistierung in der Erteilung neuer oder erweiterter Notenprivilegien vom Stand des Bedarfs aus irgendwelchen Bedenken nicht unterliegen kann. Zugleich macht der verhältnismäßig große Umfang des Papierumlaufs, welcher unter den bestehenden Bankverhältnissen erreicht ist, die dringende Notwendigkeit ersichtlich, der Vermehrung der Schwierigkeiten, welche die Bundesgesetzgebung bei einer rationellen Ordnung des Bankwesens in den bestehenden Bankprivilegien findet, vorzubeugen.

Die §§ 1 und 2 des Entwurfs finden hierin ihre Rechtfertigung.

§ 1.

Vom Tage der Wirksamkeit dieses Gesetzes kann die Befugnis zur Ausgabe von Banknoten nur durch ein, auf Antrag der beteiligten Landesregierung erlassenes Bundesgesetz erworben werden.

§ 2.

Ist vor dem Tage der Wirksamkeit dieses Gesetzes die Befugnis zur Ausgabe von Banknoten mit der Beschränkung erworben worden, daß der Gesamtbetrag der auszugebenden Noten eine in sich bestimmte oder durch das Verhältnis zu einer anderen Summe begrenzte Summe nicht übersteigen darf, so kann die Aufhebung dieser Beschränkung oder die Erhöhung des am Tage der Verkündigung dieses Gesetzes zulässigen Gesamtbetrages der auszugebenden Noten nur durch ein auf Antrag der beteiligten Landesregierungen erlassenes Bundesgesetz erfolgen.

§ 3.

Ist die Dauer der vor dem Tage der Wirksamkeit dieses Gesetzes erworbenen Befugnis zur Ausgabe von Banknoten auf eine bestimmte Zeit beschränkt, so kann sie über den Ablauf dieser Zeit hinaus nur durch ein, auf Antrag der beteiligten Landesregierung erlassenes Bundesgesetz verlängert werden, es sei denn, daß der Inhaber der Befugnis zur Notenausgabe sich rechtsverbindlich verpflichtet, sich die Entziehung dieser Befugnis mit dem Ablauf jedes Kalenderjahres nach vorgängiger einjähriger Kündigung gefallen zu lassen.

Der § 3, welcher eine Verlängerung der Notenprivilegien über ihren Endtermin hinaus nur unter der Bedingung der Kündbarkeit derselben mit einjähriger Frist zuläßt, wird praktische Bedeutung nur für einige der Preußischen Privatbanken in den alten Provinzen gewinnen, da die Endtermine der übrigen auf Zeit erteilten Bankprivilegien meist so weit hinausgerückt sind, daß sie z. Z. des Erlasses der allgemeinen Bestimmungen über das Bankwesen nicht abgelaufen sein werden.

§ 4.

Kann die Dauer einer vor dem Tage der Wirksamkeit dieses Gesetzes erworbenen Befugnis zur Ausgabe von Banknoten durch eine vom Staat oder einer öffentlichen Behörde ausgehende, an einen bestimmten Termin gebundene Kündigung auf eine bestimmte Zeit beschränkt werden, so tritt diese Kündigung zu dem frühesten zulässigen Termine, kraft gegenwärtigen Gesetzes, ein, es sei denn, daß der Inhaber der Befugnis zur Notenausgabe sich rechtsverbindlich verpflichtet, sich die Kündigung mit einjähriger Frist für den Ablauf jedes Kalenderjahres gefallen zu lassen.

Der § 4 trifft recht eigentlich die Preußische Bank, die einzige, deren Privilegium der Kündigung unterliegt.

Nach § 16 der Bankordnung vom 5. Oktober 1846 und § 2 des Gesetzes vom 7. Mai 1856 steht nämlich dem Staate gegenüber der Preußischen Bank bis zum 31. Dezember d. J. das Recht zu, zum 31. Dezember 1871 die Zurückzahlung des Kapitals der Bankanteilseigner oder die Abänderung der Bankordnung ohne Zustimmung der Versammlung der meistbeteiligten Bankanteilseigner anzuordnen. Wird von diesem Rechte bis zu dem gedachten Zeitpunkte kein Gebrauch gemacht, so kann der Staat diese Befugnis erst wieder nach Ablauf von 10 Jahren ausüben. Da mit dem künftigen Erlaß allgemeiner bundesgesetzlicher Bestimmungen über das Bankwesen eine diesen Bestimmungen entsprechende Revision der Bankordnung Hand in Hand gehen muß, so trifft der § 4 des Entwurfs Vorsorge, daß noch im Laufe dieses Jahres eine Änderung der gedachten Bestimmungen der Bankordnung und des Gesetzes vom 7. Mai 1856 dahin eintrete, daß die dem Staate nach denselben nur alle zehn Jahre zustehende Befugnis, die Zurückzahlung des Kapitals der Bankanteilseigner oder die Abänderung der Bankordnung ohne Zustimmung der Versammlung der meistbeteiligten Bankanteilseigner anzuordnen, fortan zum Schlusse jedes Kalenderjahres mit einjähriger Kündigungsfrist ausgeübt werden kann.

§ 5.

Den Banknoten wird dasjenige Staatspapiergeld gleichgeachtet, dessen Ausgabe einem Bankinstitute zur Verstärkung seiner Betriebsmittel übertragen ist.

Der § 5 rechtfertigt sich durch die Erwägung, daß Staatspapiergeld unter den in diesem Paragraphen angegebenen Bedingungen den durch den Staat garantierten Banknoten der Sache nach völlig gleichsteht.

Bei der dritten Beratung über den Gesetzentwurf im Reichstage (27. Sitzung vom 24. März 1870) erhielten die vorstehenden Paragraphen eine einzige Abänderung dadurch, daß als Alinea 2 zum § 1 folgendes Amendement des Abgeordneten v. Sybel angenommen wurde:

> Wenn eine Bank bis zum Tage der Wirksamkeit dieses Gesetzes von ihrer Befugnis zur Notenausgabe tatsächlich keinen Gebrauch gemacht hat, so kann sie dies künftig nur tun, wenn sie die Ermächtigung durch ein Bundesgesetz erhält.

Der Grund, warum dem Gesetze rückwirkende Kraft gegeben wurde, lag lediglich in der Absicht, das Ins-Leben-treten eines von der Fürstlich Reußischen Regierung bereits konzessionierten neuen Bankinstituts zu Greiz zu verhindern.

26. Pro memoria der Direktoren der Braunschweiger Bank betr. gemeinsame Notenausgabe der Privatbanken.

Die in der Verfassung des Norddeutschen Bundes vorgesehene Regelung des Bankwesens ist zu einer brennenden Frage geworden, welche unabweisbar auf baldige Lösung hindrängt.

Über das, was geschehen soll, scheinen die Ansichten allerdings noch weit auseinander zu gehen; aber es läßt sich doch schon jetzt nicht verkennen, daß die öffentliche Meinung im allgemeinen geneigt ist, zugunsten der Preußischen, beziehentlich einer aus dieser zu bildenden Zentralbank des Norddeutschen Bundes *gegen* die Noten ausgebenden Privatbanken Partei zu nehmen, und in diesem Sinne auf die Gesetzgebung einzuwirken. Bestehende Konzessionen wird man *formell* zwar respektieren müssen; indessen liegt die Gefahr nahe, daß die Gesetzgebung des Norddeutschen Bundes zugunsten eines Zentralinstituts Bestimmungen trifft, welche für die Privatbanken *faktisch* von nachteiligem Einflusse sein werden.

Um dieser Gefahr zu begegnen, ist erforderlich, daß die bei der schwebenden Frage zunächst interessierten Banken aus ihrer bisherigen Passivität heraustreten, durch geeignete *gemeinsame* Schritte das Chaos von Wünschen und Vorschlägen klären und eine den Interessen der Banken selbst sowohl als auch des öffentlichen Verkehrs wirklich dienende Lösung herbeiführen helfen.

Unter die Ursachen, welche das Publikum gegen die Vielfältigkeit unseres Banknotenwesens einnehmen, ist *Mißtrauen in die Solvenz der Banken* wohl jetzt nicht mehr zu zählen. Wenn es früher hier und da bestand, so ist seine Grundlosigkeit durch eine Reihe von Jahren, reich an politischen und finanziellen Krisen, vollständig dargetan. Auch nicht *eine* der deutschen Zettelbanken ist aus diesen Proben mit Unehren hervorgegangen! Dagegen bestehen zwei sehr wohl begründete Beschwerden:

Der Kreis, in welchem die Mehrzahl der (namentlich nichtpreußischen) Privatbanknoten zum Pariwerte zirkuliert, ist ein so enger, daß diese Noten in Wirklichkeit ihre Bestimmung, den Geldverkehr zu erleichtern, nur sehr unvollkommen erfüllen können; — und

die Noten sind nach Emissionsstätte, Größe der Abschnitte und Emissionsdatum so verschieden, daß nur der geübte Kassierer, nicht aber der gewöhnliche Geschäftsmann alle so genau zu kennen vermag, um sich mit Sicherheit vor Falsifikaten und amortisierten Noten zu hüten. Auf Beseitigung dieser beiden Übelstände wird in letzter Instanz alles gerichtet sein, was auf dem Felde der Bankgesetzgebung geschieht, und muß auch dasjenige gerichtet sein, was die Banken selbst anbieten, wenn sie sich eine nutzbringende, wirkliche Selbständigkeit ferner sichern wollen.

Es handelt sich darum, daß die Privatbanken ihre Noten gegenseitig zum vollen Nominalwerte in Zahlung annehmen und sie an einem gemeinsamen Zentralpunkte einlösen, und ihnen eine einheitliche äußere Form geben.

Man hat nach dem Vorbilde des in Schottland und der Schweiz bestehenden Clearing-Systems vielfach vorgeschlagen, die Banken sollten ihre Noten an einer Zentralstelle — Berlin — einlösen, bzw. austauschen lassen. Allein dieses System kann in dieser Weise für unsere deutschen Verhältnisse nicht als geeignet angesehen werden. Die Schottischen Banken sind auf einen Flächenraum von ca. 1460, die Schweizerischen auf einen solchen von ca. 700 Quadratmeilen mit ziemlich gleichartigen Erwerbszweigen der Bevölkerung zusammengedrängt, und es liegt daher auf der Hand, daß ihre Noten im allgemeinen ziemlich gleichmäßig im Lande zirkulieren und an der Zentralstelle zum Umtausch gelangen. Die Banken des Norddeutschen Bundes verteilen sich dagegen auf einen Flächenraum von ca. 7500 Quadratmeilen mit einer Bevölkerung, welche in den einzelnen Gegenden die allerverschiedensten Erwerbszweige kultiviert und darum eine, selbst nur im Verhältnisse zur Emissionshöhe annähernd gleichmäßige Zirkulation der verschiedenen Noten im Bundesgebiete nicht zuläßt. Die Einwechselung an einer Zentralstelle wird daher immer eine mit erheblichen, regelmäßig wiederkehrenden Kosten verbundene, mehr oder weniger künstliche sein und darum ihren eigentlichen Zweck gar nicht erfüllen. Die Banken würden trotz aller Konventionen die Noten anderer, namentlich weit entfernter Banken in vielen Fällen nicht al pari in Zahlung nehmen, weil es langjähriger Übung bedürfen wird, ehe man sich daran gewöhnt, z. B. in Königsberg Weimarische, oder in Posen Meininger Banknoten als wechselmäßige Zahlung anzusehen, so daß die Banken solche Noten nicht wieder ausgeben, sondern sie nur zur Einwechselung nach Berlin senden könnten. Die Erfahrungen, welche mit der Noteneinlösung in Leipzig gemacht worden sind, dürften in gleicher Weise gegen ein solches System sprechen.

Ferner ist vorgeschlagen worden, daß die Banken sich über ein gemeinsames Schema der Noten verständigen, so daß diese in ihrer äußern Erscheinung übereinstimmen und nur in dem Texte des Zahlungsversprechens die unterscheidende Abweichung enthalten. Auch dies wäre aber nur eine halbe Maßregel, welche scheinbar eine Erleichterung für den Verkehr, in Wahrheit aber eine Täuschung des Publikums bewirken würde. Die Noten erschienen danach als unifiziert, ohne es in Wirklichkeit zu sein, die nach wie vor stattfindende Unterscheidung wäre durch die äußerlich übereinstimmende Form nur unendlich erschwert.

Die Vereinigung der Banken behufs Ausgabe und Einlösung ihrer Noten muß, wenn sie ihren Zweck erfüllen soll, eine vollständige sein, d. h. eine solche, welche den öffentlichen Verkehr wirklich von der bunten Musterkarte „diverser" Noten, die mitunter schon wenige Meilen von ihrem Ursprungsorte nicht mehr vollgültig sind, befreit und die Noten der Privatbanken zu einem überall ebenso beliebten und geeigneten Zahlmittel macht, wie es die Noten der Preußischen Bank sind. Dies ist aber nur dann möglich, wenn die **Privatbanken an Stelle ihrer Privatzettel**

unter solidarischer Haftung eine gemeinsame Note ausgeben, die an einem gemeinsamen Zentralpunkte einlösbar ist.

Auf den ersten Blick mögen die Schwierigkeiten, die sich einem solchen Arrangement entgegenstellen, Bedenken erregen; bei näherer Prüfung erweisen sie sich aber als verhältnismäßig leicht überwindbar, sie sind jedenfalls nicht bedeutend genug, um gegen die offenbaren Vorteile in Betracht zu kommen und einen großartigen Fortschritt verhindern zu dürfen, wenn er einmal gewollt ist.

Die Bedenken werden namentlich auf zwei Punkten beruhen:

1. der gegenseitigen Haftung, und
2. der Verlegung der Metallvorräte aus den Kellern der einzelnen Banken in ein gemeinsames Reservoir.

Was den ersten Punkt anlangt, so ist schon weiter oben bemerkt worden, daß keine der bestehenden deutschen Zettelbanken selbst in den schwierigsten Zeiten Grund zu Besorgnissen in betreff der Sicherheit ihrer Noten gegeben hat. Die durch emittierte Noten repräsentierten Schulden der Banken sind unbedingt privilegierte und können auch zwischen den zu solidarischer Haftung vereinigten Banken gegenseitig als solche ausdrücklich anerkannt werden. Wenn übrigens ein Dritteil als bare Deckung sich fortwährend in gemeinsamer Verwahrung befindet, dann wird für die restierenden zwei Dritteile das Grundkapital und die seitens der Zentrale zu kontrollierende Spezialdeckung unter allen Umständen als hinreichende Sicherheit angesehen werden dürfen. Eine Bank, die ihrer Verpflichtung auch nur ein einziges Mal nicht mit der allerstrengsten Pünktlichkeit nachgekommen wäre, möge man von diesem Augenblick an ausschließen, überhaupt die Zentrale mit ausgedehntester Exekutivvollmacht ausrüsten.

Auch die Verlegung der Barvorräte nach der zu bildenden Zentralstelle hat nichts Bedenkliches, wenn man sich vergegenwärtigt, daß die Aufbewahrung in eigens dafür herzustellenden Räumen, unter jeder denkbaren, von den Banken selbst auszuübenden Kontrolle und unter bundeskommissarischem Mitverschlusse zu geschehen hätte.

Wozu dient der Barvorrat der Privatbanken? Zunächst zur Beruhigung der Noteninhaber; ein unter öffentlicher Kontrolle stehender Zentralsilberschatz wird dies aber in noch weit höherem Maße tun. Sodann zur Ermöglichung solcher Zahlungen, zu welchen die betreffenden Noten nicht geeignet sind, nämlich an Staatskassen und öffentliche Verwaltungen jenseits der Landesgrenzen; die Note der vereinigten Banken wird für solche Zwecke das schwerfällige Silbergeld ganz entbehrlich machen. Endlich zur Lieferung des kleinen wirklichen Bedarfs an Metallgeld für Arbeitslöhne u. dgl.; dieser

Bedarf allein wird auch ferner bestehen, ihm genügt aber im großen ganzen derjenige Vorrat an Metallgeld, welchen das regelmäßige Geschäft den Bankkassen von selbst zuführt.

Die Zusammenlegung der jetzt in ihrer Zerstreuung verschwindenden Silbervorräte bringt nicht bloß eine wesentliche Vereinfachung des gegenwärtig umständlichen und ungleich kostspieligeren Zirkulationsprozesses, sondern noch andere sehr erhebliche Vorteile mit sich. Sie liefert neben dem Metallschatze der Preußischen Bank einen wertvollen Barometer des Geldmarktes; sie verhütet, daß die Banken in kritischen Zeiten aus löblicher Vorsorge weit über das wirkliche Bedürfnis hinaus geprägtes Geld anhäufen und dadurch eine gesteigerte Nachfrage hervorrufen, welche den Geldmarkt noch sehr alarmiert; sie verhütet endlich auch, daß einzelne Banken in solchen Zeiten durch besonders starken Andrang zur Realisation ihrer Noten in ihrer gerade dann doppelt segensreichen ruhigen Disposition und kräftigen Wirksamkeit gelähmt werden. Die in dieser Beziehung im Jahre 1866 gemachten Erfahrungen sind noch in zu frischer Erinnerung, als daß es einer Darlegung bedürfen kann, welche Beruhigung in stürmischen Zeiten die Bankdirektionen sowohl als auch das Publikum in dem Bewußtsein finden müssen, daß einer für alle und alle für einen einstehen. Durch solches Zusammenlegen der Metallvorräte verschaffen sich die Banken den großen Vorteil der Preußischen Bank, welche gerade durch ihre Ausbreitung über den ganzen Staat in die Möglichkeit versetzt ist, die Geldbewegung auszugleichen, und nicht von den zufälligen Verhältnissen eines Platzes oder einer Provinz abhängig zu sein, sondern über der augenblicklichen Situation zu stehen.

Wegen der Ausführung dieser Idee beziehen wir uns auf den beigefügten Organisationsentwurf, den wir Ihrer eingehenden Prüfung angelegentlichst empfehlen.

Dieser Plan basiert auf dem Prinzip der Selbsthilfe und Selbstverwaltung; er erledigt von vornherein die Frage, unter welchen Bedingungen neue Zettelbanken konzessioniert werden sollen, denn es wird kein neues Institut dieser Art entstehen, welches sich dem Vereine nicht anschließen will, oder dessen Zensur nicht besteht. Er ist der Sympathie des Publikums gewiß, weil diesen an Stelle dieser verschiedenen Noten ein überall vollgültiges, allgemein genau bekanntes Papiergeld geboten wird, ein Papiergeld, welchem vermöge der viel höheren Summe des dafür haftenden Stammkapitals, eine weit imposantere Sicherheit innewohnt, als selbst den Noten der Preußischen Bank. Er ist endlich auch nach unserer festen Überzeugung sowohl aus wirtschaftlichen, wie aus politischen Gründen der wärmsten Unterstützung seitens des Bundespräsidiums und Reichstages sicher.

Wir zweifeln nicht, mit Anregung dieser, unsere gemeinsamen wichtigsten Angelegenheiten berührenden Fragen Ihrem lebhaften Interesse zu bebegegnen, unsere positiven und detaillierten Vorschläge werden, obgleich aus reiflicher Erwägung hervorgegangen, vielleicht nicht sogleich allseitigen Anklang finden, mindestens aber das Verdienst haben, die konkrete Behandlung der Frage zu erleichtern. Haben Sie die Güte, uns zunächst Ihre Ansichten über das ganze Programm mitzuteilen; wir beabsichtigen, das auf diese Weise sich sammelnde Material als Unterlage für baldmöglichst zu veranstaltende mündliche Verhandlung des Gegenstandes vorzubereiten.

Braunschweig, März 1870.

Aug. Urbich, Alex. Benndorf,
Direktoren der Braunschweigischen Bank.

Organisationsvorschlag.

§ 1.

Die zur Notenausgabe autorisierten Privataktienbanken des Norddeutschen Bundes vereinigen sich zu gemeinsamer Notenausgabe und Noteneinlösung.

§ 2.

Sie errichten zu diesem Zwecke unter gemeinsamer Verwaltung unter dem Schutze und der Kontrolle des Norddeutschen Bundes ein Zentralbüro in Berlin.

§ 3.

Das Zentralbüro besteht

a) aus einem Verwaltungsrate, welchen die beteiligten Banken nach einem vom Aktienkapitale abhängigen Stimmenverhältnisse wählen;

b) aus besoldeten Beamten, welche vom Verwaltungsrate vorgeschlagen und in gleicher Weise ernannt werden. Außerdem hat jede beteiligte Bank das Recht, auf ihre Kosten einen besonderen Kontrollbeamten für das Büro zu bestimmen;

c) aus den seitens des Bundesrates zu ernennenden Bundeskommissaren.

§ 4.

Das Zentralbüro emittiert Noten, deren Gesamtbetrag dem Gesamtbetrage der gegenwärtig konzessionierten Noten der einzelnen Banken gleich ist, wogegen diese Banken auf ihre eigene Notenausgabe verzichten.

§ 5.

Jeder Bank wird ein ihrem Privilegium entsprechendes, oder, wo unbegrenzte Ausgabe gestattet ist, vertragsmäßig festzustellendes Quantum Bundesnoten gegen Einziehung ihrer Privatnoten zur Verfügung gestellt.

§ 6.

Die neuen Noten sind nur an der Zentralstelle jederzeit zahlbar. Die Einlösung an den einzelnen Bankkassen erfolgt nur nach Maßgabe des jeweiligen Barvorrats daselbst, resp. nach vorheriger Anmeldung.

§ 7.

Zur Deckung dieser Bundesnoten hat jede Bank ein Dritteil der von ihr entnommenen Summe in barem Gelde an die Zentralstelle einzuliefern. Für die übrigen zwei Dritteile muß sie in ihrem Portefeuille die übliche Deckung durch Wechsel oder entsprechende Sicherheiten vorrätig haben.

§ 8.

Ob und wo aus Rücksicht auf örtliche Verhältnisse ein Teil des gemeinsamen Barschatzes im allgemeinen Interesse außerhalb der Zentralstelle aufzubewahren ist, bleibt der Beschlußfassung nach speziellem Antrage vorbehalten.

§ 9.

Das Zentralbüro oder der Verwaltungsrat hat die zur Notendeckung bestimmten Portefeuilles der Banken regelmäßig zu revidieren und unter Umständen auch zu zensieren und der Generalversammlung der Beteiligten genauen Bericht zu erstatten.

§ 10.

Das Zentralbüro berichtet wöchentlich an die beteiligten Banken über den Stand des Barvorrats und der Notenzirkulation. Sobald der unter seiner Verwaltung stehende Barvorrat weniger beträgt als ein Dritteil der an die Banken wirklich ausgelieferten Noten, fordert er jede Bank zu einem, ihrer Notenentnahme entsprechenden Nachschusse auf.

§ 11.

Eine Bank, welche solcher Aufforderung nicht sofort nachkommen sollte, wird ohne weiteres aus dem Vereine ausgeschlossen. Bezüglich ihrer gegen den Verein noch schwebenden Verpflichtungen hat das Zentralbüro Recht und Pflicht sofortiger Exekution, zu welchem Zwecke die Assistenz der betr. Organe des Norddeutschen Bundes im voraus zu sichern ist.

§ 12.

Über die unbedingte oder von Statutenänderungen u. dgl. bedingte Aufnahme jeder einzelnen Bank in den Verein entscheidet die Generalversammlung der Beteiligten in der Weise, daß, wenn nicht wenigstens $^{3}/_{4}$ aller berechtigten Stimmen sich für die Aufnahme aussprechen, diese abgelehnt ist.

27. Amtliche Mitteilungen des deutschen Handelstages.

Die Bankfrage betreffend.

Nach Artikel 4 der Verfassung des Norddeutschen Bundes gehört das Bankwesen zu denjenigen Gegenständen, welche in Zukunft der Gesetzgebung und Verwaltung des Bundes überlassen sind. Die Ausführung der Bestimmung wird jedenfalls tiefergreifende gesetzliche Anordnungen notwendig machen. Welcher Ansicht über das Bankwesen man auch huldigen mag, so herrscht doch darüber das vollkommenste Einverständnis, daß der gegenwärtige Zustand nicht aufrecht erhalten werden kann. Es ist unzulässig, daß in einem einheitlichen Wirtschaftsgebiete verschiedene Gesetzgebung über das Bankwesen herrscht, daß in Beziehung auf Konzessionierung neuer Banken, so wie auf Ausgabe von Umlaufsmitteln in der einen Provinz andere Vorschriften herrschten als in der andern. Auch kann darüber kein Zweifel obwalten, daß die tatsächlich bestehenden Zustände unbefriedigend sind. Es muß als Übelstand empfunden werden, daß in einem Lande sich Banken bilden, welche mit der Absicht gegründet sind, ihre Tätigkeit über ein anderes Gebiet hin zu erstrecken.

Der bleibende Ausschuß des Deutschen Handelstages glaubte die Pflicht zu haben, den Handlungen der Regierungen nicht müßig zuzusehen, sondern sich zu bestreben, dieselben zu unterstützen. Es konnte ihm weniger darauf ankommen, theoretische Erörterungen zu veranlassen, denn es würde ein Bände reiches Werk dazu gehören, die für und wider die Einheit und Freiheit der Banken sprechenden Gründe zu erschöpfen. Der bleibende Ausschuß mußte vielmehr seine hauptsächliche Aufgabe darin erkennen, Material zu sammeln, aus dem die Regierung sich ein Urteil darüber bilden könnte, wie man im Schoße des deutschen Handelsstandes über die Bankfrage denkt. Es kam ihm wesentlich darauf an, die einzelnen Handelskörperschaften zu veranlassen, sich über ihre Wünsche auszusprechen, und wo sich eine klare und bestimmte Ansicht über die Neugestaltung des Bankwesens noch nicht gebildet hat, darauf hinzuwirken, daß die Handelskammern oder die ihnen gleichgestellten Körperschaften der Frage näher treten.

Zu diesem Behufe hat im November 1869 der bleibende Ausschuß an seine sämtlichen Mitglieder Fragebogen versandt, welche den Zweck hatten, einerseits das statistische Material über das gegenwärtige Wirken und Bestehen der Banken zu sammeln, andererseits Äußerungen darüber hervorzurufen, in welcher Richtung für die Zukunft die Bankgesetzgebung vorzuschreiten habe.

Die eingegangenen Antworten haben leider zu diesem Ziele noch nicht geführt. Einerseits sind von vielen Handelskammern Antworten überhaupt nicht eingetroffen, andererseits erschöpfen die eingegangenen Antworten den Sinn der Fragen nicht, beruhen auch wohl zum Teil auf einem Mißverständnisse der gestellten Fragen. Der bleibende Ausschuß hat von Anfang an seine Tätigkeit auch darauf gerichtet, eine Kommission einzuberufen, bestehend aus einem Teile seiner Mitglieder und aus anderen sachkundigen Männern, welcher die Aufgabe zufiel, das eingehende Material weiter zu verarbeiten und den Ausdruck einer öffentlichen Meinung über die Bankfrage hervorzurufen. Diese Kommission hat zu Berlin in den Tagen vom 23—25. Mai 1870 sich versammelt und Beratung gepflogen. Selbstredend kann in einem dreitägigen Zeitraume das ganze weite Gebiet der Bankfrage nicht eingehend erörtert werden. Es ist untunlich, eine Anzahl von Männern, deren Berufsgeschäfte sie in den verschiedensten Gegenden

Deutschlands festhalten, auf eine so lange Zeit zu versammeln, als es nötig wäre, um alle in Betracht kommenden Fragen gründlich zu erörtern. Es war gleicherweise nicht tunlich, die Beratungen nach parlamentarischer Sitte durch eingehende Berichte vorzubereiten, denn der Referent konnte es nicht voraussehen, welche Fragen es sein würden, die das Interesse der Versammlung vorzugsweise in Anspruch nehmen würden. Und in der Tat ist es nicht zu vermeiden gewesen, daß ein verhältnismäßig großer Teil der Beratungszeit hingenommen wurde von der Erörterung darüber, welche Fragen den übrigen an Wichtigkeit so weit voranstehen, daß ihnen vorzugsweise Zeit und Aufmerksamkeit zugewendet werden müsse. Der bleibende Ausschuß hat deshalb den Beschluß gefaßt, dasjenige Material, welches in der Beratung bruchstückweise zum Vortrage gekommen ist, in systematischer Form zu bringen, es ist eine Anzahl von Resolutionen zuzuspitzen und diese Resolutionen von neuem den einzelnen Handelskörperschaften mit dem Ersuchen vorzulegen, eine bestimmte Erklärung darüber abzugeben, inwieweit sie diesen Resolutionen beistimmen und in welcher Richtung evtl. sie sich von denselben entfernen. Z. Z., als der bleibende Ausschuß seine Tätigkeit in dieser Frage begann, schien es, als ob die Erledigung der gesamten Fragen von großer Dringlichkeit sei. Das Privilegium der preußischen Bank nahte sich seinem Ablauf, und es erschien als ein erster Schritt zur Begründung neuer Verhältnisse, daß dieses Privilegium nicht ausdrücklich oder stillschweigend in völlig unveränderter Weise erneuert werde. Es schien zu jener Zeit, als müsse eine Erledigung der ganzen Frage vor Ablauf des Jahres 1870 herbeigeführt werden, weil, im Falle bis dahin eine Kündigung des gedachten Privilegiums nicht erfolgte, das letztere stillschweigend als auf weitere zwölf Jahre verlängert anzusehen sei. Inzwischen hat das Gesetz vom 27. März 1870 eine Änderung in der Sachlage nach zwei Richtungen herbeigeführt. Einerseits ist dadurch die Möglichkeit herbeigeführt, das Privilegium der preußischen Bank zu jeder Zeit mit einjähriger Frist zu kündigen. Es ist dadurch der Gefahr vorgebeugt, daß von neuem auf einen längeren Zeitraum unveränderliche Zustände geschaffen werden, und es ist der Boden gewonnen für Neuschaffungen, mögen dieselben nach welcher Richtung hin immer beabsichtigt werden. Andererseits hat das Gesetz auch den Vorzug gehabt, vorübergehend die Errichtung neuer Zettelbanken zu verhüten und dadurch einer Verschlimmerung des bereits angedeuteten Übelstandes vorzubeugen, daß sich Banken bilden, deren Tätigkeit nicht in den Territorium, in welchem sie gegründet werden, stattfinden soll, sondern die beabsichtigen, ihre Wirksamkeit auf ein lokal ihnen fremdes Territorium hin auszudehnen. Wenn somit für die Beratung des Handelstages ein der Zeit nach freier Spielraum gewonnen worden ist, so treten doch die bereits angedeuteten Umstände dem entgegen, daß eine Erledigung der ganzen Frage in ihrem vollen Umfange auf dem Wege mündlicher Kommissionsberatungen versucht werden kann, vielmehr muß der Handelstag an dem Wege festhalten, durch ein vorbereitendes Material seine einzelnen Mitglieder zu bestimmten und die Frage erschöpfenden Antworten zu veranlassen.

An der Sitzung der Bankkommission haben folgende Herren teil genommen:

1. **Bamberger**, Dr. jur. in Mainz.
2. **Becker**, Vorsitzender der Handelskammer in Leipzig und Direktor der Leipziger Bank.
3. **Benndorf**, Direktor der Braunschweiger Bank.
4. **Conrad**, Bankier in Berlin.
5. **von Dechend**, Präsident des Hauptbankdirektoriums in Berlin.
6. **Delbrück**, Bankier in Berlin, Vorsitzender des Ausschusses des deutschen Handelstages.
7. **Friedländer**, Bankier in Breslau.
8. **Fromberg**, Direktor des Schlesischen Bankvereins in Breslau.
9. **Hinsberg**, Direktor des Barmer Bankvereins in Barmen.
10. **Kämmerer**, Kaufmann in Hamburg.
11. **Ladenburg**, Bankier in Mannheim.
12. **Mendelssohn**, Geh. Kommerzienrat und Bankier in Berlin.
13. **Meyer**, Dr. jur. in Breslau.
14. **Mosle**, Kaufmann in Bremen.
15. **Müller**, Kaufmann in Stuttgart.
16. **Samter**, Bankier in Königsberg.
17. **Schottler**, Direktor der Bank in Danzig.
18. **Seiffert**, Direktor der Bank in Weimar.
19. **Spiegeler**, Bankdirektor in Lübeck.
20. **Steiner**, Bankdirektor in Stuttgart.
21. **Stengel**, Kaufmann in Staßfurt.
22. **Stephan**, Kommerzienrat und Bankier in Königsberg.
23. **Warschauer**, Geh. Kommerzienrat und Bankier in Berlin.
24. **Wesenfeld**, Fabrikant in Barmen.
25. Dr. **Witte**, Senator in Rostock.
26. **Zuckschwerdt**, Kaufmann in Magdeburg.

Die erste Resolution, zu welcher die Kommission gelangt, lautet dahin:

> **Die preußische Bank soll erhalten und in eine Bank des Norddeutschen Bundes resp. des Zollvereins unter Feststellung einer Konzession auf etwa 12 Jahre umgebildet werden.**

Die Kommission stellte sich auf den Boden der gegebenen Tatsachen, indem sie zunächst die Gestaltung des Bankwesens für den Norddeutschen Bund ins Auge faßte. Nur für den Norddeutschen Bund existierte eine zuständige gesetzgebende Gewalt und Verwaltungsbehörde. Es ist die Hoffnung nicht ausgeschlossen, daß es gelingen werde, sei es auf dem Wege der Verträge von Fall zu Fall, sei es durch eine Erweiterung der Kompetenz des Zollvereins die Entscheidung, welche für den Norddeutschen Bund getroffen wird, auf das gesamte deutsche Gebiet auszudehnen. Es müßte daher Rücksicht darauf genommen werden, daß die Beschlüsse in einem Sinne ausfallen, welcher auch den süddeutschen Handelsstand für dieselben gewinnen kann. Als das nächste Ziel der Agitation konnte nur die einheitliche Gestaltung des Bankwesens für den Norddeutschen Bund betrachtet werden.

Die Kommission hat ferner geglaubt, daß es sich nicht darum handele, Einrichtungen ins Leben zu rufen, denen eine ewige Dauer beschieden ist. Vom praktischen Standpunkte aus kann es sich nur darum handeln, solche Einrichtungen zu treffen, welche für die nächste Zeit befriedigen. Hierauf müssen praktische Männer ihren Blick beschränken, und es wäre ebenso doktrinär, Grundsätze hinstellen zu wollen, welche für ewige Zeiten gelten sollen, als es als ein rein theoretisches Bestreben aufgefaßt werden müßte, Grundsätze zu betonen, die in der Wissenschaft wohl begründet, doch augenblicklich durch die Umstände an der Einführung ins Leben gehindert werden. Die Rücksichten fallen doppelt schwer ins Gewicht, wo es sich um Verleihung eines Monopols, eines Privilegiums handelt, und darum haben denn auch diejenigen Mitglieder, welche aus theoretischer Überzeugung die Errichtung einer einheitlichen mit dem ausschließlichen Rechte der Notenemission versehenen Zentralbank für gut halten, keinen Widerspruch dagegen erhoben, daß die Konzession der für den Norddeutschen Bund zu gründenden Bank vor der Hand auf einen beschränkten Zeitraum verliehen werde.

Der Beschluß, die preußische Bank zu erhalten, knüpft an die bestehenden Zustände an.

Der Schwerpunkt des Bankwesens in Preußen liege, so wurde ausgeführt, seither in den Händen der preußischen Hauptbank. Die Privatbanken spielen ihr gegenüber eine vergleichsweise unbedeutende Rolle. Wohl könne man sich die Privatbanken fortdenken, ohne daß das eigentliche Bankwesen dadurch wesentlich modifiziert würde — nicht aber die preußische Hauptbank. Existiere diese nicht mit den Tauschmitteln, welche durch ihre Notenemission geschaffen, das gesamte wirtschaftliche Getriebe, Handel und Produktion würden augenblicklich ins Stocken geraten und dauernd ein wesentlich anderes Aussehen bekommen. Ihr Fortbestehen erscheine daher von vornherein durch die tatsächlichen Verhältnisse geboten.

Aber es seien nicht nur die tatsächlichen Verhältnisse, welche ihren Fortbestand erfordern. Erfahrung und Wissenschaft seien darüber einig, daß ausgebildete wirtschaftliche Verhältnisse die Existenz einer großen Zentralbank mit einem ausgedehnten Netz von Filialbanken gebieterisch erfordern. Niemals können vereinzelte Banken eine große Zentralbank ersetzen, denn nur diese vermöge für einen gesicherten Geldumlauf die nötige Gewähr zu bieten. Die Frage, ob eine solche Zentralbank, wie es jetzt die preußische Bank ist, auf andere Weise herstellbar sei, tritt vor der Tatsache zurück, daß sie besteht und in den wirtschaftlichen Verhältnissen festen Boden gefaßt hat; nicht die Frage, ob sie weiterbestehen, sondern nur, wie sie weiterbestehen soll, könne ventiliert werden.

Kleine Banken würden in großen Finanzoperationen nie dasselbe leisten können, wie eine Bank, welche über mächtige Geldmittel gebietet; letztere sei auch notwendig, um als Regulator zu dienen und bei entstehenden Krisen die Schwierigkeit zu überwinden, welche aus der Unzulänglichkeit der umlaufenden Notenmenge entstehen.

Von den Mitgliedern sämtlicher preußischer Handelskammern ist die wohltätige Wirksamkeit der preußischen Bank in lebhaftester Weise anerkannt worden. Es würde in Preußen in keiner Handelskörperschaft eine Majorität dafür zu gewinnen sein, dieses Institut als für die Zukunft entbehrlich hinzustellen. Auch aus den nichtpreußischen Gebieten des Norddeutschen Bundes hat die preußische Bank die lebhafteste Anerkennung gefunden, und es ist bekannt, daß aus vielen nicht preußischen Plätzen der Wunsch laut geworden ist, daß die preußische Bank ihre Wirksamkeit durch die Errichtung von Filialen auch dorthin erstrecken möge. In den Antworten der süddeutschen Handelskammern dagegen findet sich mehrfach ein Widerstand gegen die Ausdehnung der preußischen Bank auf ein weiteres Gebiet. Es gestattet dieser Widerstand aber keineswegs den Schluß, daß man in den Ländern Süddeutschlands mit den gegenwärtig dort bestehenden Bankzuständen zufrieden sei. Vielmehr liegen, namentlich aus Baden, aber auch aus Württemberg unzweideutige Symptome dafür vor, daß man sich dort nach einer Verbesserung der bestehenden Zustände sehnt, und die langjährigen Verhandlungen der Badischen Kammern über die Bankfrage haben dies bestätigt. Der Widerspruch, der sich teilweise in Süddeutschland gegen eine Ausdehnung der preußischen Bank geltend macht, findet wohl zum großen Teile seine Erklärung darin, daß man sich dort von dem Wesen dieser Bank nicht überall eine richtige Vorstellung macht, insbesondere ist die Ansicht viel verbreitet, daß die preußische Bank mit dem preußischen Staatsorganismus in einer engeren Verbindung stehe, als dies tatsächlich der Fall ist, und daß eine Ausdehnung der Wirksamkeit dieses Instituts dahin führen konnte, den Verkehr zu bürokratisieren. Wenn in dieser Beziehung richtigere Vorstellungen verbreitet wären, wenn insbesondere darauf hingewiesen wird, daß die preußische Bank eine Tätigkeit durch ihre Filialen überall nur da aufnimmt, wo dieselbe aus der Mitte des Handelsstandes durch Wünsche und Vorstellungen dazu veranlaßt wird, so ist vielleicht anzunehmen, daß der Widerstand, den das Institut in Süddeutschland findet, sich auf engere Kreise beschränken wird.

Die wohltätigen Einwirkungen, welche die preußische Bank auf Handel und Verkehr ausgeübt hat, wurden von vielen Seiten auf das lebhafteste betont, von keiner Seite her bestritten. Es wurde gezeigt, daß in keinem anderen Lande der Welt es auch dem mittleren Kaufmann und Fabrikanten leichter sei, seine Wechsel ohne Schwierigkeiten zu diskontieren. Es wurde ferner gezeigt, daß die Ausdehnung eines Netzes von Filialen den Verkehr von Ort zu Ort in einer seltenen Weise begünstige, und es wurde selbst von prinzipiellen Anhängern der Bankfreiheit willig anerkannt, daß keine andere Zentralbank weder in Österreich, noch in Frankreich oder England den Bedürfnissen des kleinen Verkehrs so großen Vorschub geleistet habe als die preußische Bank. Es wurde wesentlich diese Seite des Instituts ins Auge gefaßt, die Wirksamkeit der Bank dem Publikum gegenüber, und die Versammlung war einstimmig darin, daß diese Seite der Wirksamkeit auch in

Zukunft erhalten bleiben müsse. Dagegen wurde es als eine Frage, die erst in zweiter Reihe von Wichtigkeit sei und die sehr wohl als eine offene behandelt werden könne, bezeichnet, welches die innere Organisation der Bank sein solle, ob ihre Verwaltung eine ausschließlich oder überwiegend kaufmännische sein, oder ob wie bisher der Staat die Verwaltung der Bank bestellen soll. Nur beiläufig wurde dem Wunsche Ausdruck gegeben, daß die Beteiligung des Staats aufhöre. Ein Mitglied stellte die Alternative, die Bank solle entweder ganz Staatsinstitut oder ganz Privatinstitut sein. Was den gegenwärtigen Zustand anbetrifft, so wurde derselbe in seinen Grundzügen als bekannt vorausgesetzt, dagegen wurden von sachkundiger Seite die folgenden Mitteilungen über Details gemacht, welche als bisher wenig bekannt gelten dürften. Die preußische Bank wird in ihrer Hauptsache von Kaufleuten verwaltet, die meisten Vorstandsbeamten sind aus kaufmännischen Berufskreisen hervorgegangen und haben ihre Qualifikation durch einen längeren Dienst entweder in einem Bank- oder in einem Exportgeschäft nachgewiesen; sie müssen sich einem Examen unterwerfen, welches sich hauptsächlich auf kaufmännische Gegenstände beschränkt. Nachdem sie dann während einer längeren Zeit in den verschiedenen Kontors gebildet worden sind und ihre Befähigung in der Praxis nachgewiesen haben, werden sie als Vorstandsbeamte angestellt, so daß bei sämtlichen Kontors nur kaufmännisch gebildete Vorsteher vorhanden sind. Das Hauptbankdirektorium, die leitende Behörde, ist ebenfalls größtenteils aus Kaufleuten zusammengesetzt und zwar aus den besten Kräften, die allmählich aus der Provinz herangezogen werden. Dagegen sind der Präsident und zwei Mitglieder des Direktoriums regelmäßig studierte Männer und werden größtenteils aus den Beamten des Handelsministeriums entnommen, in welchem sie sich zuvor als tüchtige Verwaltungsbeamte bewährt haben müssen. Es ist demnach das wissenschaftliche Element, welches die ganze Staatsverwaltung durchzieht, auch hier vorhanden. Diese Zusammensetzung hat sich außerordentlich bewährt. Ein großer Teil der Privatbanken hat seine Vorstandsmitglieder den Beamten der preußischen Hauptbank entnommen. Es ist allerdings der Versuch gemacht worden, ob durch eine zahlreichere Heranziehung studierter Männer bessere Resultate zu erzielen sind. Indessen hat die Überzeugung sich Bahn gebrochen, daß dies nicht der Fall ist; vielmehr sind einige jener Versuche unglücklich ausgefallen. Es kann demnach als erwiesen angenommen werden, daß das kaufmännische Element überwiegen muß, wenn die Bank bürokratisch verwaltet werden soll. Als Direktor wird in der Regel niemand angestellt, der sich nicht wenigstens an vier bis fünf anderen Anstalten als tüchtig zur Leitung eines Bankgeschäfts bewährt hat. Auch erfolgt die Anstellung probeweise, und erst dann, wenn die Befähigung völlig bewiesen, definitiv. Das Zentralinstitut, das Hauptbankdirektorium, hat die Leitung des ganzen Geschäfts der Art, daß es von allen Geschäften, die in der Provinz vorkommen, genaue Kenntnis erhält, und zwar nicht bloß von der Gesamtsumme, sondern von jedem Wechsel, von jedem einzelnen Geschäft, was gemacht wird, bis in die kleinsten Details, und es ist nun die Aufgabe zu prüfen, ob diese Geschäfte den zu stellenden materiellen Bedingungen und Voraussetzungen entsprechen. Wird ein Wechsel diskontiert, der eine nicht solide Natur hat, was in der Regel sich leicht ersehen läßt, so wird dies entschieden gemißbilligt und sofortige Korrektur veranlaßt. Daneben besteht eine Bestimmung, die sich im hohen Grade bewährt hat. Es wird das Interesse der Beamten an die abzuschließenden Geschäfte durch einen Tantiemefonds geknüpft, eine Einrichtung, die, soviel bekannt, an keinem andern Orte existiert. Es ist den Bankdirektoren in der Provinz eine gewisse Tantieme bewilligt; dieselbe wird aber nicht ausgezahlt, sondern angesammelt bis zu dem dereinstigen Ausscheiden des Beamten. Diese Tantieme haftet für alle Verluste, die durch die Geschäfte des betreffenden Beamten veranlaßt sind und zwar so unbedingt, daß eine Appellation gegen eine Verfügung, welche die Tantieme entzieht, nur an den Chef der Bank möglich ist. Der letztere kann sich nicht darauf einlassen, zu entscheiden, ob die Veranlassung zu einer Entziehung der Tantieme bis in alle Einzelheiten gegründet ist, denn es handelt sich hier um ein kaufmännisches Arbitrium. Tatsächlich ist daher die Entscheidung des Hauptdirektoriums in der Regel als definitiv anzusehen. Die Entscheidung darüber wird zwar immer mit Rücksicht auf die Qualifikation des Beamten gefällt, aber es ist schon vorgekommen, daß einem Beamten eine Summe von 20000 Talern zur Last gelegt und dafür seine ganze Tantieme, die er sich in einer langen Reihe von Jahren gesammelt hatte, in Anspruch genommen worden ist, und zwar nicht etwa für ein gröberes Versehen, denn für dieses haftet seine Kaution, sondern weil er nicht mit derjenigen Umsicht vorgegangen ist, die man von einem höheren Beamten erwarten darf.[1]) Diese Einrichtung sichert einerseits die Beamten, die verhältnismäßig nicht so hoch besoldet sind, gegen die Not ihrer Familien auch nach ihrem Ausscheiden aus dem Dienste oder im Falle ihres Todes und andererseits sichert sie die Bank gegen unsolide Geschäfte. Das Hauptbankdirektorium nimmt eine Stellung ein, wie sie sonst nicht wieder vorkommt. Es ist nämlich den Mitgliedern desselben verboten, Bankanteile zu besitzen, ebensowenig haben sie einen Anteil am Gewinne und an dem Verluste, sie sind ohne jedes persönliche Interesse. Dadurch wird es erzielt, daß die Verwaltung höhere Gesichtspunkte nimmt und auch die allgemeinen Interessen ins Auge faßt. Es wird behauptet, daß diejenigen Bankgesellschaften, deren Mitglieder eine Tantieme am Gewinn beziehen oder die große Summe des Bankkapitals besitzen, niemals die allgemeinen Interessen so umfassend im Auge behalten und auch dem Publikum nicht dieselbe Sicherheit gewähren können. Die Erfahrungen, die in anderen Ländern gemacht worden sind, werden dargestellt als solche, welche nicht dazu veranlassen können, an die Spitze einer Bank ein Kollegium zu stellen, das durch seine eigenen pekuniären Interessen geleitet werden könnte. Auch darin wird ein Vorzug der preußischen Einrichtung gefunden, daß die Leitung einem Kollegium und nicht einem einzelnen zusteht. Scheinbar ist in Frankreich ein ähnliches Verhältnis vorhanden, indem an der Spitze der dortigen Bank ein Gouverneur

[1]) Man vergleiche damit die heutigen Verhältnisse!

und zwei Sousgouverneure stehen; indessen sind tatsächlich die Stellungen derselben nicht viel mehr als Sinekuren. Es sind Erörterungen darüber gepflogen, ob Kommissionen von Kaufleuten, die noch als solche tätig sind, bei der Leitung der preußischen Bank mehr als bisher zu beteiligen sein werden, indessen hat sich der Handelsstand dagegen ausgesprochen. Alle Handelskammern, die darüber befragt worden sind, haben es als höchst nachteilig bezeichnet, daß ein Kaufmann in die Lage gesetzt werde, seinen Konkurrenten in die Taschen zu sehen.[1]) Die Kaufleute sind jederzeit sehr bereitwillig gewesen, die Stellungen der Bankagenten anzunehmen, obgleich solche Stellungen keineswegs einträglich sind. Indessen hat das Direktorium es vermieden, Kaufleute zu seinen Agenten zu bestellen. Dem Hauptbankdirektorium steht ein Zentralausschuß zur Seite, der hauptsächlich aus Bankiers und Kaufleuten besteht, und von diesem Zentralausschuß werden drei Personen ernannt, die an allen Sitzungen des Hauptbankdirektoriums teilnehmen und von allen Geschäften der Bank Kenntnis nehmen. Dieselben halten indessen an dem Grundsatze fest, sich nicht in eigentliche Kreditgewährungen zu mischen, sondern kontrollieren nur, ob die diskontierten Wechsel gut sind oder nicht und ob die Bank nicht etwa auf bedenkliche Wege gerät.

Es wurde von einer Seite her die Frage angeregt, ob es nicht ausführbar sei, das kaufmännische Element der Verwaltung nicht ausschließlich aus der berlinischen Kaufmannschaft zu entnehmen, sondern auch Vertreter der großen Handels- und Seeplätze dabei hinzuziehen. Darauf wurde erwidert, daß ein solches Vorgehen, auf sehr große, praktische Schwierigkeiten stoße. Es handle sich bei der Zuziehung des Zentralausschusses wesentlich um Festsetzung des Diskont und zu diesem Behufe müsse die Körperschaft stets schnell zusammenberufen werden, wenn die Verhältnisse dazu Anlaß geben. Würden Repräsentanten aus Hamburg, Königsberg und anderen fernen Plätzen hinzugezogen werden müssen, so würde bis zur Beschlußfassung eine große Aufregung im ganzen Lande entstehen. Dieselbe sei zu vermeiden und wenn man daher auch Repräsentanten aus anderen Plätzen hinzuziehen wolle, so müsse man dieselben doch gerade von den wichtigsten Geschäften ausschließen. Obwohl hierauf erwidert wurde, daß es immerhin tunlich sei, auswärtige Repräsentanten bei solchen Geschäften hinzuzuziehen, deren Erledigung minder dringend sei, so wurde doch von einer weiteren Verfolgung dieser Frage abgesehen. Gegen die gefaßte Resolution wurden von verschiedenen Seiten her Bedenken erhoben.

Eine der verneinenden Stimmen will nicht die preußische Bank als solche und unbedingt, sondern nur ihre Erweiterung zu einer Bundesanstalt verwerfen. Sie motiviert dies Votum wie folgt: „Die Fülle von Pflichten und Leistungen, zu welchen sie in Preußen groß gezogen worden ist, läßt sich nicht sofort anderweit ersetzen; aber ebenso gewiß liegt auch keine Veranlassung vor, das System, auf welchem sie beruht, mit seinen Schwächen und Ge-

---

[1]) Heute ist der Ausschnüfflung der Konkurrenz durch die Form von Aufsichtsratsposten sämtlicher maßgebender Bankdirektoren erster Industrieführer und Parlamentarier, die mitunter bis zu 100 Aufsichtsratsposten bekleiden, Tür und Tor geöffnet.

fahren auf weitere Kreise zu übertragen. Es ist dies im Prinzip dasselbe System, welches soeben in Frankreich so kläglich Schiffbruch gelitten hat. Eine Bank nach diesem Muster wird, gleichviel ob Staats- oder Privatanstalt, immer ihre Hauptstütze in der staatlichen Protektion finden und schon dadurch in eine, die bedenklichsten Konsequenzen einschließende Abhängigkeit vom Staate geraten.

Unser Bankwesen, da es sicherlich nicht die Aufgabe haben kann, dem Staate unmittelbar zu dienen, wenigstens nicht vermittels der Notenemission darf nicht auf solcher Basis reformiert werden. Der Schwerpunkt ist vielmehr in die Tätigkeit der Privatbanken zu legen, deren Existenz auf rein wirtschaftlicher Basis und deren Kredit nicht auf dem Kredit und Wohlwollen des Staates, sondern in erster Linie auf ihren eigenen Fonds beruht.

Eine solche Basis ist weit gesunder und kann selbst in kritischen Zeiten weit größere Beruhigung gewähren. Die Privatbanken haben freilich zum Teil manches Lehrgeld bezahlt, sich aber rücksichtlich ihrer Verpflichtungen in wiederholten Krisen durchgängig als vollkommen solide bewährt. Sie haben auch sonst im großen ganzen ihre Schuldigkeit getan.

Daß die Leistungen der Privatbanken nicht so imposant sind, wie die der preußischen Bank, daß wohl auch einzelnen nicht mit Unrecht zu große Ängstlichkeit vorgeworfen wird, ist eine natürliche Folge der verschiedenartigen Stellung. Die Privatbanken sind zum bei weitem größten Teile hinsichtlich ihrer Leistungsfähigkeit durch ihre Statuten limitiert und außerdem von Verhältnissen abhängig, die ihnen wohl Grund geben, unter Umständen Zurückhaltung zu beobachten. Es ist ein Unterschied, ob man in unbegrenzter Menge Noten ausgeben kann, welche der Staat in allen Kassen annimmt und dadurch in Zirkulation erhalten hilft, oder ob diese Noten hinsichtlich ihrer Summe beschränkt und außerdem im vornehmsten Teile des Bundesgebietes geächtet sind. Man räume den Privatbanken nur eine einigermaßen günstigere Stellung ein, womit weder eine besondere staatliche Protektion, noch wesentliche Erweiterung der Einzelbefugnisse sondern lediglich die in gesetzlicher Gestattung ihrer natürlichen Entwicklung enthaltene Anerkennung ihrer Lebensberechtigung gemeint ist; — so werden auch die Privatbanken vollständig Befriedigendes leisten.

Die preußische Bank, besonders in ihrer gegenwärtigen Gestalt, zu einer Anstalt des Reiches erweitern, heißt tatsächlich ein Monopol schaffen, — heißt alle wirksame, wohltätige Konkurrenz mehr und mehr unterdrücken. Darum soll die preußische Bank nur als solche vorläufig fortbestehen. Diejenigen Vorteile, welche man durch ihr Beherrschen des gesamten Bundesgebiets anstrebt, sind durch Herstellung einer, auf die einzelnen Banken basierten wirklichen Zentralbank in weit vollkommener Weise zu erreichen. Eine solche Zentralbank, in ihrem Verhältnisse zu den einzelnen Banken wesentlich dem Emissionsdepartement der Bank von England entsprechend gedacht, die verschiedenen Notenemissionen in sich vereinigend, nur mit den betreffenden Banken verkehrend, befreit den Verkehr sofort von der ihn belästigenden Menge vielfacher Noten, — stellt sofort und allgemein wirklich gleiche Valuta her, — befördert die jetzt mangelhafte und schwierige Ausgleichung zwischen Geldüberfluß an dem einen und Mangel an dem andern Platze vermittels der hierzu recht eigentlich berufenen Banken selbst, — überträgt die jetzt nur auf Preußen beschränkte großartige Leistungsfähigkeit im Bankfache sofort auf alle Gebietsteile, ohne den Bundesstaaten Verpflichtungen aufzubürden und ohne Privatrechte zu beeinträchtigen, — und ist endlich auch das einzige Mittel, um dem Notenkultus heilsame Schranken zu ziehen. Während die Banken jetzt einen sehr erheblichen Teil ihrer Aufmerksamkeit darauf verwenden, möglichst viele Noten im Umlaufe zu erhalten, um möglichst leistungsfähig zu sein, werden sie hieran bei solcher Einrichtung nicht nur kein Interesse mehr haben, sondern auch durch das natürliche Bestreben, sich tunlichst von der Vormundschaft der Kontrolle zu emanzipieren, von selbst dahin geführt werden, mehr und mehr mit wirklichem Kapital (Depositen) an Stelle der Kapitalsurrogate (Noten) zu arbeiten. Die zur Reichsanstalt erweiterte preußische Bank bewirkt dies nicht, sondern setzt nur andere sogar bedeutend schwächer fundierte Wertzeichen an die Stelle der gegenwärtig zirkulierenden."

Es wurde ferner gesagt, eine solche Resolution sei unnötig, es verstehe sich ganz von selbst, daß die preußische Bank fortbestehe, ja daß sie auch einen größeren Wirkungskreis erhalten werde. Dies schließe indessen nicht in sich, daß derselben eine irgendwie bevorzugte Stellung gegeben werden müsse. Selbst wenn man die Grundsätze der Bankfreiheit proklamiere, werde die preußische Bank fortbestehen und ihre Wirksamkeit entfalten. Ihre Dienste würden gesucht werden und es sei daher völlig unnötig, ihr eine irgendwie bevorzugte Stellung zu geben. Man möge die Grundsätze feststellen, unter denen überhaupt Banken und Zettelbanken im Norddeutschen Bunde sich bilden und bestehen dürfen, und auf Grundlage dieser Sätze würde die preußische Bank fortarbeiten, ohne daß ihr irgendwie eine bevorzugte Stellung gegeben wird. Von einer dritten Seite her wurde betont, daß diejenige Anschauung, welche an dem Fortbestande der preußischen Bank ein hauptsächliches Interesse nehme, von der Ansicht ausgehe, daß das bisherige System der Notenausgabe stets im Vordergrunde stehen müsse. Die Bank hätte wesentlich die Aufgabe, müßige Kapitalien an sich zu ziehen und sie produktiven Verwendungen zuzuführen. Dies letztere geschehe teilweise durch Ausgabe von Noten. In den wirtschaftlich vorgeschrittenen Ländern, England, Amerika, der Schweiz sei indessen dieses System überwunden und die hauptsächlichste Bedeutung der Bank bestehe darin, daß sie Depots und Girokonten führe. Hierzu müsse auch Deutschland übergehen, da die übermäßige Ausgabe von Papiergeld gefährlich sei. Die preußische Bank müsse fortbestehen, aber ohne jedes Privilegium, denn eine ihr eingeräumte hohe Stellung und die vorgefaßte Meinung des Publikums für sie werde sie in den Stand setzen, ihren Betrieb fortzuführen, auch ohne daß sie den Gebrauch der Banknoten beschränkt. Berlin sei nicht der einzige Mittelpunkt des großen Verkehrs, und namentlich für das Bank- und Wechselgeschäft beständen, in größerem Umfange als in anderen Ländern, wichtige Plätze. Es sei zu verhüten, daß eine Zentralbank das ganze Geschäft zentralisiere. Die Proklamierung der Grundsätze der Bankfreiheit würde ausreichen, um der preußischen Bank diejenige Stellung zu erhalten, welche ihr im Interesse des gemeinen Wohles genügt. Es handle sich ja bei der gegenwärtigen Beratung um die Schaffung neuer Zustände für Deutschland und man dürfe hier nicht den Versuch machen, dem Handel diejenigen Wege vorzuschreiben, welche er gehen soll.

Auf diese Ausführungen wurde folgendes erwidert. Es sei völlig untunlich, das Verhältnis der preußischen Bank in einem neu zu erlassenden Bankgesetze mit Stillschweigen zu übergehen. Aus der Bestimmung der Bundesverfassung, welche das Bankwesen zur Sache des Bundes mache, folge mit staatsrechtlicher Notwendigkeit, daß in Zukunft kein Einzelstaat das Recht haben werde, in die Fragen des Bankwesens sich zu mischen. Es gehe nimmermehr an, daß der preußische Staat eine Bank unterhalte, nachdem das Bankwesen Sache des Bundes geworden sei. Schweige man also über die preußische Bank, so sei damit deren Existenz für die Zukunft unmöglich gemacht. Wolle man die preußische Bank in ihren wesentlichen Grundzügen erhalten, erkenne man die Notwendigkeit eines derartigen Instituts für den Verkehr an, so biete sich staatsrechtlich hierfür keine andere Möglichkeit als die, daß man ausspreche, es solle diese Bank in Zukunft eine Anstalt des Norddeutschen Bundes sein. Sie muß allerdings in dem gesamten Gebiete des Bundes diejenigen Rechte haben, welche sie gegenwärtig in Preußen besitzt. Vor allen Dingen also muß ausgesprochen werden, daß ihre Noten in allen öffentlichen Kassen an Zahlungs Statt angenommen werden müssen. Hand in Hand muß hiermit ihr Recht gehen in allen Gebieten des Norddeutschen Bundes Filialen zu errichten. Es wurde hierbei auch die Frage angeregt, ob sie zu dieser Ausdehnung eine Vergrößerung ihres Kapitals nötig habe, und es herrschte Einverständnis darüber, daß sie mit ihrem gegenwärtigen Kapital nicht im Stande sei, eine Tätigkeit in dem ganzen Gebiete des Bundes zu entwickeln. Es wurde dabei auch betont, daß bei einer Vergrößerung ihres Kapitals ihr Verhältnis zum Staate neu zu regeln sei und namentlich die Frage einer Erörterung unterworfen werden müsse, ob der Staat seinen bisherigen Gewinnanteil beibehalten dürfe. Indessen wurden Beschlüsse über diese Frage nicht gefaßt, weil eine endgültige Festsetzung hierüber nur im Einverständnisse mit dem preußischen Finanzministerium, welches in dieser Beziehung erworbene Rechte habe, getroffen werden könne. Indem man sich endlich dahin einigte, den Ausdruck „Zentralbank", welcher zu diesem Mißverständnisse Veranlassung geben könne, als solle der Tätigkeit von Privatinstituten eine Schranke auferlegt werden, fallen zu lassen, wurde die Resolution mit 20 gegen 3 Stimmen angenommen. Es stimmten für dieselbe:

> Bamberger, Conrad, v. Dechend, Delbrück, Friedländer, Fromberg, Hinsberg, Ladenburg, Meyer, Mosle, Müller, Mendelssohn, Samter, Schottler, Seiffert, Spiegeler, Steiner, Stengel, Stephan, Warschauer, Wesenfeld, Witte, Zuckschwerdt,

und dagegen: Becker, Benndorf, Kämmerer.

Die zweite Resolution wurde dahin gefaßt:

Eine unbedingte Freiheit zu Errichtung von Zettelbanken soll nicht bestehen.

Diese Resolution wurde einstimmig gefaßt. Der theoretische Standpunkt, nach welchem die Ausgabe von Banknoten eine Sache des gemeinen Rechtes sein soll und in demselben Maße wie etwa die Ausstellung von Wechseln, Schecks u. dgl. einem jeden freisteht, fand in der Versammlung aus praktischen Gründen keinen einzigen Anhänger. Die Gründe für diese Resolution sind nicht speziell erörtert worden, indem stillschweigend selbst von den vorgeschrittensten Anhängern der Bankfreiheit das Zugeständnis gegeben wurde, daß eine so tiefgreifende Maßregel z. Z. praktisch noch nicht ausführbar sei. Der auf der Hand liegende Grund für einen solchen Beschluß kann wohl darin gefunden werden, daß eine schrankenlose Freiheit zur Emission von Banknoten für jedermann nicht füglich anders eingeführt werden kann, als Hand in Hand mit einer gesetzlichen Neuregelung der ganzen Frage, inwieweit Inhaberpapiere von jedermann ausgegeben werden können. Die Erledigung dieser Frage wird jedenfalls noch geraume Zeit in Anspruch nehmen, mehr Zeit, als bis zur definitiven Regelung des Bankwesens verlaufen darf.

Drittens:

Das Recht der Banknotenemission ist nicht unbedingt auf eine einzige Bundesbank zu beschränken.

Dieser Satz rief die bei weitem lebhafteste Diskussion hervor. Die Minderheit glaubte aus theoretischen und praktischen Gründen das Prinzip der Noteneinheit festhalten zu müssen und brachte einen hierauf gerichteten Antrag ein. Es sollte dieser Antrag lediglich das Prinzip feststellen, daß die Noteneinheit das Ziel sei, nach welchem man zu streben habe, und daß neue Notenbanken wenigstens in der Zukunft nicht mehr konzessioniert würden; dagegen sah diese Maßregel vollständig ab von der Erörterung der Rechtsfrage, wie es nach gesetzlicher Sanktionierung dieses Prinzips mit den bereits bestehenden Notenbanken gehalten werden solle. Sie war der Ansicht, daß die Lösung dieser Rechtsfrage einem späteren Stadium der Diskussion vorzubehalten sei.

Die Gründe für das Prinzip der Noteneinheit wurden zunächst hergenommen aus theoretischen Erwägungen über das Prinzip der Banknoten überhaupt. Es führte ein Redner aus, die Regulierung der Notenzirkulation sei ein Teil der Bedingungen des allgemeinen Wohls und könne aus diesem Grunde nicht der Konkurrenz überlassen sein. Die Zirkulation der Noten gleiche der Zirkulation des Papiergeldes und fordere den höchsten Anspruch auf Vertrauen und Sicherheit; deswegen könne dies kostbare Instrument, welches mit tausend Fäden des allgemeinen Wohles zusammenhänge, niemanden anvertraut werden, als einem vom Staate beaufsichtigten Institute. Hier finde sich zusammen die größte Macht, die das beste Fundament für die Sache gebe, und die größte Garantie der Intelligenz. Es sei zwar sonst nicht Grundsatz, die Staatsweisheit als das Höchste in der Privatindustrie zu betrachten, aber da, wo die Gesamtheit zu vertreten sei, biete ein großer Staat mit seiner ausgedehnten Maschinerie die meiste Garantie dafür, daß die Geldfrage mit ihren Wirkungen richtig berechnet werde. Der Vorteil der Banknoten bestehe darin, ein gewisses Kapital zu schaffen, an dessen Zinsen man partizipiere. Diesem Vorteile stehen aber gegenüber die Nachteile und Verluste, welche in den Zeiten der Krise entstehen und welche jene Vorteile sehr leicht überwiegen können. Hier sei eine staatliche Kontrolle geboten. Die Note sei ein Repräsentant leicht realisierbarer Wechsel und da die Zahl der guten Wechsel beschränkt sei, sei dementsprechend auch die Anzahl der Banknoten zu beschränken. Eine angemessene Beschränkung lasse sich aber nur dadurch herbeiführen, daß in den Händen eines einzigen Instituts die Macht, Noten zu emittieren, konzentriert sei. Die ad 2 gefaßte Resolution habe bereits dargetan, daß niemand auf dem Standpunkte stehe, die Befugnis, Noten zu emittieren, unbedingt frei zu geben, die Majorität werde sich also für ein System der Beschränkung entscheiden, sei es auf dem Wege der Konzession, sei es auf dem Wege der Normativbedingungen. Alle Beschränkungen aber, welche man aufstellen könne, schrecken nur den Guten zurück und erregen in diesem Bedenken, sich den Beschränkungen zu unterwerfen; der Schlechte aber, welcher durch die Ausgabe von Noten nur seinen individuellen Vorteil verfolgen wolle, lasse sich durch vom Staate auferlegte Schranken in seinem Tun nicht beengen. Es wurde ferner geltend gemacht, daß die Münzeinheit in Deutschland gegenwärtig ein Ziel des nationalen Strebens sei und daß man mit sich selbst in Widerspruch treten würde, wenn man die Möglichkeit schaffen wolle, eine große Menge neuer Wertzeichen herzustellen. Noch unter einem anderen Gesichtspunkte sei die Konzentration des Rechts, Noten zu emittieren, auf ein Institut anzuempfehlen. Es sei die Aufgabe der Zentralbank, die Erschütterungen des Geldmarktes früh und deutlich zu empfinden, um als Warner und Helfer zu dienen. Dieser Aufgabe bleibe sie nicht gewachsen, wenn sie in dem Rechte, Noten zu emittieren, konkurriere mit einer großen Anzahl von Privatbanken, die sich nach Belieben bilden können.

Diese Erwägungen wurden ferner unterstützt durch die Betrachtung über das Verhalten der Privatbanken bisher. Die große Bank habe die Aufgabe, dem Lande eine Reserve für schlimme Zeiten zu schaffen. Bisher habe sich nun die preußische Bank in der Notwendigkeit befunden, für die kleinen Banken mitzusorgen, die Notenzirkulation derselben habe sich bisher weniger auf ihre Barreserve gestützt, als auf die Barreserve der preußischen Bank. Die letztere habe ihre Reserve so bemessen, daß sie in kritischen Zeiten auch für die Privatbanken habe eintreten können, sie sei im Jahre 1866 in die Notwendigkeit versetzt worden, ihr Metall vorzugsweise für die Privatbanken abzugeben und habe an einzelnen Tagen bis zu einer Million täglich für die übrigen Institute ausgezahlt. Dieselben haben Noten präsentiert und Geld dafür empfangen, um dann ihre Zahlungen zu leisten. Jede Bank brauche nur ihre Wechsel, sobald sie fällig seien, nicht zu prolongieren und verschaffe sich so die Mittel, um die Noten der preußischen Bank zu erhalten. Dieser Zustand sei bisher erträglich gewesen, die preußische Bank sei in der

Lage gewesen, die Privatbanken, welche bisher bestanden haben, zu überragen. Sie werde dazu aber nicht mehr in der Lage sein, wenn es in Zukunft dem freien Belieben überlassen sei, neue Zettelbanken zu gründen. Die preußische Bank habe einem wirklichen Bedürfnisse des Handels und Verkehrs entsprochen; dagegen lasse sich die Gründung sehr vieler Zettelbanken lediglich auf Operationen der Agiotage zurückführen. Es wurden ferner Züge aus der Wirksamkeit einzelner Privatbanken angeführt, welche das Bedenkliche derartiger Institute darlegen sollten. Als eine dieser Banken vor Jahren einen großen Verlust gehabt und mit einer Unterbilanz von 6—700000 Talern arbeitete, sei ihr Status doch auf demselben Niveau geblieben, der Status einer anderen Bank sei vor einer Reihe von Jahren grundfalsch gewesen; einer dritten und vierten Bank sei nachzuweisen, daß sie in ihrem Status einen Wert aufführte, der etwa zur Hälfte nicht existierte. Zu einem solchen Verfahren könne eine Zentralbank, gleich der preußischen, sich niemals entschließen, weil sie unter Kontrolle der öffentlichen Meinung in viel ausgedehnterem Maße stehe als die Privatbanken. Durch die Ausgabe vieler verschiedener Wertzettel werde dem Publikum in ausgedehntem Maße Verlust und Unbequemlichkeit bereitet, es stehe nicht in der Hand des einzelnen Geschäftsmannes, Banknoten, die ihm an Zahlungs Statt angeboten würden, zurückzuweisen. Ein Mitglied der Minorität führte aus, daß er ein sehr großes Kundschaftsgeschäft habe, in welchem er viele Millionen umsetze. Trotz dieser günstigen Stellung sei er indes nicht in der Lage, gegen die ihm angebotenen Zahlungsmittel Kritik zu üben, er ist in die Notwendigkeit versetzt, sowohl die ihm offerierten Kupons als die fremden Banknoten in Zahlung anzunehmen, sonst werde man ihm die Kundschaft ebenso wie seinen kleineren Konkurrenten kündigen. Das Publikum sei daher nicht in der Lage, sich wenig fundierter Banknoten zu erwehren, und der Staat habe die Pflicht, dasselbe gegen die Emission solcher Papiere zu schützen. Es sei ein Vorurteil, daß man mittels der Banknotenpresse billiges Geld schaffen könne. Hamburg habe keine Notenbank und seit einer Reihe von Jahren sei dort das Geld am billigsten gewesen; Holland besitze nur gedeckte Noten[1]), und Holland habe gleichfalls seit einer Reihe von Jahren sehr billiges Geld gehabt. Seit langer Zeit sei das Geld in Amerika am teuersten, und gerade in Amerika sei die Banknotenwirtschaft am meisten ausgedehnt. Die Beschränkung des Rechtes, Noten zu emittieren auf eine einzige Bank schließe die Konkurrenz im Gebiete des Bankwesens nicht aus, denn neben der Hauptbank könne sich eine große Anzahl von Depositenbanken bilden und die wohltätigste Wirkung auf Handel und Verkehr ausüben. Erst in der Entziehung des Rechtes, Noten zu emittieren, würden die Privatbanken den rechten Sporn finden, den Geld- und Depositenverkehr so zu pflegen, wie es im allgemeinen Interesse wünschenswert sei.

Endlich wurde zur Begründung der Minoritätsansicht die Geschichte des Bankwesens herbeigezogen. Dieselbe lehre, daß man fast überall von dem

[1]) Die Tatsache wurde, ohne sofortigen Widerspruch zu finden, so angeführt. Ihre Unrichtigkeit ergibt sich aus den Übersichten der Niederländischen Bank.

Systeme einer Mehrheit von Notenbanken zu dem Systeme der Bankeinheit übergegangen sei. In England habe früher vollständige Bankfreiheit geherrscht, dies habe zu so entsetzlichen Leiden und enormen Verirrungen unter den Banken geführt, daß Peel sich veranlaßt gesehen, das Prinzip aufzustellen, daß neue Notenbanken nicht mehr entstehen dürfen, und daß die bereits bestehenden auf ein gewisses Quantum der Zirkulationsmittel beschränkt wurden. Nach diesem Prinzip sei in England seither verfahren worden und niemand denke an die Gründung neuer Zettelbanken. In Frankreich bestanden bis zum Jahre 1848 eine ziemliche Zahl von Provinzialnotenbanken. Auch dort zeigte es sich, daß dieselben bei ernsthaften Krisen unhaltbar waren und ihre Zahlungen einstellen mußten. In Belgien haben bis zum Jahre 1848 zwei Notenbanken bestanden. Auch sie waren infolge ihrer bedenklichen Geschäfte nicht in der Lage, ihre Wirksamkeit fortzuführen und ihre Noten einzulösen. Es wurde deshalb von Staats wegen eine einzige Zettelbank gegründet. In Holland habe stets nur eine Notenbank bestanden. Welche schlimmen Wirkungen das Prinzip der Notenfreiheit in Amerika gehabt, sei so bekannt, daß kein Wort darüber zu verlieren sei.

Diesen Gründen stellte die Majorität dagegen folgendes entgegen.

So unentbehrlich das Bestehen einer großen Zentralbank sei, so sei nicht minder neben einer Zentralbank das Bestehen mehrerer selbständiger Banken ein wirtschaftliches Erfordernis. Ebenso falsch wie es wäre, ein Land ohne große Zentralbank zu belassen, ebenso fehlerhaft wäre es, die Banktätigkeit, auch soweit solche sich auf Schaffen von Tauschmitteln, also auf Emission von Banknoten bezieht, ausschließlich *einem* Institute zu überlassen. Das Bestehen *einer* Zentralbank berge wirtschaftliche Gefahren in sich, die unmöglich verkannt und unterschätzt werden dürfen. Es dürfe der Wirtschaft nicht zugemutet werden, auf *eine* Bank angewiesen zu sein, sie fordere mit Recht, durch die *Möglichkeit*, mehrere Banken zu etablieren, die volle Garantie eines ungestörten Geldumlaufs zu haben. Die Monopole seien überall beseitigt, der Monopolzwang könne nicht auf einem Gebiete aufrecht erhalten werden, der ganz besonders Freiheit der Bewegung fordert, auf dem Gebiete des Geldwesens. Man möge alle Garantien, die für Noten ausgebende Banken unerläßlich scheinen, fordern — aber nicht, daß die gesamte Wirtschaft von *einer* Bank abhängig sei.

Die Erfahrung habe auch in Deutschland gelehrt, daß die kleineren Banken außerhalb Preußens zu großer wirtschaftlicher Bedeutung gestiegen seien. Sie müssen sich auf einen kleineren Wirkungskreis beschränken, seien aber innerhalb desselben leistungsfähiger als die Zentralbank, die mehr auf große Verhältnisse und Finanzoperationen im größten Stil hingewiesen sei.

Man dürfe die Banknoten nicht als eine Form des Papiergeldes bezeichnen. Dieselben seien vielmehr eine Form des Kredits, eine Geschäftsform, und müsse daher frei sein wie jede andere Geschäftsform. Man habe nicht die Notwendigkeit der Freiheit, sondern die Notwendigkeit der Beschränkung zu erweisen. Akzeptiere man den Satz, daß die Banknote ein Repräsentant des guten Wechsels sei, so folge daraus, daß an Stelle aller guten Wechsel Noten ausgegeben werden dürfen. Der idealste Zustand für den Bestand der Zirkulationsmittel sei vielleicht der, daß an Stelle eines jeden bankmäßigen, bei der Bank hinterlegten Wechsels auf den entsprechenden Betrag Noten ausgegeben würden, daß aber keine Note ohne eine solche Hinterlage zirkulieren dürfe. Dieses Ziel in seiner Vollkommenheit sei durch keine staatliche Einrichtung zu erreichen; man werde aber diesem Ziele näher kommen, wenn man das Recht zur Notenemission freigebe, als wenn man dasselbe monopolisiere. Über kurz oder lang sei eine Freiheit der Ausgabe von Inhaberpapieren aller Art mit Sicherheit zu erwarten und man könne nicht den Grundsatz aufstellen, daß eine einzige Art von Inhaberpapieren, die Banknoten, von dieser Freiheit ausgeschlossen bleiben soll. Die Konkurrenz sei in allen Zweigen des Geschäftslebens von nicht zu unterschätzendem Wert, man dürfe sie nicht beschränken, wo es sich um Emission von Noten handle. Es sei nicht zu bestreiten, daß viele der bestehenden Privatzettelbanken ein Verfahren innegehalten haben, welches nicht verteidigt werden könne. Dies sei indes zum großen Teil auf Rechnung der fehlerhaften preußischen Bankgesetzgebung zu stellen. Die in Preußen bestehenden Beschränkungen hätten dazu geführt, daß Notenbanken sich an Plätzen bildeten, wo dieselben keinen günstigen Boden hatten, während dieselben vielleicht mit größerem Erfolge und in besserer Weise innerhalb des preußischen Staates gewirkt haben würden. Nicht alle Privatbanken treffe der Vorwurf, daß sie lediglich durch das Streben nach Agiotage in das Leben gerufen seien. Von der Frankfurter Bank sei allerseits anerkannt, daß ihre Geschäftsführung eine durchaus mustergültige sei und daß dieselbe in ihren Kreisen das Bedürfnis des Publikums ebenso befriedige, wie die preußische Bank in den ihrigen. In sämtlichen süddeutschen Staaten habe in mächtiger und unwiderstehlicher Weise der Zug nach Gründung von Notenbanken sich geltend gemacht. Die Periode, in der man Banken lediglich der Agiotage halber gründete, sei jetzt überwunden, und es sei nicht anzunehmen, daß eine solche wiederkehren würde.

Wenn ein Redner die von seiten einzelner Privatbanken (namentlich vor Einführung des deutschen Handelsgesetzbuches) unrichtig aufgestellten Bilanzen kritisiert, so sei zu bemerken, daß solche Formfehler im Grunde nicht hierher gehören. Denn in keinem Falle seien, worauf es hier ankommt, die zur Notendeckung bestimmten Werte zu hoch angegeben und dadurch im Publikum, welches die Noten in Zahlung nahm, Täuschungen hervorgerufen worden. Die Aktionäre haben die, wahrscheinlich noch nicht genau feststellbar gewesenen Verluste, welche für sie allein Interesse hatten, in jedem Falle sehr wohl gekannt. Überhaupt aber geben Verluste, welche einzelne Banken zu Zeiten erlitten haben, nicht das Recht, von soliden Banken und von schlecht fundierten Noten zu sprechen. Keine einzige deutsche Zettelbank sei jemals „unsolide" gewesen, — es sei denn, daß man Geschäftsverluste, die keinem Gewerbetreibenden, auch der preußischen Bank nicht, erspart bleiben, als ein Merkmal der Unsolidität bezeichnen wolle. Die Noten keiner Privatbank seien schwächer, sondern im Gegenteil alle bedeutend besser fundiert, als diejenigen der preußischen Bank. Und gerade die kleinsten

Ferner habe das Publikum wie die Bankiers seit 15 Jahren viel gelernt. In der Zeit des sog. Bankschwindels im Jahre 1865 habe man vom Depositenverkehr so gut wie nichts verstanden. Seit jener Zeit habe das Publikum gelernt, seine Gelder bei den Banken zu deponieren, und die Banken hätten es sich angelegen sein lassen, der Entwicklung des Depositenverkehrs eine besondere Pflege zu widmen. Es sei bei dem System der Bankfreiheit nicht zu befürchten, daß man auf das Notengeschäft ein ungebührliches Gewicht legen werde. Es sei in Betracht zu ziehen, daß man der Einführung der Goldwährung entgegensehen dürfe. Hand in Hand mit dieser werde die Vorschrift gehen, daß kein papierenes Zahlungsmittel in einem geringeren Betrage als etwa 20—25 Taler ausgegeben werden dürfe. Solche größere Appoints hätten aber für die Sicherheit des Verkehrs bei weitem nicht die Gefahr, wie die jetzt noch vielfach zirkulierenden Scheine über 1—5 Taler. Man müsse auch die bestehenden Rechtsverhältnisse in Betracht ziehen. Es sei wegen der einmal konzessionierten Privatzettelbanken nicht möglich, ganz freie Bahn zu schaffen und die Notenausgabe in Deutschland auf eine Bank zu beschränken. Von den bestehenden Privatzettelbanken hätten gerade einige der weniger soliden Konzessionen auf eine sehr lange Zeit, während die Konzessionen der preußischen Privatbanken, die zum großen Teile als solide zu bezeichnen seien, sofort kündbar seien. Die Proklamierung des Grundsatzes der Noteneinheit werde daher den unerwünschten Erfolg haben, daß von den bestehenden Privatzettelbanken gerade ein Teil der besseren gezwungen sei, sich aufzulösen, während ein Teil der weniger soliden ungehindert fortbestehen könne. Es sei nicht die Aufgabe der preußischen Bank, den kleineren Banken eine Unterstützung angedeihen zu lassen. Würden der preußischen Bank ihre eigenen Noten präsentiert, so sei dies lediglich die unvermeidliche Folge davon, daß sie diese Noten ausgegeben; von der Verpflichtung, ihre Noten einzulösen, könne sie so wenig wie irgendein anderes Bankinstitut dispensiert werden. Hierüber hinaus habe aber die preußische Bank den kleineren Zettelbanken gegenüber durchaus keine Verpflichtung. Sie möge dieselben nicht daran gewöhnen, sich selbst als kleine Kinder zu betrachten, die in Zeiten der Not und Krise bei dem Staate, bei der Zentralbank Schutz und Hilfe suchen.

Das Verhältnis sei auch in der Tat ein ganz anderes. Die Privatzettelbanken wissen alle, daß ihnen das große Institut nichts weniger als eine liebevolle Mutter und Helferin in der Not sei. Die preußische Bank diskontierte z. B. keinen über 14 Tage langen Wechsel, welcher das Indossament einer Privatzettelbank trägt; und wenn sie bei ihren Dispositionen die Summe der zirkulierenden Privatbanknoten mit in Anschlag bringe, so geschehe das nur in demselben Sinne, in welchem sie auch andere allgemeine Verhältnisse, z. B. den Stand der Wechselkurse, die Handelsbilanz, Ernteergebnisse u. dgl. berücksichtigen muß. Die Privatbanken finden es am bequemsten und wohlfeilsten, ihren, in jedem einzelnen Falle verschwindend geringen Metallbedarf aus dem großen Reservoir zu entnehmen, in welchem sich bei dem natürlichen Kreislaufe die größte Menge des baren Geldes ansammelt.

und wildesten Banken seien in dieser Beziehung gewöhnlich am stärksten, weil die Art ihres Geschäftsbetriebes sie bei Auswahl ihrer Anlagen nicht an moralische Verpflichtungen gegen eine feste Kundschaft bindet. Alles, was in dieser Beziehung den sog. „Raubstaatenbanken" jetzt vorgeworfen werde, beruhe auf traditionellen Vorurteilen.

Vermöge der allgemeinen Verwendbarkeit ihrer Noten saugt die preußische Bank das im Verkehr überflüssige, also auch das von den Privatbanken in Umlauf gesetzte Metallgeld auf; was ist natürlicher, als daß die Privatbanken es sich von ihr wieder holen! Daß die preußische Bank dieses Metall gegen ihre Noten liefert, kann man gewiß nicht auch nur mit einem Scheine von Berechtigung als eine den Privatbanken gewährte Unterstützung bezeichnen. Dieses Verhältnis dürfte übrigens sowohl durch Zusammenlegung der Notenemission, wodurch eine, ebenso wie jetzt nur die preußische, allenthalben verwendbare Note geschaffen wird, als auch durch Einführung der Goldwährung, wodurch eine lebhaftere Metallgeldzirkulation besonders in dem Falle herbeigeführt wird, wenn die ausländischen Goldmünzen bei uns ohne Umprägung zirkulieren können, eine wesentliche Änderung erfahren.

Den historischen Beispielen, welche angeführt wurden, wurde entgegengesetzt, daß die Krisen, welche England und Amerika betroffen, auch eine andere Deutung gefunden hätten, als die, daß dort das System der Notenfreiheit die große Gefahr geschaffen. So sei in Beziehung auf England nachgewiesen, daß nicht die Privatbanken es waren, welche die ersten großen Erschütterungen hervorgerufen, daß vielmehr gerade die Hauptbanken am meisten und häufigsten von diesen Erschütterungen betroffen seien. Von Amerika dürfe man sagen, daß die vielen Krisen, welche über das Land gekommen, ihre Ursachen am wenigsten in der Notenzirkulation gehabt, daß dort bei weitem andere Ursachen stärker auf die Erregung schwindelhafter Geschäfte hingewirkt hätten. Von einer Seite wurde der Kleinheit des Stammkapitals der amerikanischen Banken hauptsächlich die Schuld beigemessen, daß viele derselben auf unsoliden Bahnen wandelten. In betreff Frankreichs wurde darauf hingewiesen, daß 1848 die Zentralbank, gleich den Provinzialbanken, außerstande gewesen, ihre Noten einzulösen. Wenn man auf die Erfahrungen in dem Bankwesen anderer Länder sich berufe, so dürfe man auch Schottland und die Schweiz nicht außer acht lassen. In der Schweiz bestehe ziemlich freie Konkurrenz; es habe sich dort eine Reihe von Notenbanken gebildet und die Bankfreiheit hat zu dem Resultate geführt, daß die Notenzirkulation von Jahr zu Jahr abgenommen hat und entbehrlich geworden ist. Es sei daher anzunehmen, daß, wenn auch in Deutschland die Bildung einer größeren Anzahl von Notenbanken gestattet würde, das Publikum sich in Annahme papierner Zahlungsmittel wählerischer zeigen würde als bisher, und daß es dem Belieben des einzelnen frei stehen würde, solche Zettel abzulehnen, die ihm nicht konvenieren. Es solle damit keineswegs gesagt werden, daß die Verhältnisse Schottlands und der Schweiz ohne weiteres auf Deutschland übertragen werden können. Die Notenfreiheit werde daselbst allerdings erleichtert, durch den kleineren Kreis, auf welchen die Zirkulation sich beschränke, und in dem eine Kenntnis der einzelnen Persönlichkeiten in höherem Maße obwalte als bei uns. Jedenfalls beweisen aber diese Beispiele, daß das System der Noteneinheit nicht das einzige ist, welches zu gedeihlichen Kreditverhältnissen führen kann. Es sei ferner aufmerksam zu machen auf die Zahlungseinstellungen, die in vielen Staaten, in Österreich, Frankreich, England bei der monopolisierten Bank vorgekommen seien. Gegen dieses letztere Argument wurde von der Minderheit erwidert, daß die Zahlungseinstellungen an den dortigen Banken nur Symptome der bedrängten Lage des Staates gewesen seien, und daß beispielsweise in Österreich, wenn es seine Banken nicht gehabt hätte, andere Mittel gefunden worden wären, um den Staat zu schädigen. Es machte ferner ein Mitglied der Minorität darauf aufmerksam daß die Bank des Norddeutschen Bundes, über deren Aufrechterhaltung die Versammlung ja einig sei, in Zukunft größeres Kapital gebrauchen werde als bisher. Es sei nicht anzunehmen, daß jemand sich finden werde, der das erforderliche Kapital hergebe, wenn die Bank der Konkurrenz fremder Institute, die sich nach Belieben neu bilden könnten, ausgesetzt bliebe. Die Minorität erachtete es ferner als bedenklich, daß an demselben Platze zwei oder mehr Banken wirken. Es sei möglich, daß ein Kreditbedürftiger bei jeder dieser Banken sich Kredit verschaffe und der eine Kreditgewährer von dem anderen nichts wisse. Beispiele dieser Art seien vor kurzem in größerem Umfange in einer preußischen Stadt vorgekommen. Von der Majorität wurde dem entgegengehalten, daß dieses Argument zu viel beweise. Sei dasselbe überhaupt stichhaltig, so spreche es auch gegen die Konkurrenz der Depositenbanken, denn auch bei diesen könne es vorkommen, daß in einer Stadt zwei Banken einer und derselben Person Kredit gewähren, ohne von der anderen zu wissen.

Die von der Minorität gewünschte Noteneinheit habe, sofern man damit nicht den Begriff eines Monopols verbinden will, manches für sich. Im Sinne der Herstellung eines Monopols für die preußische Bank könne sie aber auch nur im Prinzip als anzustrebendes Ziel nicht hergestellt werden, weil es von vornherein ein Fehler sei, ein unerreichbares Ziel hinzustellen. Man könne das Entstehen neuer Zettelbanken möglicherweise verhindern, aber mit den bereits bestehenden müsse man auf alle Fälle rechnen. Will man diese auf den „Aussterbeetat" setzen, dann treffe man eine Maßregel, die erst nach zwei bis drei Generationen wirksam wird; wolle man ihre Rechte ablösen, dann habe man Opfer zu bringen, welche außer allem Verhältnisse zum denkbaren Nutzen stehen; wolle man sie durch Belästigung ihrer Geschäftsübung zum Verzichte nötigen, dann verletze man in unwürdiger Weise bestehende Privatrechte, was gewiß niemandes Absicht ist. Erreichbar und dem öffentlichen Verkehre erwünscht sei lediglich die äußerliche Einheit: Unifizierung der Notenausgabe, wodurch die Banken ohne Opfer für irgend jemanden ausreichend für das entschädigt werden, was sie aufgeben sollen, und zugleich unter die allerbeste, nämlich die gegenseitige Kontrolle gestellt werden. In diesem Sinne sei das Prinzip der

Noteneinheit akzeptabel, aber auch zugleich die Freiheit zur Gründung neuer Zettelbanken völlig unbedenklich — und beides vereinbar.

Es wurde schließlich die obengedachte Resolution angenommen. Es stimmten dafür:

Becker, Benndorf, Fromberg, Hinsberg, Kämmerer, Ladenburg, Meyer, Mosle, Müller, Samter, Schottler, Seiffert, Spiegeler, Stephan, Steiner, Zuckschwerdt,

dagegen stimmten für die Noteneinheit:

Bamberger, Conrad, v. Dechend, Delbrück, Friedländer, Mendelssohn, Stengel, Warschauer, Wesenfeld, Witte[1]).

Viertens:

Für die Errichtung von Notenbanken soll es nicht einer speziellen Konzession bedürfen.

---

[1]) Über die Haltung der Banken im Jahre 1870 sind nachträglich von zwei Mitgliedern Bemerkungen eingereicht, deren Tendenz weit voneinander abweicht. Von einer Seite wird bemerkt: „Die Bank von Frankreich, welche jahrelang durch ihren kolossalen Barvorrat imponierte, hat sieben Tage nach der ersten Niederlage der französischen Waffen ihre Barzahlungen eingestellt. Sie war bei kaum 100% Deckung für ihre Gesamtverpflichtungen (Ende Juli 2285 Millionen Kasse, Wechsel und Lombard gegen 2287 Millionen Noten und Depositen) zu schwach in dem Augenblicke, wo der Staat noch gar nicht einmal wirklich in der Lage war, sondern nur erst in den Fall zu kommen Aussicht hatte, eigene Anforderungen an die Stelle der gewohnten Protektion treten zu lassen. Die preußische Bank war nicht stärker. Auch sie besaß im gleichen Zeitpunkt gegen 233 Millionen Verpflichtungen nur 238 Millionen, also 102% bereite Deckungsmittel. Auch sie hat nicht verstanden, sich Dienstleistungen zu entziehen, die ihrer wirtschaftlichen Aufgabe fremd waren; daß hier der Erfolg ein anderer war, ist ein glücklicher Umstand, der offenbar von ganz anderen Faktoren, als von der Bankverwaltung abhängig war. Die Ausweise der norddeutschen Privatzettelbanken dagegen ergeben für Ende Juli 1870 gegen 118 Millionen Verpflichtungen 171 Millionen, also 145% Deckungsmittel. Sie haben während der eigentlichen Kriegspanik eine Abnahme ihrer gesamten Notenzirkulation um etwa 4 Millionen erfahren, gleichzeitig ihre Kassenvorräte um ca. 8 Millionen verstärkt und dennoch ihre Leistungen in Wechsel, Lombard und Darlehen um etwa $4^1/_2$ Millionen vermehrt, also nicht vermindert, wie vielfach behauptet wird. Sie haben mit geringeren Mitteln die legitimen Ansprüche ihrer Kundschaft ebenso befriedigt, wie es in Preußen geschehen ist. Nirgends ist im Bereiche einer Privatbank ein solventes Haus in Verlegenheit geraten, nirgends sind die Darlehnskassen erheblich in Anspruch genommen worden und — höchst charakteristisch — haben dieselben ihre Tätigkeit zuerst eingestellt in Bremen, Lübeck, Chemnitz, Leipzig, also gerade in den hervorragendsten, außerhalb der Sphäre der Preußischen Bank belegenen Plätzen des Bundesgebietes." Von anderer Seite dagegen ist folgende Betrachtung aufgestellt: „Im Juli waren (in Preußen) die Noten der verschiedenen kleinen deutschen Banken teils ganz unanbringlich, teils nur mit einem Disagio von 3—5% zu verwenden, wogegen die Noten der preußischen Bank an ihrem Werte nichts einbüßten. Das Mißtrauen gegen die Noten der kleinen Banken schwand erst nach den Erfolgen der Armeen. Selbst in dem geschlagenen, finanziell beispielslos zerrütteten, aus tausend Wunden blutenden Frankreich hat sich das System der Noteneinheit relativ bewährt, da man nur von einem vorübergehenden, kaum nennenswerten Disagio der Noten der französischen Bank hörte, wogegen die von den Kriegswirren gar nicht berührte Schweiz mit ihrer Notenfreiheit trostlosen Zuständen verfiel, und ein gleiches wäre wohl auch jetzt in noch höherem Grade in Frankreich der Fall gewesen, wenn hier, wie vor 1848, eine Anzahl von Zettelbanken neben der Bank von Frankreich existiert hätte, von denen bekanntlich der größte Teil im Jahre 1848 seine Noteneinlösungen sistieren mußte.

Wird aber das Prinzip der Konzession angenommen, so ist die Konzessionierung auf dem Wege der Gesetzgebung derjenigen auf dem Wege der Administration vorzuziehen.

Wenn man von der Aussicht ausgeht, daß neben der Zentralbank noch andere Banken bestehen sollen, welche das Recht der Notenemission haben, so ist ihnen die Berechtigung hierzu entweder auf dem Wege der Normativbedingungen oder auf demjenigen der Spezialkonzession zu verleihen. Entscheide man sich für das System der Konzessionen, so ist in jedem einzelnen Falle durch die oberste Instanz des Staates sowohl die Bedürfnisfrage als die Vertrauenswürdigkeit der Unternehmer zu prüfen. Diese Prüfung kann wiederum entweder der obersten Verwaltungsinstanz, welche im Norddeutschen Bunde der Bundesrat sein würde, oder den gesetzgebenden Faktoren, im Norddeutschen Bunde also dem Reichstage in Verbindung mit dem Bundesrate überwiesen werden. Entscheidet man sich dagegen für das System der Normativbedingungen oder der Regulative, so werden auf dem Wege der Gesetzgebung ein für allemal die Bedingungen festgestellt, unter denen Institute sich bilden können, die die Emission von Zetteln zu ihrer Aufgabe machen. Es ist alsdann dem Belieben jedes einzelnen überlassen, von dieser Einrichtung Gebrauch zu machen oder nicht, und dem Staate falle höchstens die Aufgabe zu, Kontrolle darüber zu üben, ob bei der Errichtung solcher Banken und bei ihrer Geschäftsführung die in den Normativbedingungen niedergelegten Grundsätze festgehalten werden. Die beiden Systeme der Konzessionierung und der Normativbedingungen ließen sich nicht miteinander vereinigen, wie dies beispielsweise bei der Beratung des Handelsgesetzbuches mit Rücksicht auf die Aktiengesellschaften erörtert wurde; man muß vielmehr zwischen beiden das eine wählen.

Für das System der Normativbedingungen wurde geltend gemacht, nur die wirtschaftliche Gestaltung könne entscheiden, wann, wo, in welchem Umfange sich Notenbanken zu bilden haben. Wenn irgendwo, sei hier staatliche Bevormundung und Entscheidung über die Bedürfnisfrage, auch wenn sie den gesetzgebenden Gewalten unterbreitet werden unzulässig. Aufgabe der Gesetzgebung könne nur sein, ein für allemal die Normen festzusetzen, unter welchen sich Notenbanken bilden dürfen, nicht aber sich mit den einzelnen Fällen ihrer Einrichtung zu beschäftigen.

Für das System der Konzessionierungen wurde dagegen geltend gemacht, daß zu hoffen sei, auf diesem Wege die Anzahl von Zettelbanken auf einem möglichst geringen Maße zu erhalten. Diese Hoffnung steigere sich, wenn man die Befugnis zur Konzessionserteilung nicht in die Hände der Verwaltungsbehörden, sondern in diejenigen der Gesetzgebung lege. In Belgien und in Holland habe beispielsweise die gesetzgebende Gewalt gleichfalls die Befugnis, Privatnotenbanken ins Leben zu rufen, indessen sei es dort der Legislative niemals eingefallen, von dieser Befugnis Gebrauch zu machen. Aus diesem Grunde sprachen sich für das System der Konzessionierung diejenigen aus, welche zuvor prinzipaliter für das System der Noteneinheit sich erklärt hatten. Aber auch diejenigen, welche die Bildung von Privatzettelbanken nicht vollständig ausschließen, meinten dennoch, daß es einer Entscheidung der höchsten staatlichen Instanz bedürfe, um ein solches Institut ins Leben zu rufen. Derjenige, welcher eine Notenbank begründen wolle, nehme den Kredit der Nation in Anspruch, und es sei daher völlig gerechtfertigt, daß die oberste Vertretung der Nation mit ihrer Stimme darüber gehört werde, ob sie diesen Kredit bewilligen wolle. Gegen die Bestimmung, wonach es zur Schöpfung einer Bank jedesmal eines Bundesgesetzes bedürfen solle, wurde indessen geltend gemacht, daß die gesetzgebende Gewalt nicht in der Lage sei, die Bedürfnisfrage in einem einzelnen Falle zu prüfen, daß ihr wesentlich die Innehaltung politischer Gesichtspunkte obläge, und daß man in bedenklicher Weise die Politik in das Gebiet der materiellen Interessen hineintragen würde, wenn man die Errichtung einer Notenbank von einem Gesetze abhängig machen wolle. Es wurde hiergegen zwar erwidert, daß es in England häufig vorkomme, Fragen über die Errichtung spekulativen Zwecken dienender Institute der Entscheidung des Parlaments zu unterbreiten, es sprach sich indessen die Majorität der Versammlung zunächst gegen das Prinzip der Konzessionen und nur für den Fall, daß dieses Prinzip dennoch beliebt werden sollte, dafür aus, daß die Konzession nicht auf dem Wege der Administration, sondern auf demjenigen der Gesetzgebung verliehen werden solle. Das Stimmenverhältnis stellte sich hierbei folgendermaßen:

Für die Konzessionspflicht stimmten:

v. Dechend, Mendelssohn, Meyer, Schottler, Wesenfeld.

Dagegen:

Bamberger, Becker, Benndorf, Conrad, Delbrück, Friedländer, Fromberg, Hinsberg, Kämmerer, Ladenburg, Mosle, Müller, Samter, Seiffert, Spiegeler, Steiner, Stephan, Stengel, Warschauer, Witte, Zuckschwerdt.

Evtl. stimmten dafür, daß die Konzessionierung auch durch die Administrativbehörden erfolge:

Bamberger, Conrad, v. Dechend, Friedländer, Mendelssohn, Meyer, Steiner, Stengel, Warschauer.

Dafür, daß die Konzessionierung evtl. auf dem Wege der Gesetzgebung erfolge, stimmten:

Becker, Benndorf, Delbrück, Fromberg, Hinsberg, Kämmerer, Ladenburg, Mosle, Samter, Schottler, Seiffert, Spiegeler, Wesenfeld, Zuckschwerdt.

Der Abstimmung über diese Frage enthielten sich:

Müller, Stephan, Witte.

Fünftens:

Die Errichtung von Emissionsbanken soll unter Innehaltung der nachfolgenden Normativbedingungen frei stehen.

Dieser Satz wurde mit 13 gegen 13 Stimmen angenommen. Nachdem sowohl das System der Noteneinheit als das System der Konzessionierung von Fall zu Fall verworfen war, ergab es sich im Grunde als Notwendigkeit, zu dem Systeme der Normativbedingungen überzugehen. Indessen vereinigten sich verschiedenartige Elemente zu einem verneinenden Votum, so daß in Betreff dieses Punktes, wie erwähnt, nur Stimmengleichheit erreicht wurde, und zwar stellte sich das Stimmenverhältnis hierbei folgendermaßen:

Für das System der Normativbedingungen stimmten:

Becker, Benndorf, Fromberg, Hinsberg, Kämmerer, Ladenburg, Mosle, Müller, Samter, Seifert, Spiegeler, Steiner, Stephan.

Gegen dies System stimmten:

Bamberger, Conrad, v. Dechend, Delbrück, Friedländer, Meyer, Mendelssohn, Schottler, Stengel, Warschauer, Wesenfeld, Witte, Zuckschwerdt.

In betreff der einzelnen Normativbedingungen wurde noch folgendes beraten. Im allgemeinen ist vorauszuschicken, daß sich ein Widerstreit geltend machte zwischen denjenigen, welche die Normativbedingungen an möglichst erschwerende Bedingungen knüpfen wollten, und denjenigen, welche einer milderen Auffassung huldigten. Seitens der Vertreter des Prinzips der Bankeinheit wurde die Erklärung abgegeben, daß, indem sie mit ihrer Grundanschauung in der Minderheit geblieben, sie es für ihre Pflicht erachte, möglichst darauf hinzuwirken, daß die dennoch neu zu bildenden Zettelbanken möglichst unschädlich blieben, und daß sie vor der Konsequenz nicht zurückschreckten, die Normativbedingungen so einzurichten, daß die Bildung neuer Emissionsbanken tatsächlich zur Unmöglichkeit werde. Von der andern Seite wurde hierauf erwidert, daß man es mit der Freiheit zur Begründung von Notenbanken ernst nehme, und daß man die Normativbedingungen so einrichten wolle, daß tatsächlich ein System der Bankfreiheit bestehe. Dieser Widerstreit der Bestrebungen ist ohne Zweifel auf die nachfolgenden Beschlüsse von großem Einfluß gewesen, da jede die Normativbedingungen erschwerende Bestimmung dadurch angenommen werden konnte, daß eine Stimme aus der Zahl der Anhänger der Normativbedingungen sich mit denen der Gegner derselben verband. Es wurde nunmehr hinsichtlich der Normativbedingungen folgendes und zwar ohne namentliche Abstimmung beschlossen:

a) Bei Privatzettelbanken sollen die Teilnehmer solidarisch haften und die Anzahl der Teilnehmer wenigstens sechs betragen.

Von einer Seite her war der Antrag gestellt worden, daß Privatzettelbanken die Form von Aktiengesellschaften haben. Es wurde vor allem geltend gemacht, daß für die Errichtung von Banken die Form der Aktiengesellschaft in Deutschland die größte Beliebtheit besitze, und daß namentlich sämtliche bestehende Zettelbanken, sofern sie nicht hier und da von Korporationen, wie Kommunen, Landständen usw. errichtet seien, als Aktiengesellschaften konstituiert seien. Außerdem gebe die Form der Aktiengesellschaft die einzige Möglichkeit, ein bestimmt begrenztes Kapital für einen bestimmten Zweck zu widmen. Diese Anschauung wurde indes von der Majorität nicht beliebt. Es sprachen sich zunächst einzelne Stimmen dafür aus, daß man Kommanditgesellschaften auf Aktien von dem Rechte der Notenemission nicht unbedingt ausschließe. Diese Form sei eine sichere und zuverlässige. Von anderer Seite sah man indessen eine große Gefahr darin, überhaupt Aktiengesellschaften oder auf Aktien gegründeten Kommanditgesellschaften das Recht der Notenemission anzuvertrauen. Weder in England noch in Schottland habe in diesem Sinne eine Freiheit bestanden, und namentlich in dem letzterwähnten Lande betrachte man die Solidarhaft als unentbehrliches Komplement der Bankfreiheit. Man dürfe nicht alle Schranken, die in andern Ländern gezogen seien, fallen lassen; die Anschauung, daß die Solidarhaft in England und Schottland zu einer bloßen Form herabgesunken sei, und daß, wenn über eine illimitierte Gesellschaft eine Krise komme, sich lediglich Hausknechte und vorgeschobene Personen als Inhaber entpuppen, sei eine durchaus irrige[1]). Von einem Mitgliede der Versammlung wurde erwähnt, daß er selber beteiligt gewesen sei bei dem Konkurse einer illimitierten Gesellschaft und daß er infolge der Solidarhaft sein Geld mit Zinsen von den ersten Begründern der Gesellschaft erstattet erhalten habe. Mit Rücksicht darauf, daß in Schottland eine Bank, welche Noten emittiert, wenigstens sechs persönliche Teilnehmer haben muß, wurde eine gleiche Bestimmung hier beantragt. Dieser Antrag fand zwar lebhaften Widerspruch, der sich auf folgende Argumente stützte:

Die Form der offenen Handelsgesellschaft mit wenigstens 6 Teilhabern sei eine in Deutschland völlig neue, nirgends vorkommende — und ziemlich identisch mit dem Verbote der Gründung von Zettelbanken. Das Geschäft der limitierten Notenausgabe unter Verzicht auf alle und jede irgendwie spekulative Operation sei ein vergleichsweise so wenig lukratives daß sich niemand mit seinem ganzen Vermögen und seinem ganzen kaufmännischen Kredite darin engagieren werde. Unter dieser Bedingung würde keine einzige Notenbank entstehen, und wer sie überhaupt zulassen will, müsse sie auch auf dem Wege der in Deutschland üblichen Kapitalassoziation in Form der Aktien- oder allenfalls Kommanditgesellschaften zulassen. In England habe man die limitierte Haftbarkeit noch nicht gekannt, als die Banken mit Solidarhaft der Teilhaber gegründet wurden. Das Beispiel sei darum für uns nicht maßgebend. Und den guten Erfahrungen, die man namentlich in Schottland mit dem dortigen Systeme gemacht hat, sei entgegenzuhalten, daß sich auch die bei uns übliche Form recht wohl bewährt hat. Wir ersetzen die keineswegs den Gipfel der Vollkommenheit erreichenden Vorzüge der Solidarhaft durch eine Anzahl anderer Vorkehrungen: Begrenzung der erlaubten Geschäfte, Geschäftsreglements, Kontrolle usw. Man könne darüber streiten, was von beiden das Vorzüglichere ist, — aber beides vereinigt, entspricht einem Verbote.

Die Solidarhaft widerspreche dem Prinzip der Aktiengesellschaften, deren Wesen darin besteht, daß einzelne sich mit einem Teile ihres Vermögens zu gemeinsamen Zwecken verbinden, im Unterschiede zu den Handelsgesellschaften, bei welchen die Teilnehmer mit ihrem ganzen Vermögen für einen bestimmten Zweck eintreten. Wolle man den Aktiengesellschaften das Recht der Notenemission vorenthalten, um solches den Handelsgesell-

[1]) Vgl. die Zeit zwischen 1915—31.

schaften zu überweisen, so komme man folgerichtig dahin, jedem einzelnen das Recht der Notenemission einzuräumen. Es liege nicht der geringste Grund vor, einer bestimmten Anzahl Personen, also wie vorgeschlagen, 6 Personen, in Gemeinschaft ein Recht einzuräumen, und solches jedem einzelnen von ihnen zu versagen, zumal eine solche Bestimmung rein illusorisch wäre, denn auch nur eine Person, die Noten ausgeben will, werde immer 5 Strohmänner finden. Das Recht der Notenemission statt an Aktiengesellschaften an Handelsgesellschaften einzuräumen, gehe prinzipiell weiter als es voraussichtlich im Sinne der Antragsteller liege und in der Tat zulässig sei. — Wenn die persönliche Verantwortlichkeit, welche mit der Solidarhaft verbunden ist, bei den Aktiengesellschaften vermißt werde, und dieser Mangel davon abhält, Aktiengesellschaften das Recht der Notenemission zu erteilen, so müsse darauf hingewiesen werden, daß sich hiergegen gesetzliche Vorkehrungen treffen lassen, und dieses bereits durch die neueste Gesetzgebung bei Freigebung der Bildung von Aktiengesellschaften im weitreichenden Maße geschehen ist .— Die Solidarhaft möge sich in einzelnen Fällen als günstig für die Gläubiger erwiesen haben, als nachhaltige oder nur redenswerte Schranke gegen Mißbrauch der Notenausgabe werde sie nicht angesehen werden können. Diese Schranke soweit sie überhaupt herstellbar, wird lediglich in der unbedingten Einlösungspflicht der Noten gefunden werden müssen.

Nichtsdestoweniger wurde die oben mitgeteilte Normativbedingung mit 13 gegen 12 Stimmen angenommen.

Ein Mitglied versuchte hierauf zu konstatieren, daß im Sinne dieses Beschlusses eine Kommanditgesellschaft auf Aktien berechtigt sein würde, Noten auszugeben, falls sie sechs persönlich haftende Gesellschafter habe. Doch wurde von anderen dieser Konsequenz widersprochen.

b) Eine Notenbank soll ein Gründungskapital von wenigstens einer Million Taler haben und der Betrag der emittierten Noten soll das volleingezahlte Aktienkapital nicht übersteigen.

Es machten sich in Beziehung auf die Höhe des Gründungskapitals zwei verschiedene Anschauungen geltend. Von einer Seite behauptete man die Befugnis zur Errichtung von Notenbanken müsse an einen gewissen Minimalbetrag geknüpft werden, während man andererseits einen Minimalbetrag für vollkommen entbehrlich und dagegen die Festsetzung eines Maximalbetrages für erforderlich hielt. Von den Vertretern der ersteren Ansicht wurde geltend gemacht, daß eine gewisse Garantie darin liege, wenn ein großes Kapital zur Begründung der Bank verwendet werde. Durch das Erfordernis eines großen Kapitals würden leichtsinnige und schwindelhafte Unternehmungen ausgeschlossen, da es im eigenen Interesse der Zeichner liege, auf eine solide Geschäftsführung zu dringen. Es wurde von dieser Seite her als wünschenswert bezeichnet, diesen Minimalbetrag auf die Summe von drei Millionen festzusetzen. Von der andern Seite wurde dagegen geltend gemacht, man schaffe auf diesem Wege eine Vermehrung der Privatbanknoten, die gar nicht zu bewältigen sei und mache es dem Zentralinstitut absolut unmöglich, die Privatbanken zu überragen. Die Festsetzung eines Maximalbetrages vermindere die Gefahr der Agiotage, die bei Begründung neuer Banken immer vorhanden sei. Kleine Banken dürfen sich auf dem Platze, an dem sie gegründet sind, höchstens auf die Provinz beschränken, und in so beschränktem Kreise vermöchten sie segensreich zu wirken. Gegenwärtig bestehe aber das Unheil der Zustände gerade darin, daß keine Bank sich auf ihren Kreis beschränke, sondern ihr Streben darin setze, ihre Noten nach entfernten Gegenden hinzuschicken. Hiergegen wurde von den Vertretern der andern Ansicht wiederum erwidert, daß in industriellen Gegenden, beispielsweise in der Rheinprovinz und Westphalen gerade so gut wie in Frankfurt, Bremen, Sachsen und Baden selbständige Institute in der gedeihlichsten Weise wirken könnten, wenn die Gesetzgebung ihnen nur den erforderlichen Spielraum gebe. Der Antrag, die Höhe des Kapitals der Zettelbanken auf eine Million oder eine halbe Million zu beschränken, mache die Möglichkeit, derartige Institute zu begründen, geradezu illusorisch. Es sei erforderlich, daß man bei Festsetzung von Normativbestimmungen sein Augenmerk nicht darauf richte, von vornherein all und jeden Mißbrauch abzuschneiden, denn dies Resultat werde die Gesetzgebung weder bei großen noch kleinen Banken jemals erreichen können. Bei der Abstimmung wurde die Festsetzung eines Maximums von einer Million Taler oder darunter für das Gründungskapital mit 16 gegen 10 Stimmen abgelehnt. Ebenso wurde abgelehnt die Festsetzung eines Minimums von drei Millionen Talern, wobei 5 Stimmen für die Ansicht der Minorität sich fanden, und endlich das oben mitgeteilte Resultat erzielt; daß die Notenemission auf die Höhe des Gründungskapitals beschränkt werden soll, wurde damit motiviert, daß letzteres der Regel nach den Maßstab für die Ausdehnung des natürlichen Wirkungskreises der Bank abgebe.

c) Der kleinste Abschnitt soll nicht unter zehn Taler, nach Einführung der Goldwährung nicht unter fünfundzwanzig Taler betragen.

Diese Resolution wurde gefaßt in Übereinstimmung mit den schriftlichen Gutachteu einer sehr großen Anzahl von Handelskammern und wurde als Grund dafür geltend gemacht, daß Zahlungen in kleineren Beträgen sehr wohl durch bares Geld vermittelt werden können. Abgelehnt wurde ein Zusatzantrag, nach welchem der Betrag der in den kleinsten Appoints auszugebenden Noten nicht größer als ein Zehntel des Stammkapitals sein soll.

d) Die Banknoten sollen kein Vorrecht im Konkurse haben.

Dieser Antrag wurde ohne weitere Diskussion als selbstverständlich einstimmig angenommen.

e) Ein noch näher zu präzisierender Teil der ausgegebenen Noten soll in barem Gelde, der Rest durch Diskonten mit wenigstens zwei Unterschriften, die nicht länger als drei Monate laufen, bedeckt sein.

Die Frage der Drittelsdeckung wird weiter unten noch ihre Erörterung finden. Es wurde hier das Prinzip festgestellt, daß, soweit die Deckung von Noten nicht durch bar erfolgt, dies ausschließlich in bankmäßigen Wechseln bestehen darf. Es wurde dabei zurückgegriffen auf die bereits entwickelte Ansicht, daß die Note der Repräsentant guter bankmäßiger Wechsel sein soll. Die Kriterien der Bankmäßigkeit, soweit dieselben in Regulativen überhaupt sich feststellen lassen, wurden ihm Vorhandensein zweier Unterschriften und in Beschränkung der Umlaufszeit auf höchstens 3 Monate gefunden. Von einer Seite her wurde geltend gemacht, daß in Bremen allgemein ein sechsmonatliches Ziel üblich sei, und daß die Festsetzung einer dreimonatlichen Frist für bankmäßige Wechsel den Verkehr wesentlich hemmen würde. Dieser Einwand wurde indessen damit widerlegt, daß es den in Bremen bestehenden Bankinstituten in keiner Weise verwehrt sei, Wechsel zu diskontieren, die länger als drei Monate laufen, daß indessen, sofern diese Wechsel zur Notendeckung dienen sollen, diese Frist innegehalten werden müsse. Hinsichtlich des Erfordernisses zweier Unterschriften wurde hervorgehoben, daß tatsächlich allerdings sogar die preußische Bank hin und wieder Wechsel mit nur einer Unterschrift diskontiert, daß dies indessen den bestehenden Vorschriften nicht entspreche und jede solche Operation auf Gefahr der Tantiemefonds desjenigen Beamten erfolge, der dieselbe vornehme.

Was Lombarden anbetrifft, so führte ein Redner aus, es sei nicht verständlich, mit welchem Rechte Lombardgeschäften nicht die gleiche Fähigkeit, zur Notendeckung zu dienen, beigemessen werden soll, als Wechseln. Auf gleich kurze Verfallzeit und auf gute, leicht realisierbare Werte beschränkt, bieten sie mindestens die gleiche Sicherheit, wie der gute Wechsel; ja sie haben sogar den Vorzug, daß sie ohne Rücksicht auf die augenblickliche Zahlungsfähigkeit des Schuldners jederzeit realisiert werden können; und das ihnen zugrunde liegende geschäftliche Verhältnis sei ein wirtschaftlich ebenso berechtigtes, wie dasjenige, aus welchem der Wechsel entspringt. Die Möglichkeit, daß durch Lombardierungen die Agiotage statt des legitimen Handels unterstützt werde, treffe mit gleichem Rechte auch den Wechsel. Und der äußerst nahe liegende Weg, Lombardgeschäfte in Wechselform zu kleiden, zeige, auf wie schwacher Basis der adoptierte Grundsatz steht. — Es genüge vollkommen, das Vorhandensein:

> „guter, leicht realisierbarer Sicherheiten mit angemessen kurzen Verfallzeiten"

vorzuschreiben. Als Unterbestimmung möge die Länge der Verfallzeit präzisiert und ferner vorgeschrieben sein, daß Wechsel zwei Unterschriften haben und welche Pfandobjekte im allgemeinen zur Notendeckung verwendbar sein sollen.

So lauten die entsprechenden Vorschriften in fast jedem Bankstatute, und es bleibe nachzuweisen, daß dieselben zu liberal seien. Indessen wurden Lombarden als hinreichende Deckung nicht anerkannt, unbeschadet des selbstverständlichen Rechtes der Bank, Lombardgeschäfte zu machen.

f) Zettelbanken dürfen Immobilien nur zu eigenem Geschäftsbedarf erwerben, keine Hypothekenfonds, Effekten und Waren für eigene Rechnung erwerben, weder Grundstücke und Hypotheken, noch ihre Aktien oder die anderer Privatzettelbanken beleihen, keine Blankokredite erteilen, keine Wechsel mit weniger als zwei Unterschriften diskontieren, keine inländischen Wechsel rediskontieren, die noch länger als einen Monat zu laufen haben.

Die Versammlung wurde hierbei von dem Wunsche geleitet, von dem Geschäftsbetriebe der Zettelbanken alle solche Operationen auszuschließen, die ein größeres Risiko in sich bergen oder die Solidität des Geschäftsbetriebes zu beeinträchtigen imstande sind.

Ein Mitglied sprach sich gegen diese Bestimmungen als zu weitgehend, mit folgender Motivierung aus:

„Wenn eine Bank, die nicht mehr als für den Betrag ihres effektiven Kapitals Noten ausgibt, für die volle Zirkulationssumme bestimmte Werte vorrätig zu halten hat, so ist damit zunächst die Sicherheit und Einlösbarkeit der Noten gewährleistet; ihr gesammtes Stamm-Kapital steht als Reserve dahinter und kommt erst in zweiter Reihe in Betracht; es braucht daher nicht jederzeit ebenso mobil zu sein, wie der zur Noteneinlösung unmittelbar bestimmte aktive Fond. Man könnte unbedenklich, wenn nicht das ganze, doch einen erheblichen Teil jenes Kapitals zu freier Verfügung überlassen, wenn nur alle Spekulationsgeschäfte unbedingt ausgeschlossen bleiben. Die Notwendigkeit, Privatbanken in ihrem, auf Betrug durch schlecht fundierte Noten gerichteten Bestreben möglichst zu hindern, ist bis jetzt noch nicht nachgewiesen worden! Weshalb soll die Beleihung von Zettelbankaktien (also auch Aktien!) untersagt, und dagegen die von Kreditbankaktien gestattet sein? Weshalb soll die Erwerbung einer Hypothek, z. B. zu größerer Sicherstellung diskontierter Wechsel, wie das öfter vorkommt, und dagegen die Diskontierung derselben Wechsel ohne solche Sicherstellung gestattet sein? Weshalb will man Banken untersagen, unzweifelhaft sicheren Häusern Blankokredite zu gewähren und dadurch solche Häuser nötigen, in vorkommenden Fällen, Wechsel zu „reiten“, deren Wert vielleicht auch nur in derselben Unterschrift liegt? Es ist nicht zu verkennen, daß ein übermäßiges Beleihen eigener Aktien und derjenigen anderer Banken, indem dadurch das Börsenspiel möglicherweise begünstigt wird, — daß ein übermäßiges Engagement in Hypothekarsicherheiten, indem dadurch möglicherweise ein erheblicher Teil der Fonds festgelegt wird, — daß endlich auch ein übermäßiges Gewähren von Blankokrediten, indem dadurch eine übermäßige Kreditbenutzung provoziert wird, — daß all dergleichen Übermaß die solide und mobile Position der Bank beeinträchtigen kann. Aber ganz lassen sich solche Operationen nicht vermeiden; und wenn man sie verbietet, dann veranlaßt man nichts weiter als formelle Umgehungen, wie sie überall vorkommen, wo solche Vorschriften bestehen. — Es genügt vollkommen, eine angemessene Grenze zu fixieren, etwa in der Weise, daß außer der Notendeckung noch wenigstens die Hälfte des Kapitals in Kassa, Wechseln oder Lombard vorhanden sein muß, und jedes Spekulationsgeschäft für eigene Rechnung untersagt ist.

Die Sicherheit bleibt dann noch immer eine viel größere, als die für die Noten der preußischen Bank vorhandene!"

Trotz dieser Einwendungen wurden die obigen Beschränkungen, mit großer Majorität angenommen, da eine Bank, welche sich obigen Beschränkungen nicht unterwerfen wolle, eben auf die Zettelemission verzichten müsse.

Zu einer lebhafteren Diskussion führte nur die letzterwähnte Bestimmung in betreff des Rediskontierens. Es war ein Antrag eingebracht worden, nach welchem eine Zettelbank keinen inländischen Wechsel rediskontieren darf, der länger als zehn Tage zu laufen hat. Indessen wurde dieser Antrag als zu weit gehend abgelehnt. Das allgemeine Prinzip wurde dahin festgestellt, daß eine Zettelbank mit ihrem Giro keinen Handel treiben dürfe, und daß jede Rediskontierung eine verwerfliche sei, die in der Absicht erfolge, das Giro auf diesem Wege zu verwerten. Es wurde dabei betont, daß manche Privatzettelbanken die Praxis haben, die mit ihrem Giro versehenen Wechsel auf die Börse zu werfen und sich durch den Verkauf selbst gegen höheren Diskont einen Geschäftsvorteil zu verschaffen. Als völlig unverfänglich wurde es dagegen bezeichnet, wenn eine Zettelbank hin und wieder in einem einzelnen Falle durch die Lage ihres Geschäftes genötigt ist, durch die Fortgebung eines langen Wechsels sich bare Kasse zu verschaffen. Unzweifelhaft ist es unmöglich, durch gesetzliche Bestimmungen darüber zu wachen, daß das Rediskontieren nicht geschäftsmäßig, sondern nur auf besondere gegebene Veranlassung hin erfolge. Gegen eine gesetzliche Beschränkung sprechen sich mehrere Stimmen aus. Um einem unsoliden Handel mit dem Giro vorzubeugen, werde es genügen vorzuschreiben, daß Rediskontierungen nur an die Ordre der Zentralbank erfolgen dürften, oder daß sie nicht unter dem offiziellen Diskontsatz stattfinden dürften. Es sei bedenklich, einer Bank zu verbieten, ihren Wechselbestand zu realisieren; sie könne dadurch möglicherweise außer Stand gesetzt werden, ihre Noten einzulösen. Auch sei der Begriff inländischer Wechsel ein nicht hinreichend bestimmter. Es würde bei Annahme einer solchen Bestimmung nach dem Wortlaut derselben sogar verboten sein, den Akzeptanten den Wechsel vor Verfall unter Abzug des Diskonto auszuliefern. Die Majorität fand indessen in der Bestimmung, so wie sie oben mitgeteilt worden ist, ein gutes Mittel, dem Rediskontieren in bedenklichem oder verwerflichem Umfange einen Riegel vorzuschieben.

g) Zettelbanken dürfen verzinsliche Depositen nur auf wenigstens zweimonatliche Kündigung annehmen. Werden kurze Dispositen angenommen, so stehen sie hinsichtlich der Bedeckungspflicht den Noten gleich.

Hiergegen wurde zwar geltend gemacht, daß die Konsequenz dieser Bestimmung dazu führe, auch denjenigen Instituten, welche Depositen annehmen, ohne Noten auszugeben, eine ähnliche Beschränkung aufzuerlegen.

Bei vielen Banken sei die Praxis eingeführt, Depositen auf Sicht auszuzahlen, und diese Einrichtung habe sich in verschiedenen Krisen als ungefährlich bewährt.

Auch dieser Antrag wurde mit Rücksicht darauf angenommen, daß auf diesem Wege die Sicherheit des Geschäftsbetriebes festgestellt werden kann. Ein weitergehender Antrag ging dahin, daß Depositen nicht über den Betrag des Stammkapitals hinaus angenommen werden dürfen. Derselbe wurde indessen abgelehnt, weil man annahm, daß die Pflege des Depositengeschäftes in ganz hervorragender Weise eine Aufgabe der Bank sei.

h) Die Bank muß zur Vermeidung des Konkurses ihre Noten sofort in Metall einlösen.

Dieser Antrag wurde als selbstverständlich und keiner weiteren Begründung bedürftig einstimmig angenommen. Weiter gehende Anträge waren dahin gestellt, daß Zettelbanken an jeder Stelle des Norddeutschen Bundes, wo von anderen Banken Noten emittiert werden, innerhalb 24 Stunden nach Vorzeigung eingelöst werden müßten, oder evtl., daß jede Bank eine Einlösungsstelle in Berlin habe. Indessen wurden diese Anträge abgelehnt, ebenso wie ein Vermittlungsantrag, daß wenigstens eine Einlösungspflicht an dem einen der drei Orte: Frankfurt, Leipzig oder Berlin bestehe. Es wurde von einer Seite her als unzureichend bezeichnet, daß die Banknoten nur da eingelöst werden, wo sie ausgegeben werden. Wenn der Barvorrat einer einzelnen Bank nicht ausreiche, um an allen Einlösungsstellen bereite Mittel zu haben, so müsse sie sich an die Zentralbank wenden und Geld kommen lassen. Ausführbar sei der Vorschlag. Von anderer Seite her wurde dagegen die Ausführbarkeit bestritten, weil die Noten ein Zirkulationsmittel seien, das nur einem bestimmten Kreise dienen solle. Es genüge, wenn dieselben da eingelöst werden, wo sie ausgegeben werden, da ohnehin jede Bank ein Interesse daran habe, soviel Einlösungsstellen einzurichten, wie für ihren Geschäftsbetrieb erforderlich seien.

i) Eine Bestimmung dahin gehend,
die Bank ist verpflichtet, auch solche Falsifikate ihrer Noten einzulösen, die bei Anwendung gewöhnlicher Aufmerksamkeit als solche nicht erkannt werden können,

wurde durch Übergang zur Tagesordnung beseitigt. Die Versammlung lehnte es nicht ab, eine solche Bestimmung als zweckmäßig zu bezeichnen, glaubte indessen, daß dieselbe nicht in die Normativbestimmungen hineingehöre. Es wurde insbesondere geltend gemacht, daß das Kriterium, wonach die Ersatzpflicht bemessen sei, zu unbestimmt sei. Zu einer technischen Prüfung, wie sie hier erforderlich sei, würden verschiedene Personen sich ganz verschieden verhalten.

k) Die Veröffentlichung des Status soll alle Monate erfolgen.

Daß eine regelmäßige Veröffentlichung des Status unerläßlich sei, wurde von allen Seiten als selbstverständlich betrachtet und in sehr vielen Gutachten der Handelskammern ausdrücklich betont. Von mehreren Seiten wurde der

Wunsch geäußert, daß eine allwöchentliche Veröffentlichung des Status stattfinde, wie dieselbe bei den preußischen, englischen und französischen Banken hergebracht sei. Es wurde indessen hierauf erwidert, daß diese großen Banken zu einer häufigeren Veröffentlichung ihres Status veranlaßt seien, weil sie das Barometer bilden, aus welchem das kaufmännische Publikum erfahre, in welchem Verhältnis der Notenumlauf zum baren Gelde steht. Bei kleinen Banken sei dies völlig unmöglich. Dieselben haben zuweilen eine Menge von barem Gelde liegen, während zu einer andern Zeit eine große Menge Noten zurückkämen. Aus solchen Tatsachen könne das Publikum einen Schluß nicht ziehen, und die einmonatliche Veröffentlichung reiche völlige aus.

l) Die Filialen dürfen keine anderen Geschäfte betreiben als die Zentralstellen.

Ein weitergehender Antrag, wonach Privatbanken keine Filialen haben dürfen, wurde abgelehnt, weil man den Banken wenigstens die Möglichkeit zugestehen wollte, durch Errichtung von Filialen da Hilfe zu leisten, wo von ihrer Hilfe Gebrauch gemacht werden kann. Abgelehnt wurden die Anträge, noch folgende Normativbestimmungen hinzuzufügen:

m) Jede Notenbank hat an die Norddeutsche Bundeskasse den dritten Teil des Reingewinnes, welcher 5% des Aktienkapitals übersteigt, abzuführen.

Man nahm an, daß eine solche Bestimmung nicht in die Normativbestimmung gehört.

n) Keine Privatzettelbank darf sich am Sitze der Zentralbank etablieren.

Diese Bestimmung war beantragt worden nach Analogie der englischen Verhältnisse. Es wurde indessen entgegengehalten, daß die deutschen Verhältnisse wesentlich anderer Art seien, und daß Notenbanken am Sitze der Zentralstelle unter weit besserer Kontrolle gehalten werden könnten als solche in entlegenen kleinen Städten.

Ein nachträglich eingebrachter Antrag des Inhalts, noch folgende Normativbedingung hinzuzufügen:

o) Ist der dritte Teil des Grundkapitals nach der Bilanz als verloren anzusehen, so ist die Bank verpflichtet, zu liquidieren,

kam nicht mehr zur Diskussion.

Nach Schluß der Beratungen über die Normativbedingungen wurde noch die Frage angeregt, ob diese Normativbedingungen lediglich für die Privatzettelbanken oder auch für die Zentralbank Gültigkeit haben sollten. Ein Beschluß in dieser Hinsicht wurde nicht gefaßt, weil inzwischen mehrere Mitglieder der Kommission, die durch andere Geschäfte verhindert und von der bevorstehenden Beratung nicht in Kenntnis gesetzt waren, sich entfernt hatten. Es wurde indessen von einem Mitgliede folgende Erklärung zu Protokoll gegeben: Es sei nicht seine Absicht gewesen, der preußischen Bank irgendwelche andere Privilegien zu gewähren, als die, für welche sie etwas leisten müsse. Dafür, daß ihre Noten an den Staatskassen angenommen würden, habe sie dem Staate etwas zu leisten, und dies Privilegium sei ihr daher zu belassen. Jedes andere Privilegium würde er für ungerechtfertigt erklären.

Übrigens ist hier noch die Bemerkung einzuschalten, daß im Laufe der Diskussion auch die Privilegien der Portofreiheit und Stempelfreiheit, welche die preußische Bank bisher genießt, mehrfach zur Sprache gekommen sind, und daß eine Abstimmung darüber zwar nicht stattgefunden hat, von vielen Seiten jedoch die Ansicht geäußert wurde, es sei als selbstverständlich zu betrachten, daß solche Privilegien nicht erneuert werden können. Es wurde zwar von einer Seite geltend gemacht, die Portofreiheit, welche die preußische Bank genieße, komme dem Publikum zugute, da vermittelst derselben Geldsendungen von einem Orte an den anderen, wo die versandten Gelder verbraucht werden, unentgeltlich erfolgen können. Es wurde indessen von anderen Seiten, und zwar von solchen, welche an der preußischen Bank ein spezielles Interesse nehmen, ein besonderes Gewicht auf die Aufrechterhaltung dieser Privilegien nicht gelegt.

Sechstens:

Es bedarf einer Norm für die Feststellung in bezug auf das Verhältnis des Barvorrats zu der Notenzirkulation.

Für diesen Satz stimmten folgende Herren:

Bamberger, Becker, Benndorf, Conrad, v. Dechend, Friedländer, Fromberg, Hinsberg, Kämmerer, Ladenburg, Mendelssohn, Meyer, Mosle, Stephan, Samter, Seiffert, Spiegeler, Stengel, Warschauer, Wesenfeld, Witte, Zuckschwerdt.

Dagegen stimmten:

Delbrück, Müller, Schottler, Steiner.

An diesen Satz knüpfen sich nachfolgende Erwägungen: Man kann von der Ansicht ausgehen, daß den Banken und insbesondere der Zentralbank besondere Vorschriften über die Höhe der Deckungsmittel, welche sie in Vorrat haben sollten, nicht zu machen seien, wie dies beispielsweise in Frankreich der Fall ist; oder man kann von der Ansicht ausgehen, daß ein gewisses Verhältnis der Deckungsmittel vorzuschreiben sei, und hierbei entweder anknüpfen an das gegenwärtig in Preußen bestehende Verhältnis, wonach die Drittelsdeckung vorzuschreiben ist, oder übergehen zu einer solchen Einrichtung, wie sie in England besteht, wonach die Summe der ungedeckt auszugebenden Noten auf einem gewissen, nach arithmetischem Verhältnisse festzusetzenden Betrage kontingentiert ist oder endlich, man kann an der Ansicht festhalten, daß der ganze Notenbetrag durch Metall gedeckt sein soll. Durch die Annahme des vorstehenden Satzes wurden die beiden Extreme ausgeschlossen. Ein Mitglied hatte zwar die Ansicht verfochten, es sei theoretisch zu rechtfertigen, daß man die Ausgabe ungedeckter Noten überhaupt nicht gestatte, er hatte sich indessen selber dahin beschieden, dieser theoretischen Anschauung praktische Folgen nicht geben zu wollen, indem er anerkannte, daß durch eine solche Vorschrift das Banknotengeschäft statt Nutzen nur Schaden bringen und daher von niemandem betrieben werden würde. Ebenso fanden sich diejenigen Mitglieder in der Minorität, welche überhaupt ein bestimmtes Verhältnis der Deckungsmittel nicht vorschreiben wollten, sondern alles dem freien Ermessen der Bankverwaltung überlassen zu können meinten. Nach Annahme dieses Satzes stellte sich die Frage daher nur dahin, ob man festhalten wolle an dem Systeme der Drittelsdeckung, oder übergehen zu dem Systeme der Kontingentierung.

Siebentens:

Es wurde hierauf mit 22 gegen 4 Stimmen beschlossen, daß ein System der Kontingentierung nicht einzuführen sei.

Ein Redner suchte in ausführlichem Vortrage nachzuweisen, daß für das Gedeihen des Landes eine Bestimmung nicht zu entbehren sei, wonach die Höhe der ungedeckten Noten auf einen gewissen noch näher zu ermittelnden Betrag kontingentiert werden müßte. Er erklärte festzuhalten an der Ansicht, daß in Beziehung auf Zahlungsmittel der allgemeine Grundsatz keine Gültigkeit habe, daß der Verkehr dasjenige, dessen er nicht bedürfe, ausstoße. Die Banknoten, welchen die Sicherheit gegeben sei, an jeder Staatskasse an Zahlungs Statt angenommen zu werden, stehen anders da als ein anderes papiernes Zahlungsmittel, etwa als ein Wechsel. Indem der Staat vorschreibe, daß die Note der Zentralbank an den Staatskassen in Zahlung gegeben werden dürfe, schaffe er künstlich eine Gelegenheit, eine solche Note unterzubringen, und vereitle daher, daß die Note, wenn sie vom Verkehr nicht mehr gebraucht werde, ausgestoßen werde. Wenn das System der absoluten Bankfreiheit durchgeführt sei, würden derartige Vorsichtsmaßregeln sich als überflüssig erweisen, es würde alsdann die höchstmögliche Vorsicht des Publikums im Gebrauch und Annahme von Banknoten stattfinden; bis dahin aber, und namentlich unter den gegenwärtigen Verhältnissen sei die Banknote ein bevorzugtes Zahlungsmittel, welches man nicht nach Belieben sich vermehren lassen dürfe. Eine Banknote, der vom Staate ein hoher Glauben beigelegt sei, sei gewissermaßen eine Anweisung auf den Markt, sei ein Erlaubnisschein dafür, neue Produkte zu schaffen, bevor noch die Konsumtion eine Lücke in dem Vorrate geschaffen habe. Er halte es daher für ein unwiderlegtes volkswirtschaftliches Gesetz, daß eine übergroße Emission von Banknoten zunächst das Metallgeld aus dem Lande treibe und demnächst eine künstliche, unberechtigte Steigerung der Preise hervorrufe, die zu Krisen führen müsse; er halte es daher für eine gebieterische Anforderung des öffentlichen Wohles, daß der Staat in dieser Beziehung vorbeuge.

Diese Anschauung fand von den verschiedensten Seiten her lebhaften Widerspruch. Es wurde ausgeführt, das System der Peels Akte sei in England selber streng kritisiert, und es erhöben sich nur noch wenige Stimmen für die Aufrechterhaltung desselben. Es sei im Jahre 1865 im preußischen Abgeordnetenhause von dem Abgeordneten Michaelis ein Antrag auf Kontingentierung der Banknoten eingebracht worden. Derselbe würde, wenn er angenommen worden wäre, die unsäglichsten Mißstände zur Folge gehabt haben. Herr Michaelis habe zu jener Zeit die Kontingentsziffer auf 60 Millionen gegriffen. Wäre dieser Antrag damals durchgegangen, so würden seit jener Zeit zu fünf verschiedenen Malen Krisen entstanden sein. Es entstehe eine unglaubliche Stockung des Verkehrs, sobald man sehe, daß die preußische Bank sich einem Zustande nähere, in welchem sie keine Geschäfte mehr machen würde. Im Jahre 1857 habe die preußische Bank sich der Grenze der Drittelsdeckung genähert und habe den Entschluß gefaßt, sich dem Gesetze streng zu unterwerfen. Sie habe infolgedessen die Krise auf das Äußerste verschärft. Wenn sie damals das Recht besessen, sich über die beengenden Vorschriften der Drittelsdeckung hinwegzusetzen, so würde von einer Krise keine Rede gewesen sein. Von anderer Seite wurde hinzugefügt, daß jede Kontingentsziffer den Stempel der Willkür trage. Wie könne man beweisen, daß 60 oder 100 Millionen die richtige gegriffene Summe seien, welche ungedeckt bestehen dürfe.

Die Möglichkeit, den Verkehr in unbegrenzter Menge durch Noten ohne volle Metalldeckung zu unterstützen, müsse allerdings gegeben sein, weil sich eine absolute Grenze für den Bedarf nicht bestimmen lasse. Auf der anderen Seite müsse aber auch dem in immer bedenklicher Weise zunehmenden Notenkultus eine Schranke gezogen werden. Wenn fernerhin so, wie bisher, jedem wirklichen oder vermeintlichen Geldbedarfe durch bedingungslose Vermehrung der Banknotenemission begegnet werde, dann treiben wir immer schneller der Papiervaluta zu, deren sich außer uns und England jetzt jeder große Staat erfreut. Die Peelsche Bankakte habe neben ihren Mängeln auch anzuerkennende Vorzüge und das System lasse sich ganz wohl auch auf uns anwenden, wenn wir nur als Regel hinzufügen, was in England bloß ausnahmsweise geschehe, nämlich die Bestimmung, daß eine Überschreitung der Kontingentsziffer unter der Bedingung einer Diskonterhöhung gestattet sein solle. Bei einer solchen Bestimmung werden Produktion und Spekulation in dem Augenblicke gewarnt, wo die Zirkulation sich jener Grenze nähert und die ausgiebige, nachhaltige Hilfe bleibe gleichwohl nicht ausgeschlossen.

Eine solche Bestimmung würde die preußische Bank z. B. schon im Juni v. J. zur Diskonterhöhung genötigt, die Börsen rechtzeitig gewarnt und erleichtert haben, während nun binnen 4 Tagen von 4 auf 8% gesprungen werden mußte, was die Kriegspanik im Augenblicke außerordentlich verschärft habe.

Für die Festsetzung einer Kontingentsziffer stimmten:

Kämmerer, Meyer, Schottler.

Achtens:

Nachdem, wie erwähnt, das System der Kontingentierung abgelehnt worden war, beschloß die Versammlung mit 22 gegen 4 Stimmen,

daß zur Deckung der Noten wenigstens der dritte Teil der zirkulierenden Summe in barem Gelde vorhanden sein solle.

Es wurde von allen Seiten anerkannt, daß die Drittelsdeckung als Prinzip ihre großen Mängel habe; ein Beweis dafür, daß die Bank in betreff ihrer Notenausgabe in keine Verlegenheit kommen könne, wenn sie den dritten

Teil der emittierten Summe in barem Gelde vorrätig habe, sei in keiner Weise zu führen. Es wurden alle prinzipiellen Einwendungen, welche gegen die Drittelsdeckung geltend gemacht zu werden pflegen, als begründet anerkannt; namentlich wurde nicht geleugnet, daß die Bank durch Präsentation eines größeren Betrages von Noten in die Alternative gesetzt werden könne, entweder durch Einlösung derselben den Barbestand auf weniger als ein Drittel der zirkulierenden Notenmenge herabzusetzen, oder durch Nichteinlösung ihre Verpflichtung zu suspendieren. Dennoch wurde als wichtiges Argument für die Beibehaltung der Drittelsdeckung geltend gemacht, daß das Publikum einmal daran gewöhnt sei. Es sei selbstverständlich, daß eine Bank, welche verpflichtet sei, wenigstens den dritten Teil ihrer Noten in barem Gelde zu halten, es niemals an diese Grenzen kommen lassen werde, sie werde vielmehr einen wesentlich größeren Betrag immer halten. Das Publikum werde es nicht verstehen, wenn man jetzt von diesem Grundsatze ohne weiteres abgehe und sich der französischen Maxime nähere. Was den oben angedeuteten Vorfall anbetreffe, der bei der preußischen Bank Übelstände herbeigeführt hat, die lediglich auf Rechnung der Vorschrift zu setzen sind, daß ein Drittel der Notenausgabe in barem Gelde vorrätig zu halten sei, so müsse bemerkt werden, daß die Krise von 1857 eingetreten sei kurze Zeit nachdem das Kapital der preußischen Bank wesentlich vermehrt worden, und daß aus diesem Grunde zu jener Zeit nicht vollständig normale Verhältnisse obgewaltet hätten. Der angeführte Beschluß wurde mit folgenden 22 Stimmen gegen folgende 4 Stimmen gefaßt:

Dafür:

Bamberger, Becker, Benndorf, Conrad, v. Dechend, Friedländer, Fromberg, Kämmerer, Ladenburg, Mendelssohn, Meyer, Mosle, Samter, Schottler, Seiffert, Spiegeler, Stengel, Stephan, Warschauer, Wesenfeld, Witte, Zuckschwerdt.

Dagegen:

Delbrück, Hinsberg, Müller, Steiner.

Neuntens.

Von einem Mitgliede der Versammlung war im Laufe der Debatte mehrfach hervorgehoben worden, daß nach seiner Überzeugung es der Vorschrift einer Drittelsdeckung nicht bedürfe, daß vielmehr das Recht, Noten zu emittieren, lediglich in Beziehung zu setzen sei zu dem Stammkapitale der Bank. Wenn man an dem von ihm verteidigten Grundsatze festhalte, daß es zur Gründung einer Zettelbank eines Minimalbetrages von 3 Millionen bedürfe, so könne man den Banken die Freiheit geben, Noten auszugeben und Depositen anzunehmen bis auf das dreifache ihres Stammkapitals, ohne besorgen zu müssen, daß dadurch eine leichtsinnige oder übermäßige Notenzirkulation befördert würde, sofern gesetzlich festgestellt werde, daß alle im Nordbunde emittierten Noten an allen anderen deutschen Notenbankkassen einwechselbar seien. Speziell ward darauf hingewiesen, daß die preußischen Privatbanken auf diesem Wege zu einer gedeihlichen Entwicklung kommen würden, die ihnen seinerzeit durch die Normativbestimmungen verkümmert worden sei. Als selbstverständlich wurde hingestellt, daß die Banken, um ihrer Einlösungspflicht genügen zu können, einen entsprechenden Barbestand halten würden, auch ohne gesetzlich dazu verpflichtet zu sein. Auch ward darauf hingewiesen, daß der Vorschlag nicht ausschließlich die Ausgabe von Noten erleichtere, sondern in mehreren Fällen dieselbe beschränke, daß in kritischen Zeiten die Position der Notenbanken eine günstigere sei, so daß Restriktionen, wie sie 1857 seitens der preußischen Bank angewandt werden mußten, lediglich um der Bestimmung der Drittelsdeckung zu genügen nicht mehr zu befürchten seien.

Da dieser Grundsatz wiederholt mit Lebhaftigkeit verteidigt worden war, so wurde derselbe schließlich noch zur Diskussion gestellt. Es wurde von anderen mit Entschiedenheit hervorgehoben, die Wissenschaft habe in unwiderleglicher Weise nachgewiesen, daß zwischen der Höhe der Notenemission und der Höhe des Stammkapitals ein innerer Zusammenhang nicht bestehe. Das Stammkapital habe lediglich die Bedeutung eines Garantiekapitals, und die Aufbringung derartiger Garantiekapitalien gebe an sich keine Berechtigung, die Zirkulation der papiernen Umlaufsmittel zu erhöhen. Für diese Auffassung entschieden sich bei der Abstimmung folgende 16 Stimmen:

Bamberger, Becker, v. Dechend, Delbrück, Friedländer, Fromberg, Kämmerer, Ladenburg, Mendelssohn, Samter, Schottler, Spiegeler, Steiner, Müller, Stephan;

dagegen die folgenden beiden:

Hinsberg und Zuckschwerdt.

während die übrigen sich der Abstimmung enthielten.

Votum von Herrn Heinrich Kämmerer in Hamburg.

Es darf wohl angenommen werden, daß die meisten Mitglieder der im Mai in Berlin versammelt gewesenen Kommission des deutschen Handelstages, die Bankgesetzgebung betreffend, ohne ein Gefühl der Befriedigung auseinandergegangen sind. Die gefaßten Beschlüsse scheinen in ihrer Gesamtheit den Wünschen keiner der vorhandenen Parteien entsprochen zu haben. Dieser unbefriedigende Erfolg dürfte dem Umstande zuzuschreiben sein, daß man es unterlassen hatte, zunächst eine umfassende Diskussion über die Theorie des Bankwesens eintreten zu lassen, ehe man zur Beratung der Reform der gegenwärtigen Bankzustände schritt. Es lag der Versammlung nicht die Aufgabe vor, die jetzige Gestaltung der preußischen Bankeinrichtungen auf das ganze übrige Deutschland zu übertragen, sondern sie hatte zunächst zu prüfen, welche Art der Bankgesetzgebung nach dem jetzigen Standpunkte der Wissenschaft und der Erfahrung als zeitgemäß und normal anerkannt werden müsse. Inwieweit die durch eine solche theoretische Untersuchung gewonnenen Resultate zur unmittelbaren praktischen Ausführung gelangen können, oder inwieweit in Rücksicht auf vorhandene Zustände temporäre

Zugeständnisse gemacht werden müssen, ist gewiß ein zu erwägender, sehr wichtiger Punkt, allein derselbe muß in zweiter Linie gestellt und die Diskussion darüber bis nach Feststellung der Grundprinzipien ausgesetzt werden. Nur auf der Basis einer Verständigung über die Prinzipien des Bankwesens und über die zu erstrebenden Ziele kann ein gesundes Bankgesetz zustande gebracht werden, und die Verhandlungen sollten daher zunächst auf diesen Gegenstand gerichtet werden.

Der Einsender ist nicht in der Lage, neue Momente aufzuführen, hält sich aber verpflichtet, auf Ansichten hinzuweisen, welche bei den bisherigen Verhandlungen unserer Kommission teils ignoriert, teils totgeschwiegen wurden, während sie notorisch durch viele der ersten nationalökonomischen Schriftsteller, als auch in zahlreichen praktisch beteiligten Kreisen warm vertreten werden.

Zunächst ist es unser Wunsch, die viel verbreitete Idee zu beseitigen, daß irgendeine Staatsbank oder privilegierte Kreditbank, also auch die preußische Bank, als eine Art von allmächtiger Vorsehung über dem Geldmarkt schwebend und denselben beherrschend angesehen werden kann.

Der enorme Aufschwung des inneren, sowie des internationalen Geschäftsaustausches erlaubt keine Diktatur mehr. Staatsbanken und privilegierte Banken sind nicht imstande, die Einwirkungen vorherzusehen und zu paralysieren, welche der neben ihnen laufende und mit ihnen konkurrierende Verkehr hervorruft. Der Geldmarkt ist nicht mehr durch ein Zentralinstitut, sei es noch so mächtig, zu beherrschen; durch willkürliche Eingriffe, als z. B. Festhaltung des niedrigen Diskontos und Vermehrung der Notenausgabe, können allerdings vorübergehende Einwirkungen erzielt werden, allein dieselben sind gefährlich, weil die Motive zu solchen Maßregeln keine sichere Basis haben, und weil der natürliche Verlauf des Geldmarktes dadurch gehemmt wird. Es ist im Gegenteil die Aufgabe solcher privilegierten Notenbanken, bei dem Herannahen von schwierigen Zeiten und Krisen vorzugsweise auf ihre eigene Sicherheit Bedacht zu nehmen und sich dadurch das Vertrauen des Publikums zu erhalten, welches durch Anwachsung des Barfonds, nicht aber durch Vermehrung der Notenausgabe erreicht wird.

Auch die preußische Bank hat während der seit 1857 wiederholt eingetretenen Börsenkrisen Maßregeln ergriffen, um die Einlösung von Noten möglichst zu verhindern und also den Barfonds in ungewöhnlicher Weise zu schützen. Der Beweis dafür liegt darin, daß der Kurs der preußischen Banknoten in Hamburg wiederholt 1 bis $1^1/_2$% unter den Kurs für Silbertaler fiel; dessenungeachtet wurden sehr starke Posten preußischer Banknoten aus Mitteldeutschland nach Hamburg gesandt, um dagegen mit erheblichem Verlust Silbertaler zu beziehen. Jene Maßregeln der Preußischen Bank können bei dem gegenwärtig herrschenden System derselben für angemessen und richtig gehalten werden, sie entsprechen aber nicht der nächsten und hauptsächlichsten Aufgabe einer Zettelbank, nämlich: die jederzeit unbedingte Einlösung der Noten. Es fragt sich, ob Maßregeln obiger Art wirksam und möglich bleiben werden, nachdem die Preußische Bank ganz Deutschland, also auch Frankfurt

a. M. und Hamburg umschlungen und damit die bestehenden übrigen selbständigen deutschen Geldmärkte brach gelegt haben wird.

Diese haben bisher in Zeiten, wo der Stand der Wechselkurse einen Abzug von Edelmetall nach dem Auslande veranlaßte, der Preußischen Bank als schützende Ableiter gedient. Ob das jetzige Notensystem der Preußischen Bank haltbar sein würde, wenn in Zukunft alle internationalen Ansprüche auf Edelmetall direkt an sie herantreten werden, dürfte bezweifelt werden können. Die erste Bedingung einer guten Valuta besteht aber in dem unumstößlichen Vertrauen, daß sie für den internationalen Verkehr geeignet sei. Solange unter Umständen die Anschaffung von Münzen oder Edelmetall gegen Banknoten schwierig gemacht werden kann, ist auf eine Blüte des internationalen Wechselgeschäfts nicht zu rechnen, und das Bestreben, die Vermittlung Londons im transatlantischen Wechselgeschäfte immer mehr entbehrlich zu machen, wird erfolglos bleiben.

Eben die Gefahr, daß in allen bedenklichen Zeiten, und in solchen, wo die Wechselkurse einen Abzug von Edelmetall nach dem Auslande veranlassen, ungewöhnlich starke Barauszahlungen auf eingereichte Noten nötig werden, nimmt den Notenbanken die Befähigung, auf ihre sonstigen Operationen verstärkte Mittel zu verwenden und eine Berufung auf eine Stellung als Helfer in der Not kann daher nicht als berechtigt angesehen werden. Banken ohne Zettelausgabe und die nicht für Deckung der letzteren zu sorgen haben, sind in schweren Zeiten in viel günstigerer Lage und können, da sie dem Publikum näher stehen als privilegierte Zentralbanken, mehr im einzelnen wirken als letztere, was zur Beseitigung örtlicher Paniks sich häufig als ungemein wohltätig bewiesen hat. Handels- und Geldkrisen sind überhaupt nicht zu vermeiden, solange die Tendenz fortdauert, Geschäfte in einer Ausdehnung zu betreiben, welche zu den Kräften der Unternehmer in keinem angemessenen Verhältnisse steht. Die Erfahrung hat gezeigt, daß selbst die größten und mächtigsten Staats- oder privilegierten Banken nicht vermocht haben, wiederholten Krisen vorzubeugen, und daß vielmehr das Bestehen solcher Institute indirekt eher nachteilig wirkt, indem sie das Aufkommen freier Banken an den Hauptplätzen des Handels und sonstiger Verkehrszweige erschwert. Eine Mehrheit der Banken mit freierer Bewegung befördert die erste wichtige Aufgabe des Bankwesens überhaupt, nämlich die Ansammlung von momentan müßig liegenden Kapitalien und die lukrative Verwendung derselben. Das System der Giro- und Depositenbanken ist unstreitig das zeitgemäße; dasselbe hat sich in England, den Vereinigten Staaten von Nordamerika und Hamburg glänzend bewährt und hat die Bedeutung der Noten emittierenden Banken vollständig überflügelt. Ihre allgemeine Verbreitung auch über Deutschland wird den günstigsten Einfluß auf den Geldmarkt ausüben; wenn alle Gesellschaften, Geschäftsleute und Privatpersonen, welche über bedeutende Barumsätze disponieren, und daher mehr oder weniger große Barschaft in ihren eigenen Kassen vorrätig halten, solche anstatt dessen bei einer Bank deponieren, so wird ein kolossales Kapital in die Hände der deutschen Banken gelegt, und es wird erreicht werden, daß eine Hauptursache der vorkommenden Geldklemmen beseitigt wird, nämlich die Zurückhaltung der Zirkulationsmittel, welche durch die Vorsorge der einzelnen für erst später eintretende Verpflichtungen bisher herbeigeführt wurde.

Das Gemeinsame zwischen Zettelbanken und Depositobanken besteht in der Aufgabe, Kapital zu sammeln und es nutzbar zu machen; der Unterschied zwischen beiden liegt aber darin, daß die Zettelbanken den unnatürlichen Weg wählen, ihr Kapital durch Ausgabe von Noten, welche zur Ersetzung der umlaufenden baren Zirkulationsmittel dienen, stärken zu wollen, während die Depositenbanken durch Ansammlung temporär unbenutzter Kapitalien und einfacheren und rascheren Betrieb des Geldumsatzes eine wesentliche Ersparung des Bedarfs an Zirkulationsmitteln erzielen. Der Vorzug des Systems der Depositobanken besteht darin, daß sie den Zweck von Banken überhaupt, nämlich Kapital anzusammeln und den Geldumsatz zu erleichtern, in rationellerer Weise und im umfangreicheren Grade zu erreichen vermögen als die Zettelbanken, und ferner darin, daß bei dem ersteren System das Papiergeld gänzlich vermieden werden kann oder wenigstens nur in einer Form geliefert zu werden braucht, welche jedes Bedenken gegen dasselbe aufheben würde, nämlich in der Form vollständig bar fundierter Noten, sofern ein Bedarf für solche überhaupt fortbestehen sollte. Um dieses Thema weiter zu begründen, würde der hier gestattete Raum nicht ausreichen, aber schon die vorgeführten nicht neuen, sondern längst in weiten Kreisen anerkannten Motive dürften einer ferneren und eingehenderen Prüfung zu unterwerfen sein, als bei den bisherigen Verhandlungen unserer Kommission ihnen zuteil geworden ist.

Diese Forderung dürfte um so gerechtfertigter erscheinen als die Einsetzung der Preußischen Bank in ihrer jetzigen Gestalt, nur mit vermehrtem Kapital, als Zentralbank für ganz Deutschland und mit Bundesprivilegien versehen beantragt worden ist. Die Lobsprüche, welche in unserer Kommission der Preußischen Bank gezollt sind, unterstützt der Einsender aus ganzer Überzeugung, so weit sie sich auf die Zuverlässigkeit, Realität und Umsicht der Oberleitung und der Geschäftsführung beziehen, aber er hält weder ihr System für ein zeitgemäßes, noch überhaupt die Kreierung einer privilegierten Zentralbank dem volkswirtschaftlichen Interesse Deutschlands entsprechend. Der Nachweis braucht nicht geliefert zu werden, daß die Preußische Bank nicht dem System der Deposito- und Girobanken huldigt, sondern ihre Hauptaufgabe in der Emission von Banknoten und in dem Diskonto- und Lombardgeschäft sieht. Es ist daran zu erinnern, daß der Kommission von der kompetentesten Seite erklärt worden, daß die Preußische Bank in der Regel nur von der Staatsregierung größere Depositen entgegennehme und nur unerhebliche von Privaten, indem die Bank keinen Wert darauf lege, die Zunahme der letzteren zu befördern. Damit ist konstatiert, daß die Preußische Bank mit ihrem jetzigen System nicht auf dem Standpunkte steht, welcher von einer starken Partei als der zeitgemäße angesehen wird, und ist demnach wohl der Wunsch gerechtfertigt, daß die fundamentale Seite der Bankfrage einer ferneren Erörterung unterzogen werde. Indessen noch andere Motive liegen für denselben Wunsch vor.

Es bestehen gegenwärtig in dem nicht preußischen Teile des deutschen Bundes, und zwar namentlich an den Haupthandelsplätzen gute Bankeinrichtungen und selbständige Wechselplätze, welche sich einer langbewährten Prosperität erfreuen. Diese zeigen kein Bedürfnis für eine wesentliche Veränderung in ihren Einrichtungen und namentlich kein Verlangen nach einer deutschen privilegierten Zentralbank. Die notwendige Folge der Errichtung einer solchen würde die Konzentrierung des ganzen deutschen Bank- und Wechselgeschäfts an dem Domizile der Bundesbank sein. Wenn infolge der hergestellten politischen Einheit und der zu erwartenden einheitlichen Währung auf ungezwungenem Wege durch den natürlichen Lauf der Verhältnisse das ganze Bank- und Wechselgeschäft sich in Berlin konzentrieren und die nicht preußischen bedeutenden Plätze, sowie Frankfurt a. M. ihre seitherige Stellung verlieren sollten, so würde dieses eine Fügung sein, welche die wandelbaren Zeitverhältnisse verhängt haben, und die dadurch Beschädigten hätten sich darein zu finden. Soll aber in den nicht preußischen Bundesplätzen vermittels Staatshilfe oder Privilegien, die einem bevorzugten Zentralinstitute gewährt würden, eine solche totale Umgestaltung des Bankwesens durch die Gesetzgebung durchgeführt werden, so haben die darunter leidenden Plätze ein begründetes Recht, Widerspruch dagegen zu erheben. Nachdem die politische Einheit Deutschlands durch glorreiche Ereignisse fest begründet worden, kann der etwaige Einwand nicht gemacht werden, daß im Interesse politischer Einheitsbestrebungen die möglichste Unifizierung und Zentralisation auf jedem andern Gebiete erforderlich sei, ohne Rücksicht auf die volkswirtschaftliche Seite solcher Umwandlungen. Ein Streben für Bankfreiheit kann weder als politisch gefährlich, noch als partikularistisch verdächtigt werden. Wir wünschen gleiches Maß und Gewicht, gleiche Münze, gleiche Bankgesetzgebung aber keine Privilegien, keinen Staatseingriff in die freie Entwicklung volkswirtschaftlicher Zustände. Ein solcher wäre aber die Oktroyierung einer Staatsbank oder eine privilegierte Zentralbank für ganz Deutschland. Die Tatsache, daß unser Vaterland der Mannigfaltigkeit der Stätten, wo Wissenschaft, Kunst, Industrie und Handel eine besondere Blüte erreicht haben, einen großen Teil seiner Kultur und seines Wohlstandes verdankt, ist unleugbar. Zwar ist die frühere politische Zerrissenheit in mancher Beziehung die Erklärung für die Deutschland eigentümliche Dezentralisation auf den Gebieten der gewerblichen und der geistigen Tätigkeit, aber man sollte das blühende Kind nicht mit dem unreinen Bade ausschütten. Es würde Torheit sein, ein großes Kleinod gewaltsam der Nation zu entreißen, weil es in trüben Zeiten groß gewachsen ist.

Es ist nicht zu leugnen, daß in manchen Kreisen Deutschlands eine durchgängige Anerkennung der hier ausgesprochenen Ansichten über Bankwesen infolge einer lange bestehenden Gewohnheit an den Gebrauch von Banknoten und Papiergeld noch nicht erfolgt ist. Man hat sich so an den Gebrauch dieses Zahlungsmittels gewöhnt, daß man seine Existenz und unveränderte Fortdauer für ein unabweisbares Bedürfnis hält. Außerdem aber ist die Ansicht viel verbreitet, daß durch die Ausgabe von Papiergeld und Banknoten ein großer volkswirtschaftlicher Gewinn für den betreffenden Staat erreicht wird, indem er sich auf diesem Wege ein zinsenfreies Kapital fast kostenfrei anschafft. Die Verfechter dieser Ansicht sind allerdings sehr zahlreich, indessen von den kompetentesten Nationalökonomen so gründlich widerlegt, daß die Frage über diesen Gegenstand als entschieden betrachtet werden kann.

Niemand behauptet noch, daß durch Staatspapiergeld oder Banknotenausgabe ein Kapital geschaffen wird, und bedarf daher dieser Punkt keiner Erörterung.

Geld in Münzen ist ebensowenig ein Kapital, in irgendeinem andern Sinne, als wie jeder andere Gegenstand, der ein Tauschwert besitzt, es ist nicht mehr oder weniger Kapital als jede Ware und jeder veräußerliche oder nutzbringende Besitz. Nicht allein das bare Geld bringt bei Verwendung Zinsen, sondern auch jedes andere Kapital, Miete, Pacht, Arbeitslohn, Schriftstellerhonorar bilden die Zinsen für Kapital, welches in Wohnhäusern, Ländereien, Arbeitskraft, geistiger Fähigkeit besteht. Das gemünzte Geld wird zur Vermittlung des Umsatzes benutzt und dient zugleich als allgemeiner Wertmesser. Die Höhe des Bedarfs an Umlaufsgeld hängt von der volkswirtschaftlichen Stufe des betreffenden Landes ab, das Bedürfnis steigt mit dem Wachsen des allgemeinen Wohlstandes und dem Fortschritt der Produktion. Da das bare Geld, und die zu dessen Herstellung erforderlichen Metalle nichts anderes sind, als austauschbare Waren, so ist bei steigendem Bedarf der Bezug des betreffenden Geldes oder Metalles von Nachbarländern oder die Herstellung desselben durch den Bergbau eine sich von selbst vollziehende Folge und geschieht in derselben Weise, als die Anschaffung aller andern zum Landesgebrauch erforderlichen Waren. Der Handel verbürgt die Befriedigung eines wirklichen Bedürfnisses, da das letztere sich eben dadurch kundgibt, daß die Preise den Stand erreichen, welcher erforderlich ist, um den Import gewinnbringend zu machen. Eine Zunahme des Bedarfs an Geld spricht sich in der Erhöhung des Zinsfußes und dem steigenden Werte gegen andere Werte, z. B. Waren, Fonds und Wechsel auf fremde Plätze aus, wodurch also letztere im Preise fallen und dadurch passende Tauschmittel werden, um eine lohnende Ausfuhr nach andern Staaten gegen Zahlung in Edelmetall zu ermöglichen. Der Geldvorrat reguliert sich also von selbst, sofern der natürlichen Entwicklung freier Lauf gelassen und nicht durch Eingriffe höherer Hand reglementiert wird. Ein solcher Störungsfall liegt in dem Bestehen von Staatspapiergeld und von privilegierten Banknoten, die für den internationalen Verkehr unbrauchbar sind, und deren Umlaufsbetrag nicht immer ein durch die Verhältnisse gegebener ist, sondern häufig auf Entschließungen des Staats oder der Bankvorstände beruht, die nicht allwissend und nicht in der Lage sind, die wirklichen Bedürfnisse des eignen Landes und die Beziehungen zu dem Auslande übersehen. Das Geld ist demnach ein sehr wichtiger und zarter Faktor im großen wie im kleinen

Verkehr, ja, man kann sagen, abgesehen von der ethischen Seite des menschlichen Lebens, der wichtigste. Es ist nun auf allen Gebieten des volkswirtschaftlichen Lebens und der Staatseinrichtungen das Bestreben vorherrschend, die höchste Solidität und Zweckmäßigkeit zu erreichen, und zwar ohne Scheu für die dadurch bedingten höheren Kosten. Vom Standpunkte der Volkswirtschaft aus spricht wahrlich nichts dagegen, daß auch ein großes Kapital zu dem Zwecke der Herstellung des besten bekannten Zirkulationsmittels verwendet werde, während enorm größere Kapitalien für andere Verkehrsmittel, als z. B. Eisenbahnen, Hafenbauten und Dampfschiffe verwandt werden. Zwar sind dem kursierenden Gelde keine Coupons angeklebt, aber durch die Dienste, die es dem momentanen Inhaber leistet, arbeitet dasselbe produktiv wie andere Werkzeuge des Verkehrs. Dies zugegeben, handelt es sich nur noch um eine Finanzfrage, nämlich folgende:

> Ist es ohne Gefahr möglich, einen wesentlichen Teil der kursierenden Münzen aus Edelmetall durch Staats- und privilegierte Banknoten zu ersetzen, ist sie dann so groß, daß sie den Gewinn, welcher aus der Ersparung von Edelmetall hervorgeht, in unendlichem Maße übertrifft?

Bei der Entscheidung dieser Frage dürften wir nicht bei der wohlgeordneten Finanzlage unseres Vaterlandes[1]) stehen bleiben, denn die Zukunft ist uns verborgen und alle Liebe zum Vaterlande kann nicht das demütige Gefühl aufheben, daß die künftigen Geschicke desselben in der Hand der Vorsehung liegen. Die Mehrzahl der großen Völker in Europa und Amerika leidet schwer unter dem Drucke des entwerteten Papiergeldes, bestehe es aus Banknoten oder Staatspapiergeld. Sollte nicht schon durch die verderblichen Erfahrungen so zahlreicher Staaten ein Verdammungsurteil über das System papierner Zahlungsmittel ausgesprochen vor uns liegen? Wenn auch die hier dargelegten Ansichten über die volkswirtschaftliche Bedeutung der Papierzirkulation im allgemeinen Anerkennung finden mögen, so wird doch vielfach der Einwand erhoben werden, daß Banknoten für den Verkehr unentbehrlich seien. Es würde allerdings unstatthaft sein, sofort ein Gesetz zu erlassen, welches die Ausgabe und den Umlauf von Banknoten gänzlich untersagte, dagegen ist es unzweifelhaft tunlich, die Banknoten, oder wenigstens die nicht voll fundierten, durch eine einheitliche Bankgesetzgebung mit transitorischen Bestimmungen und die dadurch allmählich eintretende Modifikation der Zahlungsweise entbehrlich zu machen. Nachdem im großen Verkehr durch allgemeine Errichtung von Girobanken ein Zahlungssystem herbeigeführt sein wird, wie in London, New-York und Hamburg vollständig durchgeführt, und in Berlin durch den Kassenverein begonnen, werden Banknoten für den Platzverkehr im großen nicht mehr erforderlich sein. Für den Geldumsatz mit dem Inlande würden die entstehenden Privatbanken in der Weise eintreten, daß Zahlungen an andern deutschen Plätzen durch Banktransferte oder a vista-Anweisungen (Bank-Post-Bills) gemacht werden können. Wenn dieser Weg durch ein Agio von $1/8$ oder $1/4\%$ belastet werden

[1]) Unter dem † † † monarchisch-preußischen System eine Selbstverständlichkeit.

muß, so fällt dagegen das Porto fort, welches die Banknotenpostsendung verursachte. Die bestehende Annehmlichkeit für Reisende, größere Summen in Banknoten bei sich zu führen, kann durch die in England so verbreiteten Zirkularkreditbriefe, welche von den Banken gegen volle Einzahlung verabreicht werden und zugleich das Ausland umfassen, vollständig ersetzt werden. Der kleine Verkehr bedarf der Banknoten nicht; im nichtpreußischen Norddeutschland ist die Gewöhnung an dieselben noch wenig bemerkbar, wohl aber häufig eine entschiedene Abneigung. Man zieht vor, Silber- und Goldstücke bei sich zu führen, als häufig beschmutzte und zerrissene Papierlappen, und man begegnet einem zurückhaltenden, halb verschämten Gefühl, wenn man für geleistete Dienste oder gekaufte Gegenstände den Preis in Papier zahlt. So wenig berechtigt solche Eigentümlichkeiten des Volkes auch erscheinen mögen, so sprechen sie doch gegen die Notwendigkeit des Papiergeldes in kleinen Abschnitten. In England gibt es keine Noten der englischen Bank unter 5 Pfd. Sterling, in Frankreich nicht unter 50 Franks, bis vor kurzem nicht unter 100 Franks. Außer in Deutschland kursiert kleines Papiergeld fast nur in bankerotten Staaten. Nach der zu erwartenden Einführung der Goldwährung wird jede Veranlassung für die Beibehaltung kleiner Banknoten wegfallen.

Sollte dennoch die gänzliche Entbehrung der Banknoten für unausführbar gehalten werden, so wäre durch die neue Bankgesetzgebung die Ausgabe vollständig barfundierter Banknoten zu gestatten. Es müßte aber kein Privilegium erteilt, sondern allen Banken, welche unter dem Gesetze der deutschen Handelsgesetzgebung stehen, die Befugnis zuerkannt werden, solche Noten unter der strengsten Kontrolle auszugeben. Hauptsächlich wären die davon Gebrauch machenden Banken gesetzlich zu verpflichten, ein separates Konto und eine abgesonderte Kasse für das Notengeschäft zu halten und bei dem zustehenden Gerichte eine Generalpfandakte über sämtliche Bestände dieser Kasse, welche also dem vollen Belauf des Notenumlaufs stets gleichkommen, zugunsten der Inhaber von Noten ihrer Emission niederzulegen. Selbstverständlich werden sich die Banken nur durch Aussicht auf Deckung der Unkosten und einigen Gewinn zu einer solchen Einrichtung veranlaßt sehen können. Diese Deckung läßt sich durch ein kleines Agio herstellen, welches die Nehmer zahlen. Da Noten dieser Art hauptsächlich zur Zahlungsvermittlung an benachbarten Plätzen benutzt werden würden, sind sie eines kleinen Agios wert, weil dagegen entweder Porto- oder Banktransportkosten erspart werden. Durch eine solche Einrichtung würde der große Vorteil erreicht werden, daß nie mehr Banknoten zirkulieren, als der vorliegende Bedarf verlangt, und daß dadurch kein Eingriff in den natürlichen Verlauf des Geldmarkts veranlaßt wird. Es kann keinem Zweifel unterliegen, daß bei Übereinstimmung in Form und Text die vollfundierten Noten einer Bank von jeder andern Bank, welche auf demselben gesetzlichen Boden steht, als gute Zahlung angenommen werden, und wäre es selbst vielleicht möglich, eine solche Pflicht gesetzlich aufzulegen. Vorschläge dieser Art präjudizieren das fortdauernde Bestehen der Preußischen Bank keineswegs, sondern dieselbe würde voraussichtlich nach Verlust ihrer Privilegien und des bisherigen Rechts der freien Notenausgabe durch tatkräftige Ergreifung des Deposito und Girosystems, verbunden mit anderen Geschäften einen großen Aufschwung erfahren; auch würde höhere Dividende infolge des wegfallenden Staatsanteils erzielt werden. Allerdings bedarf die Bank alsdann einer wesentlichen Vergrößerung des Kapitals. Die Anschaffung desselben wird eine leichte sein, da Anlagen in Bankaktien solider Art sehr beliebt sind. Die große Überzeichnung, welche im letzten Frühjahr bei der Subskription auf eine in Berlin und zwei in Hamburg errichtete neue Banken erfolgte, bietet einen Beleg dafür. Es kann keinem Zweifel unterliegen, daß eine Ausgabe neuer Aktien selbst im Betrage von 100 Millionen Talern bereitwilligste Nehmer finden würde. Die Vorteile, welche die feste Begründung des Instituts und die ausgedehnte Verzweigung der bestehenden Filialen bieten, sowie die alsdann ermöglichte Teilnahme an dem großen Negozegeschäft, verbürgen der Preußischen Bank die günstigsten Resultate auch in der Zukunft.

Zur Erleichterung des Übergangsstadiums könnte durch die Gesetzgebung ein Termin, etwa ein fünfjähriger, festgestellt werden, bis zu dessen Ablauf sämtliche, jetzt zur Notenausgabe berechtigte deutsche Banken ihre laufenden Noten in jährlichen Raten eingelöst haben müssen. Sollte während dieser Periode die lange bestandene Gewohnheit an Papiergeld nicht überwunden sein, so bleibt das vorgeschlagene Projekt der vollfundierten Noten zur Benutzung offen.

Gegen den etwaigen Einwand, daß der Staat aus politischen Gründen eine Fortdauer öffentlich anerkannten Papiergeldes wünschen müsse, weil bei einem in der Hand der Vorsehung liegenden Eintritt einer Katastrophe und gänzlichen Erschöpfung der Geldmittel, in Ausgabe von Noten mit Zwangskurs das zwar verderbliche aber einzige Hilfsmittel liege, gegen solchen Einwand ist zu erwidern, daß bei wirklichen Eintritt eines solchen Falles das Dazwischentreten einer Bank nicht erforderlich ist, sondern der betreffende Staat die Assignatenpresse sebst in Tätigkeit setzen kann.

Für den Fall, daß weder die Entbehrlichkeit der Banknoten, noch das System der vollfundierten Anerkennung finden sollte, muß, sofern man Banknoten haben will, zu der allgemeinen Bankfreiheit übergegangen werden, als dem einzigen richtigen System, welches noch übrig bleibt.

Die Gegner der Bankfreiheit befürchten eine Überschwemmung mit Noten und eine Verwirrung durch die Verschiedenartigkeit derselben. Die Beispiele der Schweiz und Schottland zeigen indessen, daß das dort herrschende System der Notenbankfreiheit unter scharfer Gesetzgebung keine Folgen der befürchteten Art, gehabt hat, und es dürfte nichts vorliegen, warum die Wirkung ähnlicher Einrichtungen in Deutschland eine entgegengesetzte sein sollte. Dieses System hat den Vorzug, daß die Höhe des umlaufenden Notenbetrages sich genau nach dem wirklichen Bedürfnis reguliert und nicht nach den Ansichten eines Zentralinstituts normiert wird; auch die Belästigung durch Verschiedenheit der Noten hat sich in den genannten Ländern nicht gezeigt, denn die straffe Gesetzgebung, und namentlich die vorgeschriebene regelmäßige Publikation des Bankstatus bewirkt einen Grad des Vertrauens und der Unifizierung, welcher den Umlauf der verschiedenen Noten in allen Landesteilen sicherstellt. Nach der allgemeinen Durchführung der Bankfreiheit würde der wirkliche Wert der Notenzirkulation sich klarer herausstellen und keineswegs eine Vermehrung des Umlaufs, sondern vielmehr eine Einschränkung desselben zu erwarten sein. Diese Ansicht stützt sich auf den Wegfall des Privilegiums für einzelne Institute, welche durch dasselbe verleitet werden, ihren Zweck und ihren Gewinn hauptsächlich in der Unterbringung ihrer Noten zu sehen. Dieses Verfahren wird nach Eintritt der Bankfreiheit durch die entstehende Konkurrenz gehemmt, und es werden nicht mehr Noten zur Ausgabe gelangen können, als der Geldmarkt verträgt. Eine vortreffliche Darlegung dieses Gegenstandes besitzen wir in dem 1867 in Paris und in Leipzig in deutscher Sprache erschienenen Werke des genialen Schriftstellers J. E. Horn „Die Bankfreiheit".

Eine Verweisung auf dieses epochemachende und bisher ohne gelungene Widerlegung gebliebene Werk eines der ersten Nationalökonomen unserer Zeit dürfte der weiteren Erörterung des Gegenstandes an dieser Stelle vorzuziehen sein.

Bei dem Schlusse dieser Darlegung dürfte es angemessen sein, das gewonnene Resultat in folgenden kurzen Sätzen zusammenstellen:

Keine Staatsbank, keine privilegierte Banken.

Allmähliche Einziehung der kursierenden Banknoten und des Staatspapiergeldes.

Allgemeine Bankfreiheit für alle unter dem Gesetz über Aktiengesellschaften stehenden Genossenschaften.

Gestattung der Emittierung von Banknoten mit voller Barfundierung unter gesetzlich festzustellender Kontrolle.

Votum des Herrn Hinsberg in Barmen.

In Gemäßheit des Beschlusses der Bankkommission nehme ich Veranlassung, einige der unserer Beratung unterbreiteten Fragen, insbesondere die Frage der Banknotendeckung, in nachstehendem zu behandeln.

Es war am letzten Tage des Zusammenseins der Kommission die Zeit zu knapp bemessen, um diesen Gegenstand eingehend besprechen zu können, diesem Umstande zumeist dürfte das Resultat der Abstimmung zuzuschreiben sein.

Meine im Januar 1870 auf Anfrage des Handelstages ausgesprochene Ansicht war die folgende:

„Das Prinzip der Bardeckung im Verhältnisse eines Drittels der emittierten Noten erscheint nicht sichernd genug für den Noteninhaber. Statt dessen ist zu normieren, daß, sofern der Betrag an Noten und Depositen auf sofortige Kündigung das Zwei- oder Dreifache des eingezahlten verantwortlichen Kapitals übersteigt, dieser Mehrbetrag stets bar vorhanden sein muß."

Es will mir scheinen, als wenn einzelne Mitglieder der Kommission (in Übereinstimmung mit dem Referenten, der in der Zusammenstellung der verschiedenen Gutachten meinen Vorschlag als den „laxesten" qualifizierte) der Ansicht gewesen, daß dieses Prinzip eine übermäßige und leichtsinnige Notenausgabe bedingen würde dadurch, daß die Banken den dreifachen Betrag der Noten emittieerten, ohne eine entsprechende Barreserve zu halten, und bei Krisen dann in Verlegenheit kommen müßten.

Eine solche Beurteilung des Satzes ergibt sich indessen bei näherer Betrachtung als nicht stichhaltig; allerdings würde das Emissionsrecht einzelner Banken erweitert, dagegen das anderer beschränkt werden; die Banken würden indes nicht nur die Beträge bar vorrätig halten, um welche die Notenausgabe das dreifache des Aktienkapitals überstiege, sondern eine weitere Barreserve halten, ganz wie die Bank von England dies seit 1844 tut, und wie ja auch jetzt die mit Dritteldeckung arbeitenden Banken stets mehr wie dieses Drittel bar vorrätig halten. Diese Extrabarreserve würde die Aktionskraft der Bank in kritischen Zeiten darstellen, welche zur Unterstützung von Handel und Industrie verwandt werden könnte, während der gesetzlich geforderte Barbestand (gleichkommend dem Betrag der Noten und Depositen, welcher das Dreifache des Aktienkapitals übersteigt) in der Regel genügen würde, die Einlösung der zurückströmenden Noten zu bewirken.

Während dem Interesse des Handels dadurch gedient wäre, daß die Banken in Krisen eine energische Hilfe leisten könnten, würde das Publikum überdies die beruhigende Gewißheit haben — ohne das Studium von 30 Bankstatuten, — daß bei allen Noten emittierenden Instituten das Garantiekapital in einem bestimmten Verhältnis zu dem Maximum der emittierten, nicht in Metall gedeckten Noten stehe.

Es ist von keiner Seite bestritten worden, daß die in Kraft stehenden Bestimmungen, welche einzelnen Instituten ein unbegrenztes Notenemissionsrecht zusichern, ihre Schattenseiten haben.

Wenn beispielsweise die Bückeburger Bank bei einem Barvorrate von 10 Millionen Talern 30 Millionen Noten emittierte, so daß 20 Millionen ohne metallische Deckung wären, während die Bank 30 Millionen Giroobligo laufen hätte (einem Garantiekapital von 2 Millionen, wovon $^1/_2$ Million bar eingezahlt, gegenüber), so würde selbst der Vertreter der Ansicht, „daß die Wissenschaft in unwiderleglicher Weise nachgewiesen habe, daß zwischen der Höhe des Stammkapitals und der Notenemission ein innerer Zusammenhang nicht bestehe", zugeben müssen, daß dieses Verhältnis zu bedenklichen Konsequenzen führen könnte; es handelt sich bei der Note nicht allein um die Frage, ob dieselbe sofort bar, sondern ob sie überhaupt voll eingelöst wird; in letzterer Beziehung ist das Verhältnis des Stammkapitals zur Notenmenge von wesentlicher Bedeutung.

Es will mich überhaupt bedünken, als wenn die Wissenschaft über die vorliegende Frage noch nicht so definitiv und einstimmig abgeurteilt habe;

zugegeben, daß mehrfach deutsche Volkswirte sich für die Dritteldeckung ausgesprochen haben, so sind die Vertreter dieses Prinzips im Auslande sehr selten; in England insbesondere, wo praktische Erfahrungen seit lange gesammelt worden sind, ist die Dritteldeckung ebensowenig beliebt worden, wie in Frankreich.

Die Peelsakte stellt die Ansicht Englands über den Gegenstand dar, sowie sie vor 25 Jahren bestand; allerdings hat dieselbe den gehegten Erwartungen nicht entsprochen; die beschränkenden Bestimmungen über Notenausgabe haben die Krisen in mehreren Fällen eher verschärft, und die wiederholt notwendig gewordenen Suspensionen der Akte beweisen, daß man bei Redaktion des Gesetzes einen allzu großen Wert darauf legte, die Notenmenge zu begrenzen, ohne zu bedenken, daß die Zunahme des englischen Handels schon in 10 Jahren eine Vermehrung von Zirkulationsmitteln erheischen werde und daß der Mangel dieser Mittel in Krisen besonders fühlbar sich machen müsse.

Die Geschichte der Peelsakte beweist unwiderleglich, daß die Kontingentierung, d. h. die Begrenzung der Notenmenge eines Verkehrsgebietes, für eine längere Zeit auf eine bestimmte Summe zu verwerfen ist.

Dieser offenbare Fehler der Peelsakte ist indes durch das von mir empfohlene Prinzip vermieden; es bleibt bei Anwendung desselben einzig und allein dem Verkehr überlassen, die Notenmengen aufzunehmen, deren er bedarf, überflüssige Noten dagegen auszustoßen; bei Bedürfnis vermehrter Verkehrsmittel werden entweder neue Banken begründet, oder bestehende vergrößert werden; bei rigorösen Bestimmungen über sofortige Einlösungspflicht der Banken an möglichst vielen Stellen des Reiches ist die Angst vor Überschwemmung mit Noten unbegründet.

Die in den fünfziger Jahren vielfach herrschende Ansicht, das Geschäft einer Notenbank sei ein sehr lukratives, man könne Noten der Westdeutschen Banken ohne Einlösungsstelle in den Ostmarken emittieren und bei dem langsamen Zurückströmen Zinsen verdienen, hat sich als falsch ergeben. Die Geschichte der deutschen Banken in den letzten 15 Jahren hat sattsam bewiesen, daß eine Note nur da zirkuliert, wo sie in nächster Nähe stets eingelöst werden kann.

Dagegen schließt mein Antrag an die Peelsakte sich enge an, indem er bei Bestimmung über die Notenemission die ungedeckten Noten ins Auge faßt. Das richtigste Urteil über die Ausführbarkeit und den praktischen Wert des Vorschlages gewinnen wir, wenn wir uns denselben angewandt denken in verschiedenen Momenten und Fällen.

Zunächst bedarf es keines Beweises, daß die englischen Krisen von 1857 und 1866 nicht so gefährlich sich gestaltet haben würden, wenn der Bank die Emission ungedeckter Noten im mehrfachen Betrage des Stammkapitals gestattet gewesen wäre, statt des gesetzlich limitierten Betrages, der dem Betrage des Stammkapitals nahe kommt. Die Suspension der Peelsakte ist nichts anderes, als die Einräumung dieses Rechtes für einen gewissen Moment.

Die angefaltete Tabelle gibt Aufschluß über das Verhalten der norddeutschen Zettelbanken in den Monaten Juni und Juli dieses Jahres und über deren Leistungsfähigkeit nach den bestehenden Normen, verglichen mit der Leistungsfähigkeit bei Annahme meiner Vorschläge.

Die gesamten norddeutschen Banken, soweit sie Monatsausweise veröffentlichen, mit Ausnahme der Preußischen Bank, hatten

	Ende Juni	gegen	Ende Juli
Noten in Zirkulation Millionen	74,3	„	70,5
bei einem Depositenbestande von	32,2	„	47,5
der Kassenbestand betrug	39,6	„	47,3
der Wechselbestand	76,3	„	78,9
der Gesamtbetrag der emittierten Noten und Depositen betrug also	106,5	„	118,0

Nach meinem Prinzip würde die Maximallimite der Gesamtnotenemission, inkl. kurzer Depositen 225,09 Millionen im Juni und 232,79 Millionen im Juli betragen haben. Der deutschen Industrie hätte also, ohne dieser Limite nahe zu kommen, eine bedeutende Hilfe gewährt werden können, während bei der bestehenden Drittelдeckung viele der Banken ihren Verkehr beschränken mußten.

Im allgemeinen beweist die Tabelle, daß ein großer Teil der deutschen Notenbanken von dem ihnen zustehenden, teilweise unbeschränkten Emissionsrechte einen sehr bescheidenen Gebrauch gemacht hat; nur an einzelnen bedeutenderen Plätzen hat sich eine nennenswerte Zirkulation herausgebildet. Es läßt sich hieraus der Schluß ziehen, daß auch in Zukunft von der Befugnis der Erweiterung der Notenemission nur von solchen Instituten Gebrauch gemacht werden würde, welche an bedeutenden Handels- und Industrieplätzen domizilieren, wie dies beispielsweise bei der größern Zahl der preußischen Privatbanken der Fall ist.

Über die einzelnen Institute ist zu bemerken:

Die preußischen Privatbanken haben im Monat Juli a. c. durchgehends ihre Portefeuillebestände vermindert, also ihren Eskompte eingeschränkt, während, nach meinem Vorschlage arbeitend, jede derselben ca. 1 Million für den Eskompteverkehr mehr hätte prästieren können.

Die Frankfurter Bank, deren *gesamte* Notenmenge (und nicht im Sinne meines Vorschlages, *deren ungedeckter Betrag*) auf das Dreifache des Aktienkapitals normiert ist, hat auch in dieser Krisis gute Dienste geleistet und den Wechselbestand bedeutend erhöht, wenn auch ihre Kräfte nicht stark genug waren, den enormen Verkehr des Platzes plötzlich allein zu bewältigen, als ein bedeutendes Eskomptehaus seine Operationen beschränkte.

Die in der Krisis emittierte Notenmenge überstieg nicht die Limite, die nach meinem Vorschlag zulässig war. Die Errichtung einer Filiale der Reichsbank in Frankfurt sowohl, wie eine Vermehrung des Bankkapitals der Frankfurter Bank, resp. die nach meinem Prinzip dadurch bedingte Emission weiterer Noten, würde dem Platze nützlich sein, ohne Beeinträchtigung der Solidität der Operationen der Bank.

Die Bremer Bank würde nach meinem Vorschlage ihre Notenemission um ca. 9 Millionen haben vermehren können; der Platz würde weniger den Mangel von Zirkulationsmitteln in dem Falle empfunden haben, und eine Verminderung der Solidität des Platzes würde niemand dabei befürchtet haben.

Dasselbe ist von der Leipziger Bank zu sagen. Die Sächsische Bank, deren Notenemission unbegrenzt ist, würde vor der Krisis, nach meinem Vorschlage arbeitend, ihre Operationen haben einschränken müssen, während sie Ende Juli unter den Limiten stand, die mein Vorschlag bedingt.

Die Preußische Bank, deren Operationen 1856 und 1857 innerhalb der Limite meines Vorschlages blieben, würde dieselben 1870 allerdings überschritten haben, wie die Tabelle ausweist; diesem Zustande wäre indes ohne Schwierigkeit durch eine Kapitalvermehrung abzuhelfen gewesen.

Ich lasse außer Betracht die Institute, deren Wirkungskreis ein gemischter und deren Emission von keiner wesentlichen Bedeutung ist.

Fassen wir nun Vorstehendes zusammen, so erkennen wir, daß mein Vorschlag keineswegs „lax" genannt werden kann, da er die Beschränkung der Emission mehrerer Institute bedingt, wogegen er anderen mehr Freiheit der Emission gestatten würde und bei einer dritten Kategorie mit den bestehenden Verhältnissen ziemlich übereinstimmt.

Es bietet dagegen mein Vorschlag einen wesentlichen Vorteil für alle Banken, der in kritischer Zeit besonders hervortritt und den ich der Aufmerksamkeit der Kommission besonders empfehle.

Bei der Dritteldeckung ist es nicht nur denkbar, sondern, namentlich bei kleineren Banken, sehr leicht möglich, daß der Barschatz auf einen Betrag sinkt, der $^1/_3$ der emittierten Noten nicht mehr darstellt. Diese Möglichkeit legt dem Leiter der Notenbank die Pflicht in kritischer Zeit auf, vor allem anderen den Barbestand intakt zu erhalten, wenn möglich ihn zu verstärken. Die hierdurch bedingten Restriktionsmaßregeln treffen Handel und Industrie um so härter, als sie gerade in kritischen Zeiten einer kulanten Unterstützung bedürfen, wie sie im Juli 1870 seitens der Preußischen Bank in vollem Maße geleistet wurde, 1857 indes der Dritteldeckung wegen nicht geleistet werden konnte. Keine Maßregel indes kann ein Institut dagegen sichern, daß eines in einem gegebenen Augenblicke seinen Barschatz durch Rückfluß der Noten unter das $^1/_3$ der Zirkulation gebracht sieht.

Bei Beurteilung kritischer Zeiten sind zwei Fälle zu unterscheiden: entweder bleibt das Vertrauen zu den Noten intakt und es handelt sich nur darum, die durch die Umstände erforderten größeren Zirkulationsmittel zu beschaffen, oder es sind alle Verhältnisse in Frage gestellt und es drängt das Mißtrauen in die bestehenden Verhältnisse dazu, die Noten in bares Geld umzusetzen. Beide Möglichkeiten können unter dem Gesetz der Dritteldeckung dazu führen, daß kein anderer Ausweg als die Verletzung des Gesetzes bleibt; Handel und Industrie sind dann aber durch die vorher angewandten

Restriktionen ohne allen Zweck beschädigt worden. Bei meinem Vorschlage wird jede Bank, wie die Englische, stets darauf sehen, daß sie eine ihrem Wirkungskreise und den in kritischen Zeiten an sie herantretenden legitimen Ansprüchen angemessene Notenreserve halte; sinkt dieselbe unter einen gewissen Betrag, so wird die Regulierung durch Eskompteerhöhung bewirkt, die Bank kann indes selbst in den Fällen, wo ihre Noten aus Mißtrauen zurückströmten, ruhig mit der Einlösung vorgehen und gleichzeitig die früheren Diskont-Operationen nach Maßgabe der Eingänge aus dem Portefeuille fortsetzen; *sie bleibt unter allen Verhältnissen innerhalb ihrer gesetzlichen Kompetenz* und hat nur das eine ins Auge zu fassen, daß sie keine präsentierte Note zurückweist; der Barvorrat kann auf ein Minimum sinken, ohne daß die Operationen der Bank restringiert zu werden brauchen.

Um ein klares Bild der Verhältnisse zu gewinnen, setzen wir die Ziffern über Notenmenge, Barmittel usw., die preußische Bank betreffend, hierher; die in der letzten Zeile angeführte Notenreserve deutet den in jedem Moment nach meinem Prinzip disponiblen Betrag an Noten und bar an.

Die Preußische Bank hatte	31. Dez. 1856	31. Juli 1857	31. Okt. 1857	31. Dez. 1857	7. Juli 1870	6. Aug. 1870
Banknoten im Umlauf . . .	71 388	69 005	70 298	85 146	164 693	202 488
kurze Depositen geschätzt auf .	6 000	6 000	6 000	6 000	3 000	10 000
bar.	54 715	34 124	33 229	56 349	87 146	92 577
bei einem Stammkapital de .	11 823	16 835	16 835	16 835	21 900	21 900
Noten-Reserve nach dem Prinzip, daß der dreifache Betrag des Aktienkapitals in ungedeckten Noten ausgegeben werden könne	11 796	9 624	7 436	15 08	—	—
Betrag der Noten, welche bei vorstehendem Prinzip nicht hätten emittiert werden können	—	—	—	—	14 847	54 211

Während in der Krisis 1857 die Bank sehr starke Restriktionen eintreten lassen mußte, um den Barschatz zu erhalten, würde sie, nach meinem Vorschlage arbeitend, die Notenreserve, statt solche auf $11^{3}/_{4}$ Millionen im Dezember 1856 resp. $9^{1}/_{2}$ Millionen im Juli 1857 sinken zu lassen, auf mindestens 20 Millionen gehalten und damit die Krisis ohne starke Restriktionen überwunden haben.

Die Reserve war 1857 durch Vermehrung des Kapitals der Bank um 3 á 4 Millionen zu beschaffen; durch daselbe Mittel konnten dieselben kulanten Unterstützungen, welche die Bank im Sommer 1870 der Industrie zuteil werden ließ, ermöglicht werden.

Die Bank hätte bei 40 Millionen Kapital und einem Barbestande von 89 Millionen gleichfalls Mitte 1870 bis 210 Millionen Noten emittieren können, dagegen wäre die Position der Bank im Falle des starken Rückströmens der Noten eine weniger prekäre gewesen, sofern sie nach meinem Prinzipe arbeitete.

Die Rückströmung von 35 Millionen zur Bareinlösung konnte sie ruhig ansehen und ohne die Geldbeschaffung im Auslande zu übereilen; derselbe Fall der Präsentation von 35 Millionen Noten brachte sie dagegen bei der Dritteldeckung an die Grenze des Erlaubten und bedingte Restriktionen der stärksten Art.

Daß die Noten 1870 nicht zurückströmten, haben wir den Erfolgen unserer Waffen, nicht dem bestehenden Gesetze über Notendeckung zu danken. Diesem Gesetze danken wir indes, meiner Überzeugung nach, die Restriktionen von 1857; ich kann der Ansicht nicht beipflichten, daß die Dispositionen der Direktion der Bank, oder gar die Vermehrung des Bankkapitals die Restriktionen bedingt hätten.

Ich glaube vorstehend bewiesen zu haben, daß das von mir vertretene Prinzip keine Erleichterung der Notenemission herbeiführen würde, außer da, wo solche dem gemeinen Interesse dienlich und in der solidesten Weise ausführbar gewesen wäre; daß das Prinzip Beschränkungen für mehrere Institute darstellt, die da, wo es wünschenswert, indes durch die Vermehrung des Aktienkapitals gehoben werden können; daß bei Anwendung des Prinzips die Banken dasselbe und mehr leisten könnten für Handel und Industrie, wie es in der eben beendeten Krisis der Fall war; daß in anderen Momenten das Prinzip die Position der Banken mehr sichert und dem Publikum vor unnötigen Restriktionen mehr Garantieen bietet, wie das Prinzip der Dritteldeckung.

Ein notwendiges Bedingnis der Anwendung desselben ist indes die Pflicht der Banken, an möglichst vielen Stellen ihre Noten einzulösen. Die Erlebnisse der letzten Monate sind zu frisch in aller Gedächtnis, als das es notwendig erschiene, über diesen Punkt Worte zu verlieren. Der deutsche Handelsstand verlangt und kann verlangen, daß dem Unwesen der wilden Noten ein Ende gemacht werde.

Ich betone diesen Punkt auf das allerstärkste: Die Einlösbarkeit der Noten an vielen Stellen ist die wesentlichste Bedingung der Zuverlässigkeit einer Mehrheit von Banken; ohne dies Korrektiv dürfte die Vermehrung von Banken allerdings zu bedenklichen Konsequenzen führen, so daß ich für meine Person für die Einheit der Notenbank stimmen würde, wenn die Einlösbarkeit an vielen Stellen nicht gesetzlich festgestellt werden sollte.

Es bedarf allerdings einer Erörterung der Frage, ob die gesetzgebenden Faktoren des Deutschen Reiches berechtigt sind, die früher von Einzelstaaten erteilten Konzessionen zu alterieren! Die Frage dürfte indes auf dem Gebiete des Bankwesens kaum anders entschieden werden, wie auf dem Gebiete des Eisenbahnbaues, wo die früher einzelnen Gesellschaften erteilten Vorrechte im Interesse der Gesamtheit einfach annulliert wurden.

Bei den Banken ist es um so unbedenklicher, das im Gesamtinteresse als notwendig erkannte im Wege der Gesetzgebung durchzuführen, als es solchen Banken, welche unter den neuen Bestimmungen nicht weiter würden Noten ausgeben wollen, freistände, in Zukunft als Kreditbanken zu operieren.

Sollten meine vorstehenden Ausführungen die Ansicht der Mehrheit für sich gewinnen, so würde damit der Beschluß der Kommission: daß der Betrag der emittierten Noten das volleingezahlte Aktienkapital nicht übersteigen solle, von selbst fallen; es würde sich indes — selbst wenn mein Vorschlag die Mehrheit nicht gewinnen sollte — empfehlen, diese Limite nur für die nicht mit bar gedeckten Noten zu statuieren.

Sollte die Bestimmung bestehen bleiben, wie sie jetzt redigiert ist, so ist damit der gedeihlichen Weiterentwicklung des deutschen Bankwesens jede Basis entzogen. Erschwert würde dieselbe gleichfalls durch den Beschluß der Solidarhaftung von mindestens 7 Bankteilnehmern, sofern derselbe Ausführung findet.

Die in Deutschland vollkommen ungebräuchliche Form der Joint Stockbanks würde längere Zeit gebrauchen, bevor sie eingebürgert wäre. Die Erfahrungen bei den Notenaktienbanken lassen eine Notwendigkeit vermehrter Haftbarkeit der Bankteilhaber durchaus nicht erkennen. Die Beschlüsse der Bankkommission, unter Berücksichtigung meiner vorstehend motivierten Amendements, würden sich in folgendes Gesetz fassen lassen:

Artikel 1.

Zur Ausgabe von Noten ist eine jede Aktien- und Aktien-Kommandit-Gesellschaft berechtigt, deren Geschäftskreis im wesentlichen auf den Eskompte von Wechseln, die Gewährung von Lombarddarlehen, sowie auf die Annahme von Depositen beschränkt ist und auf deren Aktienkapital mindestens 3 Millionen Taler bar eingezahlt sind.

Artikel 2.

Von dem Wirkungskreise der Notenbanken sind insbesondere ausgeschlossen der Ankauf von Immobilien zu anderen als Bürozwecken, die Erwerbung von Waren, von Aktien, Obligationen, Hypotheken und sonstigen Wertpapieren für eigene Rechnung, die Erwerbung und Beleihung ihrer eigenen Aktien, die Erteilung von Krediten in Kontokorrent, der Eskompte von Wechseln mit weniger als zwei Unterschriften, die Rückdiskontierung von Wechseln, welche länger als 1 Monat laufen.

Artikel 3.

Notenbanken dürfen nur Noten von Tlr. 10 oder durch 10 teilbaren Beträgen ausgeben; sie müssen alle Beträge, um welche die Gesamtsumme der Noten und kurzen Depositen das Dreifache des eingezahlten Aktienkapitals übersteigt, jederzeit in bar vorrätig halten; der in bar nicht gedeckte Betrag der emittierten Noten muß in Wechseln mit wenigstens zwei Unterschriften, die nicht über 3 Monate laufen, vorhanden sein.

Unter kurzen Depositen sind diejenigen nichtgerichtlichen Depositen zu verstehen, welche innerhalb eines Monats zurückgezogen werden können.

Artikel 4.

Jede Notenbank ist verpflichtet, auf Verlangen die ihr präsentierten eigenen Noten sofort bar einlösen, ferner auch dafür Vorkehrungen zu treffen, daß ihre Noten von den sämtlichen übrigen Notenbanken innerhalb des Deutschen Reiches auf Verlangen binnen 2 mal 24 Stunden nach erfolgter Präsentation eingelöst werden. Jede Notenbank ist verpflichtet, die Noten jeder anderen Bank im Deutschen Reiche einzulösen, sobald die dazu erforderlichen Mittel zu ihrer Verfügung gestellt sind.

Artikel 5.

Im Falle einer der Vorschriften in Art. 3 und 4 nicht entsprochen wird, kann der Kanzler des Deutschen Reiches Liquidation der betreffenden Bank bei dem Handelsgerichte oder dem für Handelssachen kompetenten Gerichte desjenigen Bezirks, in welchem die betreffende Notenbank ihre Hauptniederlassung hat, beantragen, und die Gerichte sind gehalten, den Antrag zu prüfen, und falls sie denselben begründet erachten, die Liquidation auszusprechen und Liquidatoren zu ernennen.

Von dem Antrage des Reichskanzlers ist der betreffenden Notenbank vom Handelsgerichte Kenntnis zu geben und zur schriftlichen Rechtfertigung eine Frist von 14 Tagen zu gewähren.

Artikel 6.

Jede Notenbank zahlt an die Kasse des Deutschen Reiches ein Dritteil des Reinertrages, welcher 5% des Aktienkapitals übersteigt.

Artikel 7.

Alle entgegenstehenden gesetzlichen und statutarischen Bestimmungen sind durch dieses Gesetz aufgehoben.

Ich habe die Redaktion dieses Gesetzes versucht, um dem Publikum, welches über die Frage zu urteilen haben wird, einen Anhalt zu bieten über die Art und Weise, wie die Einheit der Gesetzgebung angestrebt werden könnte, ohne die Beteiligten allzu sehr zu verletzen.

Ich verkenne nicht, daß es nicht die Aufgabe der Bankkommission ist, Gesetze zu machen; dagegen dürfte der Reichstag ein in Gesetzesform gekleidetes Gutachten nicht ungern von dem deutschen Handelstage entgegennehmen.

In dem Gesetzentwurf ist von einer Sonderstellung der preußischen Bank resp. der Reichsbank nicht die Rede; einer besondern Bestimmung bedarf es zur Erhaltung des Institutes, welches seither so segensreich für Preußen gewirkt und welches den Beruf hat, seine Wirksamkeit über ganz Deutschland auszudehnen, meiner Ansicht nach nicht.

Die Aktionäre der Preußischen Bank werden gern bereit sein, den doppelten Betrag ihrer seitherigen Beteiligung bei der Preußischen Bank in Aktien der Reichsbank zu nehmen, sofern an deren Spitze die Direktion der Preußischen Bank tritt. Die Auseinandersetzung mit dem preußischen Staate wird in Auszahlung der Kapital- und Reserveanteile desselben beste en, und die Einrichtungen, Bestände usw. im übrigen auf die Reichsbank übergeführt werden können.

Dieser fällt alsdann die Aufgabe zu, die Münzeinheit in Deutschland praktisch anzubahnen, dadurch, daß sie auch auf dem Gebiete des $24^1/_2$ Guldenfußes Taler- und Guldenwechsel diskontiert und Talernoten ausg bt, solche bei Einlösung und Ausgabe im Verhältnisse von 7:4 gegen Gulden verrechnend.

Es würde sich nach kurzer Zeit der Wirksamkeit des betreffenden Gesetzes die Bankorganisation in Deutschland darstellen wie folgt:

> Die Reichsbank mit 40 á 50 Millionen Kapital wäre in allen Ländern des Reiches an den bedeutenderen Orten vertreten; neben ihr beständen in den einzelnen Territorien die Bayerische Hypotheken und Wechselbank, die Badische Bank, die Sächsische Bank, die Bremer Bank, die Braunschweigische Bank usw. Die preußischen Privatbanken würden mit größerem Kapitale eine Stellung, ähnlich der der genannten Institute und der Frankfurter Bank einnehmen und dadurch den preußischen Provinzen dieselben Vorteile erwachsen, deren die anderen Länder des Reiches sich erfreuen werden. Auf diese Weise würde dem größern und dem lokalen Bedürfnis im ganzen Gebiete des Deutschen Reiches in weitestem Maße gedient sein; die Noten aller Banken würden an allen Stellen, wo Noten überhaupt emittiert werden, realisierbar sein.

Durch diese Einrichtung, welche tatsächlich seit längerer Zeit zwischen der preußischen Hauptbank und preußischen Provinzialbanken besteht, deren Ausführbarkeit in weiterem Maße überdies in Amerika und Schottland erwiesen ist, würden sehr bald die Notenbeträge sich herausstellen, welche von den in einzelnen kleinen Staaten domizilierenden Banken in ihrem naturgemäßen Umlaufsgebiet plaziert werden können; zweifelsohne würden einzelne dieser Banken finden, daß sie sich besser stehen, wenn sie auf das Notenrecht verzichten und ausschließlich Kreditbankgeschäfte betreiben.

Über die Zulassung der Noten in den Kassen des Reiches resp. der betreffenden Finanzbehörden würde zu befinden sein, etwa mit der Maßgabe, daß nur bestimmte Summen Noten in den Staatskassen gehalten werden dürften.

Das Publikum wird keine Mühe und Verluste mit Noten haben, welche nicht pari anzubringen sind; es wird aus der Zusammenstellung der Veröffentlichungen der Banken erkennen können, wie stark die gesamte Notenreserve, also die Aktionskraft der Banken, ist und seine Operationen danach bemessen, wie dies in England Regel ist.

Die Norddeutschen Zettelbanken Ende Juni und Juli 1870.

	Passiva				Aktiva						Eingezahltes Aktienkapital	Noten-Maximum			Gesamtbetrag der wirklich emittierten Noten und K. Depositen	
	Noten		Kreditoren		Kassa		Wechsel		Darlehen			nach den bestehenden Normen	bei dem Prinzip, daß die nicht bar gedeckten Noten und kurzen Depositen das Dreifache des Aktienkapitals nicht übersteigen dürfen — 3 × Aktienkapital und Kassa			
	Juni	Juli	Juni	Juli	Juni	Juli	Juni	Juli	Juni	Juli			Juni	Juli	Juni	Juli
Berliner Kassenverein	0,8	0,3	4,5	13,7	2,9	11,5	1,7	2,0	1,7	1,4	1,0	1,0	5,90	14,50	5,30	14,0
Braunschweig	4,1	4,3	0,6	0,4	1,2	1,3	3,6	3,3	3,3	3,5	3,50	3,50	11,70	11,80	4,70	4,70
Bremen	2,8	3,8	5,8	6,7	1,8	3,2	9,7	10,3	2,3	2,2	5,50	5,63	18,30	19,70	8,60	10,50
Breslau, Städt. B.-K.	0,9	1,0	1,2	1,0	0,6	0,5	1,9	1,9	0,8	0,7	1,0	1,0	3,60	3,50	2,10	2,0
Köln	1,0	1,0	1,5	1,5	0,4	0,4	2,7	2,7	0,7	0,5	1,0	1,0	3,40	3,40	2,50	2,50
Danzig	1,0	0,9	1,6	1,7	0,4	0,6	2,9	2,7	0,4	0,3	1,0	1,0	3,40	3,60	2,60	2,60
Dessau	1,0	1,0	1,1	0,3	0,3	0,4	1,0	0,9	1,8	1,1	1,0	1,0	3,30	3,40	2,10	1,30
Frankfurt	16,8	15,5	3,2	10,0	13,1	10,3	9,7	15,5	1,9	3,9	5,71	17,13	30,23	27,43	20,0	25,50
Gera	2,2	2,0	1,0	0,8	0,7	0,8	2,2	1,8	2,4	2,3	4,67	unbegr.	14,71	14,81	3,20	2,80
Görlitz	1,0	1,0	0,6	0,7	0,4	0,4	2,0	2,0	0,5	0,5	1,0	1,0	3,40	3,40	1,60	1,70
Gotha	1,8	1,7	1,2	1,1	0,7	0,7	2,7	2,4	1,0	1,1	1,40	unbegr.	4,90	4,90	3,0	2,80
Hannover	2,6	2,3	1,4	1,5	1,0	1,0	2,9	2,3	4,3	4,7	5,42	5,50	17,26	17,26	4,0	3,80
Königsberg	1,0	1,0	0,1	0,2	0,4	0,3	1,0	1,0	0,9	1,0	1,0	1,0	3,40	3,30	1,10	1,20
Leipzig	4,4	4,8	0,5	0,4	1,8	2,3	3,7	3,5	2,5	2,7	3,0	unbegr.	10,80	11,30	4,90	5,20
Lübeck, Kommerz	0,8	0,4	0,9	0,7	0,4	0,2	1,0	1,2	1,0	0,8	0,80	0,80	2,80	2,60	1,70	1,10
Lübeck, Privat	0,5	0,5	0,5	0,5	0,2	0,2	0,5	0,5	0,7	0,7	0,40	0,80	1,40	1,40	1,0	1,0
Magdeburg	1,0	0,8	0,4	0,3	0,4	0,4	1,7	1,6	0,4	0,3	1,0	1,0	3,40	3,40	1,40	1,10
Meiningen, nur Realisationsfond	6,0	5,5	—	—	2,0	1,9	4,0	3,6	—	—	4,0	4,0	14,0	13,90	7,0	5,50
Oldenburg	2,0	2,0	0,9	0,9	0,8	1,0	1,4	1,1	0,5	0,5	0,20	2,0	1,40	1,60	2,90	2,90
Posen	1,0	0,9	0,3	0,2	0,3	0,3	1,7	1,6	0,4	0,4	1,0	1,0	3,30	3,30	1,30	1,10
Stettin	1,0	1,0	1,7	1,6	0,4	0,6	3,0	2,9	1,2	1,1	2,0	1,0	6,40	6,60	2,70	2,60
Sachsen	16,1	14,6	1,9	1,0	7,6	7,2	10,2	9,2	3,7	3,7	3,0	unbegr.	16,60	16,20	17,10	15,60
Thüringen	2,0	1,8	0,3	0,4	0,6	0,6	1,8	1,6	1,4	1,4	3,50	3,50	11,10	11,10	2,30	2,20
Weimar	2,4	2,3	1,7	1,7	1,1	1,1	3,2	3,2	3,8	0,7	0,16	0,60	28,58	28,58	4,10	4,0
Homburg	0,1	0,1	0,2	0,2	0,1	0,1	0,1	0,1	0,3	0,3	0,57	0,57	1,81	1,81	0,30	0,30
Zusammen 25 Banken	74,3	70,5	32,2	47,5	39,6	47,3	76,3	78,9	37,9	38,8	61,83		225,06	232,79	106,50	118,0
* Preußische Bank	164,70	202,50	*24,50	*29,0	89,0	94,30	98,0	116,30	31,40	48,70	21,90	unbegr.	154,70	160,00	167,70	212,50

Lombard und Rechnungsvorschüsse lassen sich nicht überall streng trennen, wenn man nur die kurzen Monatsausweise ohne Text zur Vorlage hat. Nach Maßgabe der Jahresberichte ist in der Regel etwa durchschnittlich 50% auf jede der beiden Gattungen zu rechnen.

*) Bei der Preußischen Bank sind die als verzinsliche Depositen aufgeführten Beträge nicht als kurze Depositen betrachtet.

Das Deutsche Reich wird in dem Anteile am Reingewinne der Notenbanken eine erhebliche Einnahme finden; nachdem bei der Preußischen Bank die Ausführbarkeit dieser Bestimmung seit Jahren bewiesen ist und die Badische Bank dieselbe unlängst in ihr Statut aufgenommen hat, besteht wohl kein Grund, dieses Besteuerungsobjekt fahren zu lassen, um an anderer Stelle Ersatz zu suchen; der Ertrag dieser Steuer würde pro 1869 ca. 1 Million Taler ergeben haben.

28. Die Bankfrage[1])

von G. D. Augspurg,

Mitglied des Reichstages.

I.

Ähnlich der Münzfrage nähert sich auch die Bankfrage dem Zeitpunkte, wo sie entschieden werden soll. Bei beiden handelt es sich um Interessen, welche das Wohl oder Wehe jedes einzelnen berühren. Wenn man trotzdem und trotz der Gründlichkeit, welche als ein Zug des deutschen Charakters gilt, hinsichtlich dieser Fragen bei der großen Mehrheit der Bevölkerung eine kaum glaubliche Unwissenheit und Gleichgültigkeit findet, so erklärt sich diese Erscheinung nur zum Teil dadurch, daß bei der früheren politischen Zerrissenheit Deutschlands für den einzelnen Staat die befriedigende Lösung derartiger Probleme äußerst schwierig, wenn nicht unmöglich war, daß man es also für vergebliche Mühe hielt, sich überhaupt mit ihnen zu beschäftigen. Zugleich befindet sich allerdings Deutschland, was Erfahrung im Bankwesen anbetrifft, noch sozusagen in der Kindheit, da es noch nicht in den Fall gekommen ist, derartige Krisen durchzumachen, wie sie sich in den Ländern eines ausgebreiteten Bankwesens bis jetzt als von Zeit zu Zeit unausbleiblich eintretende Folge desselben gezeigt haben[2]). Aber dieser Umstand hätte nun ein fernerer Antrieb auch für die Menge sein sollen, die Geschichte und das Wesen solcher Erfahrungen, wie sie andere Völker gemacht haben, zu studieren.

Derartige wichtige Interessen des Gemeinwohles werden ohne Frage bei der Einrichtung unserer Schulen zu sehr über den gelehrten Studien vernachlässigt. Eine klare Darstellung der Hauptlehren der Volkswirtschaft sollte mit zu den Unterrichtsgegenständen wenigstens der oberen Klassen der Gymnasien gehören[3]). Sie liegt keineswegs außerhalb der Fassungskraft der jungen Leute und ist von großer Wichtigkeit, da nur wenige von ihnen sich später mit der Volkswirtschaft als Wissenschaft zu beschäftigen

---

[1]) Mit Erlaubnis des Herrn Verfassers hier wieder abgedruckt aus den G. Hirthschen „Annalen usw.“; der Aufsatz ist zuerst im „Deutschen Handelsblatt“ veröffentlicht. Perrot.

[2]) Man muß den Ausführungen des Verfassers unbedingt beipflichten, denn seitdem die Bankfrage in Deutschland die gleiche Bedeutung erlangt hat, wie in anderen Ländern, haben auch in Deutschland die sog. „Krisen“ — vielleicht noch in verstärktem Maße — eine Rolle gespielt. Gerade die allerneueste Zeit, die Ereignisse seit 1918 bis in den Juli 1931 (Danat-Banken) hinein, geben dafür das treffendste Beispiel.

[3]) Fehlt bis heute.

Gelegenheit haben und daher, wenn das praktische Leben nicht unmittelbar darauf hinweist, völlig unwissend darin bleiben.

Über beide Fragen ist vieles geschrieben worden, manches Gute und Richtige, noch mehr Verkehrtes aber, und leider wurden von denen, die als Verkehrte schrieben, Schlagwörter ausgegeben, deren die Menge sich bemächtigt hat, und an denen sie mit der Zähigkeit festhält, mit welcher in der Regel von denen, welche sich das Selbstdenken über einen Gegenstand ersparen möchten, vorgefaßte Meinungen behauptet werden, trotzdem daß sie dieselben in unrichtigem Sinne aufgefaßt haben.

Derartige Schlagwörter sind die „Universelle Münzeinigung" und die „Bankfreiheit".

Ebenso wie der Wunsch, sofort eine allgemeine Münzeinigung der Völker ins Leben treten zu sehen, Tausende daran verhinderte, über die besonderen Bedürfnisse der doch viel näher liegenden Deutschen Münzreform nachzudenken, ist auch das Wort „Bankfreiheit" für viele der Begriff eines anzustrebenden Gutes geworden, gleich der Völkerfreiheit, dem Freihandel, der freien Presse und anderen Arten der Freiheit, dem sie blind anhangen, ohne zu bedenken, daß es viele Dinge gibt, im Betreff derer die individuelle Freiheit beschränkt werden muß, wenn das Interesse der Gesamtheit nicht arg geschädigt werden soll.

Versteht man unter „Bankfreiheit" die Berechtigung des einzelnen oder einer Gesellschaft, Banken oder Bankiergeschäfte zu gründen zum Zwecke der Beitreibung von Geld- und Wechselgeschäften, des Diskontierens von Wechseln, der Belegung von Geldern auf Hypotheken oder Pfänder, der Annahme von Depositen usw., mit einem Worte der Vermittlung des Kredits für einen größeren oder geringeren Teil der Bevölkerung, so würde es rechtlich ebenso wie wirtschaftlich verkehrt sein, derartigen Geschäftszweigen wie irgendwelchen anderen legitimen Zweigen des wirtschaftlichen Lebens die geringsten Schwierigkeiten in den Weg legen zu wollen. Vollkommene Verkehrsfreiheit ist ja überall eine der Hauptbedingungen des materiellen Wohlergehens so des einzelnen, wie der Gesamtbevölkerung.

Gänzlich verschieden hiervon ist aber der Begriff der „Bankfreiheit", wenn man darunter die Berechtigung versteht, Papiergeld, d. h. Banknoten (Zahlungsversprechen auf bestimmte Summen Metallgeldes) als gesetzlich anerkannte Tausch- und Zahlungsmittel in Umlauf zu setzen und dabei Gewinn zu machen.

Das Recht der Fabrikation des gemünzten Geldes (Münzregal) entweder durch eigne Beamten oder durch Münzpächter unter Aufsicht der Behörden haben sich bei allen zivilisierten Völkern stets die Staatsregierungen vorbehalten. Die Berechtigung dagegen, ein Surrogat des Geldes, das Papiergeld anzufertigen, überläßt man heutigen Tages zum großen Teile den Zettelbanken. Ehemals wurde großer Mißbrauch mit dem Münzregale getrieben, die Regierungen suchten durch offizielle Falschmünzerei ihre Untertanen auszubeuten. Als man aber sah, daß sowohl die Untertanen wie das Ausland bald den Mindergehalt der Münzen ausfanden, daß infolgedessen überall der Tauschwert der schlechteren Münzen auf ihren wirklichen Metallwert sank, indem ihnen gegenüber die Preise aller übrigen wirtschaftlichen Güter in entsprechendem Maße stiegen, und daß nicht allein völlige Verkehrsverwirrung im Lande entstand, sondern die Regierungen selbst am schlechtesten dabei fuhren, da sie doch nur **einmal** beim Ausmünzen der Metalle gewinnen konnten, dagegen unzählige Male infolgedessen in Verlust kamen, weil ihnen die Steuern nun fortwährend in dem entwerteten Gelde bezahlt wurden, womit sie ihre Bedürfnisse nicht in der früheren Ausdehnung befriedigen konnten, — so mußte dieser Mißbrauch von selbst aufhören und jetzt sorgt der Staat überall dafür, daß das Münzen des Metallgeldes mit strenger Beobachtung des Gesetzes gehandhabt werde.

Man unterscheidet also **Metall-** und **Papiergeld**. Nur das erstere aber ist eigentliches Geld, ist ein Gegenstand von wirklichem Werte, von richtiger gesetzlicher Geltung. Die Benennung „**Papiergeld**" ist keine richtige, da dem Papierzettel kein wirklicher Tauschwert eigen ist. Es sollte statt dessen heißen „Geldversprechen", obschon diese Geldversprechen, so lange sie in gutem Kredit stehen, im Verkehre vollständig an die Stelle des Geldes treten und als solches benutzt werden, ob mit Nutzen für die Bevölkerung, werden wir weiterhin sehen.

Die Bezeichnung „Papiergeld" ist jedoch vom Sprachgebrauche allgemein eingeführt, und es würde vergeblich sein, auf ihre Abschaffung zu dringen. Man muß sich darauf beschränken, sie auf ihren richtigen Wert zurückzuführen.

Es gibt bekanntlich zwei Arten des Papiergeldes, Staatspapiergeld, Schatz- oder Kassenscheine[1]), worin der Staat die Zahlung bestimmter Geld-

[1]) Die Ausdrücke „Schatzschein", „Kassenschein" sind völlig unrichtig, ihre Ableitung könnte etwa mit dem des lucus a non lucendo verglichen werden, da die Kassen des Staates sich überall als vollkommen leer ausweisen würden, wenn es sich um Einlösung eines größeren Quantums der ausgegebenen Zahlungsversprechen handelt, vielmehr in solchem Falle **erst durch Gesetz ein wirkliches Kapital dazu bestimmt werden** müßte. Vom lucus weiß aber jeder, welcher Latein versteht, daß in ihm Dunkelheit herrscht. Dagegen weiß das Volk **nicht**, daß für die große Masse der Kassenscheine überall in den Staatskassen **Leere** herrscht, daß bei Krisen, wie z. B. einem unglücklichen Kriege, unausbleiblicher Verlust für die Inhaber derselben entsteht. Ganz richtig nannte daher der Finanzminister der Vereinigten Staaten das Staatspapiergeld in einer Äußerung an den Kongreß im Jahre 1869 „**ein entehrendes und verachtenswertes Zirkulationsmittel**". Das Volk wird dadurch getäuscht und sieht dieses erst ein, wenn es bereits zu spät ist*). Die Preußischen Kassenscheine wurden nach der Katastrophe von 1806 sehr beträchtlich entwertet, und mancher verlor das Seinige dabei. Ihr Tauschwert stand Ende Juni 1809 noch auf 36% des Nominalwertes, Anfang Januar 1812 auf 83½%, Ende Dezember 1812 auf 44½%, Ende Juni 1813 auf 26½%, am 8. Juli 1813 auf 24½%, Ende Dezember 1813 auf 49½%, im Januar 1815 auf 88%, Januar 1816 wieder auf 99%. Wäre der kürzliche Krieg gegen Frankreich unglücklich für uns ausgefallen, so möchte durch die 50 Mill. Taler deutschen Staatspapiergeldes, welche noch umlaufen und

*) Siehe die Erfahrung mit den rotgestempelten Reichsbankscheinen, die das deutsche Volk machen mußte.

beträge an den Vorzeiger verspricht, und Privatpapiergeld, Banknoten oder Bankzettel, worin dasselbe Versprechen von einer Bank geleistet wird.

Nachdem man sich längst von der Verwerflichkeit des Verfahrens überzeugt, bei der Fabrikation des Metallgeldes Gewinn erzielen zu wollen, hat, fährt man dennoch überall fort, diesen Zweck bei der Ausstellung des Papiergeldes, der Zahlungsversprechen zu verfolgen, indem man sich für diese Zahlungsversprechen dieselbe Gebrauchsmiete oder Zinsen vergüten läßt, als hätte man wirklich das Metallgeld dafür zum Gebrauche hergeliehen, dieses letztere aber an sich behält und noch einmal dazu verwendet, eine Gebrauchsmiete oder Zinsen davon zu ziehen.

Man gewinnt also bei der Ausgabe von Papiergeld oder Banknoten, indem man diese Zahlungsversprechen oder Schulddokumente der Landesbevölkerung übergibt und sich dafür Geld oder anderes Kapital zustellen läßt, das so erhaltene Darlehen aber auf unbestimmte Zeit d. h. auf viele Jahre zinsenfrei behält und zur Bewirtschaftung verwendet. Man verspricht allerdings in den Schulddokumenten, das Geld jederzeit auf Verlangen zurückzuzahlen, behält es aber fortwährend in seinem Besitze, weil die Rückzahlung nicht verlangt wird.

Dieses Darlehen der Bevölkerung an die Staatsregierung (Staatspapiergeld) oder an die Zettelbanken (Banknoten) findet aber noch wieder unter wesentlich verschiedenen Bedingungen statt. Eine gewisse Anzahl von Banken oder Bankgesellschaften läßt sich von ihren Aktionären zunächst die Summe als eignes Kapital einzahlen, wofür sie demnächst von der Landesbevölkerung das Darlehen beanspruchen will. Sie wirtschaftet dann mit doppeltem Kapitale, dem eigenen und dem als Darlehen erhaltenen, macht ihrerseits, da sie keine Zinsen für das Darlehen bezahlt, gute Geschäfte und bietet der Landesbevölkerung für ihr Darlehen als weitere Sicherheit das eigne Grund- oder Stammkapital dar.

---

an deren Einlösung man auch jetzt, trotz der Kriegsentschädigungen, nicht zu denken scheint, dem Volke leicht ein Verlust von 30—40 Millionen erwachsen sein.

Obschon das Staatspapiergeld sich in mancherlei Beziehung von dem Privatpapiergeld unterscheidet, nur daß das erstere unter allen Umständen als völlig schädlich und verwerflich erscheint, so gleichen sich beide doch sehr in ihren allgemeinen Wirkungen auf die wirtschaftlichen Verhältnisse der Völker. Beide vermehren die Tauschmittel in künstlicher Weise und bewirken dadurch eine partielle Entwertung des Edelmetalles; von beiden wird behauptet, daß sie der Menschheit zum Vorteile gereichen und beide haben ihr von jeher nur unendlichen Schaden getan. Die notwendige Folge eines Krieges von zweifelhaftem Erfolge ist das Sinken des Tauschwertes der Staatszettel. Steigt derselbe auch nach beendetem Kriege wieder auf seinen früheren Standpunkt, — diejenigen, welche ihr Papiergeld ausgeben mußten, welche es nicht in Erwartung besserer Zeiten aufbewahren konnten, hatten den schweren Verlust der Entwertung zu tragen und diese sind stets die ärmeren Volksklassen, Witwen und Waisen. Der Gewinn trifft dann reiche Spekulanten, welche dies entwertete Papier zu einem Spottpreise an sich bringen und es bewahren, bis sein Wert wieder hergestellt ist. Die Verantwortlichkeit für eine solche Plünderung der ärmeren Volksklasse trifft aber unausbleiblich den Staat, trifft die Gesetzgeber, durch deren Nachlässigkeit oder Unwissenheit ein solches „entehrendes und verachtenswertes" Zirkulationsmittel aufrechterhalten wurde, trotzdem daß die Mittel vorhanden waren, das Papiergeld einzulösen und für immer aus der Welt zu schaffen.

Anders verhält es sich beim Staatspapiergeld (welches außerdem noch oft mit Zwangskurs ausgegeben wird) und einer anderen Kategorie von Banken, von deren Gründung neuerlich Norddeutschland noch Beispiele gesehen hat. Der Papiergeld ausgebende Staat hat überhaupt kein bestimmtes Kapital zur Rückzahlung des Darlehens in Bereitschaft, ebensowenig, wie er ein besonderes Kapital als Sicherheit dafür bestimmt hat. Er verwendet das empfangene Darlehen und überläßt die Rückzahlung der Zukunft. Eine Bank dieser zweiten Kategorie besitzt nur ein verhältnismäßig geringes eignes Kapital, welches als Sicherheit für das empfangene Darlehen dienen könnte. Sie läßt sich das Darlehen von der Bevölkerung gegen ihre Schulddokumente auszahlen, sucht nach besten Kräften damit zu wirtschaften und wird in normalen Zeiten, da sie keine Zinsen bezahlt, ebenfalls gute Geschäfte machen.

Beide Arten von Banken halten, um den erfahrungsmäßig in gewöhnlichen Zeiten geringen Teil ihrer Zahlungsversprechen zu befriedigen, welcher zur Rückzahlung vorgezeigt wird, eine Summe Geldes, in der Regel nach Vorschrift den dritten Teil des aufgenommenen Darlehens in Kasse, vorrätig. Auch der Staat löst nach neueren Einrichtungen die geringen zur Zahlung präsentierten Beträge seiner Schulddokumente bei öffentlichen Kassen ein. Beide aber, der Staat sowohl wie die Banken, geben sobald wie möglich die eingelösten Schuldscheine wieder aus, d. h. sie lassen sich von neuem von der Bevölkerung Darlehen darauf machen. Eine wirkliche Rückzahlung des angeliehenen Kapitals mit der Wirkung einer solchen findet also überhaupt nirgends statt. Die Einlösung und Wiederausgabe der Schuldscheine geschieht lediglich pro forma und scheint keinen wirklichen anderen Zweck zu haben, als dem Blicke der Menge die eigentliche Sachlage zu verdecken.

Die Menge der Bevölkerung befindet sich unter diesen Umständen in einem merkwürdigen Zustande wirtschaftlicher Unmündigkeit. Sie wirtschaftet mit den Papierzetteln, wodurch ihr Darlehen dokumentiert wird, als wären sie Geld, freut sich über die mit einem solchen Umlaufsmittel verbundene Bequemlichkeit wie ein Kind, welches mit dem Rasiermesser spielt, über seine Glätte, schreibt gelehrte Werke über die Vorzüge der Kreditwirtschaft, wobei man bloß durch seinen Kredit, ohne zu arbeiten, reich werde, und preist ihr Glück in den Zeitungen, wenn sie mit einer neuen Zettelbank gesegnet worden ist. Sie weiß nichts davon, daß sie fortwährend den einzelnen Bevorzugten ungeheure Summen darleiht, ohne einen Taler Zinsen dafür zu erhalten, das man sie also ausbeutet. Sie weiß ebensowenig, daß die Zettelbanken sich in Hunderten von Fällen als höchst verderbliche Maschinen erwiesen haben; welche Metall, d. h. wirkliches Kapital verzehren und dafür als Produkt Papier liefern, daß ihre allgemeine Tendenz ist, die Länder, in denen sie vorzugsweise im Gebrauche sind, von einer wirtschaftlichen Krise zur anderen zu führen.

Nach Maßgabe des oben dargestellten Unterschiedes kann man die vorhandenen Banksysteme in zwei Hauptabteilungen trennen,

solche mit gesichertem Kapitale, welche also von demselben einen doppelten Zins beziehen, einerseits von der Verwendung des größeren Teiles ihres Kapitals selbst, andererseits von der Verwendung ihrer Zahlungsversprechen, und

solche ohne gesichertes Kapital, welche zunächst die Zinsen von ihrem Kredite, d. h. von ihren ausgestellten Zahlungsversprechen ziehen, da ihr Kapital, so weit es existiert, und in Ermangelung desselben, der dritte Teil des Betrages ihrer Zahlungsversprechen, d. h. der dafür ihnen von der Bevölkerung gezahlte Geldbetrag erfordert werden wird, die sog. bankmäßige Deckung mit einem Drittel Barvorrat zu leisten[1]).

Diejenigen Völker, welche am schwersten von Kalamitäten der Bankkrisen gelitten haben, welche also nach dem gewöhnlichen Ausdrucke, durch Erfahrung „klug geworden sind", (obschon ihre Weisheit in dieser Hinsicht auch jetzt noch manches zu wünschen läßt) die Engländer und Amerikaner, halten sich jetzt ohne Ausnahme an die erstere Kategorie der Banksysteme. Wir haben dort nämlich dreierlei Systeme, das alte Schottische System bis zur Bankreform Sir Robert Peels 1844—45, das Englische (Peelsche), wonach die Bank von England verwaltet wird, und das Nordamerikanische.

Bei dem Schottischen Systeme herrschte vollständige Bankfreiheit und unbeschränkte Notenausgabe, aber auch unbeschränkte, solidarische Haftbarkeit der Anteilsbesitzer (Aktionäre) mit ihrem ganzen Vermögen für die Sicherheit der ausgegebenen Noten und aller übrigen Verbindlichkeiten der Bank. Die Aktionäre zogen also die Zinsen einerseits von ihrem wirklichen Kapitale, je nachdem dieses auf eine oder andere Weise angelegt war, andererseits von den in Form von Banknoten in Umlauf gesetzten Zahlungsversprechen. Nur ein gewisser Betrag, den man zur Einlösung der vorgezeigten Noten in Kasse behielt, brachte keine Zinsen ein. Um die Sicherheit stand es gut, weil die solidarische Verantwortlichkeit die Leiter der Bank mit großer Vorsicht verfahren ließ.

Bei dem Englischen Systeme beschränkt sich die Haftbarkeit der Anteilsbesitzer auf den Belauf ihrer Aktien (limited responsability). Anfänglich (i. J. 1844) wurde festgesetzt, daß die Bank, deren eigentliches Grundkapital in einer Forderung von 11 Mill. Lstr. an den Britischen Staat und weiteren ca. 3 Millionen Staatsobligationen der konsolidierten Schuld bestand, berechtigt sein sollte, für diesen selben Belauf noch Bankzettel auszugeben. Sie bezog also von diesem Belaufe doppelte Zinsen, indem ihr einerseits der Staat Zinsen auf ihre Forderung bezahlte, ihr andrerseits das Publikum für 14 Mill. Lstr. Zahlungsversprechen abnahm und, als wäre es bares Geld, ebenfalls Zins oder Diskonto davon bezahlte. In der Forderung an den Staat lag die Sicherheit für richtige Einlösung der Zahlungsversprechen. Die weiteren von Sir Robert Peel eingeführten Bestimmungen lauteten dahin, daß

[1]) Mac Culloch sagt ganz naiv: „Those who issue such notes, coin as it were there credit". Sie schlagen allerdings aus ihren Versprechungen Münzen und werden reich dabei. Die übrige Bevölkerung aber muß für diesen Reichtum arbeiten und darben.

a) das ganze Institut der Bank in zwei völlig getrennte Teile zerfallen sollte, mit getrenntem Kapitale, besonderer Buchführung, besonderen Beamten und getrennter Lokalität, nämlich einerseits die Abteilung für die Notenausgabe, andererseits eine zweite für alle übrigen Bankgeschäfte;

b) daß die Bank gesetzlich befugt sein solle, auch einen größeren Betrag an Zahlungsversprechen oder Banknoten auszugeben als jene durch die Forderung an den Staat garantierten 14 Mill. Lstr., daß sie aber daraus keinen Gewinn machen solle, indem das Gesetz ihr die Verpflichtung auflegt, für jedes Pfund Sterling ausgegebener Noten über jene 14 Mill. Lstr. hinaus denselben Betrag an Edelmetall in Kasse vorrätig zu halten;

c) der Zweck Sir Robert Peels ging dahin, den ganzen Notenverkehr des Landes in der Bank von England zu konzentrieren. Da dieses aber einstweilen unmöglich war, weil eine ganze Anzahl Privatbanken in früheren Jahren vom Staate das Privilegium zur Notenausgabe für kürzere oder längere Zeit erhalten hatte und nicht gewillt war, darauf zu verzichten, so wurde festgesetzt, daß nach und nach, je nachdem jene Privilegien zu Ende gingen, die ausschließliche Notenausgabe der Bank von England anheimfallen sollte, und in Hinsicht hierauf wurde bestimmt, daß die fernere Notenausgabe der Bank von England auf zwei Drittel des Gesamtbetrages ausgedehnt werden könne, den die damals in England zirkulierenden Noten der übrigen Banken ausmachten, nach Maßgabe, wie dieselben nach und nach das Ende ihrer Berechtigung erreichen würden. Nach Mac Culloch (Dictionary of commerce and commercial navigation. S. III.) waren 1846 in England und Wales noch 199 Private and Joint Stock Banks ermächtigt, Noten zum Gesamtbelaufe von 5011097 Lstr. auszugeben. Von der mehrmals nach den großen Bankkrisen reformierten Einrichtung dieser übrigen Banken können wir hier absehen.

Das Nordamerikanische System in seiner jetzigen Gestalt sucht den Zweck, die Einlösung der Bankzettel sicherzustellen, in folgender Weise zu erreichen: es verlangt keine Konzentration, sondern gewährt Bankfreiheit für alle Gesellschaften, welche Zettelbanken errichten wollen, fordert auch nur beschränkte Haftbarkeit der Aktionäre für den Belauf ihrer Anteile, das Gesetz gewährt die Ermächtigung ihrer Notenausgabe aber erst, nachdem die Beteiligten in die Hand einer eigens dazu bestimmten Staatsbehörde einen ausreichenden Kapitalbetrag vorzugsweise in guten Staatspapieren als Pfand hinterlegt haben. Für $^{9}/_{10}$ dieses hinterlegten Kapitales, zum Tageskurse berechnet, darf die betreffende Bank Noten ausgeben, ist aber zugleich verpflichtet, zur Einlösung der vorgezeigten Noten stets ein Dritteil des ausgegebenen Belaufes in barem Gelde bereit zu halten. Den Nordamerikanischen Banken ist also gestattet, einerseits von dem als Pfand hinterlegten eigenen Kapitale in Staatspapieren diejenigen Zinsen zu beziehen, welche die betreffenden Staaten auf ihre kontrahierten Anleihen bezahlen, und ferner andererseits von $^2/_3$ des emittierten Notenbelaufes die Zinsen, welche der laufende Verkehr gestattet. Das letzte Drittel bringt nichts ein, weil es bar in Kasse vorhanden sein muß.

Ein viertes System, welches ich gern „das deutsche" nennen möchte, obschon es nur bei einer geringen Minderheit der deutschen Banken in Anwendung kommt, findet sich meines Wissens am vollkommensten in der Bremer Bank vertreten. In ihrem Statute vom Jahre 1856 heißt es § 74:

„Der Betrag der auszugebenden Noten darf zu keiner Zeit den Betrag des eingezahlten Aktienkapitals einschließlich des Reservefonds überschreiten, und muß stets wenigstens ein einem Drittel der umlaufenden Noten gleichkommender Betrag in barem Gelde oder Barren zur Einlösung derselben verwendbar in der Bank vorrätig gehalten werden."

Eine andere sehr wichtige Bestimmung ist im § 16 enthalten:

„Sollte das Vermögen der Gesellschaft sich um den vierten Teil des Aktienkapitals vermindern, so ist der Verwaltungsrat verpflichtet, eine Entscheidung der Generalversammlung darüber zu veranlassen, ob das Geschäft fortgesetzt werden solle. Sollte das Vermögen sich bis auf die Hälfte des Aktienkapitals vermindern, so muß die Auflösung der Gesellschaft erfolgen."

II.

Alle die oben erwähnten Banksysteme gewähren den Aktionären einen doppelten Zinsgewinn. Dieselben erhalten ihre Zinsen einerseits von dem wirklich vorhandenen Kapitale, andererseits von dem ausgestellten Zahlungsversprechen, wovon nur derjenige Teil baren Kapitales, als keine Zinsen tragend, abgeht, welcher in der Kasse bereit gehalten werden muß, um vorkommende Noten einzulösen. Sie bestreben sich aber zugleich, den Inhabern ihrer Zahlungsversprechen eine möglichst vollkommene Sicherheit für richtige Einlösung derselben zu gewähren, dadurch, daß es den Banken durch Gesetz verboten wird, irgendein Zahlungsversprechen (eine Note) in Umlauf zu setzen, welche nicht durch wirklich vorhandenes, den Aktionären schon ursprünglich als Eigentum gehörendes Kapital gedeckt wird. Bei dem Nordamerikanischen Systeme muß dieses Kapital bei der Behörde hinterlegt, bei der Bremer Bank muß es der Bankverwaltung vollständig eingezahlt sein. Bei der Bank von England existiert es in Händen der Bankverwaltung in Form der vorhandenen Staatsobligationen. Das Schottische System (welches sich allerdings für einen beschränkten Wirkungskreis praktisch am längsten und vielleicht am besten bewährt hat) verlangt kein Pfand in Staatspapieren; aber es fordert die Sicherheit in solidarischer Verantwortlichkeit und fast ausschließlich im Grundeigentume angesessener vermögender Männer. Ein Aktionär kann seinen Anteil nur mit Gutheißung der Bank an andere vermögende Leute abtreten; sonst kann er im Falle eines Sturzes der Bank auch später noch als haftbar angesehen werden. Macht ein Aktionär mit seinem Privatvermögen Bankerott, so ist im voraus kontraktlich mit Billigung des Gesetzes festgesetzt, daß er auf alle und jede fernere Ausübung der Rechte eines Aktionärs der Bank Verzicht leisten muß, und daß die weitere

Verfügung über seinen Anteil nur mit Einwilligung der Direktoren geschehen kann.

Gänzlich abweichend von allen Grundsätzen dieser Systeme sind die Lehren der neueren Französischen und Deutschen volkswirtschaftlichen Schule (so z. B. Rentzsch, Handwörterbuch der Volkswirtschaftslehre. Leipzig 1866. Artikel: „Banken und Bankwesen; Banknote; Zettelbanken" von A. Wagner). Sie behauptet:

1. Es solle keines besonderen Gesetzes, keiner Konzession zur Begründung einer Bank (mit Einschluß der Noten ausgebenden Banken) bedürfen, es sollen also alle und jede Monopole und Privilegien dabei in Wegfall kommen (d. h. jedermann solle danach streben dürfen, sich von der Gesamtbevölkerung ein zinsenfreies Darlehen zu verschaffen, indem er dabei die Unkenntnis der Menge in derartigen Fragen benutzt);
2. das Prinzip der begrenzten Haftbarkeit der Teilhaber genüge für alle Arten von Banken. Im Grunde sei die unbegrenzte Haftbarkeit vorzuziehen, aber es empfehle sich nicht sie jetzt noch einzuführen;
3. vollständige Beobachtung des Grundsatzes der Öffentlichkeit in Angelegenheiten der Banken ersetze alles übrige. Es sollen monatliche, wöchentliche Vermögensaufstellungen nach gesetzlich vorgeschriebenen Formularen stattfinden, Verheimlichungen, Entstellungen aufs strengste vom Gesetze geahndet werden. Jährliche genaue Rechnungsablage und Verantwortlichkeit der Beamten verstehen sich von selbst;
4. der Staat solle sich weder um das Kapital der Bank noch um die Ausdehnung ihrer Notenausgabe, noch endlich um ein bestimmtes Verhältnis zwischen dieser und dem Barbestande der Kasse kümmern, kurz es solle eine bedingungslose und unbeschränkte Notenausgabe stattfinden dürfen;
5. soll durchaus ein materielles, die Deckung der Banknoten vorschreibendes Gesetz erlangt werden, so empfehle sich die Vorschrift der bankmäßigen Deckung und zwar mit einem Dritteile Barvorrates, d. h. also, wenn die Bank nur $^1/_3$ bar und $^2/_3$ des Gesamtbetrages ihrer ausgegebenen Noten oder Zahlungsversprechen in Wechseln oder sonstigen Wertpapieren vorrätig hat, so wird nichts weiter von ihr verlangt, sie ist ermächtigt zu einer unbeschränkten Ausstellung von Zahlungsversprechen. Kann die Bank sich also den nötigen Kredit verschaffen, damit das Publikum ihre Noten in Zahlung nehme, so bedarf sie zu sonstigen Zwecken der Geschäftsführung gar keines eignen Kapitals. Sie „münzt ihren Kredit aus" und zieht ihren Gewinn aus den in Umlauf gesetzten Zahlungsversprechen, indem sie von dem für diese Versprechen vom Publikum empfangenen Gelde den dritten Teil als „bankmäßige Deckung" zur Einlösung vorkommender Noten in Kasse behält, die übrigen zwei Dritteile aber zur freien Verfügung, hat, um damit Zinsen zu gewinnen. So lange sie gute Geschäfte macht, geht alles gut, übersteigen aber ihre Verluste die erzielten Gewinne, so geht jeder weitere Taler dem Publikum verloren, nicht ihren Aktionären,

insofern diese kein eigenes Kapital eingezahlt hatten, welches das Publikum gegen Verlust geschützt hätte. Muß einmal die Bank ihre Zahlungen einstellen, so sind die Noten wertlos und es gibt allgemeinen Ruin.

Die Grundideen, von welchen die obige Anschauungsweise ausgeht sind offenbar die theoretisch anscheinend richtigen,

einerseits, daß das eigene Interesse der Banken ihre Leiter veranlassen werde, richtige wirtschaftliche Grundsätze beim Betriebe der Geschäfte zu befolgen, z. B. niemals über ihr Wiedereinlösungsvermögen hinaus Noten auszugeben, da sie sonst Gefahr laufen, selbst dabei zugrunde zu gehen;

andrerseits, daß das Publikum die Maße der Bevölkerung, bei vollständiger Öffentlichkeit der Bankverhältnisse, selbst besser als der Staat imstande sein werde, sich vor Schwindelgeschäften zu bewahren.

In betreff der Banken, welche sich auf die Betreibung allgemeiner Bankiergeschäfte beschränken, kann man diesen Grundsätzen der Verkehrsfreiheit nur beistimmen. Was dagegen die Zettelbanken betrifft, so wird das ganze Verhältnis dadurch verändert, daß die Verbindlichkeit der Bank bei der Notenausgabe nicht den einzelnen Individuen, sondern der Masse der Bevölkerung gegenüber eingegangen wird, und daß durchschnittlich $^{99}/_{100}$ dieser Bevölkerung bei Bewachung ihrer Interessen in vorliegendem Falle als unmündig angesehen werden müssen und deshalb der Obhut des Staates bedürfen, wenn nicht der erstere Grundsatz, daß das eigne Interesse der Bankinhaber die Leitung der Geschäfte zu einer wirtschaftlich gesunden machen werde, bis in seine äußersten Konsequenzen als richtig anzusehen ist.

Die Behauptung aber, das Interesse der Bankinhaber und des Publikums betreffs Sicherheit der Noten, d. h. betreffs richtiger Erfüllung der Zahlungsversprechen seien identisch, weil beide eine richtige wirtschaftliche Leitung der Geschäfte erfordern, genügt nicht; denn

einmal liegt es auf der Hand, daß nicht alle Leiter ausgedehnter Geschäfte, ihre Kräfte und den Erfolg ihrer Operationen richtig berechnen; sonst würde es in der Welt nicht so viele mißglückte Unternehmungen, so viele ruinierte Spekulanten geben;

zum andern ist hier gerade die Versuchung sehr groß, über das richtige Maß hinauszugehen, da ohne Frage die unmittelbare Folge einer übermäßigen Notenausgabe die ist, die Verkehrsmittel der Bank, den Gewinn durch bloße Ausstellung von Zahlungsversprechen zu vergrößern, also im glücklichen Falle ohne Kosten große Erfolge zu erzielen;

zum dritten ist die Behauptung, jeder Notenemission gehe eine Nachfrage nach den Noten, also ein entsprechender Bedarf des Verkehrs voraus, deshalb könne von einer Zuvielausgabe, einer Überschwemmung mit Banknoten keine Rede sein (s. Rentzsch, Handwörterbuch der Volkswirtschaftslehre S. 92) eine absolut irrige; denn in allen Ländern der Welt gibt es Leute, welche geneigt sind, sich das fehlende Kapital durch gewagte Unternehmungen zu erwerben, und gewährt der Vorstand einer Bank während einer anscheinend verheißenden Geschäftsperiode manchen solcher Spekulanten, sei es aus Leichtsinn oder Mangel an Kenntnis, mehr Kredit als sie verdienen, z. B. durch Diskontierung ihrer Wechsel gegen Noten der Bank, so ist keineswegs ein Bedarf des Verkehrs, sondern lediglich eine ungerechtfertigte Spekulationssucht einzelner Individuen vorausgegangen;

zum vierten endlich ist das Verhältnis insofern höchst ungleich, als für die Bankinhaber die Möglichkeit existiert, gegen einen verhältnismäßig geringen Einsatz beträchtlichen Gewinn zu erzielen; für die Bevölkerung im ganzen dagegen im glücklichen Falle lediglich kein Verlust entsteht; während im unglücklichen Falle die Bankinhaber allerdings ihren Einsatz verlieren und die unmittelbaren Leiter der Bank möglicherweise mit der Kriminal-Justiz in Konflikt kommen, auf der andern Seite aber eine große Anzahl Menschen ihre Habe verlieren, ohne daß sie je auch nur die Möglichkeit gehabt hätten, von den Notenausgaben der Bank irgendwelchen Nutzen zu ziehen.

Das unsägliche Elend, welches die uneingeschränkte Bankfreiheit in England und Nordamerika wiederholt über die Bevölkerung gebracht hat, beweist besser als alle Räsonnements, daß derartige schöne Theorien, wenn sie auch ex cathedra vorgetragen werden, auf Sand gebaut sind.

Die Beobachtung des Grundsatzes der Öffentlichkeit, die Publikation der Bilanzen usw., worauf die Theorie so großes Gewicht legt, hat keineswegs einen großen Wert in Beziehung auf die Sicherheit der Geschäfte. Sie kann wohl vor den allergröbsten Mißbräuchen schützen (?), aber es wird dabei nicht jedes Schulddokument, jeder vorhandene Wechsel einzeln aufgeführt und nach seinem wirklichen Werte taxiert. Handelt es sich um eine absichtliche Täuschung von seiten der Bank, so wäre dieselbe keineswegs schwierig anzuführen.

Die Begründer der Bank brauchen nach dieser Theorie ihr wenig oder gar kein Kapital übergeben zu haben, sie brauchen selbst gar kein reelles Vermögen zu besitzen; haben sie nur verstanden, sich bei einem größtenteils in Geschäftsfragen unerfahrenen Publikum Kredit zu verschaffen, so daß man ihre Zahlungsversprechen nimmt und dafür Geld gibt, so ist ihr Zweck zunächst erreicht. Daß dergleichen möglich ist, trotz der Einhaltung der Bedingung, daß monatliche oder wöchentliche Vermögenaufstellungen veröffentlicht werden sollen, beweisen Hunderte von Fällen englischer und amerikanischer Banken, bei welchem man, als sie sich insolvent erklärten, kaum irgend nennenswerte Aktiva vorgefunden hat.

Die Unterbringung der Noten in der Bevölkerung wird dadurch erleichtert, daß das Interesse der Bank, nach Möglichkeit viele Noten auszugeben, sich mit dem Interesse aller derer begegnet, welche geneigt sind, in Spekulationen über ihre eigentlichen Kräfte hinauszugehen. Um ihre Noten zu plazieren, ist die Bank weniger streng in der Auswahl solcher Leute, welche Vorschüsse in Noten begehren, als es ein Kapitalist sein würde, welcher sein bares Metallgeld ausleihen soll, und diejenigen, welche mit Leichtigkeit auf diesem Wege Vorschüsse erhalten haben, sorgen wieder für Unterbringung der Noten.

So lange die Zeiten günstig sind, so lange die Bank gute Geschäfte macht, geht alles nach Wunsch. Sollte aber durch Krieg, schlechte Ernten, übertriebene Spekulation, Geldkrisen in andern Ländern oder infolge irgendwelcher andern Veranlassung, Mißtrauen an die Stelle des Vertrauens treten, sollte ein Andrang des Publikums stattfinden, welches Metall für seine Noten verlangt, sollte etwa vorher die Bank schon Geschäftsverluste erlitten haben, — dann kann plötzlich alles zusammenstürzen.

Sollen aber die obigen liberalen Grundsätze in Anwendung kommen, soll der Staat von aller direkten Feststellung des Kapitals, der Notenausgabe usw. ferngehalten werden, so muß wenigstens unbedingt das Prinzip der unbeschränkten solidarischen Haftbarkeit aller Aktieninhaber für ihr gesamtes Vermögen festgehalten werden; die Namen dieser Aktionäre müssen stets öffentlich bekannt und es muß ihnen verboten sein, ihre Anteile anders als mit Einwilligung der Bank in andere Hände übergehen zu lassen; ferner müssen die Statuten der Bank aufs Bestimmteste festsetzen, daß kein Taler an Zahlungsversprechen (Noten) über das wirklich eingezahlte Kapital der Aktionäre hinaus ausgegeben werden, und daß wenn durch unglückliche Geschäfte ein Viertel dieses Kapitals verloren gegangen sein sollte, sofort eine Generalversammlung einberufen werden soll, um darüber zu beschließen, ob überhaupt die Geschäfte noch fortzusetzen oder ob sie zu liquidieren seien.

Nur so wäre die hierbei als unmündig anzusehende Masse der Bevölkerung wenigstens gegen den direkten Schaden durch Insolvenz der Banken zu schützen. Der ihr mittelbar aus der Existenz der Noten an und für sich erwachsende Nachteil bleibt ihr trotzdem, wie wir weiterhin sehen werden.

Die volle Haftbarkeit der Anteilsinhaber soll überhaupt erst in zweiter Reihe darauf berechnet sein, sie wirklich im Falle einer Insolvenz der Bank (welche theoretisch angesehen an und für sich unmöglich sein sollte, weil die Liquidation des Geschäfts eintreten müßte, sobald ein irgend beträchtlicher Teil des Kapitals verloren wäre) — zur Deckung der Passiva heranzuziehen. Der nächste und volkswirtschaftlich viel wichtigere Zweck würde darin bestehen, daß bei unbeschränkter Haftbarkeit die sämtlichen Anteilsinhaber ein bedeutend verstärktes Interesse haben, den Verwaltungsrat so zu organisieren und die Leitung der Bank in solche Hände zu legen, daß nicht leicht eine Abweichung von gesunden Prinzipien bei der Geschäftsführung stattfinden könne. Die Bedingung, daß bei Verlust des vierten Teiles des Kapitales eine Generalversammlung der Aktionäre zur Entscheidung berufen werden muß, ob die Geschäfte überhaupt noch weiter geführt werden sollen, würde ihnen selbst Schutz gewähren.

III.

Daß im allgemeinen gesprochen, das Urteilsvermögen der Menge nicht hinreiche, sie gegen Verlust durch Insolvenz der Zettelbanken zu schützen, bedarf keinen Beweises. Ein charakteristischer Zug dieser Art von Unmündigkeit ist die auffallende Unwissenheit und Gleichgültigkeit, mit welcher derartige Fragen, bei deren Lösung doch auch der Ärmste mehr oder weniger beteiligt ist, im allgemeinen von der Gesamtbevölkerung außerhalb der Geschäftswelt betrachtet werden, die Leichtigkeit, mit welcher sie alles Elend, allen Ruin ignoriert oder vergißt, welche seit 150 Jahren durch Papiergeld und Banknoten über die Menschheit gekommen sind.

Die ersten Banknoten wurden in Nordamerika, im jetzigen Staate Massachusetts, um 1690 ausgegeben, 1694 wurde die Bank von England gegründet, wo bis dahin einzelne Bankiers, früher Goldschmiede, das Geschäft in beschränkter Weise geführt hatten. Schon 1713 hatten die Banknoten alles Edelmetall aus Massachusetts vertrieben; die übrigen Provinzen der damaligen Britischen Kolonien in Nordamerika waren dem Beispiele gefolgt, die Banknoten wurden in immer größerer Menge ausgegeben und infolge davon immer mehr entwertet, die Preise aller Waren stiegen, Schwindelgeschäfte und Bankerotte vermehrten sich in erschreckender Weise, bis 1763 durch eine Parlamentsakte die Ausgabe von Banknoten in Nordamerika verboten wurde. Zehn Jahre später war es erforderlich, das Gesetz zu erneuern. Dann folgte der Unabhängigkeitskrieg mit einer kolossalen Ausgabe von Papiergeld, wodurch in 6 bis 7 Jahren dasselbe in der Weise entwertet wurde, daß 1 Dollar Metallgeldes auf 1000 Dollars Papier stieg[1]). In England hatte bis Ende des Jahrhunderts beinahe allein die Bank von England das Recht Banknoten auszugeben, und war dabei an manche gesetzlichen Restriktionen gebunden, welche größtenteils die Wirkung hatten, verderbliche Krisen abzuwenden. In Frankreich wurde die erste Zettelbank 1716 von dem bekannten Schotten Law gegründet, dessen Schwindelprojekte man in seiner Heimat verworfen hatte, und schon 1721 stellte sie ihre Zahlungen ein mit einer Schuldmasse von $2^1/_2$ Milliarden Livres. Das Unternehmen hatte so entsetzliches Unglück im Lande verursacht, daß man erst 1776 wieder wagte, eine Zettelbank, die Pariser Diskontokasse, einzurichten, welche, nachdem sie mehrmals mit ihren Geschäften in Unordnung geraten war, 1792 von der Republik übernommen wurde, indem dieselbe ihre Zahlungsversprechen mit den berüchtigten Assignaten bezahlte. Diese fielen bekanntlich schließlich auf Null und machten dadurch abermals dem Papierschwindel ein Ende, nachdem sie den Ruin von Hunderttausenden bewirkt hatten. — In Dänemark wurde 1736 die erste Bank gegründet. Schon 1745 stellte sie ihre Zahlungen ein, d. h. ein Gesetz verbot die Einlösung des Papiers mit Metallgeld, und das Land wurde mit Zetteln überschwemmt, bis im Jahre 1773 der Staat die Banken übernahm und endlich 1813 die sämtlichen bestehenden drei Zettelbanken zum Sturze kamen. Die Schwedische Reichswechselbank vertrieb schon vor der Mitte des vorigen Jahrhunderts alles Metallgeld aus dem Lande. Erst seit 1829 gibt es wieder solches in Schweden.

---

[1]) Die Inflation von 1919—1923 hat hier ihren warnenden Vorläufer gehabt.

In England sind die Geldkrisen, größtenteils Folgen der Benutzung von Zettelbanken zur Erzielung von Gewinn, in regelmäßigen Zwischenräumen erfolgt, 1792—1793, 1814—1816, 1825—1826, 1837—1838, 1847, 1857, 1866. Bei Mac Culloch heißt es darüber: In 1793, 1814—1816 and 1825 bis 1826 a very large proportion of the provincial banks stopped payments and produced by their fall an extent of bankruptcyf and ruin, that has seldom been equalled in any other country. — — Such disasters were on the eve of again happening in 1837—1838 usw.

In Nordamerika wurde 1780 der Bank of North-America (später Bank of the United States genannt) das Privilegium zur Notenausgabe erteilt; 1811 wurde es ihr genommen, 1816 von neuem erteilt, nachdem mittlerweile eine Menge von Privatbanken errichtet waren. Die Bank der Vereinigten Staaten hatte dann in drei Jahren das Land in dem Grade mit Noten überschwemmt und darum weit über ihr Kapital hinaus Vorschüsse und Darlehen gemacht, daß sie 1819 selbst am Rande des Verderbens stand und, um sich nicht insolvent zu erklären, gezwungen war, alle bis dahin mit großer Liberalität gewährten Darlehen plötzlich mit unbarmherziger Strenge einzuziehen. Sie rettete sich dadurch, aber ihre Schuldner waren bankerott. Allgemeiner Ruin verbreitete sich über das Land, eine Menge der angesehensten Handlungshäuser, an deren Kredite bis dahin niemand gezweifelt hatte, brachen zusammen, ungeheure Massen von Waren wurden unter der Hälfte ihres früheren Preises versteigert; in allen größeren Städten des Landes wurden viele Tausende von Arbeitern außer Beschäftigung gesetzt und verfielen dem Hunger und Elende. Im Jahre 1828 bestanden in den Vereinigten Staaten 544 Banken, welche durchschnittlich 60% mehr Noten ausgaben, als ihr Kapital betrug, während die Bank der Vereinigten Staaten im Jahre 1832 ihre Zahlungsversprechen (Noten) auf 85% über ihr Kapital hinaus ausgedehnt hatte. Im Jahre 1837 suspendierte die Bank der Vereinigten Staaten ihre Zahlungen und zugleich sahen sich alle übrigen Banken des Landes zu demselben Schritte gezwungen, und von da an bis 1841 folgte eine Periode allgemeinen Bankerotts, Jammers und Elends. Fernere Geldkrisen haben in den Vereinigten Staaten 1847 und 1857 stattgefunden.

Die durch das Papiergeld in Österreich hervorgerufenen Geldkrisen von 1810 und 1848 mit ihrem endlosen Unglücke sollten in jedermanns Gedächtnis sein. Selbst in einem ärmeren und der Spekulationswut weniger zugänglichen Lande, in Spanien, haben die Banknoten ihre Rolle gespielt; 1829 brach dort die Bank von San Carlos zusammen und brachte Tausende von Menschen um das Ihrige.

IV.

Wenn Deutschland solche Erfahrungen größtenteils erspart worden sind, einerseits weil sein Verkehrsleben bei der politischen Zersplitterung nicht genügend ausgebildet war, um Raum für eine großartige Entwicklung derartiger Schwindelsgeschäfte darzubieten, andererseits auch anerkannt werden muß, daß im allgemeinen die Leitung der bestehenden deutschen Banken eine vorsichtige und sachgemäße gewesen ist, so läßt sich doch keineswegs viel Gutes von den speziellen Einrichtungen der meisten deutschen Zettelbanken sagen.

Wenn wir einstweilen noch gänzlich von der Frage absehen, ob überhaupt das Bestehen von Zettelbanken, welche den Zweck haben, Noten auszugeben und dabei Gewinn zu machen, mit der Wohlfahrt der gesamten Staatsbevölkerung vereinbar ist, und nur die Fragen in Betracht ziehen,

> wie die einmal bestehenden Banken eingerichtet sein sollten, um der Bevölkerung alle möglichen Garantien für die richtige Einlösung der Noten auch bei Katastrophen wie unglücklichen Kriegen, schlechten Ernten, allgemeinen Handelskrisen, zu gewähren; und ferner
>
> ob man — wenn Zettelbanken, welche aus der Notenausgabe ein gewinnbringendes Geschäft machen, überhaupt als existenzberechtigt angesehen werden sollen — wie bisher überall Privatbanken konzessionieren oder vielmehr auf Zentralisation des deutschen Zettelbankwesens hinarbeiten sollte, wie dies in England durch die Einführung der Peelschen Bankpolitik geschehen ist, —

so läßt sich nicht verkennen, daß bei den deutschen Einrichtungen in einer Hinsicht wie in der anderen große Mängel vorhanden sind.

Was die Sicherheit der Einlösung auch unter den unglücklichsten öffentlichen Verhältnissen betrifft, so ist eine große Anzahl der bestehenden Banken mit ihren Einrichtungen weit von den Grundsätzen der oben zuerst aufgeführten vier Systeme entfernt. Es gibt Banken, welche gesetzlich berechtigt sind, irgendeine Summe (ohne alle Einschränkung) an Banknoten auszugeben, ohne daß dabei gefragt wird, welches das wirklich vorhandene eigene Kapital sei, welches für alle Fälle ihre Einlösung zu sichern haben; es gibt andere, deren einzuzahlendes Kapital 200000 Tlr. betragen soll, und welche gesetzlich berechtigt sind, für 1 Million Taler Noten auszugeben, d. h. mit andern Worten aus dem wirklichen Kapitale zu 4% 8000 Taler an legitimen Zinsen zu ziehen und ferner außerdem noch aus darauf begründeten Zahlungsversprechen bei Einhaltung der bankmäßigen Deckung, einen wirtschaftlich illegitimen Zins von 26000 Taler, also aus 200000 Talern 34000 Tlr. oder 17% jährlich! Wenn auch bei uns im allgemeinen bis jetzt die Leitung der Banken eine gute gewesen ist, so folgt daraus keineswegs, daß sie für alle Zeit so bleiben werde. Die noch in den letzten Jahrzehnten vorgekommenen Geschäftskrisen beweisen, daß man auch in Deutschland unter Umständen in verkehrte wirtschaftliche Bahnen einlenken kann, daß wir ebensowenig wie andere Völker gefeit sind gegen übertriebene Spekulation und Schwindelgeschäfte. Wenn uns bis jetzt infolge der politischen Umstände zum Teile der Raum für eine großartige wirtschaftliche Entwicklung fehlte, so sind jetzt glücklicherweise die Schranken gefallen, welche ihren Lauf hemmten. Je mehr aber Deutschland politisch geeinigt und damit instand gesetzt wird, mit anderen großen Völkern auch in wirtschaftlichem Aufschwunge zu wetteifern, desto größer wird auch die Wahrscheinlichkeit, daß es dabei dieselben Gefahren zu laufen haben werde, wie die übrigen, und folglich kann es unmöglich gebilligt werden, wenn unsere Gesetzgebung die Klippen verachten will, an denen andere Völker so oft schon gescheitert sind zum Verderben für Hunderttausende[1]).

Daß ferner ohne Zentralisation der Notenausgabe jene Gefahren bei einer großartigen Entwicklung des Geschäftslebens bedeutend größer sein müssen, bedarf kaum eines Beweises. Es ist bekannte Tatsache, daß ein Zustand, wobei ein Land ohne beträchtliche Metallzirkulation ist, wobei nur Papier umläuft, sich nur wenig vom wirtschaftlichen Ruine unterscheidet. Soll also überhaupt eine Notenzirkulation existieren, so wird die Gesamtzirkulation der Tauschmittel zum Teile aus barem Gelde, zum Teile aus Noten bestehen müssen. Dann liegt es aber auf der Hand, daß nur eine Zentralstelle, von welcher die gesamte Notenausgabe besorgt wird, imstande sein kann, das richtige Verhältnis zwischen beiden Arten von Tauschmitteln aufrecht zu erhalten, daß, so lange das Recht Bankzettelemission sich in Händen einer Menge einzelner Banken befindet, deren jede Mitbewerberin aller übrigen ist, da es in ihrem Vorteile liegt, ein möglichst großes Quantum ihrer Bankzettel unter die Leute zu bringen, es so gut wie unmöglich sein wird, zu verhüten, daß eine fortwährende Gefahr bestehe, zu viel Papier in Umlauf zu bringen und dadurch das Metallgeld ins Ausland zu verdrängen.

Je mehr also die Notenausgabe in einem Lande zentralisiert ist, desto gesunder werden die wirtschaftlichen Zustände in dieser Hinsicht sein können.

V.

Ich komme jetzt zu der prinzipiellen Frage, ob es überhaupt im Interesse des Staates liege, daß Banknoten mit dem Zwecke der Erzielung eines direkten Gewinnes ausgegeben werden, und ob, wenn man überhaupt Banknoten zirkulieren läßt, die Ausgabe der Privatindustrie überlassen werden oder vom Staate selbst ausgehen solle.

In England, dem Lande, wo die Zettelbanken von jeher die größte Rolle gespielt haben, wo infolge ihrer Einrichtungen, in fast regelmäßigen Zeitperioden von ungefähr 10 Jahren, das ganze Geschäftsleben durch tiefgreifende Geldkrisen erschüttert worden ist, und fast jedesmal Hunderttausende von Menschen an den Bettelstab gekommen sind, hat man von jeher ebenso wie in den Vereinigten Staaten, seinen Rivalen in derartigen Erfahrungen, vermieden, eine solche Prinzipfrage aufzustellen und zu untersuchen. Daher kommt es, daß in den Schriften der bekannten Nationalökonomen, Adam Smith, Ricardo, Mac Culloch, J. Stuart Mill., sowie auch in den Reden Sir Roberts Peels trotz vieler scharfsinnigen Ausführungen und praktischen Bemerkungen die Sache niemals vom richtigen Standpunkte aus gründlich beleuchtet worden ist. Sie nehmen alle ohne Unterschied an,

w e i l mit Benutzung der Edelmetalle als Tausch- und Zahlmittel zwei Übelstände verbunden sind, nämlich die fortwährende Abnutzung und das Abhandenkommen der Münzen, welche z. B. Mac Culloch auf ¼% jährlich

---

[1]) Sie hat sie verachtet!

schätzt (obschon er an einer anderen Stelle als Beweis der großen Unsicherheit solcher Berechnungen, von $1^1/_2$% spricht. (Diktionary S. 67 und S. 1054) und die auch beim Golde noch beträchtliche Schwierigkeit der Versendung als Folge des Gewichtes und Volumens;

weil diese Übelstände bei Benutzung der Banknoten größtenteils vermieden werden, und dieselben zugleich sehr wenig kosten, endlich

weil diejenigen, welche vermöge ihres Kredites bewirken können, daß man ihre Zahlungsversprechen als wirkliches Geld annehme und ihnen dafür dieselben Zinsen bezahle, als wären sie wirkliches Geld, — dadurch ihre eigenen Einkünfte vermehren und zugleich dadurch dazu beitragen, den Wohlstand der Gesamtbevölkerung zu vermehren (?),

so müsse das Banknotenwesen im allgemeinen in seiner jetzigen Gestalt weitergeführt werden; es komme nur darauf an, das Problem zu lösen, welche Restriktionen dabei dieser Art von Industrie gesetzlich auferlegt werden müssen, um die bis jetzt periodisch sich dabei wiederholenden Geldkrisen zu vermeiden, „to realize the ‚beau ideal' of a paper currency without the wide-spread mischief and ruin produced by the often repeated bankruptcies of the country banks".

Das heißt aber nicht, die Fragen in der richtigen Form stellen. Sie sollten vielmehr einfach folgendermaßen lauten:

1. Können einzelne Aktiengesellschaften ein Recht dazu beanspruchen, in der bisher üblichen Weise Banknoten auszugeben, welche als Umlaufsmittel für die ganze Bevölkerung dienen?
2. Kann bei Nichtvorhandensein eines solchen Rechtes der Staat die fortgesetzte Emission in bisheriger Weise gestatten, ohne sich selbst erheblich zu schaden?
3. Gibt es eine andere Form der Notenausgabe, welche als vorteilhafter für den Staat zu empfehlen wäre, und welches wäre diese Form?

Wenn die Fragen so gestellt werden, so würde ihre Beantwortung nach meiner Ansicht in folgender Weise stattzufinden haben:

Zu 1. Die bisherige Einrichtung der Zettelbanken und ihrer Notenausgabe läuft im Grunde darauf hinaus, daß den betreffenden Aktiengesellschaften von der Landesbevölkerung ein bedeutendes Kapital auf unbestimmte Zeit zinsenfrei dargeliehen wird. Ein natürliches Recht auf solche Darlehen kann es nicht geben. Die Mehrzahl der Zettelbanken hat aber von den Staatsregierungen Konzessionen und Privilegien erhalten. Ob und wann dieselben zurückgenommen werden können, ist eine fernere Frage, deren Beantwortung nicht hierher gehört.

Zu 2. Um die zweite Frage zu erledigen, bedarf es einer eingehenden Erörterung, mit welcher wir uns also zunächst zu beschäftigen haben.

Die mit Benutzung der Banknoten verknüpften Vorteile für die Gesamtbevölkerung eines Staates liegen:

a) in der größten Leichtigkeit der Versendung des Papiers verglichen mit Edelmetall,

b) in Vermeidung des Verlustes, welchen alljährlich die Benutzung des Metallgeldes für den Staat mit sich bringt.

Die Nachteile dagegen finden wir:

einerseits in Entwertung der Tausch- und Zahlmittel, welche durch die neben fortwährender Edelmetallproduktion hergehende Vermehrung derselben durch Papiergeld notwendig bewirkt wird;

andererseits in den vermehrten Wertsschwankungen der Landeswährung und Veränderungen des Diskontos, sowie den stets wiederkehrenden Geldkrisen, welche eine unvermeidliche Folge der bisherigen Benutzungsweise des Papiergeldes (der Banknoten) bei sehr ausgedehntem Verkehre sein müssen.

Was die ersteren beiden Punkte anbetrifft, so liegen sie anscheinend klar vor jedermanns Augen.

Es ist ohne Zweifel viel leichter und weniger kostspielig, eine bedeutende Summe in Banknoten zu transportieren als in Gold, zu geschweigen des Silbers, indessen muß man doch bei genauer Betrachtung zugeben, daß der darin liegende Vorzug der Banknoten kein so ausschließlicher ist, daß er als entscheidend für die Frage gelten könnte, denn:

1. ist es sowohl für den täglichen kleinen Verkehr wie für den Reisegebrauch, — sobald ein Land die Goldwährung besitzt, — fast ebenso leicht und dabei weniger gefährlich das erforderliche Geld in Goldstücken bei sich zu tragen als in Papier, man verliert leichter eine Banknote, man läßt sich leichter eine Brieftasche mit Banknoten stehlen als die betreffende Summe in Gold, auch das Zählen des Goldes fällt hier nicht ins Gewicht, zumal wenn man dagegen die größere Sicherheit gegen Versehen in Anschlag bringt;
2. was die kleinen Geldsendungen anbetrifft, so bedarf man auch da der Banknoten nicht, seitdem die Einrichtung des Verkehrs durch Postanweisungen getroffen ist.

   Alle Banknoten bis zum Belaufe von 100 Taler erscheinen also völlig entbehrlich da, wo man eine genügende Goldzirkulation hat;
3. für den großen Verkehr ist so gut durch die Benutzung der Wechsel, der Anweisungen und der Abrechnungsanstalten (Clearing houses) gesorgt, daß ihm durch das Fehlen der Banknoten kaum ein Abbruch geschehen würde, zumal wenn man in Betracht zieht, einerseits daß in der Regel die Banknoten nur für den inneren Landesverkehr dienen, und andererseits daß auch hier die Gefahr der Zerstörung und des Verlorengehens größer ist als beim Golde.

Hinsichtlich des Verlustes, welcher mit der Abnutzung der Gold- und Silbermünzen verbunden ist, und welcher bei ausgedehnter Benutzung der Banknoten, größtenteils vermieden wird, läßt sich nicht leugnen, daß er wirklich existiert. Mag er aber mit Einschluß der durch Feuersbrünste und Schiffbruch verlorenen Summen jährlich auf $1/8$ oder $1/4$% (Umpfenbach: Volkswirtschaftslehre S. 129; Xeller, Internationale Münzeinigung S. 40; Mac Culloch, Dictionary of Comm. p. 67) oder selbst noch etwas höher anzuschlagen sein, so ist dies in keinem Falle von genügender Bedeutung, um hier ins Gewicht zu fallen.

Dasselbe gilt von englischen Schriftstellern angeführten Gründen einerseits, daß bei einer Zerstörung oder einem Verschwinden von Banknoten immer nur der Besitzer aber nicht die Gesamtheit der Bevölkerung zu Schaden kommt, andererseits, daß wenn die Aktionäre der Banken Geld durch Notenausgabe gewinnen, dadurch zugleich das ganze Nationalvermögen sich vergrößere. Wenn der von ihnen erzielte Gewinn aus den Taschen der übrigen Bevölkerung fließt und zugleich die Benutzung der Banknoten für die Gesamtbevölkerung andere bedeutende Nachteile mit sich führt, so wird man eine solche Vergrößerung des Nationalvermögens kaum ernstlich in Anschlag bringen wollen, so daß er ebensowenig wie der erstere Grund von irgendwelcher Bedeutung ist.

Wenn wir hiermit samt und sonders die Vorteile des Banknotenwesens aufgeführt haben, so mag man, abgesehen von der Kehrseite desselben wohl fragen, ob es um die Welt weniger gut stehen, ob Handel und Verkehr weniger blühen würden, wenn es gar keine Banknoten gäbe, wenn man sie gleich dem Staatspapiergelde als etwas Verwerfliches, der Gesamtheit Schädliches ähnlich wie die öffentlichen Hasardspiele auf immer vom Gesetze in die Rumpelkammer abgeschaffter Mißbräuche verbannen ließe? Der Teil des Verkehrs, wobei die Noten vielleicht wirklich entbehrt werden würden, ist derjenige kleiner Landstädte (wo es keine Bankiers gibt) mit größeren Orten zur Versendung von Summen zwischen 100 und 500 oder 1000 Taler. Ohne ererhebliche Nachteile aber würde diesem Bedürfnisse durch Gold abgeholfen werden. Es ist mehr Gewohnheit als wirkliches Bedürfnis, welches vielen die Banknoten als ein nützliches Verkehrsmittel erscheinen läßt.

Wären also keinerlei ernstliche Nachteile mit der Benutzung des Privatpapiergeldes oder der Bankzettel verbunden, so ließe sich von ihnen sagen:

> einerseits, daß sie für das Gesamtinteresse von keinem direkten, irgend erheblichen Nutzen seien, daß der Verkehr ihrer nicht bedürfe, sondern auch ohne ihre Hilfe alle seine Aufgaben erfüllen könne, daß aber
>
> andererseits für die Teilhaber der Banken allerdings ein bedeutendes Bereicherungsmittel darin liege, daß man ihnen gestatte, neben dem Zinse, den sie von ihrem vorhandenen Kapitale ziehen, auch noch ihre auf dieses Kapital lautenden Zahlungs*versprechen* zum Gebrauche zu vermieten und so ein und dasselbe Kapital nach zwei Seiten hin selbst zu benutzen oder zu vermieten mit Beziehung eines doppelten Zinses oder eines noch größeren doppelten Kapitalgewinnes, während ihnen die Hälfte ihres Betriebskapitals zinsenfrei von der Landesbevölkerung vorgestreckt wurde;
>
> *daß also, wenn es möglich sei, dadurch den Verkehr in einer wirtschaftlich gesunden Weise zu beleben und schließlich das gesamte Nationalvermögen zu vergrößern*, die Benutzung der Banknoten gleich jeder anderen Industrie zu billigen sei.

Berücksichtigen wir jetzt aber die mit der Notenausgabe verbundenen Nachteile, so wird sich ergeben, daß *diese Bedingungen nicht zu* erfüllen sind, daß eine vermittels ihrer bewirkte Belebung des Verkehrs nicht auf wirtschaftlich gesunder Grundlage ruht und daß das endliche Resultat keineswegs ein günstiges für die Gesamtbevölkerung des Staates ist.

Nach dem oben Gesagten besteht der erste bedeutende Nachteil in der

> Entwertung der Tausch- und Zahlmittel, d. h. sowohl des Metall- wie des Papiergeldes, welche durch ihre gleichzeitige fortwährende Vermehrung, einerseits durch die Edelmetallproduktion, andererseits durch Papiergeldemission bewirkt wird.

Das Geld hat bekanntlich einen dreifachen Charakter als Wertmaß, Tausch- und Zahlmittel. Bei allen drei Funktionen aber muß die Stetigkeit, die größtmögliche Unveränderlichkeit seines Tauschwertes ein Hauptерfordernis sein, soweit sie sich nach menschlichen Verhältnissen überhaupt bewirken läßt. Der Umstand, daß die Edelmetalle sich mehr als andere Wertgegenstände geeignet zeigten, eine große Wertstabilität zu bewahren, war schon im Altertum einer der Gründe, welche ihnen die Bestimmung verschaffen, vorzugsweise als Geld benutzt zu werden. Einerseits war ihr durch die schwierige Förderungsarbeit bestimmter Produktionswerte ein bedeutender und von einem Jahre zum andern ein ziemlich gleichmäßiger; andererseits wurde ihr Tauschwert dadurch gegen Schwankungen gesichert, daß sie durch die Benutzung nicht, wie z. B. das Getreide, aufgezehrt wurden, daß das einmal Geförderte vorhanden blieb, daß also seine Menge nach und nach zunahm, und das jährlich Hinzukommende ein immer kleineres Quantum im Verhältnisse zu dem bereits Vorhandenen ausmachte, also von seiner Seite immer weniger dessen Tauschwert beeinflussen und dadurch eigentliche Schwankungen hervorrufen konnte, während allerdings auf der andern Seite die unausgesetzt fortschreitende Zunahme des Vorrats an Edelmetallen, mit welcher das Bedürfnis der Menschen trotz gleichfalls wachsender Bevölkerung mit zunehmendem Handel, zunehmender Kunstfertigkeit und größerem Luxus nicht Schritt halten konnte, — eine Abnahme der Nachfrage bedingte und diese, da zugleich durch bessere Förderungsmethoden und durch Erleichterung des Transportes die Produktionskosten ebenfalls stetig abnahmen, ein langsam fortschreitendes Sinken des Tauschwertes der Edelmetalle verursachen mußte.

Man hat bekanntlich Metall- und Papiergeld. Weiter oben jedoch habe ich bereits erwähnt, daß nur das geprägte Edelmetall mit vollem Rechte den Namen „Geld" trägt, daß derselbe seinen papiernen Ersatzmittel nur uneigentlich zukommen kann, eben weil das Geld als Wertmaß vor allem selbst von möglichst wenig veränderlichem Tauschwerte sein soll, und dieses dadurch bedingt wird, daß derselbe nach dem Produktionswerte der Förderung ein beträchtliches Maß menschlicher Arbeit vertritt. Ein willkürlich ohne vorhergehende beträchtliche Arbeit geschaffener Tauschwert kann von keinem Bestande sein wegen der Leichtigkeit seiner ferneren willkürlichen Schaffung.

Ebenso wie die Geldwirtschaft, verglichen mit der früheren Naturalwirtschaft, einen Fortschritt der wirtschaftlichen Entwicklung bezeichnet, soll dasselbe nach der Lehre neuerer Nationalökonomen mit der Kreditwirtschaft als Vervollkommnung der Geldwirtschaft der Fall sein. Gegen diese Behauptung lassen sich jedoch sehr erhebliche Einwendungen machen, und sie möchte nur in so weit richtig sein, als man unter Kreditwirtschaft die Vereinfachung und Erleichterung der Geldwirtschaft, keineswegs aber wenn man ihre immer weiter ausgedehnte Ersetzung durch Kreditpapiere, durch Geldversprechen versteht.

Der Mangel der Naturalwirtschaft besteht darin, daß ihr ein allgemein gültiges Wertmaß, Tausch- und Zahlmittel fehlt. Ein solches findet man nur im Metallgelde und auch die Kreditwirtschaft hat nichts, womit sie dasselbe ersetzen könnte. Alle ihre sog. „Geldsurrogate" sind weiter nichts als Versprechen auf Edelmetall, und wenn kein wirklich vorhandenes Metall als Deckung hinter ihnen steht, so sind sie nichts als eitel Schein und Täuschung, „moonshine", wie man im englischen sagt. Nicht bloß das Wertmaß und gesetzliche Zahlmittel, sondern auch das Tauschmittel muß, um nicht wirtschaftlich ungesunde Zustände herbeizuführen, ein wirklicher, nur durch angestrengte menschliche Arbeit herzustellender Wertgegenstand, es muß vorhandenes Edelmetall, kein bloßes niemals eingelöstes Versprechen eines solchen sein. Zulässig können nur solche Kreditpapiere erscheinen, welche die beiden Bedingungen erfüllen, daß einerseits das in ihnen enthaltene Versprechen keinerlei Täuschung enthalte, daß die darin versprochene Zahlung zur vollen Summe und zur angegebenen Zeit stattfinden könne, andererseits daß durch ihre Benutzung ein entsprechendes Maß menschlicher Arbeit nicht scheinbar, sondern wirklich erspart, also für andere Zwecke nutzbar gemacht werde, und daß diese Ersparung nur vermittels ihrer zu beschaffen sei.

Beide Bedingungen werden weder vom Staatspapiergelde, noch von den Banknoten erfüllt. Es wird in beiden sofortige Zahlung versprochen. Wollte man aber gleichzeitig die ganze Summe des ausgegebenen Papieres zur Zahlung vorzeigen, so würde sich ergeben, daß das erforderliche bare Geld nicht vorhanden sei, daß sich das Versprechen nicht streng erfüllen lasse; daß ferner keine wirkliche Ersparung menschlicher Arbeit durch dieses Papiergeld bewirkt werde, ist schon oben gezeigt.

Aus dem Gesagten folgt, daß das Papiergeld eine besondere Art der im Verkehre benutzten Kreditpapiere ausmacht. Wenn man in neueren volkswirtschaftlichen Lehrbüchern die Behauptung ausgesprochen findet, die gesamten Kreditumlaufsmittel, wie girierte Anweisungen und Wechsel, auf Namen oder auf Inhaber lautende Depositenscheine, Schecks, Banknoten, einlösbares Staatspapiergeld, fällige Kupons, Briefmarken usw. seien prinzipiell nicht verschieden untereinander, sonder nur formell und graduell in Beziehung auf ihre Fähigkeit Geld im Verkehre zu ersetzen (Rentzsch, Handwörterbuch der Volkswirtschaftslehre Art. „Kredit" S. 201), so glaube ich, dieses geradezu als Irrtum bezeichnen zu dürfen.

Der prinzipielle Unterschied liegt darin, daß, während Wechsel, Anweisungen, Schecks, Kupons usw. sich auf Kapital beziehen, welches vorhanden sein muß und in Geld ausgezahlt werden soll, während sie früher oder später zur Zahlung kommen und damit individuell vom Schauplatze abtreten, während sie also nur, sozusagen, Transportmittel sind, um einen Teil des vorhandenen Kapitals mit Leichtigkeit von einer Hand in die andere zu schaffen, das Maß der beim Verkehre erforderlichen Arbeit erheblich zu vermindern, — das Papiergeld und die Banknoten im Gegenteile sich nur zum Scheine auf vorhandenes, zur Eintauschung verfügbares Kapital beziehen (wenn überhaupt vorhanden, ist es jedenfalls zu anderer Verwendung bestimmt als zu ihrer Einlösung) keinesweges darauf berechnet sind, in einer gegebenen Zeit je samt und sonders bezahlt zu werden und daher nicht gleich jenen als Transportmittel des Kapitals, sondern vielmehr als Produktionsmittel bezeichnet werden müssen, bestimmt, neues bis dahin nicht vorhandenes aber auch nur fingiertes Kapital in den Verkehr zu bringen und durch diese Gaukelei, wobei die zum Verkehre erforderliche menschliche Arbeit nur in sehr geringem Grade oder gar nicht vermindert wird, wirtschaftlich ungesunde Zustände zu schaffen, welche sich in dem Grade verschlimmern müssen, wie die Schaffung dieses bloß eingebildeten Kapitals, womit der Verkehr dann wirtschaftet, nach Belieben ausgedehnt wird, bis ein Staatsbankerott oder eine Zettelbankenkrise gleich einem Gewitter hereinbricht, um die wirtschaftliche Luft von den ungesunden Elementen zu reinigen und das Metallgeld wieder in seine ihm von dem Papiere bestrittenen Rechte einzusetzen.

Wenn wir unter Kapital ein gegebenes Vermögen verstehen, welches zu fernerer Produktion verwendbar ist und es in

1. Kapital des unmittelbaren Besitzes, nämlich:
   - a) benutzbaren Grund und Boden
   - b) natürliche Erzeugnisse jeder Art
   - c) Werkzeuge und Maschinen
   - d) durch Arbeit mit solchen hervorgebrachte Werke

   (a–d:) festes Kapital
   - e) halbflüssiges Kapital, Kreditpapiere, welche den Übergang des festen Kapitals in die flüssige Form vermitteln, wie Wechsel, Anweisungen, Kupons usw.,
   - f) flüssiges Kapital, bares Geld oder gemünztes Metall (allerdings auch Papiergeld, so lange es existiert);
2. Kapital des mittelbaren Besitzes, d. h.
   Forderungen an zahlungsfähige Schuldner (ebenfalls zum festen Kapitale gehörend)

einteilen und dabei unter flüssigem Kapitale diejenige Form des Besitztums verstehen, in welcher es leicht in alle für den Verkehr erforderlichen Teile zu teilen ist, von jedermann in Zahlung genommen wird, und daher überall hinfließt, wo eine wirtschaftliche Lücke entsteht, so zeigt sich dabei klar der prinzipielle Unterschied der Kreditpapiere. Wirkliche Tausch-Erleichterungsmittel sind diejenigen, welche den Übergang von der festen Form des Kapitals in die flüssige vermitteln, und welche daher mit Recht als halbflüssige bezeichnet werden können. Sie machen ein notwendiges Hilfsmittel des Verkehrs aus, während die Kreditpapiere, welche bereits flüssiges Kapital vertreten wollen, für den Verkehr vollkommen entbehrlich sind.

Die Banknote ebenso wie der Schatz- oder Kassenschein des Staates verspricht allerdings die Zahlung des darauf bezeichneten Geldbetrages an den Vorzeiger. Beide aber werden in ihrer Gesamtheit keineswegs in die Welt gesandt, um wie ein Wechsel die Zahlung dieses versprochenen Betrages wirklich herbeizuführen, um den Austausch vorhandenen Kapitals gegen vorhandenes Kapital zu erleichtern, sondern im Gegenteile, um ihren Aussteller einer Zahlung in wirklichem Gelde zu überheben, um ihm wirkliches Kapital im Austausche des von ihm fingierten Kapitals zu verschaffen. Bei Rentzsch (Handwörterbuch Art. Banknoten S. 92) heißt es: „Der tiefgreifende prinzipielle Unterschied zwischen dem Papiergelde und allen Kreditumlaufsmitteln, daher auch der Banknote, liegt in den beiden Momenten der Uneinlösbarkeit des Papiergeldes gegen anderes Geld und des Zwangskurses." In der Wirkung auf die wirtschaftlichen Zustände scheint mir dieser Unterschied zwischen Papiergeld und Banknote aber mehr ein scheinbarer als ein wirklicher zu sein; denn wenn auch die einzelne Banknote ebenso wie heutigen Tages manches Papiergeld bei Vorzeigung eingelöst wird, — sie werden einmal im gewöhnlichen Laufe der Dinge der Mehrzahl nach nicht zur Einlösung vorgezeigt und sind nicht bestimmt dazu. Ihre Bestimmung ist fortwährend ein nicht wirklich vorhandenes, sondern bloß eingebildetes Kapital im Verkehre zu unterhalten. Daher wird jede eingelöste Banknote, jeder zur Zahlung präsentierte Kassenschein sobald wie möglich wieder in Umlauf gesetzt. Werden eines Tages bei drohender Kriegsgefahr oder sonst einer Katastrophe sämtliche ausgegebene Banknoten und Kassenscheine zur Zahlung vorgezeigt, so ist die Geldkrise da. Es fehlt am Metalle um sie einzulösen.

Aus dem Gesagten folgt, daß nur das Metallgeld geeignet ist, als Wertmaß, Tausch- und Zahlmittel zu dienen, weil es allein einen reellen, in der zu seiner Förderung nötigen menschlichen Arbeit begründeten Produktionswert hat und weil die daraus folgende Stetigkeit seines Tauschwertes ein absolutes Erfordernis zur Ausübung jener Funktionen ist. Es folgt ferner daraus, daß alle Arten von Kreditpapieren nur insofern einen wirtschaftlich richtigen Zweck verfolgen können, als sie darauf berechnet sind, den Geldverkehr, den Austausch eines vorhandenen Kapitalobjektes gegen ein anderes ebenfalls vorhandenes zu vereinfachen und zu erleichtern, die dabei zu verwendende Arbeit zu vermindern, daß sie aber diese richtige Bahn verlassen, sobald sie die Bestimmung erhalten neben dem ein wirkliches Kapital enthaltenden Metallgelde ein dauerndes Papiergeld zu schaffen, welches kein vorhandenes Kapital enthält, also an und für sich wertlos ist und statt des eigenen Wertes sich fortwährend bestrebt, ein fingiertes Kapital dem Verkehre zur Bewirtschaftung in die Hände zu spielen, welche Bestrebungen stets früher oder später in Staatsbankerotten und Geldkrisen endigen. Es folgt endlich daraus, daß, weil die Wertstabilität ein so wichtiges Erfordernis des Geldes ist, jede Einrichtung, welche diese Stetigkeit seines Wertes auch dem Metallgelde beeinträchtigt, aus wirtschaftlichen Gründen verwerflich erscheinen muß, so lange nicht andere noch größere wirtschaftliche Vorteile, gleich der großen Ersparung an Arbeit bei Benutzung der Wechsel, Anweisungen usw., damit verbunden sind.

Die Rechnung über das vorhandene gemünzte Geld einerseits und das außerdem teils in baren vorhandene, teils zu Zwecken der Industrie und des Luxus verwandte Edelmetall läßt sich nicht trennen, so wenig in Beziehung auf ihren Vorrat, wie auf ihren Tauschwert, weil beide fortwährend ineinanderfließen, weil häufig alles Geschmeide und sonstiges goldenes und silbernes Gerät eingeschmolzen und vermünzt, ebenso wie auf der anderen Seite geprägtes Metall wieder zu sonstiger Verarbeitung benutzt wird.

Der Tauschwert der Edelmetalle muß im allgemeinen und auf die Dauer von den durchschnittlichen Produktionskosten des größeren Teiles bestimmt werden, welcher bis zur Mitte dieses Jahrhunderts aus den Bergwerken von mittlerer Ergiebigkeit gewonnen wurde. Dieses Naturgesetz, daß der Tauschwert durch den Produktionswert bestimmt wird, unterliegt jedoch an und für sich im Betreffe der Edelmetalle einer beträchtlichen Modifikation durch den allgemeinen hasardmäßigen Charakter der Bergbauindustrie in den eigentlich metallreichen Gegenden des Erdballs, wobei in Hunderten von Fällen Minen, welche zeitweilig Verlust bringen, dennoch für eine Reihe von Jahren in Erwartung besserer Erträge fortgesetzt bearbeitet werden, so lange andere reiche Schachte den Besitzern die Mittel dazu gewähren. Dazu kommt dann im vorliegenden Falle noch der Umstand, daß seit der Entdeckung der kalifornischen und australischen Goldlager eine nach Tausenden zählende Menge von Menschen sich auf den Bergbau geworfen hat, und dadurch, wenn die Resultate für viele auch nicht befriedigend sein mögen, bisher ungeheure Mengen Edelmetalls gefördert worden sind und noch gefördert werden.

Die Folge dieser Umstände und der noch fortdauernden Ergiebigkeit vieler reichen Bergwerke ist gewesen, daß das frühere Gleichgewicht zwischen dem nach der Förderungsarbeit bemessenen Produktionswerte und dem herrschenden Tauschwerte der Edelmetalle vielleicht auf viele Jahrzehnte hinaus gestört worden ist und daß

> der gegenwärtige Tauschwert der Edelmetalle weniger durch ihre Förderungskosten als vielmehr durch ihren Gebrauchswert, d. h. durch das Gesetz von Nachfrage und Angebot bestimmt wird.

Das Ergebnis dieser Gestaltung der Edelmetallproduktion zeigt sich in der von Jahr zu Jahr zunehmenden Entwertung der Edelmetalle und des aus ihnen geprägten Geldes, sowie aller nach diesem Gelde bestimmten Werte von Kapitalien, Besoldungen, Gehalten, Honoraren, Tagelohn der Arbeiter usw., welche auf alle materiellen Lebensverhältnisse bereits auffallendsten Einfluß ausgeübt hat und in noch unberechenbarer Ausdehnung weiter auszuüben droht.

Das Geld hat keinen besonderen Wert als solches, wenn man davon absieht, daß sein gesetzlicher Umlaufswert in den meisten Ländern so festgesetzt wird, daß die Prägekosten mit darin enthalten sind, — sondern sein Tauschwert hängt von dem der Edelmetalle ab. Wir haben oben alles Kapital in festes, halbflüssiges und flüssiges geteilt. Eine solche Unterscheidung ist aber keine natürliche, in einer besonderen Beschaffenheit der Besitzteile begründete, sondern bezieht sich lediglich auf die ihnen gegebene Verwendung. Die Edelmetalle bilden nach ihrer Förderung einen Teil des vorhandenen festen Kapitals, prägt man sie aber zu Münzen aus, so werden sie flüssiges Kapital, wie es dort näher bezeichnet worden ist.

Die Benutzung des Geldes als Wertmaßes findet bekanntlich in der Weise statt, daß der Wert eines jeden Tauschobjektes nach einer größeren oder geringeren Menge dieses flüssigen Kapitals bestimmt wird. Was aber seinen eigenen Tauschwert betrifft, so läßt sich derselbe nicht an ihm selbst messen, da Messen durch Vergleichen stattfindet und man ein Ding nicht mit sich selbst vergleichen kann. Die Veränderungen des Tauschwertes des Metallgeldes lassen sich daher nur am gemeinsamen Steigen oder Fallen des Wertes aller übrigen Tauschobjekte erkennen.

In dieser Beziehung kann man sagen, daß der Tauschwert des Geldes und hinter ihm in zweiter Reihe derjenige der vorhandenen Edelmetalle dem Gesamttauschwerte aller übrigen zum Austausch kommenden wirtschaftlichen Güter gegenüberstehe, ihn im Gleichgewichte halte. Wenn man sich vorstellt, daß es nur Metallgeld gäbe, und daß plötzlich in allen Teilen der bewohnten Erde das Quantum des vorhandenen Geldes und der Edelmetalle, also der gesamten Tauschmittel auf die Hälfte reduziert würde, daß die andere Hälfte unwiederbringlich verschwände, so ergibt sich, daß in einem solchen Falle das Übriggebliebene den Dienst des früheren Gesamtvorrats versehen müßte. Für jeden Kauf oder Verkauf könnte man dann nur die Hälfte des früher verwandten Geldes benutzen, und die notwendige Folge müßte sein, daß die Preise aller wirtschaftlichen Güter um 50% hinabsänken, daß der Tauschwert des Geldes um ebensoviel stiege, da man ja für 50 Taler dasselbe würde kaufen und verkaufen müssen, wofür früher 100 Taler bezahlt wären.

Das Naturgesetz, welches hier unmittelbar in mathematischer Form auftritt, würde dagegen, wo es sich um eine Vermehrung der Tauschmittel handelt, anscheinend nicht so unbedingt wirken können, da es ja bei dem Vorhandensein und bei zunehmender Vermehrung der Tauschmittel auf den Willen der Eigentümer ankäme, ob sie den Preis ihres Besitztums herabsetzen wollten; und dennoch wirkt dasselbe Naturgesetz der Nachfrage und des Angebots auch hier ebenso unbedingt nicht folgerecht: eine jede wirkliche Vermehrung der Tauschmittel wie jeder anderen Art von Wertgegenständen bewirkt eine entsprechende Entwertung derselben, wenn nicht gleichzeitig vermehrte Nachfrage danach eintritt.

Das Charakteristische einer solchen Entwertung besteht darin, daß sie in der persönlichen Anschauung des jeweiligen Besitzers ihren Anfang nimmt, und sich dann derjenigen aller übrigen Menschen mitteilt[1]). Bei jedem Tausche

[1]) Dieselbe Erscheinung findet z. B. bei einer Entwertung des Papiergeldes im besonderen statt. So lange dasselbe in der Anschauung des Besitzers gleichen Wert mit dem

müssen zwei oder mehrere Personen beteiligt sein. Hat der Besitzer eines Wertgegenstandes sein persönliches Bedürfnis davon befriedigt, so wird er wünschen, das Überflüssige gegen andere Güter zu vertauschen oder auch anderen zum Gebrauche zu vermieten. Ist derselbe Wertgegenstand auch bei anderen reichlich vorhanden, so wird die Nachfrage gering sein, sowohl für den Austausch, wie für den mietweise stattfindenden Gebrauch, im entgegengesetzten Falle wird sich starke Nachfrage zeigen. Je geringer die Nachfrage ist, desto geneigter wird der Besitzer sein, das für ihn überflüssige wohlfeil wegzugeben.

Haben sich also die Tauschmittel, hat sich das flüssige Kapital in beträchtlicher Menge vermehrt, so werden die Besitzer zunächst ihre eigenen Bedürfnisse jeder Arbeit reichlich durch Austausch befriedigen, sie werden mehr als sonst kaufen, und dann das Geld, wofür sie keine Verwendung im Austausche finden, mietweise anderen zur Verfügung stellen. Ist aber auch bei anderen ebenfalls das Geld reichlich vorhanden, so wird wenig Nachfrage dafür sein, man wird die Waren und sonst auszutauschende Güter höher im Preise halten und da viel überflüssiges Geld zum Vermieten ausgeboten wird, auch nur eine geringere Gebrauchsmiete dafür bezahlen wollen.

Der Tauschwert des Geldes und seine Gebrauchsmiete verfolgen also dieselbe Bahn: hoher Tauschwert (niedrige Warenpreise) und hohe Gebrauchsmiete (Zins, Diskonto[1]) bedingen sich gegenseitig, und umgekehrt niedriger Tauschwert (hohe Warenpreise) und niedrige Gebrauchsmiete. Da aber bei der heutigestags soweit ausgebildeten Teilung der Arbeit der Gebrauch, welchen die Gesamtheit vom Gelde machen kann, von weit größerer Bedeutung ist als derjenige des einzelnen Besitzers, soweit er dasselbe zum Güteraustausche verwenden kann, so bestimmt der allgemeine Gebrauchswert auch den Tauschwert des Geldes. Daher steigt bei Mangel an flüssigem Kapitale zuerst die Gebrauchsmiete, infolge davon steigt der Tauschwert desselben (fallen die Warenpreise), bei Überfluß sinkt zuerst die Gebrauchsmiete und infolge davon sinkt der Tauschwert (steigen die Warenpreise). Tauschwert und Gebrauchsmiete stehen also nicht in gleichem Range, obschon sie einer vom andern abhängen, sich gegenseitig bedingen. Die Gebrauchsmiete wird vom Tauschwerte des Geldes berechnet, dieser Wert aber hängt wieder davon ab, welche

---

zirkulierenden Metalle hat, d. h. so lange er überzeugt ist, das Papiergeld jederzeit in einen gleichen Betrag Metallgeldes verwandeln zu können, ist von keiner Entwertung die Rede. Erst durch sein Bestreben sich des Papiergeldes zu entledigen, nötigenfalls selbst mit einem Verluste als Folge seines Mißtrauens gegen dessen Sicherheit, beginnt die Entwertung und pflanzt sich von einem Inhaber zum andern fort.

[1]) Bekanntlich kommt in der Geschäftswelt die Gebrauchsmiete des Geldes weniger als eigentlicher Zins als vielmehr in der Form des Abzugszinses (Diskonto) vor, indem sie von bereits angefertigten, auf zeitlaufenden Schulddokumenten (akzeptierten Wechseln) berechnet und dann von dem Nominalwerte derselben in Abzug gebracht wird. Daher spricht man im Geschäftsleben nicht vom herrschenden Zinsfuße, sondern vom Stande des Diskontos. Hoher Diskonto und niedrige Warenpreise — niedriger Diskonto und hohe Warenpreise bedingen sich gegenseitig und vom einen schließt man ohne Bedenken sofort auf die anderen.

Gebrauchsmiete sich vom Gelde ziehen läßt. Wenn im Laufe der Zeit das Edelmetall und mit ihm das Geld durch fortwährende Anhäufung entwertet worden ist, so geschah dieses in derjenigen Reihenfolge, daß zunächst großer Vorrat entstand, infolgedessen geringe Gebrauchsmiete; infolge der geringen Gebrauchsmiete Sinken des Tauschwertes. Der Tauschwert des Geldes verändert sich also im Verkehre nicht so leicht, ist nicht so empfindlich für äußere Einflüsse wie die Gebrauchsmiete. Steigt oder fällt er, so ist dieses immer erst die Folge davon, daß die Gebrauchsmiete ihm darin vorangegangen ist.

Die fortwährenden Schwankungen der Gebrauchsmiete und des Tauschwertes des Geldes finden zunächst in engeren Geschäftskreisen statt, sind dort am bemerkbarsten, obschon sie sich nach Maßgabe ihrer Stärke auch auf weitere Entfernungen und endlich bei anhaltender starker Bewegung über den ganzen Weltverkehr ausbreiten. Nachdem durch die Menge des flüssigen Kapitals, welches überhaupt in der Welt vorhanden ist, sein durchschnittlicher Tauschwert, seine Kaufkraft bestimmt ist, sollte sich dieselbe überall in der Welt in gleicher Weise geltend machen, eben weil dieses Kapital flüssig ist, wenn dasselbe keinerlei Hemmnisse anträfe. Das letztere ist aber allerdings der Fall. Einerseits fehlt es in manchen Gegenden der Erde an Rechtssicherheit, und solche Gegenden flieht das Kapital; andererseits tritt das flüssige Kapital in der Form geprägter Münzen auf, bis jetzt aber gibt es keine Weltmünzen, nicht einmal einzelne internationale Münzen, und da im Umlaufswerte der Münzen meistens auch die Prägekosten liegen, welche im Auslande nicht anerkannt werden, so dienen dieselben in der Regel nur für das eigene Land. Damit das bare Geld aus einem Lande in das andere fließe, muß der Mangel daran in fremden Lande und infolgedessen die höhere Wertung der Edelmetalle so bedeutend sein, daß dadurch die Transportkosten und diejenigen der Umprägung mehr als aufgewogen werden. Als ferneres Hemmnis für die freie Bewegung des Kapitals kommt endlich noch die Benutzung der Banknoten hinzu, welche heutigestags fast in jedem Lande einen Teil der Landeswährung ausmachen, welche man aber im Auslande zurückweist.

Es finden also auch in engeren Geschäftskreisen, in einem und demselben Lande häufige Schwankungen zunächst in der Gebrauchsmiete, sodann infolge davon aber auch im Tauschwerte des Geldes (in den Warenpreisen) statt. Es gibt Zeiten, wo das flüssige Kapital reichlich vorhanden ist, wo es mit Leichtigkeit gegen festes oder halbflüssiges Kapital eingetauscht werden kann, (niedriger Diskonto, hohe Warenpreise); es gibt andere, wo viele Verwendung für bares Geld ist, Mangel daran fühlbar wird, andere noch wieder, wo genug flüssiges Kapital vorhanden ist, wo die Besitzer aber mißtrauisch, für seine Sicherheit besorgt sind und es versteckt halten, nicht an den Markt bringen (in beiden Fällen herrschen hoher Diskonto, niedrige Warenpreise).

Aus dem Gesagten folgt, daß der Tauschwert der Edelmetalle und des aus ihnen geprägten, die Währung und das gesetzliche Zahlmittel bildenden Metallgeldes, weil dasselbe zugleich das allgemeine Wertmaß und Tauschmittel bildet, in unvermeidlicher Wechselwirkung mit der Größe ihres Vorrates und ihrer dadurch bedingten Verwendung als festen und als flüssigen

Kapitales stehen muß; denn jede Vermehrung dieses flüssigen, als Tauschmittel verwandten Kapitales bringt ein Fallen des Metalles Wert ein Steigen des Tauschwertes aller übrigen Güter hervor und vice versa. Wäre es zu bewirken, daß von jetzt an alles neu gewonnene Metall nur zu Zwecken der Industrie und des Luxus, nicht mehr zur Vermehrung der Tauschmittel benutzt würde und man künftig überhaupt das Münzen der Edelmetalle einstellte, so würde diese Wirkung aufhören. Das ist aber eben unmöglich. Jede Mehrproduktion an Metall veranlaßt eine größere Verteilung des Gewonnenen einerseits an das feste (Gebrauchs- und Produktionskapital), andrerseits an das flüssige Kapital.

Die Menge des gesamten festen Kapitals, welches den Gegenstand des Verkehrs bildet, bedingt eine gewisse Größe dieses Verkehrs, des dazu erforderlichen flüssigen Kapitales. Der Gesamtbetrag aller Tauschgeschäfte also steht mit der Menge des vorhandenen flüssigen Kapitals, als Tauschmittels, im Gleichgewichte. Je mehr Tauschmittel überhaupt verfügbar sind, ein desto größerer Teil davon wird auf jeden Tausch verwandt, ein desto geringerer Tauschwert wird als jedem ihrer Teile beigelegt. Nun wird aber eine größere Menge von Tauschmitteln verfügbar einerseits durch ihre materielle Vermehrung vermittels der Produktion von Edelmetall, andrerseits durch Vereinfachung ihrer Benutzung, wodurch es möglich wird, mit derselben Menge Edelmetalls entweder in einer gegebenen Zeit eine größere Summe von Tauschgeschäften zu erledigen oder gar dieselbe Menge Edelmetalls als Tauschmittel für mehrere gleichzeitige Tauschgeschäfte auf einmal zu verwenden, also seine Tauschkraft und daraus folgende Wirkung zu verdoppeln.

Hieraus folgt, daß alle Kreditpapiere, welche dazu dienen, den Verkehr zu vereinfachen, das Bedürfnis nach materiell vorhandenen Tauschmitteln zu vermindern, dieselbe Wirkung auf den Tauschwert derselben ausüben müssen wie eine materielle Vermehrung der Tauschmittel, nämlich daß sie ihren Tauschwert verringern.

Folglich wird der Tauschwert des Geldes vermindert, die Stetigkeit dieses Tauschwertes, die Fähigkeit des Geldes, als unveränderliches Wertmaß zu dienen, beeinträchtigt:

einerseits durch die fortdauernde Produktion der Edelmetalle, insoweit sie deren Verbrauch durch Abnutzung übersteigt,

anderseits durch die Benutzung jeder Art von Kreditpapieren.

Es fragt sich nun, inwiefern diese dauernde Entwertung des Geldes ein notwendiger, nicht zu vermeidender Übelstand sei,

Was das Edelmetall sesbst anbetrifft, so läßt sich von zwei Seiten her eine Reaktion gegen die weitere Entwertung erwarten, aber leider nicht zu einer nahe bevorstehenden Zeit, nämlich einerseits durch Abnahme der Produktion, andrerseits durch Zunahme der Benutzung, also des Bedürfnisses, der Nachfrage.

Eine Abnahme der Produktion wird früher oder später dann eintreten müssen, wenn der Wert des Edelmetalls so tief gesunken sein wird, daß die Mehrzahl der Bergwerke nicht mehr mit Gewinn bearbeitet werden kann.

Vorher aber müssen alle bekannten an der Oberfläche der Erde liegenden Goldlager völlig ausgebeutet sein, und es entzieht sich jeder Berechnung, wann eine derartige Reaktion wird eintreten können, — wahrscheinlich erst nach einer Reihe von Jahrzehnten, vielleicht noch später. Eine bedeutende Zunahme des Verbrauches von Edelmetallen, namentlich von Gold würde andrerseits in Aussicht stehen, wenn es durch Vollendung der deutschen Münzreform zur Verwirklichung internationaler Münzverträge zwischen den bedeutendsten Handelsvölkern käme, infolge deren es erforderlich würde, eine eigne Art internationaler Goldmünzen zu prägen. Es würde sich in kurzer Zeit ein großartiges Bedürfnis für solche Münzen zeigen, und damit würde zunächst wenigstens der weiteren Entwertung des Goldes abgeholfen sein. Einstweilen gibt es aber noch Tausende erfahrener Geschäftsleute, welche eine solche Idee für bloße Schimäre halten, und was noch schlimmer ist, auch der Mehrzahl der Regierungen scheint sich das eigentliche Verständnis für die Folgen eines solchen großartigen wirtschaftlichen Fortschrittes noch zu verschließen.

Im Betreffe des Edelmetalles selbst ist also für die nächste Zukunft kaum eine Hoffnung auf Hilfe vorhanden.

Es bleibt dagegen zu untersuchen, ob diejenige Entwertung des Edelmetalles, welche von sehr ausgedehnter Benutzung der Kreditpapiere ausgeht, sich durch Beschränkung der letzteren abstellen ließe, d. h. ob durch eingeschränktere Benutzung der Kreditpapiere ein wirklicher wirtschaftlicher Nachteil entstände, evtl., ob derselbe so beträchtlich wäre, daß er denjenigen der fortschreitenden Entwertung der Edelmetalle aufwöge.

Was die letztere betrifft, so bedarf es kaum der Ausführung, daß, wenn die früher sehr langsam fortschreitende Entwertung der Edelmetalle durch die seit 20 Jahren ungeheuer vergrößerte Produktion in eben so auffallender Weise verstärkt und beschleunigt worden ist, und infolgedessen die Preise aller Lebensbedürfnisse mit wenigen durch besondere Ursachen bewirkten Ausnahmen in fortwährendem Steigen begriffen sind, dies zu ernster Sorge Veranlassung geben muß. Alle die Millionen von Menschen, welche nicht direkt an der Produktion oder am Handel beteiligt sind (in welchem Falle sie für ihre Geschäfte durchschnittlich und nach Geld ausgedrückt einen entsprechend höheren Gewinn erzielen werden), sämtliche Tagelöhner, alle besoldeten Staatsbeamten, alle auf bestimmten Gehalt oder auf hergebrachte Honorare angewiesenen Klassen der Gesellschaft, alle diejenigen, deren Einkünfte in einer bestimmten Rente bestehen, werden dadurch in eine prekäre Lage gebracht und sind gezwungen, ihre Bedürfnisse mehr und mehr einzuschränken, sich altgewohnte Lebensgenüsse zu versagen, weil ihr Einkommen, welches früher zur Bestreitung solcher Ausgaben hinreichte, jetzt dafür zu gering ist und sie noch größere Sorge betreffs der Zukunft empfinden müssen. In gleicher Weise verliert die Finanzverwaltung des Staates jeden festen Halt, von der Volksvertretung konstitutioneller Staaten müssen fast jährlich höhere Steuerquoten verlangt werden, wenn auch mit derselben Sparsamkeit gewirtschaftet worden ist wie vorher. Selbst die vergleichende Statistik verliert die sichere Grundlage ihrer Berechnungen, weil es ihr nicht möglich ist, genau nachzuweisen, um welchen Prozentsatz der Tauschwert der gesetzlichen Metallwährung allen übrigen wirtschaftlichen Werten gegenüber jedes Jahr gesunken ist.

Niemand wird leugnen wollen, daß in dieser Wertverminderung des Geldes ein großes, ein sehr ernstliches Übel liegt, welches dadurch nur bedenklicher wird, daß es in stetem Fortschreiten begriffen ist und sich betreffs seiner Dauer und endlichen Ausdehnung jeder Berechnung entzieht, daß also zu seiner Bekämpfung jedes wirklich nützliche Mittel aufgesucht werden sollte.

Um zu ermitteln, ob durch eingeschränktere Benuzung der Kreditpapiere ein Nachteil oder Vorteil entstände, ist es erforderlich, die Art und die Resultate ihrer bisherigen Benutzung näher zu untersuchen.

Nach der obigen Einteilung zerfallen sie in

halbflüssiges Kapital, nämlich Wechsel, Anweisungen, schriftliche Zahlungsversprechen, Depositenscheine usw. und

flüssiges Kapital oder Papiergeld, welches beansprucht, dieselben Dienste zu leisten wie gemünztes Metall.

In betreff der ersteren wird kaum ein Zweifel darüber sein können, daß man ihrer unmöglich entbehren kann. Sie vermitteln jede Art des Verkehrs, insofern dabei ein direkter Übergang des festen Kapitals in flüssiges, d. h. eine unmittelbare Barzahlung, mit Schwierigkeiten verknüpft ist, sie ersparen ein gar nicht zu berechnendes Maß menschlicher Arbeit, lassen in legitimer Weise den Kredit zur Geltung kommen, ermöglichen erst die moderne Ausdehnung des Verkehrs, indem sie ein besonderes Stadium des Überganges von Kapital in fester Form zunächst in die halbflüssige schaffen, und kommen wiederum nur da zur Anwendung, wo der Verkehr ihrer wirklich bedarf, wo ein gesundes wirtschaftliches Verhältnis vorhanden ist.

Sie sind also ein ebenso großes Bedürfnis für den Verkehr wie das gemünzte Geld und leisten die nützlichsten Dienste bei der Produktion neuen Kapitals, insoweit dieselbe mit Hilfe des Verkehrs stattfindet.

Wenn es daher auch Tatsache ist, daß ohne ihre Benutzung das Metallgeld (bei ganz unabsehbar geringeren Verkehre) einen höheren Tauschwert bewahrt haben würde, so ist doch der von ihnen für die gesamte Menschheit gezogene Nutzen so überwiegend, daß jede Einschränkung ihrer Benutzung eine Kalamität sein würde, wovon gar keine Rede sein kann.

Betrachten wir nun (da die Verwerflichkeit allen Staatspapiergeldes auch ohne Erörterung feststeht[1])) — die Banknoten, so ergibt sich in Hinsicht auf ihre allgemeine Nützlichkeit oder Schädlichkeit, d. h. für die Gesamtbevölkerung eines Staats, folgendes:

a) da sie als flüssiges Kapital auftreten, so wird ihre erste Wirkung auf den Verkehr ganz dieselbe sein wie diejenige einer Vermehrung des umlaufenden Metallgeldes;

b) wäre das flüssige Kapital imstande, für sich selbst neues Kapital zu produzieren, so ließe sich annehmen, daß auch diese Form des flüssigen

---

[1]) Scheint mir zu weit zu gehen. Perrot.

Kapitals — (möchte sie nun wirklich vorhandenes Kapital vertreten oder nur ein Trugbild sein) — dasselbe vermögen würde. Das ist aber nicht der Fall. Die Produktion von Kapital findet durch menschliche Arbeit im Vereine mit schon vorhandenem festen Kapitale statt; sie wird nur unterstützt durch das halbflüssige und das flüssige Kapital. In bezug auf die Wirkung dieser Unterstützung ist es aber gleichgültig, ob das flüssige Kapital in größerer oder geringerer Menge vorhanden ist, wenn dieselbe nur hinreicht, um sich gehörig verteilen zu lassen; denn je geringer seine Menge ist, desto größer ist seine Kraft, — mit anderen Worten, wenn etwa nur die Hälfte des vorhandenen Metallgeldes existierte, so würde man doch dieselben Geschäfte damit betreiben können wie mit seiner gegenwärtigen Menge, weil dann sein Tauschwert doppelt so hoch sein würde. Man kann mit Banknoten Äcker kaufen, Fabriken errichten, Arbeiter bezahlen, welche sich ebenfalls wieder für Banknoten Nahrung, Bekleidung und Wohnung verschaffen werden. Folglich haben in solchem Falle die Banknoten dazu beigetragen, die über die bezahlte Gebrauchsmiete (landesüblichen Zins) hinaus erzielte Kapitalvermehrung zu bewirken. Wären diese Banknoten aber gar nicht vorhanden, wäre so viel weniger flüssigen Kapitales im Lande gewesen, — würde in diesem Falle der Ankauf der Äcker, die Errichtung der Fabriken, die Bezahlung der Arbeiter haben unterbleiben müssen? hätte also die dadurch erzielte Schaffung neuen Kapitals gar nicht statt gehabt? Keineswegs! Durch die Ausgabe der Banknoten wurde absolut das vorhandene Kapital in seiner Fähigkeit, neue Werte zu produzieren, nicht verstärkt, die Menge des umlaufenden flüssigen Kapitals wurde vergrößert allerdings[1]), aber in demselben Verhältnisse sein Tauschwert, seine Kaufkraft geschwächt. Dieselben Menschen mit derselben Arbeitskraft, demselben Unternehmungsgeiste und demselben anfangs vorhandenen festen Kapitale ausgerüstet, würden dieselben Erfolge erzielt haben. Das zu ihrer Verfügung stehende bare Metallgeld hätte eine geringere Summe ausgemacht, aber man hätte dasselbe damit beschicken können, weil sein Tauschwert nicht durch die Ausgabe der Banknoten vermindert worden wäre.

Hieraus folgt, daß der Staat durch Ausgabe von Papiergeld, die Zettelbanken durch Ausgabe ihrer Zahlungsversprechen sich vermittels der jährlichen davon gezogenen Zinsen einen nicht zu rechtfertigenden erheblichen Gewinn verschaffen, indem sie den Tauschwert des umlaufenden Metallgeldes, d. h. also der gesetzlichen Landeswährung im Verhältnisse des Betrages ihres Papiergeldes zum Gesamtbelaufe des zirkulierenden (flüssigen)

---

[1]) Nicht um die vollständige Summe, da die Ausgabe von Banknoten stets die Folge hat, bei Entwertung der Landeswährung und Steigerung der Warenpreise einen Teil des zirkulierenden Edelmetalls ins Ausland zu treiben, so daß die nachbleibenden Umlaufsmittel aus den Banknoten und einem Teile des früheren baren Geldes bestehen, zusammen aber eine größere Summe ausmachen als das frühere alleinige Edelmetall.

Kapitals vermindern und dadurch den großen Teil der Bevölkerung, welcher von festen Einnahmen lebt, zu bedeutendem Schaden bringen, in zweiter Reihe aber die gesamte Staatsbevölkerung schädigen, indem sie die Stetigkeit des gesetzlichen Wertmaßes untergraben.

Vorteile erwachsen dagegen nach keiner Richtung hin für die Gesamtbevölkerung des Staates durch die Ausgabe der Banknoten. Beim Staatspapiergelde kommen den Steuerzahlern die ersparten Zinsen auf den zirkulierenden Betrag zugute; aber dennoch ist nach der anderen Seite hin ihr Schade viel beträchtlicher.

Wäre es also möglich, alles Papiergeld, alle Banknoten mit einem Schlage aus der Welt zu schaffen, so würde damit zunächst der fortschreitenden Entwertung des Geldes ein starker Damm entgegengesetzt sein, der Tauschwert desselben würde sich wieder heben, die Steigerung der Preise aller Lebensbedürfnisse würde wieder eine rückgängige Bewegung annehmen; aber auch jede nur teilweise ausgeführte Einziehung der umlaufenden Maße von Papiergeld und Banknoten würde wohltätig für das allgemeine Beste wirken.

Die große Edelmetallproduktion, welche seit der Mitte dieses Jahrhunderts die Entwertung des Geldes, die Steigerung aller Preise bewirkt und dadurch störend und verwirrend auf alle materiellen Lebensverhältnisse gewirkt hat, kann nach annähernden Berechnungen in runden Summen an Wert

in Gold	4000 Mill. Taler	zusammen 5600 Mill. Preuß. Taler
in Silber	1600 Mill. Taler	

betragen haben. Berücksichtigt man nun, daß nach den neueren statistischen Angaben das umlaufende Papiergeld in Europa und Nordamerika

an Staatspapiergeld	1625 Mill. Taler
an Banknoten	1825 Mill. Taler
zusammen	3450 Millionen

beträgt, so läßt sich unschwer berechnen, in welchem Grade eine Abschaffung allen Papiergeldes die für die Wertstabilität des Geldes so schädlichen Wirkungen der großen Edelmetallproduktion wieder aufheben würde.

Der zweite bedeutende Nachteil der Benutzung der Banknoten besteht dem oben Gesagten zufolge

> in den vermehrten Schwankungen des Tauschwertes der Landeswährung und des Diskontos, sowie den stets wiederkehrenden Geldkrisen, welche eine unvermeidliche Folge davon sein müssen, sobald diese Benutzung eine allgemeine und mehr und mehr ausgedehnt wird.

Damit soll selbstverständlicherweise keineswegs gesagt sein, daß alle Handelskrisen auf Rechnung der Zettelbanken zu schreiben seien. Wie der Geschäftsmann durch übertriebene Spekulationen, durch zu weit ausgedehntes Vertrauen in die Ehrlichkeit anderer, durch Kriege und sonstige Katastrophen ruiniert werden kann, weist die Geschichte des Handels ebenso allgemeine Geschäftskrisen auf, welche zu verschiedenen Zeiten ganze Städte, ganze

Länder betroffen und sich hie und da über mehrere Länder zu gleicher Zeit verbreitet haben. Veranlassung dazu haben einmal Überspekulation in Warengeschäften, ein anderes Mal in Staatspapieren, in Eisenbahnaktien, in Bankiergeschäften und Wechselreiterei gegeben. Aber keine Art der geschäftlichen Katastrophen ist so allgemein verderblich gewesen, hat sich so regelmäßig in verhältnismäßig kurzen Zwischenräumen, namentlich in England und den Vereinigten Staaten wiederholt, wie die Geldkrisen der Zettelbanken, wie sie vereinzelt weiter oben aufgeführt wurden, und gerade diese Regelmäßigkeit, mit welcher sie fast ohne Ausnahme von zehn zu zehn Jahren wiederkehren, sollte dem unbefangenen Beobachter Beweis sein, daß der Grund dazu kein zufälliger, daß er ein notwendiger, innerer sein muß, welcher durch die weitere Entwicklung ungesunder wirtschaftlicher Zustände, trotz aller Vorsichtsmaßregeln früher oder später zu denselben verderblichen Resultaten führt.

Eine Zettelbank wird bekanntlich nicht lediglich zu demselben Zwecke errichtet, Banknoten auszugeben und wieder einzulösen. Selbst die Bank von England macht davon keine Ausnahme, obschon ihr durch das Gesetz vorgeschrieben ist, für die Notenausgabe eine völlige getrennte Geschäftsabteilung aufrecht zu erhalten. Jede Zettelbank macht zu gleicher Zeit Bankiergeschäfte der verschiedensten Art, und wenn es ihr durch die Art und Weise, wie sie ihre Zahlungsversprechen verwerten darf, gestattet ist, ihr Geschäftskapital nahezu zu verdoppeln, d. h. zum Geschäftsbetrieb ein fast noch einmal so großes Vermögen zu verwenden als sie selbst als Eigentum besitzt, so folgt daraus, daß, wenn sie diese Freiheit nach Möglichkeit zu ihrem eigenen Vorteile ausnutzt, dadurch ganz eigentümliche, von der Regel abweichende wirtschaftliche Zustände geschaffen werden müssen.

Die nächstliegende Art, wie die Bank ihre Zahlungsversprechen ausnutzt, besteht darin, daß sie Wechsel diskontiert (d. h. also von sicheren Leuten akzeptierte auf Zahlungstermine von 3, 4, 6 und mehr Monaten ausgestellte Zahlungsversprechen übernimmt, indem sie dem früheren Inhaber deren Betrag nach Kürzung der Abzugszinsen sofort auszahlt), Vorschüsse gegen Zinsvergütung auf Waren, Staatspapiere und sonstige Wertobjekte macht oder direkt für als zahlungsfähig bekannte Personen Kredit eröffnet und überall dabei ihre Noten, d. h. ihre eigenen Zahlungsversprechen, als wären sie bares Geld, in Zahlung gibt. Es findet also eigentlich nur ein gegenseitiger Austausch von Zahlungsversprechen statt. Der Darlehnsnehmer, welcher flüssigen Kapitals bedarf, stellt einen auf Zeit laufenden Wechsel an die Verfügung der Bank oder er verspricht selbst in einem seinerseits akzeptierten Wechsel das empfangene Darlehn dann und dann zurückzuzahlen. Die Bank sollte nach den Regeln des gewöhnlichen Geschäftslaufes als Darlehn bares Metallgeld auszahlen. Statt dessen aber gibt sie dem Geldbedürftigen ihre eigenen Zahlungsversprechen, welche zwar ihrem Wortlaute nach auf Verlangen sofort eingelöst werden sollen, von denen sie aber weiß, daß sie in gewöhnlichen Zeiten nur ausnahmsweise zur Einlösung vorgezeigt werden, daß sie selbst also, wenn ihr zur Verfallzeit des empfangenen Wechsels dessen

Geldbetrag ausgezahlt wird, ihre dafür gegebenen Bankzettel oder Zahlungsversprechen noch keineswegs einzulösen braucht, sondern ruhig fortfahren kann, mit dem vom Akzeptanten des Wechsels gezahlten Geldbetrage anderweite Geschäfte zu betreiben.

Der Empfänger der Banknoten kann dieselben allerdings gleich barem Gelde verwerten, da sie ihm jedermann als solches abnimmt, evtl. ihm wieder Zinsen dafür bezahlt, das Publikum dagegen im allgemeinen, die Gesamtbevölkerung macht im Grunde genommen, durch Zulassung der Bankzettel oder Zulassungsversprechen zur Zirkulation (gleich als wären sie bares Geld), der Bank einen Vorschuß an Kapital auf unbestimmte Zeit, denn sie (die Bank) hat bei Verfall des ihr übergebenen Wechsels dessen Geldbetrag ausgezahlt erhalten und kann weiter damit wirtschaften; es sind ihr ferner die Zinsen bis zum Verfall des Wechsels vergütet worden, sie befindet sich also ganz in demselben Falle, als hätte man ihr statt des Wechsels sofort bares Geld ausgezahlt; während auf der anderen Seite jeder Teil des Publikums, in dessen Hände ihre Zahlungsversprechen kommen, dieselben als bares Geld annimmt, evtl. Zinsen darauf bezahlt. Angenommen, die so in Umlauf gesetzten Banknoten laufen 5 Jahre, ohne zur Zahlung vorgezeigt zu werden, so hat die Bank noch keinen Taler wirklichen Kapitals verausgabt, sie hat nur Zahlungsversprechen ausgestellt. Mittlerweile hat sie mit dem Betrage des ihr anfänglich zugestellten Wechsels 5 Jahre lang wirtschaften und wenigstens zum üblichen Landeszinse 20% damit gewinnen können. Sämtliche von der Bank ausgestellten Zahlungsversprechen sind aber darauf berechnet, womöglich niemals eingelöst zu werden, als schwebende Schuld der Bank unter der Bevölkerung des Landes umzulaufen, während sie mit dem ihr vom Publikum geliehenen Gelde nach Möglichkeit glänzende Geschäfte macht. Sie weiß aus Erfahrung, welchen Geldbetrag sie zur Bezahlung der vorkommenden Noten bereit zu halten hat, mancher Bank ist auch vorgeschrieben, daß sie den dritten Teil des Betrages der ausgegebenen Noten bar in Kasse haben soll. Aber damit sind auch ihre Pflichten erfüllt; das übrige des ihr von der Bevölkerung geliehenen Kapitals bleibt zu ihrer freien Verfügung.

Da man in der Regel mit einem beträchtlichen Kapitale baren Geldes größeren Gewinn erzielen kann als die gewöhnliche Gebrauchsmiete oder den Zins von etwa 4% p. a., so sollte also nach gewöhnlichen Begriffen von Recht und Billigkeit die Bank ebenso wie es bei den Staatsobligationen geschieht, Kupons an ihre Bankzettel hängen und dem jeweiligen Inhaber die landesüblichen Zinsen darauf bezahlen. Sie würde sich dann in demselben Falle befinden, wie ein Mann, welchem zum gewöhnlichen Zinse ein Kapital von einer oder mehreren Millionen zum Geschäftsbetriebe dargeliehen wäre. Als fähiger Geschäftsmann würde er die Zinsen darauf bezahlen und doch dabei reich werden können, da ihm der Geschäftsbetrieb weit mehr einbringen würde als die gewöhnlichen Zinsen.

Davon ist aber bis jetzt noch niemals die Rede gewesen, und die Banken würden wahrscheinlich Zeter schreien, wenn man dergleichen Ansprüche an sie machen wollte. Jedermann ist einmal daran gewöhnt, die Bankzettel als bares Geld anzusehen und seinerseits Zinsen darauf zu bezahlen.

Dies also ist von vornherein kein gesundes wirtschaftliches Verhältnis, und es kann auch schwerlich gesunde Folgen hervorbringen. Professor Tellkampf (Die Prinzipien des Geld- und Bankwesens, Berlin 1867 S. 21) sagt, die Zuvielausgabe der Noten habe unter anderen verderlichen Folgen diejenigen der künstlichen Steigerung der Warenpreise, der Bewirkung von Unsicherheit der Kontrakte, Herbeiführung von Geldkrisen, Veranlassung von Schwindelgeschäften, im allgemeinen der Demoralisierung einer großen Zahl von Menschen, und er hat Recht mit der Modifikation, daß eine Zuvielausgabe von Noten nicht zu vermeiden ist, so lange man sie überhaupt benutzt, da der einzige wirkliche Zweck ihrer Benutzung die Ausbeutung des Publikums ist, und wenn dieser ihr genommen wird, ihre Benutzung gar keinen Zweck mehr hat. Hr. J. Ph. Schneider (Staats- und Bankzettel. Giesen 1871, S. 20—21) sagt: „Kaum gibt es noch ein Land, das nicht seine Papierzettel hätte. Das Beispiel, mit bloßen Versprechungen anstatt mit Arbeit zu wirtschaften, wirkte so verführerisch, daß der Verstand überall aus dem Sattel gehoben wurde. . . . Diejenigen, welche Darlehen in Banknoten anstatt in Metallgeld erhalten, bezahlen ja auch Zinsen, nur die Aussteller der Banknoten ersparen oder gewinnen Zinsen. Die ersteren werden von den letzteren als Schwämme gebraucht, welche Substanz einsaugen von den übrigen.“ Auch dabei ist kein Wort der Übertreibung.

Da die Zettelbank desto bessere Geschäfte machen wird, je mehr ihrer Noten sie unter die Leute bringt, und da ihr Eifer dabei noch durch die Mitbewerbung ihrer Schwestern angestachelt wird, so ist die natürliche Folge, daß sie auch bei der besten Absicht ihres Vorstandes, mit Vorsicht zu verfahren, nicht so streng in der Auswahl ihrer Abnehmer sein wird, wie ein Kapitalist, von welchem ein Darlehen in barem Gelde verlangt wird. Es ist ein angenehmeres Gefühl, die Noten zu plazieren, als dasjenige, das Geld auszuzahlen. Dadurch wird eine große Anzahl von Geschäftsleuten wieder veranlaßt, die in Noten von den Zettelbanken erhaltenen Darlehen in unvorsichtiger Weise zu benutzen, indem sie sich auf Unternehmungen über ihre eigenen Kräfte hinaus einlassen. Das Interesse sowohl der Bank, wie ihrer Abnehmer kommt sich also auf halbem Wege entgegen, um den Markt nach Kräften mit Papier zu überschwemmen, die Landeswährung zu verschlechtern, dadurch, daß ihre Menge, ihr Quantum vergrößert wird, denn dieses schwächt ihren Tauschwert, ihre Kaufkraft.

Bei normalen Zuständen und reiner Metallzirkulation fehlt es nirgends in der Welt am flüssigen Kapitale, am Gelde, eben weil es flüssig ist, und ohne Schwierigkeit von allen Seiten herbeiströmen kann, und ebenso, weil es nirgends auf eine bestimmte Menge des Geldes, sondern auf seinen Tauschwert, seine Kaufkraft ankommt. Je weniger Geld umläuft, desto größer ist seine Kaufkraft, einer desto geringeren Menge bedarf man zu jedem einzelnen Umsatze. Ist aber das bare Geld momentan selten in einer Gegend, an einem Geschäftsplatze, so steigt zunächst die Gebrauchsmiete, der Diskonto, und dann strömt von allen Seiten Geld oder Metall herbei, um die Lücken auszufüllen.

Weiter oben ist die Rede davon gewesen, einerseits, daß bekanntlich für jede Art des menschlichen Verkehres Wertstätigkeit des Tauschmittels, des Geldes in der Form der Landeswährung, ein höchst wichtiges Erfordernis ist; andererseits daß diese Wertstätigkeit des Geldes bei der heutigen Benutzung der Zettelbanken durch zwei verschiedene Strömungen im flüssigen Kapitale, die starke Produktion der Edelmetalle und die zunehmende Notenausgabe der Banken fortwährend zum allgemeinen Schaden gestört werde. Wir können hinzufügen, daß zu einem gedeihlichen Verlaufe des Verkehrs auch Stetigkeit der Gebrauchsmiete des Geldes, des Diskontos erforderlich oder wenigstens höchst wünschenswert ist, welche Stätigkeit ebenfalls namentlich durch die willkürliche Vergrößerung oder Verminderung des umlaufenden flüssigen Kapitals vermittels der Notenausgabe gestört werden muß.

Besteht die Landeswährung aus reinem Metallgelde, so hängt sie in dieser Beziehung wenigstens nur von einem Faktor, dem Metallmarkt ab; besteht sie aber in einer Mischung von Papier und Metall, so ist sie unausgesetzt zwei Strömungen von verschiedenen Seiten ausgesetzt und befindet sich dabei naturgemäß in einem fortdauernden Zustande des Schwankens.

Es ist verschiedentlich oben die Rede davon gewesen, daß die Mittel der Bevölkerung zur Kapitalsreduktion durch Notenausgabe keineswegs vermehrt werden, da, bevor es Noten gab, immer und überall das genügende flüssige Kapital existierte, weil es bei demselben nicht auf Menge, sondern auf Tauschwert, auf Kaufkraft ankommt; und wenn seine Menge durch die Ausgabe einer ungeheueren Menge Papiers vergrößert worden, seine Kaufkraft im entsprechenden Verhältnis geschwächt worden ist. Wäre ein mit Zettelbanken gesegnetes Land gänzlich isoliert, hätte keinen Verkehr mit andern Ländern, so würde das früher vorhanden gewesene bare Geld nach erfolgter Ausgabe der Noten mit diesem zusammen die Zirkulation bilden, und der Tauschwert, die Kaufkraft der aus dieser Mischung gebildeten Landeswährung würde unmittelbar im Verhältnisse des emittierten Notenbetrages zur früheren Metallzirkulation geschwächt, die Währung also um ebensoviel verschlechtert worden sein. Da eine solche Isolierung aber nirgends stattfindet, so ist der wirkliche Erfolg der Notenausgabe überall der, daß der verschlechterten Währung gegenüber die Preise der Waren, der Staatspapiere, Wechsel in fremden Währungen usw. steigen, daß dieses zur Vermehrung der Einfuhr antreibt, weil im Auslande die Warenpreise nicht gestiegen sind, daß aber, da das Ausland keine Banknoten, sondern nur Metallgeld in Zahlung annimmt, man einen Teil des umlaufenden Metallgeldes zur Bewirkung der Einkäufe ins Ausland sendet, welcher Teil also geradezu von den Noten verdrängt worden ist, so daß schließlich das umlaufende flüssige Kapital, aus Metallgeld und Papier gemischt, der Menge nach größer bleibt, als die frühere Metallzirkulation, trotzdem, daß ein Teil des Metalles abgeflossen ist, daß sie aber nicht allein an Kaufkraft geschwächt, sondern auch größeren Schwankungen des Diskontos und schließlich auch des Tauschwertes der Währung unterworfen bleibt.

Eine oft wiederholte Erfahrung hat aber bewiesen, daß sich das Übel darauf nicht beschränkt, sondern daß infolge des Umstandes, daß das Interesse sowohl der Zettelbanken wie ihrer Notenabnehmer unausgesetzt auf Vermehrung der Notenausgabe und Verdrängung des Metallgeldes durch Papier hinstrebt, eine oft dem einzelnen Auge sich entziehende, aber darum nicht weniger folgerecht zur Geltung kommende Verkettung von Ursachen und Wirkungen früher oder später zur allgemeinen Geldkrise hinführt. Mag er auch zögern, einmal erscheint stets der Tag der Abrechnung, an dem das vorhandene Metallgeld nicht mehr zur Bestreitung des Bedürfnisses für Zahlungen an das Ausland hinreicht, an dem die Bevölkerung an die Türen der Zettelbanken klopft, um ihr lange sistiertes Darlehen in Metall zurückzufordern, und dann mit Schrecken gewahr wird, daß sich auch dort das Metall größtenteils in Papier verwandelt habe, daß wohl Banknoten und Wechsel aller Art, aber nur wenig Münzen vorhanden seien. Dann ist die Krise da und mit ihr das Verderben.

Der allgemeine Verlauf des Geldverkehrs unter Leitung der Zettelbanken, wie er sich nach Umständen in einer längeren oder kürzeren Reihe von Jahren zu entwickeln pflegt, ist mit größeren oder geringeren Abweichungen etwa der folgende:

Wir wollen annehmen, daß ein Land sich bisher in befriedigenden Verkehrsverhältnissen befunden habe, daß aber eine Anzahl von Zettelbanken darin begründet worden ist, und daß diese nach und nach ihren Einfluß zur Geltung bringen, indem sich ihre Notenemission von Jahr zu Jahr vergrößert.

Es ist eine allgemein in der Geschäftswelt verbreitete Ansicht, daß ein Steigen der Warenpreise bei ungefähr gleichen Vorräten eine Periode der Prosperität anzeige, weil man annimmt, daß die vermehrte Nachfrage von seiten der Konsumenten komme und Beweis des steigenden Wohlstandes sei, und da sich im Handel bei steigenden Preisen leichter Geld gewinnen läßt, als wenn die Preise fallen, also auch die Kaufleute sich wohl dabei befinden, so liegt der Schluß nahe, daß ein allgemeines Steigen der Preise mit befriedigenden Vermögenszuständen der Landesbevölkerung identisch sei.

Man darf aber nicht übersehen, daß die Warenpreise nicht allein den Tauschwert der Waren, sondern auch in ihrer Gesamtheit die Veränderungen in demjenigen des Geldes, welches die Landeswährung bildet, anzeigen daß also einem Steigen s ä m t l i c h e r Warenpreise allerdings eine Zunahme des Verbrauches, der Nachfrage nach den Waren, aber mit noch größerer Wahrscheinlichkeit eine entsprechende Entwertung des Geldes zugrunde liegen kann. Übersieht man dieses, so können daraus sehr gefährliche Irrtümer entspringen.

Findet nun ein solches Steigen der Warenpreise, d. h. eine solche Entwertung der Landeswährung infolge davon statt, daß die Zettelbanken viel Papier ausgegeben haben, so ist aller Wahrscheinlichkeit nach bereits ein ansehnlicher Teil des früher umlaufenden Metallgeldes ins Ausland geflossen. Es wird aber trotzdem in der Mischwährung von Geld und Papier noch reichlich flüssiges Kapital im Umlaufe sein, dessen Menge zusammen mit dem durch die Geldentwertung veranlaßten Steigen der Warenpreise die Unternehmungslust weckt und zu Spekulationen Veranlassung gibt, welche einerseits neue Ansprüche an die Notenausgabe der Banken, andererseits ein weiteres Auftreiben der Preise und neue Ankäufe im Auslande veranlaßt, so daß dadurch abermals mehr Metallgeld ins Ausland vertrieben wird. Während aber die Geschäftswelt sich eifrig bei der regen Bewegung des Marktes beteiligt, manche dabei beträchtliche Gewinne machen, infolgedessen die Ausgaben für ihren Haushalt und ihre sonstigen Bedürfnisse vermehren und auch ihrerseits zur Steigerung der Warenpreise beitragen, steht es ganz anders um die übrige Bevölkerung, namentlich auf dem Lande, welche keineswegs durch vermehrten Verbrauch Veranlassung zur Verteuerung der Lebensbedürfnisse gegeben hatte, welche vielmehr, da die ganze Bewegung aus der Zettelausgabe und daraus folgenden Entwertung des Geldes entstand, mit Not und Sorge zu kämpfen hat, weil ihre Einnahmen zum größten Teile in festen Geldbeträgen bestehen, und diese ihre bisherige Kaufkraft verloren haben.

Die durch Spekulation und gegenseitiges Überbieten künstlich herbeigeführte Steigerung der Warenpreise gibt Veranlassung zu fortgesetzter starker Einfuhr von Waren aus dem Auslande, wo keine besondere Erhöhung stattgefunden hat, wenn auch die Vermehrung der Nachfrage nicht ganz ohne Wirkung geblieben ist. Dagegen wird die Ausfuhr, namentlich der eigenen Industrieerzeugnisse ins Ausland nach und nach abnehmen, weil die Fabrikanten bei der Entwertung des Geldes selbst die Rohstoffe und sonstige Bedürfnisse teuer bezahlen, also auch höhere Verkaufspreise fordern müssen und diese die bisherigen Käufer des Auslandes nicht bewilligen wollen, weil bei ihnen keine höheren Preise zu erlangen sind. In demselben Verhältnisse, wie ein solcher Zustand länger dauert, wird seine Wirkung immerfort zunehmen, es geht mehr und mehr Metallgeld ins Ausland, infolgedessen, und auch wieder als Veranlassung dazu, wird das Quantum des umlaufenden Papiers vermehrt, die Währung dadurch noch mehr verschlechtert, die Preise gehoben und die Ausfuhr mehr und mehr reduziert[1]). Wenn ein Land aber nicht mehr den Wert seiner Einfuhren durch entsprechende Ausfuhr decken kann, bleibt ihm nichts anderes übrig, als sein umlaufendes Metallgeld dazu zu verwenden. Derartige Zustände treten keineswegs sofort klar hervor, so daß sie die öffentliche Aufmerksamkeit erregen. Das Publikum, einmal an die Papierzettel gewöhnt, bemerkt gar nicht oder nur oberflächlich das Verschwinden des Metallgeldes, da ihm die Scheidemünzen bleiben. Es fühlt das Steigen der Preise, leidet darunter, weiß sich die Ursache aber nicht zu erklären und muß das Übel ertragen. Das Ausfuhrgeschäft eines Landes findet in der Regel unter zwei Formen statt, durch Ankäufe benachbarter

[1]) Alle diese prophetischen Worte haben sich bis ins Kleinste erfüllt — zum Schaden des Deutschen Volkes!

Ausländer im Lande selbst und durch Aussendung von Waren, namentlich Industrieerzeugnissen, welche inländische Fabrikanten und Kaufleute für ihre Rechnung im Auslande verkaufen lassen. Die letztere Form findet namentlich entfernten Ländern gegenüber statt, welche zu entlegen sind, um direkte Ankäufe von ihrer Seite im Produktionslande zu machen zu suchen. Eine gewöhnliche Folge der abnehmenden Einkäufe von seiten der Ausländer (der vorteilhafteren und rascheren Absatzart) pflegt darin zu bestehen, daß die Fabrikanten geneigter oder vielmehr dazu gezwungen werden, für den Überfluß ihrer Produkte Abnehmer im entfernteren Auslande zu suchen, also die Aussendungen für eigene Rechnung zu vermehren. Die Folgen hiervon sind aber mehrfacher Art; erstens bedürfen solche Aussendungen vieler Monate, nicht selten Jahre, bevor sie abgewickelt werden und das Resultat in Zahlen feststeht, so daß es ein festes Urteil über Gewinn oder Verlust gestattet; zweitens ist in der Regel das schließliche Ergebnis solcher in dieser Form gemachter Warenaussendungen weniger günstig für die Aussender, als wenn sie hätten fortfahren können, sich ihre Produkte direkt von den Käufern des benachbarten Auslandes abnehmen zu lassen, endlich aber kommen die Eigner solcher Warenaussendungen bei der langen Zeit, welche erfordert wird, ehe der Ertrag in ihre Hände gelangt, früher oder später in Geldverlegenheit, bedürfen der Vorschüsse und finden dieselben am leichtesten bei den Zettelbanken, welches, da diese stets in Papier zahlen, wieder zu einer vermehrten Notenausgabe Veranlassung gibt. So arbeitet eins dem andern in die Hände, um einen mit Zettelbanken gesegneten Lande nach und nach seine wirtschaftliche Gesundheit zu untergraben.

Die Warenaussendungen werden trotz des vielleicht ungünstigen Erfolges bei dem Mangel sonstigen Absatzes und in der Hoffnung besserer Resultate wiederholt, und es kann eine Reihe von Jahren hingehen, während welcher für den Statistiker die Ausfuhr des Landes seiner Einfuhr anscheinend mehr oder weniger gleich zu kommen scheint, obschon in Wirklichkeit die Ausfuhr bedeutend ungünstigere Ergebnisse für das Vermögen der Inländer gewährt als früher.

Ist aber auf diese Weise für längere Zeit der Unterschied zwischen Ein- und Ausfuhr, der Minderbetrag der letzteren durch Abfluß des noch im Verkehre umlaufenden baren Geldes ins Ausland gedeckt und dadurch die Landeswährung immerfort verschlechtert worden, so pflegt ein Stadium einzutreten, wo der Verkehr das bare Geld für die Ausfuhr nicht mehr aufbringen kann, weil fast nur noch Papier im Umlaufe ist, weshalb die Inhaber der Banknoten sich bei den Banken präsentieren, um Einlösung gegen Geld zu verlangen. Dies ist aber stets ein sehr ungünstiges Zeichen und in der Regel der sichere Vorläufer des Gewitters, welches nun durch plötzlichen Andrang des Metallzahlung verlangenden Publikums, durch die Schwierigkeit seiner Befriedigung und durch schließlichen Zusammenbruch der Banken und allgemeinen Ruin sich zu entladen pflegt; denn sobald sich ein größeres Bedürfnis nach barem Gelde zeigt, pflegen die Banken ihren Verkehr einzuschränken; sie suchen die Diskontierung von Wechseln zu beschränken und steigern zu diesem Ende den Diskonto, welcher unter solchen Umständen oft in ganz kurzer Zeit von 3% auf 10, 12% und höher gestiegen ist. Zu gleicher Zeit kündigen sie die in gewöhnlichen Zeiten als sicher bekannten Geschäftsleuten eröffneten Kredite und treiben überall ihre Ausstände ein; denn ihr Streben geht vor allem dahin, ihren Kredit aufrecht zu erhalten, indem sie fortfahren, alle vorgezeigten Noten mit Metallgeld einzulösen. Der Andrang wird aber immer stärker. Die durch die Steigerung des Diskontos hervorgerufene Geldklemme macht die Geschäftswelt bestürzt, man sucht Waren zu verkaufen, aber niemand verlangt jetzt Waren, jedermann bedarf des Geldes, die Warenpreise fangen an zu sinken, und eben so rasch wie der Diskonto steigt, fallen sie oft in wenigen Tagen in ganz unglaublicher Weise hinab. Trotzdem findet man aber keine Käufer, die Geldklemme nimmt immer zu. Jetzt wird jedermann mißtrauisch, sucht sich nach allen Seiten hin zu sichern, die sichersten Wechsel werden zurückgewiesen, man will nur Geld, welches aber nirgends zu finden ist, das Mißtrauen teilt sich rasch der nicht zur Geschäftswelt gehörenden Bevölkerung mit, das Volk belagert die Türen der Banken, um Metallgeld für seine Banknoten zu erhalten. Überall herrscht Schrecken, erfahrene Geschäftsmänner verlieren die Besonnenheit; ungeheure Mengen von Waren werden zu Spottpreisen verkauft, manches wohlbegründete Vermögen geht in Zeit von wenigen Tagen verloren. Schließlich können sich die Banken nicht mehr gegen den Andrang halten, sie stellen ihre Barzahlung ein und damit wird die Verwirrung vollständig. Die Fabriken hören auf zu arbeiten, die Schiffswerfte, Häuserbauten stehen verlassen, aller Verkehr stockt, selbst die Tagelöhner finden keine Beschäftigung mehre und irren mit ihren Familien hungernd auf den Straßen umher, bis die Reaktion eintritt, die niedrigen Warenpreise das Metallgeld wieder von draußen herbeilocken, und nach und nach das Vertrauen zurückkehrt und dem äußeren Anscheine nach die Dinge wieder ins alte Geleis zurückkehren; aber auch nur dem Anscheine nach; denn für den aufmerksamen Beschauer gleicht ein solcher Geschäftsplatz, — und manchmal sind es alle bedeutenderen Geschäftsplätze des Landes, wie man es in England und Nordamerika mehr als einmal erlebt hat, — der Wahlstatt nach Beendigung einer großen Schlacht. Eine Menge vorher hochgeachteter Geschäftshäuser sind ruiniert und haben sich insolvent erklärt, die Banken liquidieren, ein Teil kann seine Geschäfte wieder aufnehmen, die Mehrzahl ist bankerott. Viele Familien, welche ihr Vermögen bei den Banken oder bei den einzelnen Bankiers auf Zinsen belegt hatten, sind an den Bettelstab gekommen, und das allgemeine Ergebnis ist die Zerstörung einer großen Summe des Wohlstandes und des ruhigen Familienglückes[1]).

Das ist nun das ungefähre Bild einer Geldkrise, wie sich dieselben bei großartig entwickelten Verkehrsverhältnissen, im gewöhnlichen Verlaufe der Dinge nach regelmäßigen Zeitperioden aus dem Systeme der freien Bewegung vieler in Konkurrenz tretender Zettelbanken zu entwickeln pflegen,

[1]) Dieser „Reaktionär" mit seinen „veralteten, rückständigen Ansichten" hat die Periode von 1918—1931 in allen Einzelheiten vorausgeahnt.

obschon auch äußere besondere Umstände dazu beitragen können, sie plötzlich und noch weniger erwartet herbeizuführen, wie allgemeine Mißernten, Kriege, Geschäftskatastrophen im Auslande u. a.

Die Saat dazu liegt in der Verschlechterung und allmählichen Entwertung der Landeswährung durch das Ausströmen des Metallgeldes und seine Ersetzung durch bloßes Papier, sowie in dem Interesse, welches jede Zettelbank daran hat, ihre Notenausgabe nach Möglichkeit zu vergrößern, also die Landeswährung zu verschlechtern.

Die Gefahr mag dort, wo sich der Verkehr weniger an einzelnen Punkten konzentriert, wo wie in Deutschland, die Zettelbanken auf größere oder geringere Entfernungen über das Land zerstreut sind, geringer sein, als in England und Nordamerika; aber, wie gleiche Ursachen dieselben Wirkungen nach sich ziehen, so muß auch hier früher oder später die Wurzel des Verderbens, der wirtschaftlichen Ungesundheit, welche von Beginn an in der Schaffung der Banknoten liegt, ihr Wachstum ausbreiten, ihre Verzweigungen ausdehnen und immer enger verwickeln, bis sie alles umschlingen und endlich in den Abgrund reißen.

Studiert man die Geschichte der verschiedenen Geldkrisen dieser Art, so findet man fast immer, daß sich die Geschäftswelt unmittelbar vor der Katastrophe in einer Periode allgemeiner Prosperität befand, oder, richtiger gesagt, zu befinden glaubte, aus welcher dann das Verderben mit einem Male wie ein Gewitter aus heiterem Himmel hervorbrach; und man liest nicht selten, wie diejenigen, welche derartige Kalamitäten beschreiben, ihre naive Verwunderung über den plötzlichen Wechsel ausdrücken. Es ist aber klar, daß dasjenige, was man für Prosperität hielt, es nur anscheinend war, daß in Wirklichkeit der Verkehr sich schon in einem Zustande völliger Ungesundheit befand; denn die hohen Warenpreise, welche die große Menge zu Spekulationen ermunterten, waren kein Symptom des allgemeinen Wohlstandes, sie zeigten im Gegenteile, daß die Landeswährung verschlechtert, daß das Metallgeld aus dem Lande geflossen und überall durch bloße papierne Zahlungsversprechen ersetzt worden war.

Zwischen allen durch Handel verbundenen Ländern besteht ein nach Umständen schwankender Wechselkurs. Derselbe hat aber stets eine mehr oder weniger feste Grundlage, welche das eigentliche Gleichgewicht (das „al pari" in der Geschäftssprache) bildet und entweder b oß in der Gewichtsgröße desselben Edelmetalles liegt, welche bei den Landeswährungen zur Basis dient (festes al pari) oder, wenn das eine Land nach Silber, das andere nach Gold rechnet, als ferneren Faktors der Berechnung des Preises des außerhalb der Landeswährung stehenden, ihr fremden Metalles in jedem der beiden Länder bedarf (schwankendes al pari). Als Beispiel können wir zwei nach Gold rechnende Handelsplätze nehmen, London und Bremen. Nach dem Goldgewichte eines Sovereigns hat derselbe in Bremer Goldtalern einen Wert von 6 Taler $10^4/_5$ Grt. Folglich ist der Gleichheitskurs, das al pari zwischen London und Bremen 100 £ 615 Bremer Goldtaler. Der wirkliche Wechselkurs steht aber keineswegs stets auf 615, sondern steigt darüber hinaus oder sinkt unter das pari, je nach dem Einflusse des Angebots und der Nachfrage. Wird nun von England aus ein bedeutendes Quantum Goldmünzen nach dem Kontinente verschifft und in der Zirkulation durch stärkere Ausgabe von Banknoten ersetzt, so verschlechtert sich die Englische Landeswährung in entsprechender Weise. Angenommen (trotzdem, daß jene längst nicht aus lauter goldenen Sovereigns besteht, sondern stark mit Papier gemischt ist), das die Nachfrage nach Wechseln auf England den Kurs zwischen London und Bremen bis dahin auf dem Gleichheitssatze von 100 £ = 615 Tlr. Gold erhalten hätte, so würde infolge dieser Verschlechterung der englischen Landeswährung durch Abfluß des Goldes der wirkliche Kurs auf 612, 610 oder noch tiefer fallen; denn die Verschlechterung der Landeswährung, bei welcher der Regel nach ein größeres Quantum Papier in Umlauf gesetzt worden wäre, als die ins Ausland gesandte Summe Goldes, würde im natürlichen Verlaufe der Dinge eine Steigerung der Warenpreise in England veranlassen. Infolgedessen müßte der Bremer Geschäftsmann, welcher Waren von England zu beziehen pflegte, dort einen höheren Preis bezahlen; er könnte folglich für 100 £ nicht mehr so viel kaufen, wie früher, würde also auch nicht mehr geneigt sein, 615 Tlr. Gold dafür zu zahlen, d. h. die Nachfrage nähme ab, der Kurs müßte fallen. Dasselbe Verhältnis, wie zwischen London und Bremen aber besteht zwischen England und dem ganzen Auslande, und aus derselben Ursache müßte also eine für England weniger günstige Kursveränderung eintreten, sobald durch Abfluß des Goldes und größere Ausgabe von Papier sich die englische Landeswährung verschlechterte. Die Kursveränderungen sind also in gleicher Weise wie die Warenpreise das Wertmaß für den Tauschwert der Landeswährung.

Nach der neueren englischen Theorie, welche bereits Sir Robert Peel bei seiner Bankreform geltend machte, welche später namentlich von Mac Culloch vertreten worden ist, sollen nun vor allem diese Schwankungen der Wechselkurse auf das Ausland als Wertmaß für die Landeswährung benutzt werden, man soll also

a) die Landeswährung aus einer fortwährend im gegenseitigen Verhältnisse der Menge wechselnden Mischung von Goldmünzen und Banknoten bestehen lassen;

b) man soll es zu erreichen suchen, daß die Notenausgabe für das ganze Land auf eine einzige Bank konzentriert werde, weil nur eine solche imstande sei, das richtige Verhältnis der Menge beider Teile der Landeswährung nach einem geregelten Plane zu überwachen;

c) sobald ein gemeinsames Weichen aller Kurse (d. h. eine gemeinsame Veränderung aller Kurse auf das Ausland zuungunsten Englands; denn ein einzelner Kurs kann sich aus mancherlei zufälligen Modifikationen der Nachfrage verändern) bemerkt wird, soll man daraus erkennen, daß die Landeswährung sich verschlechtert habe, daß zuviel Papier und zu wenig Geld im Umlauf sei. Folglich

d) sollen in diesem Falle die Direktoren der Landeszettelbank sofort dem Übel zu steuern suchen, indem sie Papier einziehen und dadurch das richtige, d. h. das frühere Verhältnis wieder herstellen. Dieses geschieht aber namentlich durch Erhöhung des Diskontos, wodurch die Warenpreise hinabgedrückt werden, deren Besitzer leiden müssen, also direkt durch die aus der Existenz der Banknoten entspringenden Schwankungen des Marktes geschädigt werden.

Wenn beides zugegeben werden muß, daß eine Konzentration der Notenausgabe in eine einzige Bank allerdings eine bessere Überwachung ermöglicht und das Land also besser gegen Geldkrisen schützt als unbeschränkte Freiheit und Konkurrenz der Notenausgabe; und ferner,

daß das Fallen aller Kurse auf das Ausland allerdings ein ziemlich sicheres Symptom davon ist, daß eine Verschlechterung der Landeswährung durch übertreibene Ausgabe von Banknoten stattgefunden hat, so liegt es doch sehr nahe, an ein solches Räsonnement die Frage zu knüpfen:

e) wenn es feststeht, daß eine aus Papier und Metall gemischte Landeswährung schlechter ist, als eine reine Metallwährung; wenn es ferner feststeht, daß bei einer solchen gemischten Landeswährung Schwankungen in ihrem Werte gar nicht zu vermeiden sind, und eine Konzentration der Notenausgabe unter untadelhafter Leitung im besten Falle dafür Sorge tragen kann, diese Wertschwankungen sobald wie möglich wieder auszugleichen; endlich wenn es feststeht, daß alle Schwankungen im Werte der Landeswährung nicht allein für die Gesamtbevölkerung, sondern auch im besonderen noch für den Handelsstand ein unbezweifeltes Übel sind,

warum behält man dann überall die Benutzung der Banknoten bei? warum verbietet man nicht rundweg die Ausgabe aller und jeder Banknoten?

Man wird schwerlich auf diese Frage eine andere Antwort finden als,

daß man einmal an das Übel gewöhnt sei, und daß es hart erscheinen würde, einer Anzahl Bankaktionäre, welche ebenfalls einmal an die Ausbeutung der Gesamtbevölkerung durch Ausgabe von Banknoten gewöhnt sei, dieses Privilegium plötzlich zu nehmen[1]).

Für alles, was zur Produktion von Kapital dienen kann, muß derjenige, welcher nur seine Arbeit, nicht das erforderliche Kapital besitzt, Gebrauchsmiete oder Zinsen, Rente bezahlen. Pachtet man einen Acker, eine Fabrik, mietet man ein Haus, ein Schiff, einen Wagen, — man bezahlt stets die Gebrauchsmiete dafür, heiße sie nun Miete, Pachtgeld, Fracht oder wenn man Arbeit mietet, Gehalt oder Arbeitslohn. Da das flüssige Kapital zwar an und für sich selbst nichts produzieren kann aber gleich dem Wohnhause, dem Frachtwagen erforderlich ist, um bei der Produktion in weiter Reihe zu helfen, so bezahlt man auch vom flüssigen Kapitale Gebrauchsmiete und

[1]) Es ist aber wohl nicht hart, die Masse des werktätigen Volkes zugunsten einiger Dutzend reicher Drohnen und Bonzen auszubeuten und um die Früchte ihrer Arbeit zu bringen?

nennt sie „Zins". Vermehrt nun aber eine Zettelbank durch Ausgabe von gedruckten Zahlungsversprechen die Menge des vorhandenen flüssigen Kapitals, so würde sie in dem Falle mit Recht ebenfalls eine Gebrauchsmiete beanspruchen können, wenn dadurch für die Nationalwirtschaft, für die Gesamtbevölkerung die Fähigkeit der Kapitalproduktion vergrößert würde. Das ist aber nicht der Fall; denn da jede Vermehrung des flüssigen Kapitals seinen Tauschwert, seine Kaufkraft entsprechend vermindert, so ist also die Produktionskraft des umlaufenden flüssigen Kapitals dieselbe geblieben, sie hat nur eine schlechtere Form angenommen, indem das Metall zum Teile durch Papier verdrängt worden ist. Werden nun durch diese Verschlechterung der Landeswährung eine Menge Menschen, deren Einkommen in festen Beträgen besteht, geschädigt, leidet die Gesamtbevölkerung außerdem noch durch die vom Papiere bewirkten Schwankungen des Tauschwertes der Landeswährung, wird endlich durch die Banknoten die Gefahr der Geldkrisen heraufbeschworen, — so kann also die betreffende Bank mit keinem vernünftigen Grunde eine Gebrauchsmiete von ihren Zahlungsversprechen beanspruchen, vielmehr heißt eine solche Forderung das richtige Verhältnis geradezu auf den Kopf stellen. Man darf doch annehmen, daß ein gut organisierter Staat denselben Anspruch auf Kredit machen darf, wie eine gut fundierte Bank. Vom Staatspapiergelde darf man absehen, da seine Benutzung anerkanntermaßen ein alter Mißbrauch ist, welcher wenigstens bei uns hoffentlich nicht mehr lange beibehalten werden wird. Ebenso aber wie jeder Staat an die Inhaber seiner Staatsobligationen jährliche Zinsen bezahlt, wie also der Genuß eines guten Kredites ihm kein Recht auf Befreiung von der Zinszahlung gewährt, sollte auch die bestfundierte Zettelbank, wenn man ihr gestattet, ihre Zahlungsverbindlichkeiten statt mit klingender Münze, bloß mit Zahlungsversprechen zu bezahlen, ihrerseits verpflichtet sein, Gebrauchsmiete, d. h. Zinsen für das in ihren Händen behaltene flüssige Kapital zu zahlen. Es kann nur als eine Nachäffung der alten, von den Staatsregierungen begangenen Sünde der Ausgabe von Staatspapier angesehen werden, wenn die Zettelbanken noch heutigen Tages fortfahren dürfen, anstatt selbst für empfangenes Kapital Zinsen zu bezahlen, dieselben sich ihrerseits von der Bevölkerung auf die ihr zugestellten Schulddokumente oder Zahlungsversprechen vergüten zu lassen. Zu bewundern ist jedenfalls die — Gutmütigkeit dieser Bevölkerung.

Hat also eine Zettelbank für längere Zeit das Privilegium der Banknotenausgabe und weigert sich davon abzustehen; so würde das Gesetz ihr schwerlich Unrecht tun, wenn es verfügte, daß die Notenausgabe zwar fortgesetzt werden dürfte, aber ferner gleich allen übrigen Anleihen dem landesüblichen Zinse unterworfen sein solle, daß folglich jede Note mit den von der Bank einzulösenden Zinscoupon zu versehen sei.

Müssen nun dem Gesagten zufolge die beiden ersten der weiter oben aufgestellten Fragen (S. 248) dahin beantwortet werden, daß

1. unmöglich eine Bankaktiengesellschaft oder sonst ein Teil der Staatsbürger ein natürliches Recht beanspruchen könne, in bisheriger Weise

Noten auszugeben, also sich ein zinsfreies Darlehen auf Kosten der Gesamtbevölkerung machen zu lassen, daß es aber Sache der einzelnen Staaten sei, sich betreffs der aus Unwissenheit der Regierungen erteilten Privilegien mit den einzelnen bestehenden Banken auseinanderzusetzen;

2. daß ebenso unmöglich die Staaten ohne erhebliche Schädigung ihrer eigenen Interessen fortfahren können, die fernere Notenausgabe in der bisherigen Weise zu gestatten, weil dieselbe
   a) an und für sich jede Landeswährung durch Vermehrung der Tauschmittel entwerten muß;
   b) weil sie zu dieser Entwertung ferner anhaltend beitragen muß, dadurch, daß ihr natürliches Bestreben, ihre Schwerkraft dahin gerichtet ist, das Metallgeld aus der Zirkulation zu vertreiben und durch Papier zu ersetzen, also die Tauschmittel zu verschlechtern, den Diskonto fortwährend in Schwankung zu erhalten;
   c) weil sie die gesunden wirtschaftlichen Zustände ihrer Natur nach untergraben und zu übertriebener Spekulation und Schwindelgeschäften Veranlassung geben muß;
   d) weil sie früher oder später aus innerer folgerechter Entwicklung ihrer Wirkungen zu Bankkrisen hinführt, also zu allgemeinem Vermögensruin der Staatsbevölkerung;
   e) weil es an und für sich eine Ungerechtigkeit ist, daß die Landesbevölkerung, ohne selbst darüber zur Klarheit zu kommen, veranlaßt werde, den Bankaktionären ungeheure Summen jahraus, jahrein zinsenfrei vorzustrecken, ohne dafür eine entsprechende Gegenleistung zu empfangen, da die Banknoten keineswegs den Verkehr in einer Weise zu erleichtern, welche nicht durch andere Mittel zu ersetzen wäre;
   f) endlich weil der größere Teil der Staatsbevölkerung vom Tagelöhner bis zum Minister hinauf, insofern seine Einkünfte in festbestimmten Geldbeträgen bestehen, durch die zum Teile mittels der Banknoten bewirkte Entwertung der Landeswährung, als Mischung von Papier und Metall, aufs Schwerste anhaltend in seinen Interessen geschädigt wird;

so bleibt nur noch übrig zur Erledigung der dritten Frage zu sagen,

3. daß es überhaupt keine Form der Notenausgabe gibt, welche sich statt der jetzt geltenden empfehlen ließe, weil
   a) die durch die Benutzung der Banknoten dem Verkehre gewährte Erleichterung, wie oben gezeigt, nicht bedeutend genug ist, um für den von ihnen unter jeder Form angerichteten Schaden Ersatz zu leisten;
   b) weil ihre bloße Existenz hinreicht, jede Landeswährung durch Vermischung des Metallgeldes mit Papier zu verschlechtern, und die durch Vermehrung der ohnehin infolge der ungeheuren Metallproduktion schon entwerteten Tauschmittel noch weiter zu entwerten;

c) weil es keinen Sinn hätte, wenn der Staat auf Kosten der Landesbevölkerung sich selbst anstatt der Bankaktionäre durch Notenausgabe einen Zinsengewinn verschaffen wollte, um ihn demnächst derselben Bevölkerung wieder zugute kommen zu lassen;

d) weil es aus mehrfachen Gründen absolut untunlich erscheint, daß die Staatsregierungen neben der mißbräuchlicherweise noch fortdauernden Existenz des Staatspapiergeldes in Deutschland, einen weiteren direkten Einfluß auf willkürliche Vermehrung der Tausch- und Zahlmittel erhalten sollten;

e) weil der von anderen Seiten gemachte Vorschlag, die Banknoten noch ferner zu benutzen, aber die Ursache der von ihnen herbeigeführten wirtschaftlichen Mißstände dadurch zu beseitigen, daß man das Interesse an stets vermehrter Ausgabe derselben hinwegnehme und zu diesem Zwecke die Notenausgabe anstatt den Zettelbanken einer unabhängigen, aber ohne Interessebeteiligung der leitenden Beamten administrierten Anstalt übertrage, welche unter gleichzeitiger Aufsicht der Staatsregierung und Volksvertretung in der Weise Noten in Zirkulation zu setzen hätte, daß sie den vollen Betrag der Emission in Edelmetall aufbewahrte, — weil ein solcher Vorschlag sich aus mehrfachen Gründen nicht zur praktischen Ausführung eignet; denn einerseits würde eine solche Anstalt, wenn auch der Überwachung der Volksvertretung mit unterstellt, zunächst doch direkt von der Staatsregierung abhängig sein müssen, andererseits würde die Aufbewahrung einer so großen Menge Edelmetalls an einem und demselben Orte vielfache Gefahren einschließen; endlich würde es auch sehr schwierig sein, eine fähige Leitung einer derartigen jedenfalls die äußerste Zuverlässigkeit der Beamten erforderlichen Anstalt ohne alles persönliche Interesse an ihren Folgen zu erlangen. Jedenfalls würden die damit unvermeidlich verbundenen Übelstände bedeutender sein als der durch Verkehrserleichterung erzielte Vorteil.

Daher kann die endgültige Entscheidung immer nur dahin gehen, daß die Benutzung allen und jeden Papiergeldes verwerflich sei und abgeschafft werden müsse, nicht allein des Staats-, sondern auch des Privatpapiergeldes, der Banknoten.

29. Die Konsolidation des deutschen Staatspapiergeldes[1]).

Von Dr. Georg Hirth.

Ein nicht hoch genug zu schätzendes Urteil und Geständnis über die Art, wie bisher gewisse volkswirtschaftliche Materien von gewisser Seite „vorbereitet" wurden, enthält die Antwort der Hamburger Handelskammer

[1]) Mit Erlaubnis des Herrn Verfassers aus den von ihm herausgegebenen „Annalen des Deutschen Reiches" wieder abgedruckt. Perrot.

auf das Rundschreiben des Handelstags-Ausschusses, womit dieser den bekannten Bericht seiner Bankkommission vom Mai 1870 zur Begutachtung überreichte. Die Hamburger Handelskammer sagt: „Über die wissenschaftlichen wie praktischen Fragen des Bankwesens ist in neuerer Zeit so viel geschrieben und veröffentlicht, und vermehrt sich das schätzbare Material hierüber so überreichlich und vielseitig, daß es schwer halten dürfte, noch wesentlich neue Gesichtspunkte und Argumente vorzubringen. Sollte aber der hauptsächliche Zweck des vorliegenden Rundschreibens darin bestehen, aus den einzufordernden Voten der einzelnen deutschen Handelskorporationen für oder gegen die aufgestellten einzelnen Thesen Majoritätsbeschlüsse und eine vorwiegende Ansicht des Deutschen Handelsstandes über die künftige Reichsgesetzgebung in betreff des Bankwesens ableiten, so können wir einen solchen Versuch nur als *bedenklich* und *vergeblich* erachten. Einmal dürfte schon innerhalb der einzelnen Handelskollegien das Resultat von Abstimmungen über allgemeine theoretische Sätze, die meistens in sehr verschiedener Weise und Ausdehnung sich verwirklichen lassen und durch mancherlei Bedingungen modifiziert und beschränkt zu werden pflegen, *oft zufällig und ohne besonderen praktischen Wert* sein. Noch mißlicher aber wäre es, aus der bloßen Zahl der votierenden Korporationen auf die Annahme dieser oder jener Thesis und den Wunsch ihrer Anwendung seitens der Majorität des deutschen Handelsstandes schließen zu wollen."

Ein sehr interessantes Urteil, das die Veranstalter von volkswirtschaftlichen Gutachten, Enqueten und Kongressen einerseits, und Bundesrat und Reichstag andererseits recht warm beherzigen sollten.

Wollte man aber mit der Lösung der Papiergeldfrage warten, bis die Gelehrten sich über die Begriffe von „Geld", „Kapital", „Geldsurrogat", „Tausch- und Zirkulationsmittel", „Kredit" usw. geeinigt, und die Besitzer aller dieser schönen Dinge freiwillig erklärt haben würden, daß sie zwar von dem gelehrten Streit nichts verstehen, aber gleichwohl auf den unerhörten verzichten wollen, den sie aus der Unklarheit der Begriffe und der Profit Unerfahrenheit der Gesetzgeber bisher gezogen — dann freilich wäre es besser, überhaupt die ganze Frage vom Programm der Legislatur noch für einige Jahrzehnte abzusetzen. Glücklicherweise aber liegen die Dinge wenigstens nach einer Richtung hin klar zutage: die *Gerechtigkeit* fordert unter allen Umständen eine Entscheidung; es handelt sich zunächst nicht sowohl um neue Freiheiten (auf welche in Geduld zu warten das deutsche Volk ja gelernt hat), als vielmehr um die Beseitigung einer groben und gefährlichen Ungerechtigkeit, um die Beseitigung von zweierlei Recht für die Angehörigen ein und desselben Staatswesens.

Die Inhaber der deutschen Banken, denen es gestattet ist, künstlich geschaffene Zahlungsmittel in Umlauf zu setzen, stecken alljährlich ungefähr 7 bis 8 Millionen Taler ein an Zinsen für ein Kapital, das sie nicht besitzen, d. h. sie beziehen unter dem Schutze verkehrter Gesetze von ihren Mitbürgern eine Rente oder Steuer, welche beiläufig nahezu dem Ertrage des Kaffeezolles gleichkommt[1]). Das eine solche „Reichssteuer" von einigen Tausend Privilegierten nicht länger erhoben werden darf, versteht sich von selbst; auch das ist einleuchtend, daß halbe Maßregeln die Lösung der wichtigen Frage nur vertagen und schwieriger machen würden; und daß verständigerweise nur zwischen zwei Wegen zu wählen ist: entweder vollständige Freigabe oder strenges Verbot der privaten Papiergeldfabrikation, in beiden Fällen unter Ausschluß allen und jeden Kompagniegeschäfts zwischen Staat und Privaten.

Welchen von beiden Wegen die Gesetzgebung auch gehen mag, immer wird der Staat darauf bestehen müssen, das zur Zeit teilweise an Private abgetretene Münz- und Geldregal wieder für sich allein in die Hand zu bekommen. Denn auch für den Fall, daß jedem „Deutschen" gesetzlich gestattet wird, durch unverzinsliche Zettel auch außerhalb der Schranken des Wechselrechts, ja selbst ohne Stempelgebühr, nach Belieben „seinen Kredit auszunutzen", so hat der Staat gerechterweise nur die Wahl, entweder alle diese Zettel ohne Ausnahme oder keinen einzigen von ihnen als „Geld" zu betrachten, für voll in Zahlung anzunehmen und weiterzugeben. Da aber doch für die Herstellung des blühendsten Kommunismus die Zeit noch nicht gekommen ist, so wird der Staat nur das von ihm selbst und allein, ohne Mitwirkung von Privaten fabrizierte „Geld" als solches zuerkennen, bestehe dieses nun in geprägten Münzen oder in sog. Kassenscheinen. Den Effekt einer Besteuerung kann und wird dann, nachdem für die private Geldfabrikation der staatliche Schutz und die staatliche Aufsicht weggefallen ist, nur noch das vom Staate selbst geschaffene und nicht durch bar gedeckte Papiergeld haben, ebenso wie die mit Zwangskurs versehenen Münzen, insoweit ihr Feingehalt nicht ihrem nominellen Werte entspricht, eine wenn auch geringfügige Besteuerung des Publikums mit sich bringen.

Insofern es sich also bei der bevorstehenden Lösung der Banknotenfrage zunächst nur darum handelt, die private Geldfabrikation gesetzlich zu regeln, resp. freizugeben oder abzuschaffen, kann die Frage, was mit dem gegenwärtig zirkulierenden Staatspapiergeld zu geschehen habe, wohl auch

---

[1]) Die Preußische Bank z. B. hatte im Jahre 1870 nach Abzug aller Kosten einen Gewinn von 4478854 Taler und nach Abzug der Zinsen für das Betriebskapital einen Reingewinn von 3468962 Taler; nach Abzug von $^1/_6$ für das Reservekonto verblieben 2890802 Taler, wovon die eine Hälfte dem Staat, die andere den „Bankanteilseignern" verblieb. Im ganzen waren es 2250 Private, von denen durchschnittlich ein jeder 8889 Taler Anteil am Betriebsfonds hatte, dafür aber im Jahre 1870

a) $4^1/_2$ % Zinsen = 400 Taler
b) Extra-Dividende = 642 „
in Summa 1042 Taler

erhielt, im ganzen also $11^3/_4$% von dem eingelegten Kapital. Und doch ist es gerade die Preuß. Bank, bei der durch die bedeutende Anteilnahme des Staates am Gewinne die Besteuerung des Volkes zugunsten einzelner Bevorzugter in etwas anständigerem Lichte erscheint. Gegenüber dem Gewinne von nahezu $4^1/_2$ Mill. Taler (oder 27% des Betriebskapitals) steht freilich der gewichtige Posten: 21670 Tlr. 27 Sgr. für Anfertigung von Banknoten! —

selbständig erledigt werden. Damit soll nicht verkannt werden, daß ihre Erledigung im Zusammenhang mit der nahe verwandten Banknoten- und namentlich auch mit der Münzfrage sehr erwünscht wäre; indessen würde ihr auch in dieser Verbindung vorerst nicht viel mehr als eine finanz-technische Behandlung zuteil werden können[1]). Denn es würde ein gewaltiger Fehlgriff sein, wollte man etwa sofort nach Einführung der Goldwährung und Beseitigung der Banknoten die Stelle der letzteren im Verkehre durch eine entsprechende Vermehrung des Staatspapiergeldes ersetzen. Abgesehen von anderen gewichtigen Bedenken spricht dagegen schon die Erwägung, daß eine solche Vermehrung der unverzinslichen Schuld indirekt Mehrbelastung der Steuerzahler bedeutet, daß man aber ohne dringender und als dauernd nachgewiesenes Bedürfnis neue Steuern überhaupt nicht einführen soll, am wenigsten solche, deren wirtschaftliche Folgen nicht vollständig klar zu übersehen sind und bei denen in kritischen Momenten mehr als der Steuerbetrag selbst auf dem Spiele steht. Man wird vielmehr gut tun, bei der Ordnung des durch die Münz- und Bankreform gebotenen Übergangsstadiums sich möglichst solider und einfacher Mittel bedienen: etwa den Münzstätten und Zentralkassen des Staates die Verpflichtung aufzuerlegen, gegen Hinterlegung von Münzen oder Barren und Entrichtung einer kleinen Provision, jederzeit wieder einlösbare Münzscheine (also Tresorscheine im eigentlichen Sinne des Worts) auszugeben. Ohne Zweifel würden wir damit der Verwirklichung eines wirtschaftlichen Ideals näher geführt, das praktisch erprobt zu haben allein schon ein Verdienst sein würde[2]).

Ist es mithin nicht geraten, ohne weiteres eine erhebliche Vermehrung des Staatspapiergeldes in Deutschland eintreten zu lassen, so liegen andrerseits

[1]) Sobald enmal das deutsche Staatspapiergeld konsolidiert ist und das Reich durch Übernahme der Schuld unbedingtes Verfügungsrecht erworben hat, kann jederzeit die Herstellung eines andern Verhältnisses unter den Appoints von verschiedenen Nennwert, je nachdem die Münzreform es erfordert, vorgenommen werden.

[2]) Dr. Heinrich Kämmerer von Hamburg, eines der wenigen radikalen Mitglieder der Bank-Kommission des Handelstags (welche neun Bankdirektoren, darunter den Präsidenten des Hauptbankdirektoriums zu Berlin, Herrn v. Dechend, und eine stattliche Zahl sonstiger Bankinteressenten aufzuweisen hat), empfiehlt in seinem Separatvotum bei allgemeiner Bankfreiheit für alle unter dem Gesetz über Aktiengesellschaften stehenden Genossenschaften „Gestattung der Emittierung von Banknoten mit voller Barfundierung unter gesetzlich festzustellender Kontrolle.". Die betreffenden Banken wären gesetzlich zu verpflichten, ein separates Konto und eine abgesonderte Kasse für das Notengeschäft zu halten und bei dem zustehenden Gerichte eine Generalpfandakte über sämtliche Bestände dieser Kasse zugunsten der Inhaber von Noten ihrer Emission niederzulegen. Herr Kämmerer meint, daß das kleine Agio, das die Nehmer der Noten gern zahlen würden, das Geschäft für Private lohnend genug machen werde. Ich glaube das nicht; zudem darf die Schaffung papierner Zahlungsmittel ebensowenig dem glücklichen Zufall überlassen bleiben, als die Ausprägung von Münzen; meiner Ansicht nach hat vielmehr der Staat die Pflicht, die Möglichkeit der zeitweiligen Ersetzung des Metalls durch Papier zu geben, gerade so gut, wie er Goldmünzen gegen Silbermünzen und Münzen überhaupt gegen Barren liefert. Das voll durch bar gedeckte Papiergeld ist eben nichts als eine besondere Form der Münze. Daß der Staat in der Lage ist, alle diese einfachen Wechselgeschäfte am billigsten und zuverlässigsten zu besorgen, bedarf keiner Begründung.

die finanziellen Verhältnisse der Bundesstaaten derart, daß auch eine sofortige Abschaffung oder bedeutende Verminderung desselben, bzw. die Verwandlung der unverzinslichen in verzinsliche Schulden, großen Schwierigkeiten begegnen würde. Auch volkswirtschaftlich ist einstweilen das Fortbestehen von 40—60 Mill. Tlr. Papiergeld als unbedenklich zu erachten, sobald dasselbe bei voller staatlicher Autorität alle Anforderungen des freien Verkehrs durch das ganze Reich erfüllt.

Diese Voraussetzung eben trifft bei nahezu der Hälfte des gegenwärtig in Deutschland zirkulierenden Staatspapiergeldes nicht zu; ja der Kassenkurs bei den öffentlichen Kassen ist für kein einziges der vorhandenen Papiere obligatorisch, nur stillschweigend und vorübergehend hat man jetzt wohl in sämtlichen Bundesstaaten den preußischen Scheine (vielmehr wegen des dringenden Bedürfnisses eines allgemeinen Papiers, und aus Höflichkeit gegen die deutsche Vormacht, als aus Liebe zu deren Finanzen) eine Art Ausnahmestellung verliehen. Es läßt sich auch dagegen, daß die Bundesstaaten untereinander ihre Kassenscheine nicht als „Geld" betrachten, nicht das geringste einwenden, denn diese unverzinslichen Scheinen tragen den emittierenden Regierungen fortwährend Zinsen, die sich, werden sie innerhalb der Grenzen des schuldenden Staates gezahlt, als Steuer, werden sie außerhalb erhoben, als bundesfreundliche Schenkung darstellen. Auch durch Einführung einfacher Gegenseitigkeit, die ja im Prinzip nicht zu verwerfen wäre, würde in diesem Falle ein gerechter Zustand nicht herbeigeführt, da mit ihr nur eine gleichmäßige Verteilung der ungleichen Lasten, nicht auch der Vorteile geschaffen würde. Es sind daher die Bundesstaaten nach wie vor nicht nur berechtigt, sondern zur Wahrung ihrer finanziellen Landesinteressen förmlich verpflichtet, die das „ausländische" Papiergeld verbietenden Gesetze aufrecht zu erhalten[1]). Wenn nun aber zwischen der offenbar gerechten Tendenz dieser Gesetze und dem allgemeinen Verkehrsinteresse der Bürger wie gegenwärtig bei uns in Deutschland, ein so entschiedener Widerspruch besteht, daß der Staatsanwalt sich geradezu „blamieren" würde, wollte er den gesetzlichen Bestimmungen im einzelnen Falle Achtung verschaffen — dann erscheint die jetzige Papiergeldanarchie nicht bloß als wirtschaftlicher, sondern auch als moralischer Notstand. Nichts schadet dem Ansehen des Staates so empfindlich als Strafgesetze, die niemand beachtet, gegen die selbst die berufenen Wächter des Gesetzes täglich und stündlich fehlen; und in diesen peinlichen Notstand versetzen sich gegenseitig die hohen vertragenden Teile, die einen ewigen Bund unter dem Namen des „Deutschen Reiches" abgeschlossen haben.

[1]) Noch zwei Jahre nach Gründung des Norddeutschen Bundes, unterm 22. April 1869, wurde in Preußen ein „Gesetz, betreffend die Beschränkungen der Zahlungsleistung mittels fremden Papiergeldes und ähnlicher Wertzeichen in den neu erworbenen Landesteilen" erlassen, in welchem der Gebrauch nicht nur von ausländischen Banknoten oder sonstigen auf den Inhaber lautenden unverzinslichen Schuldverschreibungen ausländischer Korporationen, Gesellschaften oder Privaten, sondern auch von fremdem Staatspapiergeld, insoweit die einzelnen Stücke auf geringere Summen als 10 Taler lauten, mit einer Geldbuße bis zu 50 Taler bedroht ist. (Gesetzsammlung 1869 S. 561.)

Die gesetzgebenden Faktoren des ehem. Norddeutschen Bundes haben sich bekanntlich schon zweimal mit der Staatspapiergeldfrage beschäftigt. Am 2. Juni 1869 nahm der Reichstag mit sehr großer Majorität einen Antrag des Abg. Braun (Hersfeld) an, dahingehend: „den Bundeskanzler zu ersuchen, dem Reichstag baldtunlichst eine Gesetzesvorlage zu machen, welche, in Ausführung des Artikels 4 der Bundesverfassung, die Ausgabe von Staatskassenscheinen der Norddeutschen Bundesstaaten regelt"[1]). Da diese Resolution keine weitere Folge hatte, so gab der Reichstag in der ordentlichen Session d. J. 1870 einem vom Abg. Miquel eingebrachten und vom Abg. Grumbrecht amendierten Gesetzentwurf seine Zustimmung, der hierauf auch vom Bundesrate angenommen und Bundesgesetz wurde[2]). Danach darf bis zu der durch Art. 4 Nr. 3 der Bundesverfassung vorgesehenen gesetzlichen Feststellung der Grundsätze über die Emission von Papiergeld von den Bundesstaaten nur auf Grund eines, auf dem Antrag der beteiligten Landesregierung erlassenen Reichsgesetzes Papiergeld ausgegeben oder dessen Ausgabe gestattet werden; das zur Zeit umlaufende Papiergeld nach stattgefundener Einziehung durch neue Wertzeichen zu ersetzen, bzw. dagegen umzutauschen, ist gestattet, doch darf hierbei Papiergeld von geringerem Nennwerte an die Stelle von Papiergeld höheren Nennwertes nicht gesetzt werden.

Weder dieses Gesetz noch die frühere Resolution treffen den eigentlichen Notstand, wenn sie auch darauf abzielen, eine Verschlimmerung desselben zu verhüten. Schon in der Sitzung des Reichstages vom 2. Juni 1860 machte der Bundeskommissar Geh.-Rat Michaelis geltend, daß die Schwierigkeiten der Regelung dieser Frage viel weniger in den Bedingungen der zukünftigen Papiergeldausgabe liegen, als vielmehr in der Ordnung des vorhandenen, bereits in Umlauf befindlichen Papiergeldes, mit welcher fertig zu werden er sehr richtig als eine Aufgabe nicht bloß der Gesetzgebung, sondern namentlich und in erster Linie der Finanzkunst bezeichnete. Er führte aus, daß, wenn die Berechtigung der einzelnen Bundesstaaten zur Papiergeldausgabe rückwirkend geordnet, d. h. nach dem Verhältnis der Bevölkerung eingeschränkt werden sollte, eine größere Anzahl von Bundesstaaten in die Lage versetzt werden würde, sehr erhebliche Zinslasten übernehmen zu müssen. Indessen blieb es bei dieser Andeutung.

Die Sache liegt nun einfach so:

Anzustreben ist vollständig freier Verkehr und volle staatliche Anerkennung jeden „Geldes", das im Namen und mit der Autorität auch des kleinsten Bundesstaats auftritt. Es ist diese Forderung eine natürliche Konsequenz

---

[1]) Vgl. Stenograph. Berichte des Reichstags 1869 S. 1244ff.

[2]) Gesetz v. 16. Juni 1870 über die Ausgabe von Papiergeld, Bundesgesetzbl. S. 507. Das Gesetz wurde am 5. August 1870 in Berlin ausgegeben und erlangte am 19. d. M. im Nordd. Bunde Gesetzeskraft; ferner am 1. Januar 1871 in Baden und Südhessen, während in Bayern und Württemberg seine verbindliche Kraft erst am 1. Januar 1872 eintritt. — Vgl. Stenogr. Berichte des Reichstags, ordentl. Session 1870, S. 574—582 und 708ff.

der hergestellten wirtschaftlichen Einheit und Freizügigkeit, andrerseits ist es absolut notwendig, daß in einem Staatenbund die Würde und das Ansehen der einzelnen Glieder nicht systematisch ruiniert werde, was dadurch geschieht, daß die Staaten untereinander sich öffentlich als leichtsinnige Schuldner betrachten. Insofern ist die Reform vielmehr „förderalistisch“ als „unitarisch“ — wenigstens vom Gesichtspunkte der öffentlichen Moral.

Erklärt aber das Reich, daß die unverzinslichen Kassenscheine der Bundesstaaten von allen öffentlichen Kassen als „Geld“ behandelt werden sollen, so heißt das mit anderen Worten: Die Verzinsung der unverzinslichen Schulden der Bundesstaaten wird fortan vom gesamten Reiche und seinen Angehörigen getragen, oder: bis zu dem Augenblicke, wo die Rückzahlung dieser Schulden seitens der Bundesstaaten erfolgt, tritt das Reich selbst als Schuldner ein, und da die qu. unverzinslichen Schulden zugleich unkündbar sind, so wird es wahrscheinlich dieser Schuldner in alle Ewigkeit bleiben.

Daß die Staaten mit verhältnismäßig geringer Papiergeldmission, Preußen voran, sich auf ein solches Abkommen nicht einlassen können, versteht sich von selbst. Um die notwendige Reform ins Leben treten zu lassen wird

entweder, zur Ermöglichung einfacher Reziprozität, jeder Bundesstaat seine Papiergeldemission sofort auf einen bestimmten Betrag nach dem Maßstabe seiner Bevölkerung zu reduzieren resp. zu erhöhen haben;

oder das Reich tritt förmlich als gemeinsamer Schuldner ein und die Abwicklung der Differenzen zwischen den Bundesstaaten geschieht auf Grund eines Reichsgesetzes.

Im ersteren Falle würde die Selbständigkeit der Finanzwirtschaft der Einzelstaaten nur insofern beschränkt, als diejenigen, deren unverzinsliche Schuld den konventionellen Betrag überschritte, gezwungen wären, das Zuviel an Kassenscheinen gegen bar einzuziehen resp. in eine verzinsliche Schuld zu verwandeln, etwa auch ein bestimmtes Verhältnis unter den Stücken von verschiedenen Nennwert einzuhalten. Im übrigen würden Staaten für sich Schuldner bleiben und ihre eigenen Scheine beibehalten. Für den Verkehr wäre dieses Auskunftsmittel genügend, wenn auch Scheine von einerlei Gestalt und Zeichnung schon wegen der Erleichterung der Kontrolle unbedingt vorzuziehen wären. Dagegen würden einzelnen Staaten bedeutende und dauernde Lasten durch die Aufnahme verzinslicher Anleihen erwachsen.

Ganz anders liegt das Verhältnis, wenn das Deutsche Reich die unverzinslichen Schulden der Einzelstaaten übernimmt. Das Reich kann Fristen gestatten und Erleichterungen gewähren, ebenso wie es allgemeine Steuern ausschreiben kann. Das Reich ist in der Lage, den Staaten zunächst ihre ganze unverzinsliche Schuld annehmen und die Bedingungen der Verzinsung und allmählichen Amortisation so billig als möglich zu stellen. Auf diesen letzteren Punkt möchte ich besonders Gewicht legen. Will man, was dringend zu wünschen, mit der fraglichen Reform binnen kurzem zu einem allseitig befriedigenden Abschluß kommen, so muß man den Staaten, deren finanzielle Kräfte dabei vorwiegend in Anspruch genommen werden, gewisse Vorteile darbieten, während die Staaten, die in der günstigen Lage sind, bei der Regulierung als Gläubiger des Reiches da zu stehen, darauf verzichten müssen, ein glänzendes Geschäft zu machen. Es darf hier nicht vergessen werden, daß die unverzinslichen Staatsschulden aus einer Zeit stammen, wo von der Wiederaufrichtung des Reiches Deutscher Nation noch nicht die Rede war, aus Verhältnissen und Zuständen, an deren Gestaltung die heutigen Finanzmänner meist keinen Anteil haben[1]). Namentlich ist auch zu erwägen, daß die Reichsverfassung dem Reiche zwar das Recht gibt, die „Grundsätze" der Emission von fundiertem und unfundiertem Papiergeld festzustellen, daß dieser Bestimmung aber schwerlich in der Weise rückwirkende Kraft gegeben werden kann, daß den einzelnen Bundesstaaten ohne ihre Zustimmung das Verfügungsrecht bezüglich ihrer älteren Verbindlichkeiten genommen werden dürfe. Aus den Verhandlungen im konstituierenden Reichstag (1867) ist mir nichts bekannt, was zu einer solchen Interpretation berechtigte.

Im allgemeinen also handelt es sich um ein Gesetz, dem eine allgemeine Verständigung unter den Bundesstaaten zugrunde liegen muß, recht eigentlich um ein Kompromißgesetz. Auf der einen Seite stehen die Staaten mit großer Papierschuld: die Schuld, die man ihnen abnehmen und auf das Reich übertragen will, drückt sie nicht allzusehr, weil sie keine Zinsen zu zahlen haben; freilich sind sie aus allerlei Gründen recht froh die odiöse Papierfülle los zu werden, aber wegen der eintretenden Verzinsung suchen sie die Lösung so weit wie möglich hinauszuschieben. Auf der anderen Seite die Staaten mit geringer Papiergeldemission: sie machen geltend, daß ihre Kassen mit Massen früher nicht gekannter Scheine überschwemmt werden, daß sie nicht nur eine fremde unverzinsliche Schuld, sondern faktisch auch deren Verzinsung übernehmen, daß man sie deshalb in vollem Umfange entschädigen müsse. Unter den letzteren Staaten hat Preußen das entscheidende Wort zu reden; von der Preußischen Regierung aber dürfen wir um so mehr opferbereite Entschließungen in dieser Sache erwarten, als nicht nur die unverzinslichen preußischen Kassenscheine, sondern auch die Noten der preußischen Bank bezüglich ihrer Zirkulation im deutschen „Ausland" bisher günstiger daran waren, als das Papiergeld irgendeines anderen Staates. Es wird hier natürlich immer vorausgesetzt, daß das Privilegium der Preußischen Bank überhaupt oder mindestens als Königl. Preußisches Privilegium aufhört; denn bei dem bedeutenden Anteile des Staates an dem Geschäftsgewinn dieser Bank ist etwa die Hälfte der von derselben ausgegebenen und durch bar nicht gedeckten Noten auf das Konto der Preußischen Regierung zu setzen, also wenn auch nicht rechtlich, so doch faktisch als Preußisches Staatspapiergeld zu betrachten. Rechnet man solchergestalt nur 35 Mill. Tlr. preußische Banknoten zu der unverzinslichen Staatsschuld von 18¼ Mill. Taler, so

[1]) Eine der wenigen Ausnahmen bildet die Württembergische unverzinsliche Anleihe vom 16. Juli 1871 im Betrage von 3 Mill. Gulden. Dieselbe ist noch nicht emittiert, hat aber noch Spielraum bis zum 1. Januar 1872, da erst mit diesem Tage das Reichsgesetz vom 16. Juni 1870 über die Ausgabe von Papiergeld in Württemberg (ebenso wie in Bayern) verbindliche Kraft erlangt.

kommen gegenwärtig in Preußen auf den Kopf der Bevölkerung $2^2/_5$ Tlr. Papiergeld, dessen Verzinsung nicht dem Staate als solchen, sondern dem preußischen bzw. deutschen Publikum obliegt. Ohne die Aufhebung des Bankprivilegiums würde daher Preußen durchaus nicht zu den Staaten mit „geringer Papiergeldzirkulation" zählen; es würde sich freiwillig in ähnlicher Lage befinden, wie Oldenburg gegenüber der Oldenburgischen Landesbank.

Mein Vorschlag geht nun dahin:

> Die Staaten mit Papiergeldüberlastung überhaupt von der Verzinsung des über ihre Bevölkerungsrate hinausgehenden Schuldbetrags ganz freizusprechen, ihnen dagegen die Verpflichtung aufzuerlegen, diesen Betrag binnen 25 Jahren, jährlich mit 4% zu amortisieren; ferner den Betrag des an Stelle der Staatskassenscheine auszugebenden Reichspapiergeldes auf $^1/_2$ Tlr. pro Kopf der Bevölkerung festzusetzen.

Mit der Aussicht, nach 25 Jahren ihr Defizit vollständig abgewickelt zu haben, kann es den in Betracht kommenden Staaten nicht schwer fallen, sich auf eine alsbaldige Ordnung der Papiergeldfrage einzulassen. Die Normierung des Kopfbetrags auf $1^1/_2$ Tlr. bringt zwar für das ganze Reich eine Vermehrung des jetzt kursierenden Papiergeldes um ca. $4^4/_5$ Mill. Taler mit sich, ist aber dadurch, daß mehrere Staaten mit zusammen $2^1/_2$ Mill. Einwohnern überhaupt kein eigenes Papiergeld besitzen, einigermaßen gerechtfertigt, und vermindert nicht unerheblich die zu amortisierenden Beträge. Diese neue unverzinsliche Schuld des Reiches soll übrigens nur einen supplementären Charakter haben und als Tilgungszuschuß alljährlich mit 4% den einzelnen Bundesstaaten nach Maßgabe des Gesetzes gutgeschrieben werden. Sie hat lediglich den Zweck, die Staaten mit großer unverzinslicher Schuld momentan zu entlassen und für die Reform geneigter zu machen.

Wie sich hiernach die finanziellen Pflichten und Rechte gestalten würden, geht aus der nachfolgenden Tabelle hervor. Zu derselben ist zu bemerken, daß als Kopfzahl der Bevölkerung die Zahl der ortsanwesenden staatsangehörigen Bevölkerung, wie bei der Berechnung der Matrikularbeiträge, angenommen ist. Die bezeichneten Angaben für Bayern und Elsaß-Lothringen beruhen nicht auf Zahlung, sondern auf Berechnung bzw. Schätzung. Nach der Zählung vom 1. Dezember 1871 dürfte die ganze Tabelle eine wesentlich andere Gestalt annehmen, da auf der Bevölkerungszahl nicht nur der gesetzliche Anteil an der allgemeinen Papiergeldzirkulation, sondern auch die Berechnung der Differenzen und Amortisationsraten beruhen soll. Ferner ist nicht außer acht zu lassen, daß in der Tabelle als „Betrag der unverzinslichen Schuld" die wirklich emittierten Summen angegeben sind (mit Einschluß der noch in diesem Jahre zur Ausgabe gelangenden 3 Mill. Gulden der neuen Württembergischen Anleihe vom 16. Juli 1871 und der der Oldenburgischen Landesbank überwiesenen 2 Mill. Tlr. Oldenburgischen Staatspapiergeldes); während bei Durchführung der hier vorgeschlagenen Konsolidation nur die zum Umtausch präsentierten Stücke der verschiedenen Emissionen in Betracht kommen würden, die Erfahrung aber lehrt, daß bei jeder Einlösung namentlich

Bundesstaaten	Kopfzahl der Bevölkerung	Effekt. Betrag der unverzinsl. Schuld Taler	pro Kopf	Gesetzlich zugestanden sind (pro Kopf 1½ Taler) Taler	Der effektive Betrag ist im Vergleich zum gesetzlich zugestandenen größer Taler	geringer Taler	Zum Ausgleich haben 25 Jahre lang jährlich (4 %) zu zahlen Taler	zu empfang. Taler
1. Preußen	23 788 339	18 250 000	0,76	35 682 508	—	17 432 508	—	697 300
2. Lauenburg	47 591	—	—	71 387	—	71 387	—	2 856
3. Bayern	4 717 086	8 571 429	1,80	7 075 629	1 495 800	—	59 832	—
4. Sachsen	2 329 293	12 000 000	5,15	3 493 940	8 506 060	—	340 242	—
5. Württemberg	1 743 939	3 423 571	1,96	2 615 909	812 662	—	32 506	—
6. Baden	1 379 982	1 714 286	1,23	2 069 973	—	355 687	—	14 228
7. Hessen	784 357	2 457 143	3,13	1 177 136	1 280 007	—	51200	—
8. Mecklenburg-Schwerin	551 017	—	—	826 526	—	326 526	—	33 061
9. S.-Weimar	266 342	600 000	2,25	399 513	200 487	—	8 019	—
10. Mecklenburg-Strelitz	94 143	500 000	5,32	141 215	358 785	—	14 352	—
11. Oldenburg	296 759	2 000 000	6,74	445 134	1 554 862	—	62 194	—
12. Braunschweig	276 756	600 000	2,17	415 133	184 866	—	7 395	—
13. S.-Meiningen	169 579	600 000	3,55	254 368	345 632	—	13 825	—
14. S.-Altenburg	131 850	485 600	3,68	197 775	287 825	—	11 513	—
15. S.-Koburg-Gotha	157 094	600 000	3,82	235 641	364 359	—	14 574	—
16. Anhalt	174 612	950 000	5,43	261 918	688 082	—	27 523	—
17. Schwarzburg-Sondershausen	63 408	150 000	2,36	95 112	54 888	—	2 196	—
18. Schwarzburg-Rudolstadt	70 231	200 000	2,85	105 346	94 654	—	3 786	—
19. Waldeck	55 307	210 000	3,79	82 960	127 040	—	5 082	—
20. Reuß ält. Linie	40 593	130 000	3,20	60 889	69 111	—	2 765	—
21. Reuß jüng. Linie	80 608	320 000	3,97	120 912	199 088	—	7 964	—
22. Schaumburg-Lippe	29 391	372 000	12,38	44 086	327 914	—	13 117	—
23. Lippe	108 465	—	—	162 698	—	162 698	—	6 508
24. Lübeck	41 861	—	—	62 791	—	62 791	—	2 511
25. Bremen	84 736	—	—	127 104	—	127 104	—	5 084
26. Hamburg	234 916	—	—	352 374	—	352 374	—	14 095
27. Elsaß-Lothringen	1 575 000	—	—	2,362 500	—	2 362 500	—	94 500
Summa	39 293 655	54 139 029	1,36	58 940 482	16 952 122	21 753 575	678 085	870 143
Neue Schuld des Reichs	—	4 801 453	0,12	—	4801 453	—	192 058	—
Überhaupt	39 293 565	58 940 482	1,50	58 940 482	21 753 575	21 753 575	870 143	870 143

von den kleineren Appoints gewisse Beträge ausbleiben. Im übrigen verweisen wir auf die vom Bundeskanzleramt aufgestellte „Nachweisung der Papiergeldemissionen der Staaten des Norddeutschen Bundes", abgedruckt in den Annalen 1870, S. 117.

Das Gesetz, betreffend die Aufnahme einer unverzinslichen Anleihe seitens des Deutschen Reiches, möchte etwa folgende Fassung haben:

§ 1.

Die folgenden, in Form von Papiergeld (Kassenscheinen usw.) kontrahierten unverzinslichen Anleihen

(folgt die Aufzählung und nähere Bezeichnung der Anleihen)

werden als gemeinsame unverzinsliche Schuld vom Deutschen Reiche übernommen, mit der Maßgabe, daß die bei den hierfür bestimmten Kassen präsentierten Stücke (Kassenscheine usw.) jener Anleihen vom Tage des Inkrafttretens dieses Gesetzes an bis zum 1. Januar 1873 gegen neue Reichskassenscheine umgetauscht werden.

Über den Betrag der eingelieferten und umgetauschten Staatskassenscheine hinaus findet eine Ausgabe von Reichskassenscheinen nur auf Grund der Bestimmung im Abs. 4 des § 2 dieses Gesetzes statt.

§ 2.

Bis zum Betrage von 1½ Taler für jeden Kopf ihrer bei der Zählung vom 1. Dezember 1871 als ortsanwesend und staatsangehörig nachgewiesenen Bevölkerung können Ansprüche an die einzelnen Bundesstaaten seitens des Deutschen Reiches nicht erhoben werden.

Wird dieser Betrag durch den Nennwert der nach § 1 umgetauschten Staatskassenscheine überschritten, so hat der betreffende Bundesstaat die sich herausstellende Differenz in jährlichen Raten von 4% bis zum vollständigen Ausgleich an die Generalkasse des Reiches zu zahlen.

Bleibt dagegen der Nennwert der nach § 1 umgetauschten Staatskassenscheine hinter dem im Abs. 1 gedachten Betrage zurück, so hat der betreffende Bundesstaat die sich herausstellende Differenz in jährlichen Raten von 4% bis zum vollständigen Ausgleich aus der Generalkasse des Deutschen Reiches ausgezahlt zu erhalten.

Insoweit zu diesen Auszahlungen die nach Abs. 2 dieses Paragraphen an die Reichskasse abzuführenden Beträge nicht hinreichen, haben dieselben mittels unverzinslicher Reichskassenscheine zu geschehen. (Vgl. § 1 Abs. 2.)

§ 3.

Die Reichskassenscheine werden zu je einem Dritteil in Stücken zum Nennwerte von 100 Tlr. und von 50 Tlr., und zu je einem Sechsteil in solchen von 25 Taler und 10 Taler ausgegeben[1]). Eine Verpflichtung, gegen die

[1]) Dieser Entwurf nimmt selbstverständlich überall keine Rücksicht auf die etwa durch die Münzreform notwendig werdenden Änderungen.

zum Umtausch eingerichteten Staatskassenscheine Stücke ein und desselben Nennwertes abzugeben, besteht nicht.

§ 4.

Die Reichskassenscheine werden bei allen Zahlungen von und an Kassen des Deutschen Reiches und der Bundesstaaten zu ihrem vollen Nennwerte angenommen.

§ 5.

Die Staatskassenscheine werden vom 1. Juli 1872 ab nicht mehr bei öffentlichen Kassen als Zahlung, sondern nur noch zur Einlösung gegen Reichskassenscheine bei denjenigen Kassen angenommen, welche der Reichskanzler bestimmen wird.

Vom 1. Januar 1873 ab dürfen Staatskassenscheine überhaupt nicht mehr in Zahlung weitergegeben oder angeboten werden.

Die eingegangenen Staatskassenscheine werden durch Feuer vernichtet und die vernichteten Beträge unter Angabe der Serien und des Nennwertes der Stücke öffentlich bekannt gemacht[1]).

§ 6.

Auf Ermittlung, Feststellung, Verfolgung und Bestrafung von Verfälschungen oder Nachahmungen von Reichskassenscheinen finden, außer dem bezüglichen Bestimmungen des Strafgesetzbuchs für das Deutsche Reich, die bisher in den einzelnen Bundesstaaten ergangenen gesetzlichen Vorschriften über Ermittlung usw. von Verfälschungen oder Nachahmungen von Kassenanweisungen resp. Fälschung öffentlicher Urkunden Anwendung.

§ 7.

Über die Verwaltung der unverzinslichen Schuld gelten die Bestimmungen des Gesetzes vom 19. Juni 1868, betreffend die Verwaltung der nach Maßgabe des Gesetzes vom 6. November 1867 aufzunehmenden Bundesanleihe (Bundes-Gesetzbl. 1868 S. 339ff.).

Die nach Maßgabe des gegenwärtigen Gesetzes erwachsenden Ausgaben und Einnahmen sind alljährlich auf den Reichshaushaltetat zu bringen[2]).

§ 8.

Alle diesem Gesetze entgegenstehenden Vorschriften werden aufgehoben.

---

[1]) Vgl. nach § 17 des Preußischen Gesetzes vom 24. Februar 1850 (Gesetzsammlung 1850, S. 57).

[2]) Sie würden hier an zwei Stellen zu erscheinen haben: einmal bei der Verwaltung der Bundesschuld, sodann bei den Matrikularbeiträgen, wo die von den einzelnen Bundesstaaten zu zahlenden resp. zu empfangenden Differenzen in ähnlicher Weise einzurechnen sein würden, wie bisher schon die Anteile an den Postüberschüssen, die Nachlässe an den Gesandtschaftskosten.

Die zur Ausführung dieses Gesetzes erforderlichen Instruktionen erläßt der Reichskanzler; die Kassen, bei welchen der Umtausch der Staatskassenscheine gegen Reichskassenscheine zu erfolgen hat, bestimmt derselbe nach Vernehmung des Ausschusses des Bundesrates für Rechnungswesen.

Schließlich bemerke ich noch ausdrücklich, daß ich die vorgeschlagene Normierung des Betrages der unverzinslichen Reichsschuld auf 1½ Tlr. pro Kopf der Bevölkerung nur so lange als gerechtfertigt betrachte, als die Staaten, welchen aus der Reform drückende Lasten erwachsen, auf weitgehenden Konzessionen bestehen. Prinzipiell bin ich für gänzliche Abschaffung des unverzinslichen Staatspapiergeldes, in der festen Überzeugung, daß mit jederzeit einlösbaren, durch bar vollgedeckten „Münzscheinen", deren Ausgabe der Staat gegen geringe, eben nur die Kosten zurückerstattende Provisionen zu vermitteln hätte, den Interessen der Gesamtheit am Vollkommensten gedient sein würde; vor allem den Interessen der Beamtenwelt und der sog. Arbeiterbevölkerung, deren Einnahme feste Gehalte und Löhne bilden und die unter den „Finanzoperationen" des von den Regierungen bisher in so ungeheuerlicher Weise gehätschelten Großkapitals zunächst und am meisten zu leiden hatten[1]). Von einer plötzlichen Abschaffung kann indessen jetzt nicht die Rede sein; wenn von den Freunden derselben auf den im allgemeinen günstigen Stand unserer Staatsfinanzen, namentlich auf die französische Kriegsentschädigung hingewiesen wird, mit deren Hilfe die Rückzahlung der unverzinslichen Schulden ein leichtes sein müsse, so machen die Finanzmänner nicht mit Unrecht geltend, daß das Deutsche Reich bei seinen heutigen Aussichten mit 50—60 Mill. Taler Papiergeld weder Valutadifferenzen noch sonstige Schwierigkeiten zu erwarten habe. Wie die Dinge jetzt liegen, bei der sorgfältigen Vermeidung jedes Angriffs auf „berechtigte Eigentümlichkeiten", wird man froh sein müssen, zunächst zu einer billigen Konsolidation des deutschen Staatspapiergeldes zu gelangen, die allmähliche Reduktion und gänzliche Abschaffung der Zukunft überlassend.

München, Ende September 1871.

Nachschrift. Eine soeben erschienene Broschüre des Herrn H. V. v. Unruh[2]) ist deshalb von besonderen Wert und Interesse, weil sie das wohlbegründete Urteil eines mit unsern wirtschaftlichen Zuständen innig vertrauten, in der Gesetzgebung und in der Kontrolle des Preußischen Finanzwesens erfahrenen und dabei durchaus unabhängigen und vorurteilsfreien Mannes über die Lösung der nächsten praktischen Aufgabe in der Papiergeldfrage,

[1]) Diese vom Verfasser bereits damals vorausgesehenen Unzuträglichkeiten sind in der heutigen Zeit (Danat-Banken) zur Wahrheit geworden in krassester Form.

[2]) Die Bankfrage vor der Kommission des Deutschen Handelstags beleuchtet von H. V. von Unruh, Mitglied des Reichstags. Berlin, J. Springer, 1871.

nämlich die Neuordnung der Verhältnisse der Preußischen Bank enthält. Auch das ist von besonderem praktischen Wert, daß sich der Verfasser mit vernichtender Kritik zunächst gegen die Beschlüsse der vom Handelstagsausschuß berufenen Kommission sog. „Sachverstäniger" wendet, wie es immer nützlich ist — wir haben das ja im vorigen Jahre im großen an unseren westlichen Nachbarn erlebt, — wenn eine Scheinautorität von fester Hand auf ihr bescheidenes Maß zurückgeführt wird. Herr von Unruh hat sich die verdienstliche Mühe genommen, aus dem qu. Handelstagsbericht eine Blumenlese von banktheoretischen Sinnsprüchen zu veranstalten, welche sämtlich aus dem Munde der sachverständigen Majorität geflossen sind. Wir teilen dieselben als wichtiges „Material" hier mit, hinzufügend, daß die Sprüche zu a bis c von einem Anhänger des Zentralbankmonopols, diejenigen zu d bis f von den Freunden der Privatzettelbanken herrühren.

a) „Der Vorteil der Banknoten besteht darin, ein gewisses Kapital zu schaffen, an dessen Zinsen man!? partizipiert."

b) „Die Note ist ein Repräsentant leicht realisierbarer Wechsel."

c) „Die Zirkulation der Noten gleicht der Zirkulation des Papiergeldes und fordert daher den höchsten Anspruch auf Vertrauen und Sicherheit[1])".

d) „Man darf die Banknoten nicht als eine Form des Papiergeldes bezeichnen. Dieselben sind eine Form des Kredits, eine Geschäftsform, und müssen daher frei sein, wie jede andere Geschäftsform."

e) „Der idealste Zustand für den Bestand der Zirkulationsmittel sei vielleicht der, daß an Stelle eines jeden bankmäßigen, bei der Bank hinterlegten Wechsels auf den entsprechenden Betrag Noten ausgegeben würden, daß aber keine Note ohne eine solche Hinterlage zirkulieren dürfe."

f) „Die Möglichkeit, den Verkehr in unbegrenzter Menge durch Noten ohne volle Metalldeckung zu unterstützen, müsse gegeben sein, weil sich eine absolute Grenze für den Bedarf nicht bestimmen lasse", usw.

Man kombiniere nun a mit f, so erhält man die sehr einträgliche Formel: „Der Vorteil der Banknoten besteht darin, ein gewisses Kapital in unbegrenzter Menge zu schaffen, an dessen unbegrenzten Zinsen man unbegrenzt partizipiert" . . . Man — d. h. die glücklichen Inhaber von Bankanteilen.

Den zum Teil sich einander widersprechenden „Resolutionen" der Handelstagskommission, welche die Erhaltung der Preußischen Bank als „Reichsbank" empfehlen, die Errichtung von Privatzettelbanken aber von speziellen Konzessionen unabhängig machen und nur an die Innehaltung von Normativbedingungen, namentlich die $^1/_3$-Bardeckung binden wollen[2]), setzt Herr von Unruh folgende, schlagend motivierte Thesen entgegen:

[1]) Diese Sentenz hat Herr v Unruh nicht aufgegriffen, sie ist aber nicht minder interessant als die übrigen, namentlich im Zusammenhalt mit a und d.

[2]) Zu b der Normativbedingungen heißt es: „Der Betrag der emittierten Noten soll das volleingezahlte Aktienkapital nicht übersteigen"; dagegen erklärt Resolution IX: „Zwischen der Höhe der Notenemission und der Höhe des Stammkapitals besteht ein innerer Zusammenhang nicht; das Stammkapital hat lediglich die Bedeutung eines Garantiekapitals."

1. Nicht bar gedeckte Noten emittieren, heißt: den unfreiwilligen Kredit des Publikums, jedermanns, in Anspruch nehmen oder, wie es auch ausgedrückt wird, das Publikum besteuern teils zugunsten der Bank selbst, teils zugunsten derer, welche den Bankkredit möglichst weit ausbeuten wollen.
2. Es ist kein Kindermärchen, sondern nackte Wirklichkeit, daß Noten und alle papiernen Zirkulationsmittel den Export des Metallgeldes begünstigen, bezüglich dasselbe aus dem Lande treiben.
3. Billiges Geld — hohe Warenpreise, teures Geld, niedrige Preise; die nächste Folge der künstlichen Preissteigerung ist eine, nicht in natürlichen Verhältnissen liegende Schädigung der Konsumenten und aller, die von festen Löhnen und Gehalten leben. Nicht mit Metall bedeckte Noten sind der Feind des baren Geldes, sowohl Goldes, als des Silbers.
4. Die allerbedenklichste Folge des durch Papier flüssig gemachten Geldes und der dadurch künstlich herbeigeführten Preissteigerung der Waren liegt in der Anregung einer ungesunden Spekulation. Die natürliche Grenze, welche der Vorrat an barem Gelde sonst der Spekulation setzt, ist durch die Notenpresse fortgefallen.
5. Die Gefahr großer Krisen wird durch starke Notenemissionen nicht abgewendet, sondern durch Anregung und Erleichterung der Überspekulation und Überproduktion sehr erheblich erleichtert.
6. Am allerwenigsten kann der Staat in der Einräumung eines Anteils an dem Gewinn einer Bank ein Äquivalent für die exorbitante Verpflichtung der Notenannahme in öffentlichen Kassen finden. Eine solche Spekulation beruht nicht auf einer gesunden Finanzpolitik, sondern ist nichts als die *Anwendung von Bankierpolitik* auf die *Staatsfinanzen*.
7. Der Staat hat gar keine Veranlassung, nicht mit Metall gedeckte Noten in seinen Kassen unter allen Umständen und zu jeder Zeit voll in Zahlung zu nehmen.

Sein Programm in der Bankfrage faßt Herr v. Unruh mit diesen Worten zusammen: „*Wir streben nach Einschränkung und allmählicher Beseitigung aller nicht mit Metall gedeckten Noten, möglichster Einschränkung alles Papiergeldes im allgemeinen und Freigebung der Depositen- und Girobanken. Wir wollen, daß man dies Ziel weder aus den Augen verliere, noch in zu weite Ferne rückte, sich aber auch nicht überstürze.* Wir halten es nicht für gefährlich, wenn eine gut fundierte und gut organisierte Bank noch eine Reihe von Jahren ein Quantum nicht mit Metall gedeckter Noten im Umlauf hat, welches mit ihrem Metallvorrat und sonstigen, stets in Metall umzuwandelnden Deckungsmitteln in einem solchen Verhältnis steht, daß eine Stockung der Bareinlösung niemals eintreten kann. Nach Einführung der Goldwährung wird sich bald zeigen, ob und wann diese künstliche Vermehrung der Zirkulationsmittel noch notwendig ist oder nicht."

Dieses Programm nun hätte wohl bei einiger Konsequenz etwas strammer, radikaler ausfallen müssen. Herr von Unruh vergleicht zwar den bisherigen Banknotenunfug mit den ebenfalls verwerflichen Schutzzöllen; auch diese seien nicht urplötzlich, sondern allmählich abzuschaffen, wollte man nicht die empfindlichsten Verlegenheiten und Verluste herbeiführen. So ganz paßt aber das Beispiel nicht: die Schutzzölle[1]), welche überdies bei uns in Deutschland sich zu den Zettelbanken verhalten wie eine Mücke zum Elefanten, verteuern nur einzelne Lebensbedürfnisse während das ungedeckte Papiergeld das Leben überhaupt verteuert und fortgesetzt zu den ärgsten Mißständen unter der gesamten „fixierten Bevölkerung", d. i. den Beamten und Lohnarbeitern, führt. Alle Gehalts- und Pensionaufbesserungen, alle Lohnerhöhungen mit oder ohne Streick sind nur sehr unvollkommene Behelfe[2]); so lange der Staat das „Geld" als gesetzliches Zahl- und Tauschmittel aufrecht erhält und nicht mit Strenge darauf achtet, daß niemand „Geld fabriziert", denn er selber, so lange kann man gar nicht von einer Lösung der sozialen Frage sprechen. Die allmähliche Abschaffung der ungedeckten Banknoten resp. des gesetzlich erlaubten Mißbrauchs, den einzelne Private zu ihrem Vorteil damit treiben, bedeutet vom rein wirtschaftlichen Gesichtspunkte gerade soviel, als wenn man von der nachdrücklichen Verfolgung einer Falschmünzergesellschaft nur deshalb absehen wollte, weil man durch die Entdeckung massenhaften falschen Geldes die Interessen der zeitweiligen Inhaber desselben zu schädigen fürchtete.

Ich meine, schon aus Gründen der Gerechtigkeit darf der Staat die großartige Dotation der Zettelbanken keinen Augenblick länger fortdauern lassen, als er dazu gezwungen ist. „In Geldsachen hört die Gemütlichkeit auf", sagen der Exekutor und andere Leute; und gegenüber den Zettelbanken sollte der Staat dieses wahre Wort ganz vergessen? Man denke sich nur, nicht das jetzige „Geld", sondern Getreide bildete das allgemeine gesetzliche Zahl- und Tauschmittel, und es sei spekulativen Köpfen gelungen, zur „Unterstützung" des Verkehrs nicht bloß Anweisungen auf Getreide, sondern sogar gesetzlich anerkanntes Papier-Getreide in Zirkulation zu setzen; man sei endlich hinter den Schwindel und seine Gefahren für die Volks- (namentlich Land-)wirtschaft gekommen, getraue sich aber nicht, ihn mit einem Male zu untersagen, und

[1]) Die Schutzzölle wurden im Laufe der letzten 6 Jahrzehnte immer dazu benützt, die Landwirte und die Arbeiter in Gegensatz zu einander zu bringen.

[2]) Bei den fortwährenden Schwankungen und Entwertungen des Geldes, welche in erster Linie auf die künstliche Fabrikation, und erst in zweiter Linie auf die natürliche Vermehrung des letzteren (d. h. auf die Edelmetallproduktion) zurückzuführen sind, wäre es eigentlich billig, daß alle fixen Gehalte und Löhne nicht in Geld, sondern in Naturalien gezahlt, oder wenigstens in kurzen Zwischenräumen nach den jeweiligen Preisen der zum Leben erforderlichen Naturalien veranschlagt würden. Natürlich würde das voraussetzen, daß auch die Steuern in ähnlicher Weise berichtigt, resp. berechnet würden. Alle unsere Steuer-, Gehalts- und Lohnsätze beruhen auf der falschen Voraussetzung, daß das mit staatlicher Autorität versehene oder sich den Anschein solcher Autorität gebende „Geld" eine einigermaßen konstante Tausch- und Kaufkraft habe; das ist aber nicht so, mit jeder neuen Million, die in Metall oder Papier auf den Weltmarkt geworfen wird, verändert sich die Kraft des Geldes. Das Gefühl dieses Vorganges ist der „gesunde Kern", der in den Streiks steckt.

die Papier-Getreide-Fabrikanten erhielten für eine geraume Übergangszeit die Erlaubnis, ihre wohlfeile Konkurrenz mit dem biedern Landmann fortzusetzen! In dem Falle aber, in dem sich hier der Ackerbauer befinden würde, ist zur Zeit die gesamte Bevölkerung — mit Ausnahme derjenigen, die von „Prozenten" leben, bei denen der größere oder geringere Wert des Geldes keine Rolle spielt.

Wenn sich nach dem Ablauf der verschiedenen Bankprivilegien und nach durchgeführter Goldwährung für eine gewisse Übergangszeit wirklich noch ein Bedürfnis durch bar nicht gedeckten Papiergeldes erweisen sollte, so hat nur der Staat die Aufgabe, solches zu schaffen; wahrscheinlich genügt schon das gegenwärtige in Deutschland zirkulierende Staatspapiergeld, dessen Konsolidation oben empfohlen ist. Jedenfalls werden normale Zustände in unseren Geld- und Preisverhältnissen erst dann eintreten, wird eine gesunde Basis zur Lösung der sozialen Frage erst dann gewonnen sein, wenn sich der Staat genommen haben wird, was allein des Staates ist: das Geldregal.

G. Hirth.

3. Bismarck und Perrot und die 5 Ära-Artikel von 1875.

(Nach einem Artikel von Karl Perrot.)

Dieses Buch wurde totgeschwiegen, von den Gegnern aufgekauft und man ließ es verschwinden. Perrot war nicht vermögend genug um einen Neudruck zu ermöglichen. Auch sein Bruder suchte vergeblich nach einem Verleger dafür. Selbst nach dem Hinscheiden Bismarcks wirkte die Furcht vor ihm noch nach und vor der Clique, deren Absicht Bismarck durchgeführt hatte.

Der Leser hat sich davon überzeugen können, daß der Inhalt, abgesehen von den kleineren Zahlen der damaligen Verhältnisse, mit jedem Wort auf die heutigen anzuwenden ist.

Wir Alle, die wir die Zeit vor dem Kriege als denkende Menschen miterlebt haben, können ein Lied davon singen, daß es zwar im zweiten Reich dem Volke viel besser ging als heute, daß aber nur selten ein Erfinder, ein Schöpfer, ein Entdecker die Früchte seiner geistigen, industriellen oder wissenschaftlichen Arbeit genießen konnte. Das jüdische Finanzkapital nahm ihm und den Arbeitern, die die Herstellungsarbeit leisteten, den größten Teil ja, dem Schöpfer zumeist den ganzen Gewinn weg, um ihn mit einem Bettelpfennig abzufinden. Nur wenn er sich jüdischer Methoden bediente, konnte er die Früchte seiner Arbeit ernten. Sonst waren die Banken die Nutznießer. Wie wenig deutsche Bankinstitute es gab, — es sind inzwischen noch weniger geworden — bewiesen uns die Schriften von Dr. Franz Perrot, die in keinem Punkte zu widerlegen sind.

Die schlimmste Frucht aber des Finanz- und Aktiengesetzes, war und ist die korrumpierende Wirkung auf das geschäftliche Denken unseres Volkes, auf die Geschäftsmoral im allgemeinen, die ihre Wirkung selbst bis in unsere Rechtsprechung hinein ausgedehnt hat. In einem solchen Ausmaße hatte selbst die schwärzeste Furcht Perrots die Wirkung nicht vorausgesehen. In den „Gründerjahren" wußten fast nur die Juden mit den neuen Finanzgesetzen umzugehen und Nutzen daraus zu ziehen. Allmählich aber breitete sich die jüdische Unmoral aus. Treu und Glauben verschwanden immer mehr. Es entstand der „Weiße Jude".

Die unmittelbare Wirkung der neuen Finanzgesetzgebung war, schneller als von Perrot vorausgesagt, die Gründerzeit (1873). Schon erhob sich aber im Volke ein staunender Unwille und eine erste antisemitische Welle kam auf. Das hatte Juda nicht erwartet. Aber es wußte sich zu helfen. Es kam ihm ein teuflischer Gedanke, der die beabsichtigte Wirkung nicht verfehlte. Seit der Reformation war das Bestreben der Hohenzollernfürsten stets dahin gegangen, die konfessionellen Gegensätze im Volke auszugleichen — den Frieden zu erhalten zwischen den verschiedenen christlichen Bekenntnissen. Sie hatten es erreicht, daß die religiösen Leidenschaften schliefen.

Da entstand ein kleiner Konflikt zwischen dem Reich und der römischen Kurie, wie solche im Laufe der Zeiten schon öfters dagewesen sind. Wie bei früheren Gelegenheiten wäre es auch diesmal möglich gewesen, ihn auf diplomatischem Wege auszugleichen. Hier sah jedoch die Alliance-Israelite eine willkommene Gelegenheit zur Ablenkung des gegen das Judentum und seinen Einfluß gerichteten öffentlichen Unwillens. Die jüdischen Gazetten, voran das „Berliner Tageblatt", bließen ein Feuer an, das seit Jahrhunderten zum Besten des Volkes schlief. Es hetzte zum Kulturkampf. Bismarck, als überzeugter Protestant, merkte die ihm gestellte Falle nicht und ging mit dem ihm eigenen Elan gegen die Kurie los. Der alte unselige Streit zwischen Katholizismus und Protestantismus flammte hoch auf, bis endlich ein Machtwort Kaiser Wilhelms des Großen dem Streite ein Ende machte.

Aber der Zweck war erreicht — das Volk und der Kanzler waren von der Judenfrage gründlich abgelenkt worden . . .

Wer sich aber nicht ablenken ließ, war Dr. Franz Perrot. Mit wachsender Sorge sah er den jüdischen Einfluß auf Bismarck immer größer werden. Seine Sorge teilten inzwischen viele deutschbewußte Männer.

Wie er einen zweiten Generalangriff in den „Ära-Artikeln" gegen Bismarcks Judenpolitik wagte, schildert abermals sein Bruder Karl Perrot in der früher erwähnten Zeitschrift:

Die Veröffentlichung der nachstehenden historischen Erinnerungsblätter erscheint mir am Abend meines kämpferischen Lebens als doppelte Pflicht, denn die wenigen, die über die bedeutsame Zeit der sog. „Ära-Artikel" ein freies Wort gewagt haben, sind bisher totgeschwiegen worden, und ich als der einzige überlebende Bruder Franz Perrots besitze das fast vergessene Material, das zur Aufklärung der damaligen Wende der deutschen Wirtschaftsgeschichte gehört. In diesem Kampfe für die edelsten Güter Deutschlands stand mein Bruder fast allein. Ich habe ihm redlich und nach Kräften als Mitarbeiter beigestanden, aber schließlich ist er doch in diesem so ungleichen Kampfe erlegen und, an der guten Sache des deutschen Volkes verzweifelnd, aus dieser Welt geschieden, während ich durch mein ganzes Leben den Haß unserer mächtigen Gegner fühlen muß.

Fürst Bismarck kommt in seinen „Gedanken und Erinnerungen" auf die Ära-Artikel im Kapitel „Bruch mit den Konservativen" auf Seite 153/154 zurück, vermeidet es aber sehr bemerkenswerterweise, auf den Kern der Sache einzugehen. Er weicht der Hauptsache, um die es sich handelt, der unter dem direkten Einfluß seines vertrauten Bankiers Bleichröder in Szene gesetzten total verfehlten und gemeinschädlichen Finanz- und Wirtschaftspolitik, die trotz der glänzendsten Verhältnisse zu der großen Krisis im Jahre 1873 geführt hatte, geflissentlich aus. Er findet nur einige sehr harte Worte über den Verfasser der Artikel. — Dabei ist Dr. Franz Perrot nie etwa ein „Bismarckfeind“ gewesen. Er schätzte ihn sogar sehr hoch, und hatte ihn während der sog. Konfliktzeit, wo er von aller Welt verkannt worden war, mit aller Wärme verteidigt. Aber Perrot hatte den seltenen Mut, wenn auch schweren Herzens, den Kampf mit dem großen Kanzler aufzunehmen, als es nötig wurde, und er hat wenigstens teilweise darin obgesiegt. —

Die erste Wirkung des Aktiengesetzes, war die schon erwähnte tolle Gründungsära bis 1873 und der darauf folgende Zusammenbruch.

Das war es, was die Konservativen dem großen Kanzler mit Fug und Recht vorwarfen und was sie veranlaßte, sich gegen den mächtigen Einfluß eines ohne Verantwortung hinter der Szene arbeitenden Mannes, wie Bleichröder, und gegen die von ihm und seinem Anhang organisierte, dem Interesse des deutschen Volkes zuwiderlaufende Finanz- und Wirtschaftspolitik ganz entschieden zu verwahren. Das war auch die Hauptursache des Bruches zwischen dem Reichskanzler und den Konservativen; alles andere, was vorgeschützt wird, ist nebensächlicher Natur gewesen.

Da aber alle Vorstellungen von konservativer Seite nichts fruchteten, so machte Perrot dem Chefredakteur der Kreuzzeitung, Herrn v. Nathusius-Ludom, Herrn v. Diest-Daber und vor allem Herrn Dr. v. Wedemeyer, der einen großen Einfluß in dieser Partei ausübte, den Vorschlag, durch einen scharfen Angriff auf dieses System in der Presse den großen Kanzler zu einer anderen Finanz- und Wirtschaftspolitik zu zwingen und den Einfluß des Bankiers Bleichröder und der in seinem Sinne handelnden Minister Camphausen und Delbrück zu brechen — und auf diese Weise entstanden die sog. Ära-Artikel.

Als mir mein Bruder den ersten, übrigens viel schärfer gehaltenen Entwurf, als das etwas später veröffentlichte Original, vorlas, entspann sich zwischen uns folgendes von mir aufgezeichnete Gespräch:

„Du greifst den Mann des Jahrhunderts hier in ungemein scharfer Weise an, kannst du diese Artikel nicht etwas mildern?“

„Ich greife nicht den Mann des Jahrhunderts, sondern das Jahrtausend, dem er sein Gepräge gegeben hat, an. Man ist nicht der Freund eines großen Mannes, wenn man alles, was er tut, blind gut heißt, sondern wenn man ihn vor Fehlern warnt und diese zu korrigieren trachtet. Ich will einen Schatten von seinem Namen nehmen und ihn, wenn es sein muß, zu einer anderen, unseren gemeinsamen deutschen Interessen entsprechenden Wirtschaftspolitik zwingen. Der große Bismarck kann nur mit glühendem Eisen, nicht mit Rosenwasser gezwungen werden und deshalb kann und darf ich sie nicht schwächen.“

„Könntest du nicht mit deinen konservativen Genossen noch einen Versuch machen, auf freundschaftlichem Wege durch persönliche Einwirkung dies Ziel zu erreichen?“

„Nein, diesen Versuch haben Roon, Wedemeyer und Diest-Daber schon wiederholt vergeblich gemacht. Der große Kanzler verträgt leider keine Charaktere, sondern nur Kreaturen neben sich."

„Gesetzt, du würdest den gewünschten Erfolg auch wirklich haben, und es gelänge dir, die Säulen des jetzigen Systems Camphausen und Delbrück niederzuwerfen, so würden dich diese fallenden Säulen doch mit zerschmettern. Denn bei dem jetzt mit Bismarck getriebenen Kultus würdest du zweifellos auf längere Zeit hinaus unmöglich werden."

„Dessen bin ich mir vollkommen bewußt. Aber einer muß der Marcius Curtius sein, der sich hier in die Bresche stürzt."

„Dann drauf und dran in Gottes Namen denn!"

So wurden nun die Artikel über „Die Ära Bleichröder-Delbrück-Camphausen und die neudeutsche Wirtschaftspolitik" in der Nummer 148 der „Neuen Preußischen (Kreuz-)Zeitung" vom 29. Juni 1875 veröffentlicht. Mancher junge Politiker spricht heute über sie, ohne sie überhaupt zu kennen.

Wir lassen die Artikel hier im Original-Wortlaut folgen:

Ära-Artikel. Vom 29. Juni 1875.

I.

Selten, vielleicht niemals in der Weltgeschichte, ist eine Zeitperiode für eine großartig angelegte National-Wirtschaftspolitik günstiger gewesen, als die Zeit nach dem Kriege von 1870/71 es für Deutschland gewesen ist.

Vielleicht niemals vorher in der deutschen Geschichte war ein Zeitpunkt mehr darauf angelegt, für die bleibende Wohlfahrt der Nation großartig Schöpferisches zu leisten, als seit den letzten vier Jahren, — und vielleicht niemals ein großer staatswirtschaftlicher Moment kläglicher frustriert, bedauerlicher verkümmert, vollständiger verpfuscht worden, als die Zeit der französischen Milliardenzahlungen in Deutschland.

Das unersterbliche Verdienst, diese allerdings äußerst hervorragenden Resultate unserer neuesten deutschen National-Wirtschaftspolitik erzielt zu haben, dürfte allerdings den Herren Delbrück und Camphausen beizumessen sein.

In der kürzlich stattgehabten 77. Sitzung des preußischen Abgeordnetenhauses hat Herr Camphausen freilich dem Herrn v. Kardorff repliziert, daß er „seinem Freunde Delbrück gegenüber" darauf verzichte, für den „intellektuellen Urheber unserer ganzen Wirtschaftspolitik" angesehen zu werden. Wir sind jedoch nicht völlig gewiß, ob nicht auch für Herrn Delbrück der Zeitpunkt eintreten wird, wo er die Ehre dieser „intellektuellen Urheberschaft" gerne von sich ablehnen möchte, — und nach unserer Kenntnis der Verhältnisse dürfte die Ehre dieser „intellektuellen Urheberschaft" allerdings auch Herrn Delbrück kaum völlig, ja wohl nicht einmal in der Hauptsache zur Last gelegt werden können, — diese Ehre wird doch wohl in letzter Instanz von dem großen finanziellnationalwirtschaftlichen spiritus familiaris des neudeutschen Reiches, dem — Herrn v. Bleichröder in Anspruch genommen werden müssen. Es erscheint durchaus notwendig, das deutsche Publikum möglichst vollständig über die enormen Verdienste des Herrn G. v. Bleichröder aufzuklären, da er in ungemein richtig berechneter Bescheidenheit äußerst sorgfältig vermeidet, seine außerordentlichen Verdienste um die neudeutsche Nationalwirtschaft und die möglichst spurlose Verduftung der Milliarden an das Licht der Öffentlichkeit treten zu lassen. Und da die große sog. „nationalliberale" Presse sich vorzugsweise in Händen seiner Glaubensgenossen, oder von ihnen mehr oder minder direkt oder indirekt abhängiger Leute befindet, so ist die Absicht seiner Bescheidenheit bisher durchaus von Erfolg gekrönt worden.

Herr G. v. Bleichröder ist nämlich, wie wir in Parenthese hinzufügen, mosaischen Glaubens und regierender Bankier, welches erstere übrigens nahezu von selbst aus letzterem folgt, da z. B. 1861 in Preußen von 642 Bankiers nur 92 Christen, die übrigen 550 dagegen Juden gewesen sind. Dies jedoch, wie gesagt, in Parenthese.

Wenn die Finanz- und Wirtschaftspolitik des neuen Deutschen Reiches und bzw, auch schon des norddeutschen Bundes auf unbefangene Beurteiler beständig den Eindruck reiner Bankier-Politik, d. h. einer Politik von und für Bankiers machte, so konnte dies nach den Verhältnissen der in diesen Dingen leitenden Persönlichkeiten durchaus nicht Wunder nehmen, denn Herr G. v. Bleichröder ist selbst Bankier Herr Delbrück ist Verwandter eines Bankhauses — Delbrück, Leo & Co. — und Herr Camphausen ist der Bruder eines Bankhauses — Camphausen & Comp.

Wenn zugleich die Geld- und Wirtschaftspolitik des Deutschen Reiches immer den Eindruck von Judenpolitik, d. h. von und für Juden betriebener Politik und Gesetzgebung machte, so ist dies ebenfalls sehr erklärlich, da der intellektuelle Urheber dieser Politik, Herr G. v. Bleichröder, selbst Jude ist, und die von christlichen Eigentümern betriebene Minorität der Bankgeschäfte überhaupt nur die Politik der Bank-Majorität treibt und treiben kann, wie denn in jeder Beziehung die Leitung und Führung auf diesem Gebiet vollkommen in den Händen unserer Mitbürger mosaischen Glaubens sich befindet. Dazu kommt, daß unsere Mitbürger semitischer Rasse und mosaischen Glaubens zugleich die intellektuelle Führung der Gesetzgebung in unseren Vertretungskörpern — mit Ausnahme natürlich des Herrenhauses — übernommen haben. Die Herren Lasker, Bamberger und der beiden engbefreundete, freilich erst neuerdings in den Reichstag gelangte Herr H. B. Oppenheim sind ja Juden und sind die eigentlichen Führer der sog. „nationalliberalen" Majorität des Reichstages und der preußischen zweiten Kammer. Herr Miquel repräsentiert dabei die christliche Minorität des Bankiers-Liberalismus, welcher mit der semitischen Führung durch dick und dünn geht. Was auf diese Weise an neudeutscher Gesetzgebung zugunsten unserer deutschen Bankgeschäfte, welche, wie gesagt, ganz überwiegend in Händen von Juden sind, in den regierenden Bankierkreisen und mit Unterstützung der jüdischen Leiter unserer Parlamentspolitik gewünscht und geplant wird, das unterstützt, propagiert und fördert mit nie ermüdendem Eifer und vielfach großem Geschick die, wenigstens in ihren meisten leitenden Organen von unseren Mitbürgern mosaischen Glaubens teils abhängige, teils beeinflußte sog. „nationalliberale" Presse in tausendstimmigen Echo durch ganz Deutschland hin.

Der Ausdruck „Judenpolitik", welchen wir oben gebrauchten, ist dem deutschen Publikum nicht geläufig, erscheint demselben großenteils sogar als unstatthaft. Das hat seine sehr naheliegenden Gründe. Wir werden ja z. Z. von den Juden eigentlich regiert[1]). In durchaus richtiger Würdigung der Umstände wünschen dieselben jedoch nicht, daß das von ihnen regierte deutsche Publikum christlicher Religion die hinter den Kulissen hergehenden goldenen Drahtseile bemerke, mittels welcher der sehr geschickt angelegte Mechanismus der bestehenden Geldregierung gehandhabt wird. Überhaupt soll auch das Publikum christlicher Religion und deutscher Nationalität jene Regierung als das, was sie ist, so lange als möglich gar nicht erkennen und kennen lernen. Denn in dem Momente, in welchem die christliche deutsche Bevölkerung sich darüber klar wird, daß die Juden in Deutschland, wie allerwärts, systematisch und planmäßig eine umfassend und höchst geschickt angelegte Politik betreiben, welche fast ausschließlich auf den Vorteil unserer Mitbürger mosaischen Glaubens und jüdischer Nationalität angelegt ist, — in demselben Momente, sagen wir, in welchem die christliche deutsche Bevölkerung sich hierüber klar wird, muß natürlich auch eine Reaktion gegen die überaus fein und schlau kombinierte Börsenpolitik eintreten, und es kann alsdann die Stellung der Juden in unserem Staatsleben hiervon nicht unberührt bleiben.

Da aber unsere sog. „nationalliberale", im Grunde jedoch durch und durch jüdisch-börsenpolitische Presse jede derartige Aufklärung dem deutschen Publikum christlicher Religion durchaus nach aller Möglichkeit fern zu halten sucht, so werden wir, um unsererseits nicht als unverständige Zeloten oder unchristlich-intolerante Hepp-Hepp-Rufer angesehen zu werden, an der Hand der Tatsachen wohl noch deutlicher werden müssen, wie wir bis dahin in diesen kurzen Andeutungen sein konnten.

II.

Wenn in einem Lande so bedeutende Wandlungen vor sich gehen, wie 1866 und 1871 in Deutschland, so pflegen die Kreise der hohen Finanz, welche, wie wir sahen, zu mehr als fünf Sechsteln aus Juden bestehen, solchen Wandlungen nicht nur passiv mit dem gespanntesten Interesse zu folgen, sondern sie suchen auch aktiv ihren Einfluß so weit als möglich geltend zu machen, um in die entscheidenden Stellen solche Männer hineinzubringen, welche eine dem jüdischen Bankgeschäfte und Börsenbetriebe möglichst günstige Haltung einzunehmen versprechen. Es ist den regierenden Bankgeschäften nicht gleichgültig, wer Präsident des Reichskanzleramtes und wer preußisch-deutscher Finanzminister ist. Ja, die Klugheit und Voraussicht der regierenden

[1]) Also schon in den 70er Jahren war dieser für das Deutsche Volk so unheilvolle Zustand erreicht.

jüdischen Bankgeschäfte geht so weit, daß sie nicht nur die Staaten als solche durch Darlehen möglichst von sich abhängig zu machen suchen, sondern sie suchen auch grundsätzlich, d. h. aus Gründen der bezeichneten Geldherrschaftspolitik, mit den leitenden Staatsmännern möglichst viele persönlich-finanzielle Berührungspunkte zu gewinnen.

So weiß man, daß die Schulden des Herrn v. Beust seinerzeit denselben stets in nächster Verbindung mit den hohen Finanzkreisen erhalten haben, und es ist fast selbstverständlich, daß Herr v. Beust seine Informationen über die in der Finanz- und Wirtschaftspolitik in Österreich innezuhaltende Richtung ganz vorzugsweise bei den ihm so nahestehenden hochfinanziellen Kreisen geschöpft hat. Es sind sogar Mitteilungen vorhanden, welche die seinerzeit überraschende Tatsache, daß Herr v. Beust nach dem Kriege 1866 Lenker der österreichischen Staatsgeschicke wurde, mit den Schulden des Herrn v. Beust und dem Einflusse der hochfinanziellen Kreise in Wien in Verbindung bringen wollen. Aller Welt bekannte Tatsache ist, daß mit der Ära Beust in Österreich gleichzeitig die großartige Aktien- und Börsenschwindelära in Szene ging, welche angeblich einen „Aufschwung der Volkswirtschaft" herbeiführen sollte[1]), dagegen in Wirklichkeit Österreich dem Rande des wirtschaftlichen Verderbens nahe gebracht hat, während allerdings die hochfinanziellen Gönner des Herrn v. Beust reiche Ernten gehabt haben.

Auch mit dem Fürsten Bismarck sollen, schon ehe er Minister in Preußen wurde, hochfinanzielle Kreise in Berührung getreten sein. Die intimen Beziehungen des Herrn v. Bleichröder zum Fürsten dürften, mindestens indirekt, schon an die vorministerielle Zeit des Fürsten anknüpfen, als derselbe, um mit spärlichem preußischen Gesandtengehalte und ohne erhebliches Vermögen seinen Souverän in Petersburg, Paris und Frankfurt repräsentieren zu können, allerdings guten Rat in finanziellen Dingen haben mußte.

Es ist nun eine sehr naheliegende Konjektur, daß damals, als es sich darum handelte, die so bedeutsame Stellung eines Präsidenten des Bundeskanzleramtes zu besetzen, der schon früher bewährt gefundene Rat gewiegter Freunde aus den Finanzkreisen sich unschwer zu insinuieren wußte, um die Wahl auf einen Mann zu lenken, welcher nicht nur die hervorragende Befähigung des Herrn Delbrück besitzt, sondern auch als Vetter des Bankhauses Delbrück, Leo & Co. mit voraussichtlich größerem Verständnis für die Interessen der Bank- und Börsenkreise ausgerüstet war, worüber an den gedachten Stellen jedenfalls die erforderliche Information nicht fehlte.

Die von Herrn Delbrück inaugurierte Wirtschaftspolitik unterstützt diese Konjektur mehr als genügend. Ein Minister und Reichskanzleramtspräsident, welcher imstande ist, von der Tribüne des Reichstages herunter zu proklamieren, das Geheimnis unserer Zeit bestehe darin, „keine Zinsen zu verlieren", dürfte, schon allein hiernach zu schließen, sich in Auffassungen bewegen, welche unseren Finanzkreisen nicht erwünschter sein können. Auch der Verkehr Sr. Exzellenz mit diesen Kreisen im sog. Millionärklub in der Behrenstraße

---

[1]) Wer zieht hier nicht unwillkürlich Vergleiche mit der heutigen Zeit?

in Berlin deutet wohl nicht auf große Differenz der Anschauungen. Bekanntlich ist Herr Delbrück schon seit länger mit Herrn Camphausen näher befreundet, und diese Freundschaft der beiden Junggesellen, so wie die Gleichartigkeit der finanziellen und wirtschaftlichen Anschauungen dürfte seinerzeit nicht unwirksam gewesen sein, um Herrn Camphausen für die Stellung als Finanzminister in Preußen und so gewissernaßen auch für Deutschland zu empfehlen.

III.

Herrn Camphausen, sagten wir, dürften seine intime Befreundung mit Herrn Delbrück und die Verwandtschaft der beiderseitigen politisch-wirtschaftlichen Anschauungen hauptsächlich seine Erhebung zum Ministerposten eingetragen haben. Zugleich jedoch und fast selbstredend sind die Camphausenschen Auffassungen der Finanz- und Wirtschaftsfragen den leitenden Finanzkreisen bekannt und angenehm gewesen. Daher geschah es denn auch, daß Herr Camphausen, welcher vorher Präsident der Preußischen Seehandlung gewesen war, sofort von der gesamten sog. „nationalliberalen", hauptsächlich von unseren Mitbürgern mosaischen Glaubens dirigierten und inspirierten, von den Finanzkreisen in unglaublichem Grade abhängigen Presse in allen Tonarten gefeiert und in den Himmel gehoben wurde. Nur die damals Herrn Strousberg gehörige „Post" machte lebhafte Opposition. Man sagt, daß Herr Dr. Strousberg sich selbst zum Finanzminister berufen gefühlt habe. Vielleicht gönnte er auch seinen mächtigen Stammesgenossen den künftigen Minister nicht.

In eingeweihten Finanzkreisen war freilich Herr Camphausen schon als Chef der Seehandlung als ein ausnehmender Freund der Börse bekannt, und kurz nach dem Eintritt des Herrn Camphausen in das Finanzministerium waren wir in der Lage, aus bestinformiertem Munde den Ausspruch zu hören: „Erwarten Sie von Herrn Camphausen nichts, — er ist einer unserer größten — sagen wir, Börsenfreunde." Das konnte natürlich in unseren Hochfinanzkreisen Herrn Camphausen nur zur äußersten Empfehlung gereichen. Ein solcher Minister mußte höchst befähigt sein, die deutschen Finanzen in ihrer größten Epoche völlig im Sinne jener Kreise zu dirigieren.

Die beiden Dioskuren Delbrück-Camphausen arbeiteten seitdem vereint an der finanziell-wirtschaftlichen Wiedergeburt erst des Norddeutschen Bundes und dann des neuen Deutschen Reiches. Wie weit aber beide Herren die „intellektuelle Urheberschaft" dieser Wiedergeburt zu verantworten haben, das bedarf noch einer näheren Beleuchtung. Wir haben bereits bemerkt, daß Herr Camphausen diese Urheberschaft rundweg von sich abgelehnt hat. Von Herrn Delbrück deuteten wir allenfalls an, daß er wohl kaum die „intellektuelle Urheberschaft" der neudeutschen Finanz- und Wirtschaftspolitik für sich in Anspruch zu nehmen geneigt und in der Lage sein werde, wenn man von den mehr unschuldigen und minder bedeutenden Maßnahmen abstrahiert. Und so war unsere Aufmerksamkeit auf den den höchsten Regierungskreisen so nahestehenden Herrn v. Bleichröder gelenkt worden.

Wie schon angedeutet, folgen, wie allenthalben, so auch im Norddeutschen Bunde und Deutschen Reiche, die meist aus Juden bestehenden Hochfinanzkreise mit wachsamen Auge dem Gange der Staatsfinanz- und Wirtschaftspolitik, und unterlassen nichts, was auf den Gang dieser Politik irgend in ihrem Sinne vorteilhaft einwirken kann. So hat denn vor allem der höchstregierende Bankier in jedem Lande, der natürlich erst recht stets ein Jude ist, ein außergewöhnliches Interesse daran, mit den leitenden Staatsmännern und denen, die es werden könnten, in intimsten Beziehungen zu stehen und sich ihnen gegenüber so zu situieren, daß sein Rat, bezüglich der in Finanz- und Wirtschaftssachen zu befolgenden Politik, stets gehört und möglichst befolgt werde. Daß auch Herr. v. Bleichröder, welcher in Berlin zugleich Vertreter der ebenfalls regierenden Familie Rotschild ist, sich so zu stituieren sucht, und dabei des Erfolges nicht entbehrt, versteht sich im Grunde von selbst und liegt in der Natur der Verhältnisse. Es ist bekannt, daß Herr v. Bleichröder mit dem Fürsten-Reichskanzler vielfach verkehrt. Und mit wie vorsichtig kluger Berechnung Herr v. Bleichröder jedes nicht durchaus unumgänglich persönliche Hervortreten in der Öffentlichkeit auch vermeidet, so sind wir doch genügend darüber informiert, daß derselbe nicht nur in den persönlichen Finanzangelegenheiten des Fürsten-Reichskanzlers, sondern auch bezüglich der Reichs-, Finanz- und Wirtschaftspolitik mit Erfolg seinen Rat vernehmen läßt. Daß dabei mitunter auch Umwege benutzt, absichtlich zuweilen mit der erforderlichen Auswahl dritte Personen vorgeschoben werden, tut dabei nichts zur Sache. Herr v. Bleichröder verhält sich überhaupt so vorsichtig, daß er eigentlich niemals öffentlich gesehen wird, daß nicht einmal seine Photographie in den Schaufenstern, noch sein Porträt nebst Biographie in den Blättern erscheint. Er wünscht durchaus nur hinter der Szene als großer Regisseur der Komödie zu agieren. Denn aus guten Quellen wissen wir, daß die wichtigsten finanzwirtschaftlichen Gesetze des neuen Deutschen Reiches der „intellektuellen Urheberschaft" des Herrn v. Bleichröder zu verdanken sind.

Um den Einfluß des Herrn v. Bleichröder auf die Herren Delbrück-Camphausen würdigen zu können, ist aber eine wichtige Tatsache nicht zu übersehen. Der Fürst-Reichskanzler hat nämlich, so weit unser Urteil und unsere Informationen irgend reichen, dem Konsortium Bleichröder-Delbrück-Camphausen die intellektuelle Inspiration der neudeutschen Wirtschaftsgesetzgebung sozusagen vollständig in Entreprise gegeben. Der sonst so penetrante Verstand des Fürsten, sein praktischer Blick und seine so eminent selbständige Urteilsgabe, scheinen vor den Fragen der Wirtschaftsgesetzgebung absichtlich Halt zu machen, um dieselben Männern zu überlassen, deren Standpunkt wir hier klarzulegen bemüht sind.

IV.

Daß die neudeutsche Finanz- und Wirtschaftspolitik auf wunderbaren Wegen wandele, zu großen Mißerfolgen führen und unberechenbaren Schaden anstiften müsse, war denen, welche nicht mit dem großen Strome schwammen, längst klar geworden.

Da war das Aktiengesetz von 1870, welches uns den ganzen Gründungs- und Agiotageschwindel der letzten Jahre auf den Hals gezogen, — ein Gesetz, welches Dr. Lasker schon 1873 für „Stückwerk" erklärte, nachdem er 1870 es machen geholfen und unbedenklich akzeptiert hatte.

Da ist die möglichst vollständige Verduftung der Milliarden[1]), ohne daß damit irgend wesentlicher und bleibender Nutzen für die Nation geschaffen worden, eine Leistung ersten Ranges. Minister, welche dem Bankgeschäfte und den Börsenmächten weniger nahe gestanden hätten, wie die Herren Delbrück-Camphausen, hätten den Milliardensegen benutzt, um das Reich und die Bundesstaaten aus der Schulduntertänigkeit der Bankgeschäfte unserer israelitischen Mitbürger zu befreien und ein Staatswirtschaftssystem zu inaugurieren, welches die dem allgemeinen Nutzen gewidmeten Anlagen herzustellen ermöglicht hätte, ohne dafür den Bankgeschäften tributär und von ihnen abhängig zu werden und zu bleiben. Die Gefahr, daß dergleichen wirklich geschehen könne, war eminent, und unsere jüdischen Mitbürger durften sich gratulieren, daß in Deutschland und Preußen zwei Minister am Ruder waren, wie die Herren Delbrück und Camphausen, und daß ein Bankier wie Herr v. Bleichröder das Ohr und Vertrauen des leitenden deutschen Staatsmannes und seiner Mitminister besaß. Tatsache ist, daß die gewissen Kreisen drohende Gefahr einer gesunden und rationellen deutschen Finanz- und Wirtschaftspolitik, welche die Bankgeschäfte auf ein bescheidenes, dem wirklichen Bedürfnisse entsprechendes Maß reduziert und dem Börsenschwindel einen starken Riegel vorgeschoben hätte, glücklich vermieden worden ist.

Aber nicht die Herren Bleichröder-Delbrück-Camphausen allein können dies Verdienst in Anspruch nehmen, sondern auch dem Reichs- und Landtage unter Führung der Herren Lasker-Bamberger und unterstützt durch die Herren Oppenheim-Miquel-v. Kardorff, muß sein Anteil an diesem Dienste vindiziert werden.

Die Krone und das Hauptstück der Milliardenverduftung ist jedenfalls der berühmte „Invalidenfonds". Trotz der besten und feinsten Finanzpolitik im Sinne unserer Börsenherrschaft wäre nämlich am Ende aller Enden, von den Milliarden immer noch ein Klumpen von pp. 200 Millionen Talern übrig geblieben, mit welchen man schlechterdings genötigt gewesen wäre, etwas nützliches zu leisten, ohne die jüdischen Bankgeschäfte in Anspruch zu nehmen. Da machte Herr v. Bleichröder die seltene Entdeckung des sich selbst aufzehrenden Invalidenfonds. Daß der Reichstag dieser Krönung unseres Finanzgebäudes ohne irgend erheblichen Widerspruch seine Zustimmung erteilte, ist einer der unanfechtbarsten Beweise für den Beruf unserer Zeit zur Gesetzgebung.

Last not least heben wir unter den großen finanzwirtschaftlichen Gesetzen der Ära Bleichröder-Delbrück-Camphausen noch die Schöpfung jener großen privilegierten Zentralaktienbank hervor, welche Reichsbank genannt werden soll, und deren Aufgabe es ist, die Beherrschung des deutschen Schuldenwesens noch mehr als bisher in den Händen der mächtigsten unserer Bankiers zu konzentrieren. Unsere beiden isrealitischen Mitbürger Bamberger und Lasker

[1]) Gemeint sind die 1871 von Frankreich an Deutschland gezahlten 5 Milliarden.

haben sich im Reichstage um das Zustandekommen dieses Institutes die hervorragendsten Verdienste erworben. Ihrer Führung hat sich die Nation in dieser enorm wichtigen Frage mit unbegrenztem Vertrauen hingegeben, nachdem die von ihnen und ihren Glaubensgenossen inspirierte und regierte sog. „nationalliberale" Presse bereits lange vorher beharrlich alles totgeschwiegen hatte, was im Publikum zu gesunder Aufklärung der betreffenden Verhältnisse hätte führen können.

Bank-, Aktien- und Börseprivilegien sind, wie die Sachen praktisch liegen, Judenprivilegien. Sie werden daher von der jüdischen Presse, den jüdischen Gelehrten und den jüdischen Volksvertretern mit allen Kräften geschützt und gefördert.

V.

Nachdem wir den Zusammenhang unserer neudeutschen Staatswirtschaftspolitik mit den Interessen der Bank- und Börsenherrschaft, wie sie von unseren isrealitischen Mitbürgern geführt wird, dargelegt haben, wird bei denjenigen unserer Mitbürger, welche noch nicht vollständig von dem jüdisch-nationalliberalen Phrasentum eingenommen sind, die Frage auftauchen, was nun geschehen werde, da die unabwendbaren Folgen der geschilderten Finanz- und Wirtschaftspolitik über Deutschland bereits hereinbrechen?

Unsere Mitbürger mosaischen Glaubens rüsten sich bereits, ähnlich wie bei früheren Gelegenheiten, einen Sündenbock zur Sühne für all das über Deutschland kommende Unheil hinzustellen. Und dieses Opfer ist in der Tat kein geringerer, als — Se. Exzellenz der Herr Finanzminister und Vizeministerpräsident Camphausen selbst.

Niemand darf natürlich auf den Gedanken kommen, daß unsere jüdischen Mitbürger v. Bleichröder-Lasker-Bamberger im Grunde für alle die schönen Dinge verantwortlich seien. Und damit dieser Gedanke nicht Platz greifen könne, ist, wie erwähnt, die Abschlachtung eines großen Opfers nötig, welches diesmal in keiner anderen Gestalt genügen kann, als in der stattlichen Person unseres einst so viel gefeierten Vizeministerpräsidenten. Dieselben jüdischen Börsenblätter, welche einst mit wohl überlegter Berechnung das Hosianna über den auf Patronage ihres Herrn v. Bleichröder berufenen Minister riefen, schreien jetzt schon seit einiger Zeit vorsorglich ab und zu das „Kreuzige".

So konnte man schon in der Nummer des „Berliner Börsen-Kurier" am 23. November 1874 Nr. 546 folgendes lesen: „Selten sind wohl optimistisch gefärbte Ausführungen eines Ministers von den Ereignissen so sehr ad absurdum geführt, wie im vorliegenden Falle diejenigen, welche Herr Camphausen in der Bankdebatte über die Lage unserer Währungs- und Münzverhältnisse zum Besten gab. Selten ist einem „Fachminister" eine Blamage zuteil geworden, ähnlich jener, welche das Faktum und die Notwendigkeit einer Diskontoerhöhung eben jener Verhältnisse wegen involviert — die Herr Camphausen als die rosigsten von der Welt schildert . . . . jene Unfähigkeit in finanziellen Angelegenheiten, jene eitle Selbstbespiegelung und das Sichaufblähen auf Kosten der Wahrheit sind selten so beschämend zutage getreten, wie in diesem Falle. Herr Camphausen liebt es, mit seiner günstigen

Finanzlage zu prahlen, gleichgültig, ob seinen Worten höhnend die allgemeine Kalamität, das Darniederliegen von Handel und Wandel gegenübersteht, — gleichgültig, ob auch diese scheinbar günstige Lage nicht durch, sondern trotz seiner Leitung der Geschäfte herbeigeführt ist . . . . Bei Herrn Camphausen mag sich die Nation mindestens ebensosehr, wie bei einer zügellosen Spekulation (soll heißen: nichtsnutzigen Aktien- und Agiotageschwindel) bedanken, wenn der goldene Segen der Milliarden ihr bis heute zum Fluche geworden ist und es immer mehr zu werden scheint." — Weiterhin sprach dann das genannte Blatt sogar von einem „freventlichen Spiel mit den materiellen Interessen des Volkes, die man zugunsten impotenter Finanzkunststückchen aufs Spiel setzt".

Eine solche Sprache gegen einen preußisch-deutschen Finanzminister und Vizeministerpräsidenten hat sich bisher die ungenierteste und untergeordnetste Winkelpresse nicht herausgenommen und gegen jemand, den diese Art von Presse nicht vorher, sozusagen als den Ihren betrachtet hätte, wäre sie auch überhaupt nicht möglich. Gewiß ebenfalls ein hübscher Erfolg der besprochenen Zustände.

Aber doch ist Herr Camphausen nicht der Mann, welcher sich so leicht und ohne weiteres beiseite drängen ließe. Der „Berliner Börsen-Kurier" zog vorläufig seine Krallen auch wieder ein.

Jetzt hat Herr Kardorff, welcher bekanntlich mehrfacher Verwaltungsrat und bei der Gründung einiger Aktiengesellschaften beteiligt ist, kurz vor Schluß der Session des preußischen Landtages eine neue Attacke auf Herrn Camphausen versucht, um denselben wenigstens moralisch in den Augen des Publikums für alles kommende Finanz- und Wirtschaftsunheil verantwortlich zu machen. Als Anlaß dazu diente die schöne Geschichte mit den Millionen, welche die Seehandlung[1]) der Diskonto-Gesellschaft aus Staatsmitteln ohne Sicherheit gegen 2³/₄% dargeliehen hat. Es soll beiläufig noch mehr derartiges vorgekommen sein, und das jüdische Reichstagsmitglied Herr Frankenburger soll seinerzeit, als Fragesteller in einer Reichstagskommission über die verzinsliche Anlegung der disponibeln Reichsgelder eine genügende Auskunft nicht erhalten haben, wenigstens meldeten so die Finanzblätter.

Herr Camphausen ist jedoch nicht ungeschickt und ermangelt vor allen Dingen nicht der erforderlichen Kontenance. Seine Aussage, daß die Gelder nicht anders verzinslich anzulegen waren — ist offenbar nur auf Nichteingeweihte berechnet. Wir sind sicher, wenn es sich um das Privatvermögen Sr. Exzellenz gehandelt hätte, wären mehr als 2³/₄% möglich gewesen. Im übrigen sind wir der Ansicht, daß der Staat überhaupt nicht derartige Prozentgeschäfte zu treiben habe. Er steckt das Geld dabei ja doch immer nur aus einer Tasche in die andere, und es ist für ihn durchaus kein Verlust, wenn er die bar vorrätig zu haltenden Summen überhaupt gar nicht verzinslich anlegt.

Herr v. Kardorff pflegt aber bei solcher Gelegenheit mehrere Fliegen mit einer Klappe zu schlagen. Die Seehandlung, mag man sonst von ihr denken,

[1]) Hat nicht in der Zeit nach dem Weltkriege von 1914—19 auch eine Preußische Seehandlung sich in Geldoperationen mit einem gewissen Barmat und Kutisker eingelassen?

wie man will, ist unseren Mitbürgern von der hohen Finanz unbequem, weil sie der Alleinherrschaft in Geldsachen, welche die Hinterleute der sog. Reichsbank anstreben, immer noch etwas im Wege steht und den preußischen Staat unter Umständen der Alleinherrschaft der sog. Reichsbank entziehen könnte. Diese Seehandlung macht immerhin ein Quantum Geschäfte, deren Prozente die Inhaber der Reichsbankaktien gern in Form von Dividenden und Tantiemen ebenfalls haben möchten. Es ist daher begreiflich, daß ein so talentvolles und brauchbares Mitglied des Reichs- und Landtages, wie Herr v. Kardorff, der Zukunft der sog. Reichsbank wesentliche Dienste zu leisten hoffte, wenn er die Seehandlung angriff. Ob er persönlich an dem Agio der Reichsbankaktien unbeteiligt geblieben ist, lassen wir dahingestellt. Herr v. Kardorff traf also mindestens zwei Fliegen mit einer Klappe, als er gegen die Seehandlung zu Felde zog und dabei Herrn Camphausen empfindlich beizukommen versuchte.

Herr Camphausen gedenkt jedoch einen großartigen Rückzug zu nehmen. Er weiß, daß eine umfassende Schutz- oder vielmehr Prohibitivzollagitation im Anzuge ist, da unsere Herren Großindustriellen das Geld, welches sie teilweise sogar an der Börse verspielt, jedenfalls aber seit 1873 infolge der für Börse und Großindustrie eigens inaugurierten Schwindelära dann verkracht haben, durch einige einträgliche Schutzzollprivilegien bald wieder einbringen möchten. Herr v. Kardorff ist ganz der Mann, um seinen finanziell-industriellen Freunden, die sich oratorisch als die „deutsche Industrie- und Volkswirtschaft" darstellen, im Reichs- und Landtage Dienste zu leisten, welche seine Verwendung zu verwaltungsrätlichen Stellen und seine Mitwirkung bei mancherlei Finanzangelegenheiten höchst gerechtfertigt erscheinen lassen dürften.

Herr Camphausen sieht, wie gesagt, ganz richtig voraus, daß die mächtige Koalition der großindustriellen Schutzzöllner mit der jüdischen hohen Finanz in nicht sehr ferner Zeit ihr Ziel erreichen dürfte. Und da zugleich Herr Camphausen seine Finanzpolitik nun doch in ihren Früchten sieht, so wird er alles aufbieten, um sich zu halten, bis die Frage herantritt, ob er in die neue Schutzzollära mit einwilligen wolle oder nicht. Alsdann, das hat Herr Camphausen schon erklärt, wird er als großer Freihändler zurücktreten und sein Scheiden gewissermaßen mit dem Glorienscheine der Treue für ein großes volkswirtschaftliches Prinzip umgeben.

So denkt Herr Camphausen, aber — vielleicht kommt es doch anders. Vielleicht wird dennoch alles Papier und Geschreibe der dem Herrn Wolff, einem Juden, gehörigen National-Zeitung, welche von Herrn Dernburg, der allerdings nicht mehr mosaischen Glaubens ist, redigiert wird, nicht ferner ausreichen, um die Blößen der Bleichröder-Delbrück-Camphausenschen Politik stets von neuem wieder zu bedecken.

Wir unsererseits hielten es aber vorläufig als durchaus im Staatsinteresse liegend, diese Dinge einmal des näheren darzulegen. Wir tappen sonst im Dunkeln und vielleicht in noch schlimmere Verhältnisse hinein. — —

So weit die berühmt gewordenen sog. „Ära-Artikel" des streitbaren Hauptmanns der Artillerie Dr. Perrot, die bei ihrer Veröffentlichung ungeheures Aufsehen erregten, — zweimal war die betreffende Auflage der „Neuen

Preußischen Zeitung" vergriffen und mußte neugedruckt werden. Die Ära-Artikel wirkten wie ein Erdbeben und bildeten einen Wendepunkt in der Geschichte der deutschen Volkswirtschaft. Durch sie erhielt Bismarck den stärksten Anstoß zu der neuen Wirtschaftspolitik, durch sie wurden die allmächtigen Einflüsse des Bankiers Bleichröder gemindert und die Säulenheiligen des Großkapitals Camphausen und Delbrück gestürzt. Die Konservativen waren geradezu bestürzt und erschreckt über ihren Sieg und verstanden es nicht, ihn auszunutzen und unterstützten weder den Verfasser der Ära-Artikel, Dr. Perrot, noch ihren Träger, Dr. Wedemeyer, wie es sich gehört hätte.

Um so rühriger waren die Gegner, — die gesamte liberale Presse wütete gegen die angeblich mit Gift geschriebenen Ära-Artikel, hütete sich aber, mit einer einzigen Ausnahme, die Tatsachen, um die es sich handelte, zu erwähnen, geschweige denn auf den Gegenstand einzugehen. Besonders interessant erscheint die Antwort des Reichskanzlers in seinen 1898 veröffentlichten „Gedanken und Erinnerungen" auf die Ära-Artikel. Die charakteristischste Stelle lautet dort (Band II, Seite 153) wie folgt:

„Als die „Kreuz-Zeitung", weil ich Parlamentsherrschaft und Atheismus proklamiert hätte, schon am 11. Februar 1872 Fehde angesagt, unter Nathusius-Ludom 1875 mit den sog. „Ära-Artikeln" Perrots den Verleumdungsfeldzug gegen mich eröffnet hatte, wandte ich mich brieflich an Amsberg, eine unserer höchsten juristischen Autoritäten und an den Justizminister mit der Frage, ob, wenn ich einen Strafantrag stellte, eine Verurteilung des Verfassers mit Sicherheit zu erwarten sei, andernfalls würde ich von einem solchen abstehen, weil ein freisprechendes Erkenntnis meinen Gegnern neue Vorwände zur Verdächtigung geben könnte. Die Antwort beider und meines gleichfalls befragten Rechtsanwaltes fiel dahin aus, daß die Verurteilung wahrscheinlich, aber bei der vorsichtigen Fassung nicht sicher sei. Ich hatte mir damals über die Stellung von Strafanträgen noch keine bestimmten Grundsätze gebildet und die Erfahrungen, welche ich in der Konfliktszeit gemacht hatte, waren nicht gerade ermutigend. Als die Perrotschen Artikel erschienen, sah ich auch noch nicht voraus, welchen Umfang der Verleumdungsfeldzug gegen mich von Seite meiner früheren Parteigenossen und namentlich in den Kreisen meiner Standesgenossen nehmen sollte."

Ferner: „Zwischen mir und allen Deklaranten, von welchen viele bis dahin zu meinen Bekannten, sogar zu meinen Freunden gehört hatten, war, nachdem sie sich die ehrenrührigen Beschimpfungen aus der Feder Perrots angeeignet hatten, die Möglichkeit eines persönlichen Verkehrs vollständig abgeschnitten." (Seite 156.)

Der Kanzler hat also in seinen Memoiren von Lügen, Verleumdung, ehrenrühriger Beschimpfung gesprochen, geht aber dem welthistorischen Gegenstand, der Tatsache, daß der Bankier Bleichröder die Wirtschafts-, insbesondere die Finanzpolitik, ja die ganze innere und äußere Politik des deutschen Reiches verfassungswidrig als unverantwortlicher Ratgeber hinter den Kulissen zum größten Nachteil der Allgemeinheit und auch der Machtstellung des Reiches, beeinflußt hat, aus dem Wege.

Ich muß hier meinen verstorbenen Bruder, den bis in den Tod getreuen, sich für das Vaterland aufopfernden Patrioten, den Freund und Bewunderer des eisernen Kanzlers gegen diese durchaus ungerechtfertigten Vorwürfe und Anschuldigungen in Schutz nehmen. Ich lasse ihn dem großen Kanzler selbst antworten, denn sein Nachwort zu den Ära-Artikeln paßt hierzu ganz vortrefflich. Es heißt darin:

„Eine Hauptabsicht des Verfassers hatte nämlich darin bestanden, die sog. ‚nationalliberalen' Blätter, welche beständig vom Segen unserer neudeutschen ‚freiheitlichen Wirtschaftsgesetzgebung' sprechen, endlich einmal zu einer ernsthaften Antwort darauf zu nötigen, was denn die Banknotenprivilegien, die Aktienprivilegien, die Börsenprivilegien und gewisse Steuerprivilegien mit der wirtschaftlichen Freiheit zu tun haben? Es war bis jetzt nicht möglich gewesen, von der nationalliberalen Presse eine Antwort hierauf zu erlangen. Selbst die schließlich bis zur schärfsten Provokation gesteigerten Versuche glitten machtlos an dem dreifach gepanzerten Erz, mit welchem sich die nationalliberale Presse in dieser Frage umgürtet hatte, ab. Daß der Verfasser jene Staatsmänner, welche die Träger der von ihm für gefährlich und verderblich gehaltenen undeutschen Wirtschaftspolitik sind, als solche hinstellen mußte, versteht sich von selbst. Daß der Verfasser sich dabei einer schwertscharfen Deutlichkeit befleißigte, war unerläßlich bei der bereits oben charakterisierten Tendenz der sog. ‚nationalliberalen' Presse, jede Behandlung dieser Frage à tout prix einfach tot zu schweigen.

Was den Fürsten Reichskanzler betrifft, so ist der Verfasser der Ära-Artikel ein hoher Verehrer desselben und er ist dies schon gewesen zu einer Zeit, als die meisten heutigen Verehrer des Fürsten Bismarck noch nicht waren, nämlich während der Konfliktszeit und vom ersten Auftreten des Fürsten an. In jener Zeit, als die sog. ‚liberale' Presse, welche heute den Verfasser der Ära-Artikel wütend ankläfft und begeifert, keine Schmähungen finden konnte, welche hart genug waren, um sie auf den heute allgefeierten Reichskanzler zu häufen, in jener Zeit hat der Verfasser der Ära-Artikel weiter, viel weiter gesehen, als diese sich liberal nennende Presse, er hat schon damals in dem geschmähten und verunglimpften Herrn von Bismarck den Mann der Zukunft geahnt, den Mann, welcher gesonnen und imstande war zu handeln, und zwar im größten weltgeschichtlichen Stile zu handeln, während ein ganzes Haus voll liberaler Abgeordneter samt ihrer Presse nur imstande waren, zu schwatzen, zu zetern und zu geifern. Wir sahen die staatsmännische Anlage des Mannes und ahnten seine gewaltigen Pläne, seine zukünftige Größe, als die Erfolganbeter von heute, welche glauben, uns jetzt begeifern zu sollen, den heutigen Reichskanzler noch auf das eifrigste und gehässigste mit Kot bewarfen."

„Daß der Reichskanzler gerade in betreff der Wirtschaftspolitik viel mehr dem Impulse der herrschenden Majoritätsströmung und seiner Berater in diesen Fragen, als eigener Initiative folgte, ist ja eine ganz allgemein adoptierte Annahme, welche wohl schwerlich von dem Fürsten oder von jemanden bestritten werden dürfte. Darum ist ja aber der Fürst nicht minder für diese Politik verantwortlich, und ist diese Politik nach unserer Auffassung darum nicht minder verhängnisvoll für das Reich. Wir hielten es für unsere Pflicht, eine Darstellung dieser Auffassung an den Reichskanzler gelangen zu lassen. Unter allen Umständen war der Zweck des Verfassers kein irgend persönlicher, sondern ausschließlich ein auf das Wohlergehen Deutschlands gerichteter."

So spricht Dr. Franz Perrot, der hier für jeden Unbefangenen als der große Patriot erscheint, der unter Hintansetzung seiner persönlichen Interessen den letzten Hauch und den letzten Pfennig für seine Überzeugung eingesetzt hat. Damit jeder sich selbst ein Urteil bilden könne, habe ich die Ära-Artikel wörtlich abgedruckt und man wird bei objektiver Prüfung zugeben müssen, daß es sich hier nicht um „Lügen und Verleumdungen" handelt. Übrigens muß der Fürst Bismarck, dem die unerbittlichen Artikel ja wohl recht unbequem sein mußten, dies doch wohl auch anerkannt haben, denn er hat Dr. Franz Perrot kurz nach dem Erscheinen der Artikel — eine Konsulatsstelle in Tunis anbieten lassen. Das war so gut wie eine Ehrenerklärung. Mein Bruder hat aber tief erbittert die Annahme dieser Stellung abgelehnt.

Ein weiteres wertvolles Zeugnis, daß Dr. Perrot durchaus nicht hinsichtlich des verderblichen Einflusses Bleichröders, des anerkannten Vertreters der Interessen des der soliden preußischen Finanzpolitik so feindlichen Welthauses Rotschild übertrieben, sondern nur wahrheitsgemäß berichtet und mit Recht eindringlich gewarnt hat, geht zweifellos aus den im Jahre 1908 veröffentlichten, viel zu wenig beachteten Memoiren des Vicomte de Goutaut-Biron, des ersten Botschafters, der nach dem großen Kriege von 1870/71 die französische Republik beim deutschen Reich vertrat, hervor. Er bezeichnet Bleichröder ohne weiteres als den Agenten Bismarcks, der ihn wiederholt zu vertraulichen Mitteilungen benutzte, und als durchaus eingeweiht in die Pläne und Absichten des Reichskanzlers; er scheint auch eine böse Rolle in dem Konflikt zwischen dem Reichskanzler und dem Grafen Harri von Arnim gespielt zu haben.

Außer durch seinen Vorschlag, dem deutschen Volke die fünf Milliarden der französischen Kriegsentschädigung durch Ankauf der deutschen Privatbahnen zu erhalten, wodurch die Machtstellung des Deutschen Reichs außerordentlich gefestigt worden wäre, hat sich Dr. Perrot noch durch andere Reformpläne hervorgetan. Er hat die konservative Partei als ihr Wirtschaftspolitiker veranlaßt, die Verstaatlichung des Eisenbahnwesens zu ihrer Hauptaufgabe zu machen. Durch seinen Vorschlag eines gemischten Wagenraum- und Gewichtstarifsystems, das leider nur zum Teil durchgeführt wurde, war das Tarifwesen der Eisenbahnen sehr vereinfacht worden, auch rührt von ihm der Vorschlag eines Zonentarifs für die ungarischen Staatsbahnen her, der durch den Minister v. Banhas dort eingeführt wurde. Auch das Paketporto der deutschen Reichspost ist nach seinen Vorschlägen reformiert worden.

Er hätte seinem Vaterlande und der Allgemeinheit noch manchen nützlichen Dienst geleistet. Aber als er am 10. November 1891, von fast allen verlassen, den ungleichen Kämpfen erliegend, im Sterben lag, da richtete er die Worte an mich: „Sollen denn alle diese Kämpfe vergeblich gewesen, soll unser deutsches Vaterland rettungslos der Korruption preisgegeben sein?" — Wir wollen hoffen, daß er sich getäuscht hat.

4. Nachwort.

Dr. Franz Perrot hatte sich nicht getäuscht!

Nach Kenntnisnahme der Originaldokumente, — es existieren noch eine ganze Anzahl von Dokumenten: Broschüren, Büchern, Zeitschriften über die Wirtschaftsentwicklung, so wie sie Perrot sah, — wird man die Gedanken und Erinnerungen Bismarcks in manchen Teilen mit andern Augen lesen als bisher. Es ist mindestens auffallend, daß der große Kanzler aus den Ära-Artikeln nichts anderes herausliest, als eine Beleidigung seiner Person, die durchaus nicht Zweck und Ziel der Artikel gewesen ist, was ja auch der Verfasser hier selbst ausgedrückt hat. Merkwürdig ist, daß Bismarck auf das Hauptziel derselben, das Interesse der deutschen Nation, mit keinem Worte eingeht. Man hat die Empfindung, daß er sich mit der angegriffenen jüdischen Clique, insbesondere mit Bleichröder, identisch fühlt. Die Vermutung liegt da nicht weit, daß starke Bindungen zwischen dem Kanzler und seinem jüdischen Ratgeber bestanden haben, deren er sich nicht entledigen wollte, oder — konnte! Diese zu erforschen, wäre eine interessante, aber auch heute noch gefährliche Aufgabe für den Historiker. Bleichröder durfte niemand zu nahe treten, ohne den unerbittlichen Zorn Bismarcks auf sich zu lenken, was ja später auch Stöcker erfahren mußte.

Perrot bekam das in der Folge auch sofern zu spüren, als mit Erfolg alle Mittel angewendet wurden, ihm sein Reichstagsmandat Hersfeld-Hühnfeld abzujagen.

Die Sprache Perrots war für die damaligen parlamentarischen Sitten eine außerordentlich scharfe, besonders in seinen Ära-Artikeln. Vergleichen wir aber die vornehme und gehaltene Ausdrucksweise mit dem heutigen Ton in den Parlamenten, dann müssen wir mit Bedauern feststellen, wie sehr die Sitten in Verfall geraten sind. Noch war ja die gute Erziehung, das preußische Denken eine Selbstverständlichkeit. Erst nach und nach begann das zersetzende jüdische Element sich im deutschen Geistesleben auszubreiten.

Ungehemmt entwickelt sich das Unheil weiter, gefördert durch den Weltkrieg und sein schmähliches Ende, — bis auf den heutigen Tag. Vierzig Jahre sind seit Perrots Tode dahingegangen. Auch sein treuer Mitkämpfer, sein Bruder schläft schon vierzehn Jahre den ewigen Schlaf. Aber ihre Gedanken leben, sind auferstanden! Die große rechtsradikale Bewegung kämpft den Kampf gegen die jüdische Korruption, nachdem die Perrots und mit und nach ihnen so viele tapfere deutsche Männer, das Banner in der sterbenden Hand, dahingesunken sind.

Wir alle sind die Erben der Drachensaat in der Wirtschaftsgesetzgebung des großen Kanzlers, die zwar für den Augenblick ein wenig gemildert wurde durch die scharfen Angriffe Perrots und seiner Gesinnungsfreunde. Aber der Grundgedanke blieb unverändert und die Urheber wußten, wie sie damit zu arbeiten hatten, und wie man sie ausdeuten konnte zu einem Instrument der Ausraubung des tüchtigen und fleißigen deutschen Volkes, und zu ihrer Bereicherung.

Die Revolution von 1918 riß die letzten Schranken nieder. Seitdem erleben wir Krise um Krise in immer schnellerer Folge. Ein grelles Schlaglicht wirft der Krach in Österreich mit der Kredit-Anstalt in Wien auf die unheilvolle Rolle der Rothschilds in der europäischen Geschichte. Wieder ergatterten sie viele Millionen, indessen die fleißigen Sparer um die Früchte ihrer Arbeit gebracht wurden.

Nun, während dieses Buch in Druck ist, kommt der Krach der Danat-Banken in Deutschland. Der Regierungseingriff zur Rettung der Danat-Banken beweist, daß das System, von Bankiers in Deutschland regiert zu werden, zu voller Entfaltung gekommen ist. Die Finanzgesetzgebungsmaschine, wie sie vom großen Kanzler in Betrieb gesetzt wurde, arbeitet, gehandhabt von den kundigen Händen der Bankgewaltigen geführt, mit Hochbetrieb. Die Berliner Nachtausgabe vom 15. Juli 1931 bringt in der Nr. 163 über die Verhandlungen des Kabinetts, die durch Besprechungen im Reichsfinanzministerium vorbereitet wurden, als ersten Punkt:

„Herabsetzung der Deckungsgrenze für die deutsche Währung von 40 auf 30%, also um 10%, mit der Möglichkeit einer Erhöhung des Notenumlaufes um 1 Milliarde.

Gleichzeitige Heraufsetzung des Diskontsatzes.

Die Reichsregierung ist offenbar nach langen Beratungen zu dem Ergebnis gekommen, daß die notwendige Verstärkung des Notenumlaufes durch Herabsetzung der Deckungsgrenze und nicht durch Einführung einer inneren Ersatzwährung erreicht werden soll, wobei sie sich offenbar der Auffassung hingibt, daß eine Deckung der Währung in Höhe von 30% auch eine genügende Vertrauensgrundlage für die Währung gibt.

Wahrscheinlich wird die Regierung in einem längeren Aufruf zu dieser Herabsetzung der Deckungsgrenze Stellung nehmen. Mit dieser Maßnahme ist eine Heraufsetzung des Diskontsatzes der Reichsbank verbunden. Das Reichsbankdirektorium hat heute über diese Frage beraten. Außerdem muß man den gesetzlichen Verpflichtungen nachkommen, die eine Notensteuer der Reichsbank an das Reich vorsehen.

Im Reichsbankgesetz ist für eine vorübergehende Frist die Möglichkeit der Herabsetzung der Deckungsgrenze dann gegeben, wenn der Generalrat der Reichsbank dieser Maßnahme zustimmt. Dabei muß der Generalrat der Reichsbank alle Stimmen mit Ausnahme einer Stimme auf einen Beschluß für eine solche Maßnahme vereinigen."

Wir haben begründete Hoffnung, daß im dritten Reich ein gründlicher Wandel geschaffen wird. Die Fingerzeige, die wir von den großen Führern der nationalen Opposition in ihren Wirtschaftsprogrammen erhalten haben, decken sich mit den Gedanken Perrots, die trotz aller Unterdrückung unter den Besten unseres Volkes weiterleben. Mögen sie endlich Früchte tragen im dritten Reich, dann hat Dr. Franz Perrot dennoch nicht vergebens gelebt.

L. Feldmüller-Perrot.

Berlin im Juli 1931.

5. Kurzer Überblick über die Entwicklung der Bankgesetzgebung.

Gesetz über die Ausgabe von Papiergeld. Vom 16. Juni 1870 (B.G.Bl. S. 507).

Gesetz über die Ausgabe von Banknoten vom 27. März 1871 (B.G.Bl. S. 51). (Banknotensperrgesetz[1]).)

Art. 18 Münzgesetz vom 9. Juli 1873 (R.G.Bl. S. 233).

Gesetz, betr. die Ausgabe von Reichskassenscheinen. Vom 30. April 1874 (R.G.Bl. S. 40). Änderung 5. Juni 1906 (R.G.Bl. S. 730).

Bankgesetz[2]). Vom 14. März 1875 (R.G.Bl. S. 177):
- Titel I (§§ 1—11) Allgemeine Bestimmungen.
- Titel II (§§ 12—41) Reichsbank und ihre Organisation.
- Titel III (§§ 42ff.) Privatnotenbanken.
- Titel IV (§§ 55—59) Strafbestimmungen.
- Titel V (§§ 60—66) Schlußbestimmungen.

Statut der Reichsbank. Vom 21. Mai 1875 (R.G.Bl. S. 203).

Vertrag zwischen Preußen und dem Deutschen Reich. Vom 17. u. 18. Mai 1875 (R.G.Bl. S. 215). — Übergang der Preußischen Bank auf die Reichsbank. — Bek. v. 24. Mai 1875 (R.Anz. Nr. 120, 1. Beil.) betr. Umtausch der Anteilscheine der Preußischen Bank gegen Anteilscheine

---

[1]) Gültig für das Gebiet des Norddeutschen Bundes bis zum 1. Juli 1872. Für Süddeutschland erst mit dem 1. Januar 1872 wirksam, Geltung wie oben. Gültigkeit für das gesamte Gebiet verlängert
bis 30. Juni 1873 durch das Gesetz v. 16. Juni 1872 (R.G.Bl. S. 169),
bis 31. Dezember 1874 durch das Gesetz v. 30. Juni 1873 (R.G.Bl. S. 159),
bis 31. Dezember 1875 durch das Gesetz v. 21. Dezember 1874 (R.G.Bl. S. 193).

[2]) Zur Ausführung des Bankgesetzes von 1875 ergingen folgende Bekanntmachungen:
Bekanntmachung des Reichskanzlers betr. die Vorschriften über die von den Notenbanken in der Jahresbilanz gesondert nachzuweisenden Aktiva und Passiva. Vom 15. Januar 1877 (Z.Bl.D.R. S. 24).

Bekanntmachung betr. die Reichshauptkasse. Vom 29. Dezember 1875 (Z.Bl.D.R. S. 821).

Bekanntmachung betr. die Errichtung von Reichsbankhauptstellen und Reichsbanknebenstellen. Vom 17. Dezember 1865 (Z.Bl.D.R. S. 802).

Bekanntmachung betr. die Anwendung der §§ 42 und 43 des Bankgesetzes vom 14. März 1875. Vom 29. Dezember 1875 (R.G.Bl. S. 390).

Zweite Verordnung betr. die Anwendung der §§ 42 und 43 des Bankgesetzes usw. Vom 7. Januar 1876 (R.G.Bl. S. 2).

Bekanntmachung betr. die Einlösung der Banknoten der Sächsischen Bank. Vom 3. September 1879 (R.G.Bl. S. 286).

Bekanntmachung vom 27. Februar 1883 betr. die Einlösung der Noten der Chemnitzer Stadtbank (R.G.Bl. S. 4).

der Reichsbank. Am 1. Januar 1876 tritt die Reichsbank in Wirksamkeit. Vom 1. Januar 1910 ab besitzen die Noten der Reichsbank gesetzliche Zahlkraft (Novelle vom 1. Juni 1909).

Ges. v. 20. Februar 1906: Die Reichsbank darf neben den 20 Marknoten auch 50 Marknoten ausgeben.

Gesetz zur Änderung des Bankgesetzes. Vom 18. Dezember 1889 (R.G.Bl. S. 201).

Gesetz zur Änderung des Bankgesetzes. Vom 7. Juni 1899 (R.G.Bl. S. 311).

Gesetz zur Änderung des Bankgesetzes. Vom 1. Juni 1909 (R.G.Bl. S. 515).

Gesetz, betr. das Reichsschuldbuch. Vom 31. Mai 1891 (R.G.Bl. S. 321). Inkraftsetzung 24. Januar 1892 (R.G.Bl. S. 303).

Kais. Verordnung betr. die Ausgabe von Banknoten in den Schutzgebieten. Vom 30. Oktober 1904.

Münzgesetz. Vom 1. Juni 1909 (R.G.Bl. S. 507). Ausf.Best. v. 9. Juni 1909 (R.G.Bl. S. 512).

Gesetz zur Änderung des Bankgesetzes. Vom 19. März 1924 (R.G.Bl. II S. 73).

Bankgesetz. Vom 30. August 1924 (R.G.Bl. II S. 235).

Verordnung des Inkrafttreten des Bankgesetzes vom 30. August 1924. Vom 10. Oktober 1924 (R.G.Bl. II S. 383).

Gesetz zur Änderung des Bankgesetzes vom 30. August 1924. Vom 8. Juli 1926 (R.G.Bl. II S. 355).

Privatnotenbankgesetz. Vom 30. August 1924 (R.G.Bl. II S. 246).

Gesetz über die Deutsche Golddiskontbank. Vom 19. März 1924 (R.G.Bl. II S. 71).

Rentenbankgesetz. Vom 15. Oktober 1923 13. Februar 1924 (R.G.Bl. 1923 I S. 963, 1924 I S. 66) dazu Durchführungsbestimmungen vom 14. November 1923 (R.G.Bl. I S. 1092) u. 17. Dezember 1923 (R.G.Bl. I S. 1243).

Rentenbank-Kreditanstalt. Gesetz vom 18. Juli 1925 (R.G.Bl. I S. 145) 28. November 1925 (R.G.Bl. I S. 391).

Preußische Staatsbank. Gesetz über ihre Verfassung. Vom 11. März 1926 (Pr.G.S. S. 123).

Preußische Zentralgenossenschaftskasse. Gesetz über die Errichtung einer Zentralanstalt usw. Vom 12. Dezember 1927 (Pr.G.S. S. 203).

Münzgesetz. Vom 30. August 1924 (R.G.Bl. II S. 254). Dazu mehrere Durchführungsverordnungen.
